本书的出版得到了中央高校基本科研业务费专项资金的资助["政治经济学视角下国有企业生产组织创新与共同富裕实现路径研究"（20720221030）]和厦门大学"双一流"建设项目"中国特色经济学与管理学"的资助。

Socialist Market Economy
with Chinese Characteristics

中国特色社会主义市场经济

理论与实践研究

蔡熙乾 主编

天津出版传媒集团

天津人民出版社

图书在版编目(CIP)数据

中国特色社会主义市场经济理论与实践研究 / 蔡熙乾主编. -- 天津 : 天津人民出版社, 2023.7
ISBN 978-7-201-19304-5

Ⅰ.①中… Ⅱ.①蔡… Ⅲ.①中国经济—社会主义市场经济—研究 Ⅳ.①F123.9

中国国家版本馆CIP数据核字(2023)第063593号

中国特色社会主义市场经济理论与实践研究

ZHONGGUO TESE SHEHUIZHUYI SHICHANG JINGJI LILUN YU SHIJIAN YANJIU

出　　版	天津人民出版社
出版人	刘　庆
地　　址	天津市和平区西康路35号康岳大厦
邮政编码	300051
邮购电话	(022)23332469
电子邮箱	reader@tjrmcbs.com

责任编辑	王　玹
封面设计	汤　磊

印　　刷	北京虎彩文化传播有限公司
经　　销	新华书店
开　　本	710毫米×1000毫米　1/16
印　　张	21.75
插　　页	2
字　　数	300千字
版次印次	2023年7月第1版　2023年7第1次印刷
定　　价	99.00元

目　录

理论篇

回到马克思的生产视角：
　　共同富裕实现路径的比较分析 / 3

劳动复杂程度与经济增长 / 28

供给侧结构性改革：
　　研究范式与政策选择 / 74

数字经济与共同富裕 / 95

数字经济发展与企业的价格加成：
　　理论机制与经验事实 / 119

中国城市空间扩张质量测度、地区差异与分布动态 / 149

实践篇

文化资本与经济增长的中国经验 / 185

私人转移支付的"利他动机"与"交换动机"：
　　基于农村低保政策的自然实验证据 / 218

儿童照料对已婚在职女性工资收入的异质性影响：
　　基于中国家庭追踪调查的实证分析 / 236

以"稳外资"助推"稳就业"：
　　基于中国工业企业数据的经验分析 / 261

高房价挤出了谁？：
　　基于中国流动人口的微观考察 / 289

医患关系与医学专业报考和录取 / 317

理论篇

回到马克思的生产视角：

共同富裕实现路径的比较分析

高　岭　唐昱茵　胡天祯　邵　岩*

共同富裕既是社会主义的本质要求，也符合中国特色社会主义制度的现实要求。稳步推进共同富裕需要科学的经济理论指导。本章通过比较新古典经济学、后凯恩斯主义经济学和马克思主义政治经济学三种经济学理论蕴含的共同富裕实现路径，发现新古典经济增长理论几乎没有为探讨共同富裕留下空间，而后凯恩斯主义经济学的新卡莱茨基模型虽然为探讨收入分配和经济增长之间的关系提供了一些洞见，但其操作方案在本质上是分配视角的共同富裕实现路径，偏离了马克思强调的"生产视角"的优先性原则。以"劳动纪律–总需求"模型为代表的马克思主义经济增长模型，综合了马克思的劳动过程理论和凯恩斯的有效需求理论，是真正回归马克思的生产视角的理论模型，能够为中国特色社会主义共同富裕道路提供理论指导。

一、引言

在马克思和恩格斯描绘的科学社会主义理论图景中，"共同富裕"是一个核心要素，即"生产将以所有的人富裕为目的"（马克思、恩格斯，2012：2：

*　本章系教育部人文社会科学基金青年项目"马克思主义政治经济学视角的国家理论演进及其当代意义研究"（项目编号：21YJC790033）、中央高校基本科研业务费专项资金资助项目"政治经济学视角下国有企业生产组织创新与共同富裕实现路径研究"（项目编号：20720221030）的阶段性成果。高岭，厦门大学经济学院、王亚南经济研究院；唐昱茵，复旦大学经济学院；胡天祯，浙江大学公共管理学院、杭州市委办公厅；邵岩（通讯作者），中国人民大学经济学院。

787)，"所有人共同享受大家创造出来的福利"（马克思、恩格斯，2012：1：308）。新中国成立以来，中国共产党就把共同富裕确立为社会主义制度的根本目标，并不断为之奋斗。毛泽东于1953年在《关于发展农业生产合作社的决议》中指出："党在农村中工作的最根本的任务，就是……使农民能够逐步完全摆脱贫困的状况而取得共同富裕和普遍繁荣的生活。"（中共中央文献研究室，2011：4：569-570）这是科学社会主义与中国实际相结合的"共同富裕"理念的雏形。改革开放后，邓小平强调："社会主义的目的就是要全国人民共同富裕，不是两极分化。如果我们的政策导致两极分化，我们就失败了。"（邓小平，1993：3：110-111）针对我国经济发展过程中出现的收入不平等扩大趋势（Piketty et al.，2019；罗楚亮等），习近平总书记重申："共同富裕是社会主义的本质要求，是中国式现代化的重要特征，要坚持以人民为中心的发展思想，在高质量发展中促进共同富裕，正确处理效率和公平的关系……构建初次分配、再分配、三次分配协调配套的基础性制度安排。"

关于共同富裕实现路径，国家已经给出了顶层设计。顶层设计既强调了生产发展因素，也强调了再分配的作用。与之相适应，理论界关于共同富裕实现路径的探讨也呈现出生产视角和分配视角两个面向。[①]分配视角的文献基本是围绕构建初次分配、再次分配和三次分配协调配套的基础性制度安排，探讨调节收入差距的措施（李实，2022；李实、朱梦冰，2022；席恒、余澍，2022）。如果撇开共同富裕这个特定的中国语境，这个脉络的研究其实与更一般的中国经济不平等（包括收入不平等、财富不平等和机会不平等）文献并无显著差别（Piketty et al.，2019；Zhang，2021）。与分配视角不同，生产视角的文献着眼于高质量发展，强调进一步促进生产发展和经济增长的重要性。如果不继续把蛋糕做大做好，只把蛋糕分来分去，那么蛋糕就会越分越小，最后不会共同富裕，只会共同贫穷（厉以宁等，2022）。在实现路径上，现有文献从宏观层面立足于正确处理效率与公平的辩证关系，关注培育

---

① 当然，这并不是说分配视角的学者就忽视了生产或者生产视角的学者忽视了分配，而是根据生产和分配在其论证中的相对重要性来划分的。

人力资本、推动国民共进、乡村振兴(董志勇、秦范,2022),以高质量发展为基础,统筹增长和分配,最终循序渐进地实现有合理差别的收入分配(厉以宁等,2022)等。总体上看,分配视角的文献较多,生产视角的文献相对较少,而且大多停留于宏大叙事。更为重要的是,现有文献过度拔高了收入分配对共同富裕的作用,忽视了生产方式是共同富裕的首要的决定性因素。马克思很早就正确地指出:"分配关系和分配方式只是表现为生产要素的背面……分配的结构完全决定于生产的结构,分配本身就是生产的产物,不仅就对象说是如此,而且就形式说也是如此。就对象说,能分配的只是生产的成果,就形式说,参与生产的一定形式决定分配的特定形式,决定参与分配的形式。"(马克思、恩格斯,2009:8:19)马克思的生产视角与习近平总书记强调的通过全国人民共同奋斗把"蛋糕"做大做好,然后通过合理的制度安排把"蛋糕"切好分好的理念是一致的。

坚持"生产领域是决定性因素"的理念是正统马克思主义区别于非正统马克思主义分析方法的根本标志(法因、哈里斯,1993)。本章尝试从比较视角研究供给导向的新古典经济增长理论、需求导向的后凯恩斯主义经济增长理论和综合了供给、需求的马克思主义经济增长理论对共同富裕实现路径的理论价值。比较研究的难点在于共同富裕迄今没有一个被普遍接受的概念。虽然这一概念尚无明晰的定义,但目前还是取得了部分共识。理论界普遍认为共同富裕是一个包括政治、经济、社会等不同面向的内涵丰富的概念(刘培林等,2021),至少具有四个特征:第一,社会整体达到富裕水平,消除绝对贫困;第二,全体人民的富裕;第三,物质和精神的全面富裕;第四,有差异的富裕,群体之间、城乡之间、区域之间的差距合理(刘培林等,2021)。还有学者从长期的动态视角认识共同富裕,在经济层面,共同富裕不仅涉及同代人的收入分配,还涉及代际的收入分配。贫富悬殊导致的阶层流动性不足,会严重打击低收入群体及其后代的工作积极性,从而导致整体经济循环陷入低效率均衡。因此,共同富裕就是要跳出这种低效率均衡,形成多数人群达到中等富裕水平的纺锤形收入分配结构,阶层流动畅通的社会结构(厉以宁等,2022)。

本章从劳资分配的角度把共同富裕界定为劳资双赢,即扭转工资份额继续下降,工资总额与利润总额在经济发展中实现协同增长。在抽象的理论层面上,由于新古典经济学的增长模型涉及的是代际的收入分配,而后凯恩斯主义经济学和马克思主义政治经济学关注的则是同代人的收入分配,似乎不能从中比较和评估三种理论范式在推进共同富裕中的理论价值。但是如果注意到代际的收入分配是同代人的收入分配累积和传递的结果,就会发现同代人的收入分配是基础性的。而且本章不以收入分配的形式(同代还是代际)作为评估的标准,而是以该理论模型能够为分析"增长与分配"留下多大的空间,也即理论张力为准绳。因此,本章认为三大理论范式之间是可以比较的。基于这个前提,本章评述新古典经济学、后凯恩斯主义经济学和马克思主义政治经济学在共同富裕实现路径上的理论洞见和局限。

本章的边际贡献主要表现在两个方面:第一,本章从生产视角弥补了当前分配视角的共同富裕研究的不足,有利于推动共同富裕研究的进一步深化;第二,本章通过理论分析,提出了中国特色社会主义共同富裕实现路径的政治经济学分析框架和操作方案。

二、新古典经济学视角的共同富裕实现路径

综观经济思想史,不同的经济学流派提出的理论学说在"长期经济增长是任何国家都在追求的目标"这一点上是一致的,分歧在于长期增长的实现路径。本章的目标旨在从宏观经济学的代表性理论中找到可以"兼容"共同富裕的理论版本,从而为经济发展评估和相关政策制定提供参考价值。严格说,新古典经济学的经济增长理论难以为共同富裕提供恰当的理论基础。但是鉴于其在理论界的影响力,本章尝试挖掘新古典经济增长理论潜在的能用于共同富裕研究的理论空间。

索洛增长模型(Solow Growth Model)是新古典经济增长模型的逻辑起点。在索洛模型中,如果有效劳均资本存量高于黄金律水平,那么通过再分配和"第三次分配"降低全社会储蓄率,使得持平投资状态下的有效劳均资本存量达到黄金律水平,则会增进全社会福利水平,同时在长期中还不会影

响经济增长速度——在人口增长率、技术进步率和资本折旧率不变的情况下(Solow,1956)。索洛模型虽然不够精致,但正是其将储蓄率进行外生处理的假定为共同富裕的实现留出了一定的空间。但更精致的拉姆齐模型(Ramsey Model)对储蓄率的内生化处理反而彻底消除了这种理论可能性。

具体来说,拉姆齐模型保留了索洛模型的核心假设,但是在模型中增加了家庭这一经济主体,描述的是这样一个画面:竞争性厂商通过租赁资本和雇佣劳动来进行生产和销售产品;家庭成员"长生不老"且家庭数量固定不变;家庭提供劳动、持有资本并进行消费和储蓄,资本无折旧。所有家庭成员的效用函数都采用常相对风险厌恶效用函数(CRRA效用函数)形式,并且以家庭为单位进行经济决策。正是因为有了家庭这一微观基础,储蓄率才得以内生化:家庭在约束条件下,在无限期的时间中追求动态最优——也即在无限期时间中实现效用最大化。在给定终生消费不得超过终生收入的截断条件下,经济会向稳态收敛,从而达到最优状态。在这样的经济中,显然不存在收入两极分化的情况,因为所有家庭是同质的,会做出整齐划一的决策,并且还是一切要素的所有者。在给定贴现率、人口增长率和技术进步率,以及个体相对风险规避系数的情况下,稳态是唯一的。在外生变量不变的情况下,经济体因任何外生因素偏离稳态或者鞍点路径都只是暂时的,经济最终总会回到鞍点路径上,然后收敛到稳态。

因此,标准的拉姆齐模型其实反映的是一个已经实现了共同富裕的经济,从而无法直接为现实经济提供实现共同富裕的政策建议。为了增强拉姆齐模型的应用性,有些学者试图通过放松基准模型的假设,使模型能够刻画收入和财富不平等的形成机制:第一,通过在拉姆齐模型中引入家庭最低消费水平,研究经济体的生产率水平与不平等程度的持续时间(Alvarez-Pelaez and Antonia Díaz,2005);第二,通过考虑参数的异质性来扩展模型,以刻画不平等的形成机制(Benhabib et al.,2011;Kaymak and Poschke,2016)。总的来说,这些研究更多是借助于外生冲击来研究分配不均的形成过程。

与拉姆齐模型不同,在标准的世代交叠模型(Overlapping Generation Model,简称OLG模型)中,存在通过再分配手段促进社会福利水平的可能性。

但是这种可能性需要满足严格的限定条件,而且这种再分配仅仅是代际间分配,这意味着同代人之间的收入分配并不能带来任何福利改进。作为对模型的拓展,有些学者通过将人力资本投资内生化,基于世代交叠模型研究存在信贷约束条件下,财富不平等对长期经济增长的影响(Galor and Zeira,1993;Chakraborty and Das,2005)。这些研究的结论基本是一致的:财富不平等会降低经济体的人力资本投资水平,从而不利于长期经济增长。因此,在世代交叠模型刻画的经济图景中,似乎只要政府能纠正信贷市场中的市场失灵,特别是针对人力资本投资项目上的市场失灵,就能促进长期经济增长。这实际上并没有回答财富不平等是如何产生的,只是暗示政府干预有可能减轻财富不平等对经济增长的负面效应,而且世代交叠模型回避了总需求对长期经济增长的制约。这其实是所有新古典增长模型的共同缺陷。

新古典经济增长模型信奉的是萨伊定律,强调供给对长期经济增长的决定性影响,仅仅将(有效)需求视作影响短期经济波动的因素,忽视了总需求在长期中对经济增长的作用。事实上,经济在长期中并不必然会收敛于所谓的自然失业率水平,萨伊定律是否成立是值得怀疑的(Petri,2003)。因此,新古典经济增长模型虽然有着不可忽视的理论意义,但仍不宜将其作为理解共同富裕的基准模型。

三、后凯恩斯主义经济学视角的共同富裕实现路径

作为非主流宏观经济学的代表之一,后凯恩斯主义经济学的新卡莱茨基模型沿袭了凯恩斯传统,重视有效需求对经济增长的拉动作用。正因为不同群体的边际消费倾向存在差异,收入分配会对有效需求产生结构上和总量上的影响,进而影响经济增长。因此,作为一个基准模型,新卡莱茨基模型无疑为共同富裕的实现路径提供了理论基础。

(一)注重劳资收入分配

在新卡莱茨基模型中,产能利用率是可变的,资本家会根据产能利用率做出投资决策;在产能利用率没有达到最大值时,产品的边际成本是不变

的;产品价格以直接成本加成形式体现,加成的大小取决于市场势力(Lavoie,1995)。

在早期的新卡莱茨基模型中,由于劳动者边际消费倾向较高,因此,工资份额的提高将会使得经济中的储蓄率下降、消费品需求提升,从而使企业产生更高的产能利用率预期。在更高的产能利用率预期的驱使下,企业将提高积累率,从而最终提升经济的产能利用率和积累率(拉沃,2009)。这一"节俭悖论"对政策制定者无疑是可喜的:只要简单地利用政策工具提升劳动收入份额,既能减少收入不平等,又能促进经济增长。然而这个结论并没有得到经验证据的支持。马格林和索尔对第二次世界大战后发达资本主义国家在1973—1975年爆发的结构性危机的研究发现,在经济合作与发展组织国家,远在石油价格震荡之前,就出现了普遍的"由充分就业造成的利润挤压";这个现象并不是与经济周期相联系的(经济周期涉及的只是短短几年的波动),而是长期持续的增长、工资上升、充分就业、劳动人民经济安全性提高的结果(Marglin and Schor,1990)。因此,工人工资份额的提高并不必然就会促进经济增长。早期的新卡莱茨基模型之所以不存在工资份额上升导致经济增长停滞的情形,是因为在其设定的投资函数中,产能利用率是唯一的自变量。工资份额的提高必然会带来更高的产能利用率,从而出现更高的积累率。但是积累率并不是只受到产能利用率的正向影响,还会受到利润率的正向影响——如果利润率过低,那么即便企业所预期的产能利用率再高也无法刺激企业追加投资,实际产能利用率也不会提升。

作为模型的改进,巴杜里和马格林于1990年对投资函数的设定进行了调整,提出了一个更全面的新卡莱茨基模型——巴杜里-马格林模型(Bhaduri-Marglin Model)。在该模型中,投资既是产能利用率的增函数,也是利润份额的增函数(Bhaduri and Marglin,1990)。这种处理将利润率纳入投资函数中:在潜在产出和资本存量之比可以被合理地假定为不变的情况下,产能利用率和利润份额的变动能够反映利润率的变动特征。在新的设定下,假定封闭经济中储蓄比投资对产能利用率变化更为敏感,可以得到以下两个命题:一是当储蓄比投资对利润份额变化更为敏感时,封闭经济是工资导向型(Wage-Led)增长体制,提高工资份额会带来产能利用率的提高;二是当投资比储蓄对利润份额变化更为敏感时,封闭经济是利润导向型(Profit-Led)增长体制,只有提高利润份额才会带来产能利用率的提高。

如果把模型从封闭经济拓展到开放经济中,结论会有所不同。在开放经济满足马歇尔-勒纳条件时,如果储蓄比投资对利润份额变化更敏感,经济体是否还是工资导向型增长体制并不确定。这是因为虽然提高工资份额会提升国内产能利用率,但由于价格加成只受企业市场势力的影响而保持不变,这样的话,工资份额提高必然会导致产品价格上涨,而这对产品出口会带来负面影响,从而对国内产能利用率产生负面影响。简言之,在满足马歇尔-勒纳条件的开放经济条件中,经济体即使是工资导向型增长体制,工资份额提高对国内产能利用率的影响相比封闭经济状态下也会更小。不过,这并不意味着巴杜里-马格林模型预示了一个悲观的情形。首先,经济体仍然有转向工资导向型增长体制的可能;其次,即便经济体是利润导向型增长体制,劳资合作也有可能实现——更何况马歇尔-勒纳条件不一定能够成立(Rose,1991)。事实上,无论是工资导向型经济还是利润导向型经济,劳资都有合作的可能性。在工资导向型经济中,提高产能利用率虽然需要降低利润份额,但只要产能利用率提升的幅度足够大,大到利润份额下降带来的利润总量下降的负面影响被完全抵消,甚至使得利润总量提高,就存在劳资合作的可能。同样的,在利润导向型经济中,如果提高利润份额对产能利用率带来的积极影响可以使工资总量不变或增加,那么劳资同样有合作的可能。

从现实条件看,不论是工资导向型增长体制还是利润导向型增长体制,劳资合作的实现难度都很大。第一,虽然存在劳资合作的可能,但利润导向型的发展道路并不符合共同富裕要求消除两极分化的基本要求。第二,劳资合作虽然有可能,但实现是有一定难度的。在工资导向型经济中,即便满足劳资合作条件,提高工资份额从而在短期中对总利润造成挤压可能会加剧资方之间的利益冲突(Bhaduri and Marglin,1990)。在考虑企业间劳动生产率存在异质性的情况下,工资份额提高可能会使一些企业损失严重甚至停产,而另一些企业则可能会获得更高的利润。在利润导向型经济中,即便满足劳资合作条件,利润份额的提高带来的就业增长可能是通过降低企业"内部人"的工资率来实现的——但"内部人"显然更希望新增的工资总额能全部用于提高自己的工资水平。因此,"内部人"和"外部人"显然存在利益冲突,并且这种冲突很可能会被管理者转化为对工人进行"分而治之"的工具(Bhaduri and Marglin,1990)。因此,即便不考虑劳资协调谈判的困难,劳方和资方的内部协调问题也非常棘手。

基于上述论述可以得到一个基本结论:制定相关再分配政策的起点,是明确我国当前的经济发展究竟是利润导向型还是工资导向型增长体制。巴杜里-马格林模型在1990年提出后,与国外马克思主义政治经济学掀起了对增长体制类型识别的实证热潮相比,国内学者在这方面的研究比较薄弱。刘盾(2020)认为中国已经转换为工资导向型增长体制;邹薇和袁飞兰(2018)认为中国正在从利润导向型转向工资导向型增长体制;赵峰等(2018)得出的结论是中国国内需求为工资导向型,但总需求为利润导向型。这些经验研究的理论基础都是巴杜里-马格林模型,但并没有取得共识。如果仔细审视这些研究,可以发现它们普遍存在一个不足之处,那就是忽视了劳动者内部的收入分配差异。忽视劳动者之间的异质性,很可能会降低研究结论的可信度,因而值得着重讨论。

(二)调节劳动者内部的收入分配

在现有研究中,很多基于新卡莱茨基模型的理论和经验研究都选择性地忽视了间接劳动。间接劳动,是指企业的管理人员、监督人员和维修人员的劳动总和。忽视间接劳动会从两个方面导致对经济增长体制类型的误判:一是未控制间接劳动的周期性波动使得相关参数估计有偏,二是低估劳动者的储蓄率(Lavoie,2017)。

谢尔曼和埃文斯(Sherman and Evans,1984)对间接劳动的周期性波动特征做了经典的阐释:在扩张期的多数时间中,工资份额下降主要是由生产率提高所驱动的,而且主要是间接劳动占所有劳动的比例下降所造成的。

在这种情况下,虽然生产率在上升,但实际工资在扩张初期上升的速度并不快。这一现象背后的理论逻辑是:资本家会自动占有增加的产品,而工人必须通过谈判和其他劳资冲突的手段才能提高收入。在接近扩张的周期性高峰时,生产率此时已然平稳或是已经在下降,而高就业水平带来的劳动者高议价能力使得实际工资保持上涨,最终是工资份额会略有上升;而在收缩期的多数时间中,工资份额上升主要是生产率下降导致的间接劳动占所有劳动比例上升所造成的结果。最后,在收缩期结束时,高失业率导致劳工议价能力下降,于是工资份额又开始下降。

对于存在间接劳动的经济体,即使在基于直接劳动成本的加价没有任何变化的情况下,产能利用率的提高也会导致利润份额增加。因此,除非对间接劳动进行控制,否则经验研究很容易得出利润导向型增长体制的结论。此外,在间接劳动中,管理人员的收入,特别是高管的收入,一旦被划入劳动份额中,会带来一系列严重的问题。管理人员的储蓄率相比普通员工较高,并且其相对收入份额一直在上升。如果工资份额的提高更偏向于提高管理人员的收入,那么工资份额增加所带来的总需求扩张效应就会下滑,这会导致在经验研究中误判工资导向型增长体制为利润导向型增长体制(Palley,2017)。因此,在研究设计中,如果不考虑间接劳动会造成误判,更不用说不考虑间接劳动的周期性波动的情况。已有研究表明,如果一个国家的管理人员收入份额一直上升,而普通劳动者的工资份额和企业的利润份额一直在缩小,那么在实证上更容易得出利润导向型增长体制的结论。只要普通劳动者的边际消费倾向高于管理人员,增加直接劳动者的收入份额就会改善经济状况(Palley,2017)。

综上所述,若要从经验证据上识别增长体制类型,在理论上和变量选取上区分直接劳动和间接劳动的收入,或是区分普通劳动者和管理人员的收入份额是极为必要的。同时,不能低估识别增长体制类型的困难。一旦放松新卡莱茨基模型的某些假定,增长体制类型的识别会变得极为复杂,而且经常是内生的。黄彪和赵晓楷(2021)认为,在生产部门存在异质性的条件下,经济体在总量层面的增长体制类型通常难以确定。如果将收入分配内生化,考虑收入分配会受到有效需求的影响,经济总量和部门层面的增长体制就同样难以确定。此外,当经济体存在多种生产技术时,收入分配变动会引起增长体制转轨和再转轨。因此,新卡莱茨基模型中的体制类型并不存在。相反我们认为,将经济结构引入新卡莱茨基模型无疑是一种进步,并且能够以更接近现实的情形反映共同富裕实现路径的复杂性。但是这种复杂性并不是研究者放弃将新卡莱茨基模型作为基准模型的充分理由,理论上的复杂性恰恰是分析复杂经济情况的有力工具。

尼基福罗夫和弗利(Nikiforos and Foley,2012)的研究间接支持了我们对新卡莱茨基模型应用价值的判断。他们的研究表明,增长体制类型会随着产能利用率的变化而变化。具体而言,如果经济体处于较低的产能利用率水平,就很可能属于工资导向型;如果经济体处于较高的产能利用率水平,就很可能属于利润导向型。这一结论破除了单一增长体制的论断,强调经济体可以在不同增长体制间转换。此外,他们还对增长体制类型提供了一个新的定义:只要工资份额增加能提高均衡产能利用率,就是工资导向型增长体制;而只要工资份额下降能带来均衡产能利用率的提升,就是利润导向型增长体制。这个定义实际上规避了黄彪和赵晓楷(2021)的质疑,为相关实证研究指明了方向。对我国来说,就是首先需要确定我国增长体制转换的临界条件,然后基于临界条件确定当前经济的增长体制类型,从而确定共同富裕的实现路径。

即使采用完备的统计和计量方法对中国经济增长体制进行细致的实证检验,得到了利润导向型增长体制的结论,这也不意味着我国共同富裕实现的可能性消失了。需求驱动的增长体制类型并不是外生的,它是由不同部门的产能利用率、加成率、生产技术选择和劳动者内部收入分配情况所决定。因此,充分利用宏观经济政策工具以构建工资导向的需求体制,在理论上和实践上都是有可能的。

四、马克思主义政治经济学视角的共同富裕实现路径

后凯恩斯主义经济学为了突出有效需求的作用,对总供给做了较为严苛的假定。在新卡莱茨基模型中,当经济中的产能利用率未达到最大值时,产品的边际成本是假定不变的。这就意味着经济中的产能利用率在达到峰值之前,有效需求扩张不会带来通货膨胀。这个假设回避了供给对于有效需求的限制作用,不能解释一旦在长期经济达到最大产能利用率后,有效需求是否还能促进经济增长。解决这个问题的一个做法是引入内生性技术进步,通过考虑有效需求扩张对供给水平的促进作用来使最大产能利用率内生化,使产能利用率不再是一个在长期中固定不变的约束条件。在内生性技术进步上,相关研究主要集中在两条路径:马克思-韦伯效应和卡尔多-维尔顿效应(Lavoie,2017)。假设工资份额增加会提高实际工资率,则当经济体为工资导向型增长体制时,工资份额增加带来的实际工资率提高会对劳动生产率产生直接的积极影响;同时,工资份额增加带来的有效需求的扩张又会进一步对劳动生产率产生积极影响。前者即马克思-韦伯效应,后者即卡尔多-维尔顿效应。如果经济体为利润导向型增长体制,马克思-韦伯效应和卡尔多-维尔顿效应则是冲突的,即劳动生产率可能会由实际工资率的提高驱动,也可能会由实际工资率的下降驱动。从现有的研究来看,这两种效应能否成立是存疑的。

首先,实际工资率上涨并不一定会导致劳动生产率提高。尽管有一系列实证研究支持这种关系存在,但实际工资率对劳动生产率的影响其实是复杂的(Stockhammer and Onaran,2013)。实际工资率的升高无疑会促使劳动者提供更多有效劳动(Bowles,1985;Shapiro and Stiglitz,1984),从而提高劳动生产率。但是实际工资率的提高还会带来总需求的扩张,这意味着如果劳动生产率增速低于总需求增速,经济体就会达到更高的均衡就业水平。而更高的就业水平会增强工人的议价能力,这会使得工人在给定工资水平下提供的有效劳动下降,从而降低劳动生产率(Bowles,1985;Shapiro and Stiglitz,1984)。因此,实际工资率上涨对劳动生产率的最终影响是不确定的。对这一点的忽

视,也反映了新卡莱茨基模型的一个缺陷——几乎没有考虑与总供给水平紧密相关的劳动力市场。

其次,相关实证研究所支持的"实际工资率提高会带来劳动生产率的提高"这一结论背后隐藏着这样一个假设:如果实际工资率提高,劳动生产率增速低于总需求增速,那么就业水平可能是利润导向型。如果这一点成立,即使在工资导向型经济中,卡尔多-维尔顿效应也与马克思-韦伯效应冲突。巴苏和布迪拉贾(Basu and Budhiraja,2021)的研究则进一步否定了许多相关实证研究的有效性——卡尔多-维尔顿系数(也称KV系数)无法真实反映卡尔多-维尔顿效应,而通用的方法就是用卡尔多-维尔顿系数来判定卡尔多-维尔顿效应是否存在。

因此,新卡莱茨基主义者试图将技术内生化以回避供给对经济增长的约束的努力是失败的。本章认为,新卡莱茨基模型的发展需要以巴杜里-马格林模型为基础,将充满不完全合约性质的劳动力市场纳入理论框架中,从而形成一个更完备的、相对于新古典的替代性增长理论。此外,新卡莱茨基模型过度重视收入分配对经济增长的影响,忽视了马克思强调的收入分配是生产过程的结果。只有回到生产视角,以生产过程为起点构建有效需求导向的增长理论才是一个完备的、不同于新古典经济学的替代性增长理论。事实上,以塞缪尔·鲍尔斯(Samuel Bowles)为代表的马克思主义政治经济学者正是朝这个方向努力的。

虽然马克思很早就揭示了"资本从劳动力中榨取剩余价值"是资本主义劳动过程的本质,但直到鲍尔斯正式提出"劳动榨取模型",马克思的劳动过程理论的形式化才进入了一个新阶段(高岭等,2022)。在"劳动榨取模型"中,假设资本家和工人分别是追求利润最大化和效用最大化的理性人,资本家可以采用三种手段"榨取"工人实际投入的劳动:一是提高工资水平,高于市场均衡水平的工资可以提高工人失业的机会成本;二是提高监管力度,更高的监管力度会提高工人偷懒被发现的概率;三是分化工人,降低工人团结程度会提高工人偷懒被发现的概率。这三种措施都会通过影响工人的效用水平从而促使其选择更高的实际劳动投入。基于"劳动榨取模型","产业后备军的持续存在""生产关系对最优技术选择的阻碍""工人内部无关实际贡献的收入分化",以及"企业内部劳动力市场的存在"等宏观现象就有了坚实的微观基础(Bowles,1985)。

同样的,虽然马克思揭示过资本主义劳动过程与收入分配密切相关,但直到鲍尔斯和布瓦耶(Bowles and Boyer,1988)提出"劳动纪律-总需求"模型,马克思经济理论中蕴含的"劳动过程—收入分配—经济增长"的理论逻辑才得以正式化和模型化。"劳动纪律-总需求"模型刻画的是一个包含政府部门的封闭经济,雇员根据工资选择消费水平、雇主根据利润选择投资水平,以及政府根据失业水平发放失业救济金——这三者共同构成了总需求。一方面,收入分配会影响储蓄和投资,从而成为总需求的关键决定因素;另一方面,收入分配又是关于劳动强度和工作薪酬的阶级冲突的结果。其中,阶级力量的均衡位置取决于就业水平,从而最终取决于总需求水平。政府的救济金发放水平不仅会通过影响工人和雇主讨价还价的能力对私人收入的分配产生影响,而且会直接影响总需求水平(Bowles and Boyer,1988)。

在金迪斯和鲍尔斯看来,劳动生产率(单位劳动时间的产出)增长趋势是理解福利国家与长期经济增长之间内在张力的关键,而新古典经济学和凯恩斯主义经济学都遗漏了马克思强调的"劳动强度(劳动榨取)"在劳动生产率中的作用(Gintis and Bowles,1982)。马克思主义政治经济学的劳动过程学派和凯恩斯-卡莱茨基理论传统都不足以充分解释发达资本主义国家第二次世界大战后的繁荣及其消亡。鲍尔斯正是要弥合供给导向的马克思主义劳动过程理论和需求导向的凯恩斯-卡莱茨基理论传统之间的缝隙,通过劳动榨取函数将二者综合在一个统一的分析框架。在"劳动纪律-总需求"模型中,工资具有三重作用:消费需求的来源、单位劳动成本的组成部分(对利润的扣除)和作为资本规训(discipline)劳动的工具(Bowles and Boyer,1988)。根据工资率与就业之间的变动关系,可以识别经济体的增长体制。工资率变动并不必然意味着就业水平的反向变动,二者还存在同向变动的可能。如果工资率和就业同方向变动,工资率提高伴随就业增加,这种状态下的经济就被称为工资导向型增长体制。相反,如果工资率和就业反方向变动,工资率提高导致了就业减少,这种状态下的经济则被称为利润导向型增长体制。

在"劳动纪律-总需求"模型中,工资率对就业水平的影响并不是直接的,而是通过超额需求这一中介变量来影响就业水平。因此,超额需求对工资的导数和就业水平对超额需求的导数共同决定着经济体究竟处于工资导向型还是利润导向型增长体制。就工资导向型增长体制来说,工资率与就业之间的正向变动关系可以通过两个途径实现:第一,超额需求对工资的导数为正值,且超额需求对就业水平的导数为负值。这意味着工资上涨对消费的促进作用大于其对投资的抑制效应,从而产生了超额需求。当就业增加以抵消超额需求时,市场出清。这种情况下的就业体制被称为消费驱动的工资导向型增长体制。第二,超额需求对工资的导数为负值,且超额需求对就业水平的导数为正值。这意味着工资上涨对投资的抑制作用大于其对消费的促进效应,从而导致总需求不足。但由于工人并没有利用就业增加带来的工资议价权而索取过高的工资,从而没有发生利润挤压,企业仍会选择扩大投资,最终实现了"工资增加、就业增加"的市场均衡。这种情况下的就业体制被称为投资驱动的工资导向型增长体制,由于工资和就业的协同增长是通过组织化的集体工资机制实现的,也叫集体工资导向型增长体制。不论是消费驱动还是投资驱动,工资导向型增长体制都有一个显著的特征:没有出现显著的利润挤压问题。特别是在投资驱动的工资导向型增长体制中,具有鲜明的资本家和工人之间的非零和博弈特征,即为了保障投资,他们之间会就工资约束达成协议(Bowles and Boyer,1988)。在这种情况下,劳动过程的组织是以劳资合作为核心,资本(机器)与工人技能兼容的形式进行的。劳动纪律中起主要作用的是"胡萝卜"——工资待遇的激励作用,而不是"大棒"——监督和失业威胁。这是因为资本家清醒地知道在劳动过程中,特别是需要高知识技能或重大质量考虑的劳动过程中,过度的监督并不会提高,反而会降低工人的努力水平。因此,"多一些胡萝卜,少一些大棒"的劳动纪律策略会给企业带来效率提高。

"劳动纪律-总需求"模型承接了马克思主义政治经济学以生产为起点

的分析传统,这就为新卡莱茨基模型所忽视的"间接劳动"提供了理论解释空间。在生产视角下,企业是围绕劳动榨取而形成的层级组织,企业的生产活动通过一个权威结构来协调。由于劳动契约的不完全性质,要实现劳动榨取就必须依赖间接劳动对直接劳动进行监督管理。在"劳动榨取模型"和"劳动纪律-总需求"模型中,支付给间接劳动的报酬作为监督费用直接作为关键变量进入了模型设定。因此,间接劳动和直接劳动在模型中被清晰地区分开来了。也正是因为这种理论上的区分,从"劳动纪律-总需求"模型出发所界定的工资导向型和利润导向型增长体制,实际是排除了谢尔曼和埃文斯(Sherman and Evans, 1984)所提及的间接劳动的周期性波动的影响。此外,在模型的设定中,企业内每个直接劳动者被抓到怠工的概率是与企业内总的间接劳动投入正相关的——这就捕捉了企业的间接劳动数量相对固定的典型事实(Bartelsman et al., 2013)。因此,"劳动纪律-总需求"模型完全能捕捉间接劳动占所有劳动的比例随经济周期而涨落这一现象。为了进一步说明间接劳动(马克思说的非生产性劳动)在帮助资本榨取生产性劳动中的作用,贾亚德夫和鲍尔斯(Jayadev and Bowles, 2006)还提出了护卫劳动(Guarding Labor)理论,监督工人是护卫劳动的重要组成部分。当然,监督工人有多种,但在"劳动纪律-总需求"模型中,鲍尔斯是把监督工人作为一个整体看待的,从而只能考察监督工人整体和生产工人整体之间的收入分配。因此在这个意义上,我们说"劳动纪律-总需求"模型考虑了工人之间的收入分配是没有问题的。

综上所述,在经济增长体制问题上,鲍尔斯的"劳动纪律-总需求"模型与新卡莱茨基模型殊途同归。但是在分析方法上,生产视角的"劳动纪律-总需求"模型比分配视角的新卡莱茨基模型更科学。遗憾的是,迄今很多经济增长体制类型的研究都是围绕新卡莱茨基模型展开的,而对鲍尔斯的"劳动纪律-总需求"模型的理论发展和经验研究却很少。如果今后能把"劳动纪律-总需求"模型中的生产工人拓展为低技能工人和高技能工人,研究不同工人类型的劳动纪律策略及其相适应的就业体制,则不仅能够考察监督工人与生产工人之间的收入差异,而且能够探讨低技能和高技能工人之间的收入差异。

五、中国特色社会主义共同富裕道路的政治经济学分析框架

鲍尔斯的研究已经表明,在资本雇佣劳动主导的资本主义制度下,失业是劳动纪律发挥作用的不可或缺的条件。因此,单是资本主义制度的经济逻辑就已经可以确定失业是资本主义的常态,更不用说在某些情况下,资本主义制度的政治逻辑,即资本家俘获国家出台对资本有利的政策(Jayadev and Bowles,2006)。正因为如此,工资导向型增长体制在资本主义国家注定是一种暂时性的历史存在,比如空前绝后的"黄金时代"。长期的利润导向型增长体制留给资本主义国家的是工资份额与利润份额的不断分化,这一点已经在皮凯蒂的研究中得到证实(Piketty,2014)。由于增长体制转换的困难和制度约束,以生产资料私有制为主导的资本主义国家就只能寄希望于通过再分配缩小贫富差距。通过再分配缓解贫富差距是很多国家想做就能做的事情,而通过生产和高质量发展实现共同富裕,只有少数国家能够实现。中国就具备这个条件,生产发展导向的中国共同富裕道路才更能体现社会主义的制度优势和特色。

接下来,本章通过将鲍尔斯的"劳动纪律-总需求"模型同马克思的生产与分配关系原理进行整合,提炼一个"生产组织方式—劳动纪律—经济增长—收入分配"的理论分析框架,用以分析中国特色共同富裕道路的实现路径。

自20世纪70年代福特主义大规模生产方式陷入危机以来,西方资本主义企业的生产活动乃至宏观经济增长越来越受制于总需求不足。以大规模定制生产方式为代表的后福特主义生产方式就是使供给系统能够及时响应市场需求的产物。具体到我国,福特主义大规模生产方式的局限性在2008年金融危机后,特别是2012年经济发展进入新常态以来,日益突出。面对我国标准化需求与个性化需求并存的动态需求结构,只能立足我国本土需求的特殊性,综合大规模生产方式和大规模定制方式的特征,构建一种全新

的生产组织方式。从发达国家已有经验看,可行的方案是在企业之间构建弹性生产网络(谢富胜等,2019)。因此,直面我国需求结构的特殊性,通过企业生产组织方式变革,重塑劳动纪律,构建国有企业和民营企业之间的弹性生产网络,从而在经济增长中实现劳资双赢的分配格局,是我国迈向共同富裕的必由之路。

根据马克思的生产组织理论,生产活动总是在特定的生产组织中进行的,特定的生产组织方式①对应特定的劳动纪律,劳动纪律的类型("胡萝卜"和"大棒"的组合)内生出劳资关系的异质性:劳资对抗和劳资合作。劳资关系的异质性又导致了经济增长方式的异质性:利润导向型增长和工资导向型增长(骆桢、张衔,2018)。作为生产发展的结果,经济增长方式的异质性决定了劳资之间初次分配的异质性:"零和关系"和"正和关系"(拉佐尼克,2007;孟捷,2011)。本章尝试按照这个理论框架,把国有企业改革作为切入点,提供一个操作方案。

第一,国有企业生产组织方式创新与消费驱动的工资导向型增长体制。自2012年我国经济进入新常态以来,大规模生产方式与不断升级的社会需求之间的矛盾是我国迈向高质量发展的障碍。化解供给与需求之间结构性矛盾的出路是变革我国大规模生产方式主导的供给系统(谢富胜等,2019),这要求国有企业对现有的生产组织方式进行变革,从大规模生产方式转向大规模定制方式。目前,国有企业普遍采用的生产组织方式是大规模生产方式。大规模生产方式的特征是可以低成本地大批量生产标准化产品,但标准化产品已不能满足我国市场的多样化需求。更重要的是,大规模生产方式追求的是操作效率,以降低成本为代价获取竞争优势。如果由大规模生产方式转向大规模定制生产方式,从追求操作效率转向过程效率,企业就需要团结和激励劳工,通过集体学习和组织能力获取竞争优势。简言之,以"胡萝卜"(工资待遇)为主的劳动纪律代替了以"大棒"(监督和失业威胁)为

---

① 这里的生产组织方式是从马克思主义政治经济学视角进行界定的:劳动者和生产资料相结合以生产人们所需要的物质资料的特殊方式,或技术和包括劳动分工在内的组织形态是如何结合的,即企业层面的生产活动是如何组织起来的(谢富胜,2005;宋磊,2020)。

主的劳动纪律,这样的合作型劳资关系有利于促成工资导向型增长体制(骆桢、张衔,2018)。根据"劳动纪律-总需求"理论,工资导向型增长方式的实现路径包括消费驱动和投资驱动两种。国有企业的制度条件比较容易促成消费驱动机制,即工资上涨对消费的促进作用大于其对投资的抑制效应,从而确保工资和就业同方向变动。伴随消费驱动的工资导向型增长方式的一个自然结果,就是收入分配中的工资份额增加。这种增加并不意味着利润份额绝对减少,而是指"工资与利润"协同增长的一种情况。因此,如果国有企业生产组织方式转变为大规模定制方式,通过合作型劳资关系走向"工资导向型"增长方式,就有可能在国有企业内部实现劳资分配的"正和关系"。

第二,重塑民营企业的劳动纪律与投资驱动的工资导向型增长体制。受总需求的动态多样性约束,我国供给体系需要构建由负责集成创新的国有企业和不同层次的模块化生产的民营企业组成的国内生产网络。在生产网络中,国有企业负责关键部件创新,这是由国有企业在我国产业链中的位置和创新能力的独特性决定的(叶静怡等,2019;Lo et al.,2022)。假设国有企业能够通过生产组织方式创新转型为消费驱动的工资导向型增长方式,那么我国劳资分配问题的关键就在于民营企业。对于负责模块化生产的民营企业,其生产组织方式仍然是依赖压低工资谋取低成本竞争优势的大规模生产方式。与之相适应的劳动纪律是以"大棒"(监督和失业威胁等)为主,"胡萝卜"(工资和奖金等)的作用较小。有没有可能在维持大规模生产方式的前提下,变革民营企业的劳动纪律?对于生产网络中的民营企业是可能的。因此,国有企业可以通过"软性"的制度示范效应,引导民营企业的公司治理由股东至上模式转向利益相关者模式,向民营企业传播合作型劳资关系模式,引导其走向工资导向型增长方式;同时,国有企业在生产网络和产业链中处于有利位置,掌握着关键资源,可以通过混合所有制参与民营企业治理,规范其用工制度和劳动过程中的劳动纪律。这样,在国有企业参与治理的情况下,民营企业的劳动纪律就可能扩大"胡萝卜"的力度。不过,如果出现了工资上涨对投资的抑制作用大于其对消费的促进效应情况,一定要确保工资水平是合理的,即没有出现利润挤压,这样民营企业才会继续扩大投资。只有如此民营企业才可能迈上投资驱动的工资导向型增长模式。

第三,生产组织方式创新导向的共同富裕道路的世界意义。从经济发展史看,不同国家在特定产业的竞争优势以及这些国家之间的经济关系的本质,是由这些国家的生产组织方式决定的。生产组织方式整体上可以划分为市场控制和组织控制。自20世纪70年代以来,市场控制型生产组织方式在世界范围成为主流的生产组织方式,与之相适应的是以"大棒"(监督和失业威胁)为主的劳动纪律支配了劳动过程。一旦这种生产组织方式成为占主导的宏观层面的生产方式,必然会带来初次分配的利润份额增加和工资份额下降,缩小贫富差距只能寄希望于收入再分配。事实上,如果把视野转向与市场控制型生产组织方式不同的组织控制,就会有一个不同的图景。组织控制型生产组织方式旨在通过劳资合作寻求生产率进步和竞争优势,因此,在生产过程和初次分配中就抑制了过大的贫富差距。这是国有企业在高质量发展中实现共同富裕的可行选择。更重要的是,后发国家充分发挥本土因素的作用,凭借生产组织形态创新是完全可能超越先进国家的(宋磊,2020)。因此,回归组织控制导向的生产组织方式创新,是中国实现共同富裕的有利选择。

六、结论

扎实推进共同富裕的前提是要有一个科学的理论做指导。本章通过比较新古典经济学、后凯恩斯主义经济学和马克思主义政治经济学视角的共同富裕实现路径,发现新古典经济增长理论几乎没有为探讨共同富裕留下空间,而后凯恩斯主义经济学的新卡莱茨基模型虽然为探讨收入分配和经济增长之间的关系提供了丰富的理论素材和洞见,但其本质上是从分配视角研究共同富裕实现路径,因而偏离了马克思强调的"生产视角"的优先性原则。以"劳动纪律-总需求"模型为代表的马克思主义经济增长模型,综合了马克思的劳动过程理论和凯恩斯的有效需求理论,提供了不同于新卡莱茨基模型的增长体制转换理论。从生产视角研究收入分配的"劳动纪律-总需求"模型,回到了马克思的生产视角。本章认为它是当前最能为共同富裕提供参考价值的理论学说。

我国仍处于社会主义初级阶段,在推进共同富裕的过程中,必须处理好"生产发展"和"收入分配"之间的辩证关系,要警惕拉美国家历史上由"福利赶超"导致的财政危机、经济波动和增长停滞等后遗症。这启示我们,中国要实现共同富裕必须回到生产发展和经济增长的主线上。本章将马克思的生产与分配关系原理,拓展为"生产组织方式—劳动纪律—经济增长—收入分配"的分析框架,并以国有企业生产组织方式创新为突破口,提出了中国共同富裕道路的实现路径,即塑造工资导向型增长体制。工资导向型增长体制是一种高端路径,即通过劳资合作和利润分享来激励工人,以提升劳动生产率和维持竞争优势。高端路径比低端路径能持续带来更高的劳动生产率,我国当前已经具备走工资导向型的高端路径发展模式的某些微观基础(高岭等,2020)。因此,今后我们应当注重继续完善满足工资导向型增长体制要求的制度安排,在高质量发展中实现共同富裕。

本章继承和发展了马克思的"增长–分配"理论传统。"在增长中促进收入分配相对均等化"的政策,其实也可以追溯到新古典经济学。在新古典经济学理论框架中,经济增长被假定为一个中性目标,一旦增长引擎被启动,其涓滴和扩散几乎是自动的,穷人将从整体经济增长中受益。然而理论上的"涓滴"效应很少在现实中发生(盖凯程、周永昇,2020)。作为替代性分析框架,在本章提出的"增长–普惠"分析框架中,经济平等不是自动发生的,而是在变革生产组织方式的条件下发生的。本章认为生产组织方式对劳资双方的收入分配起关键作用,以生产资料私有制为主导的资本主义国家只能寄希望于通过再分配缩小贫富差距。在世界经济发展史中,很多国家都试图通过再分配缩小贫富差距,但最终由于财政不可持续而"拆散福利国家",或者以高额税收勉强支撑。相比再分配,通过生产和高质量发展缩小贫富差距是一条艰难而效果持久的道路,只有少数国家能够实现。本章认为,中国具备这个条件,生产组织方式创新导向的中国共同富裕道路才具有世界特色。而且,再分配只能在短期中缓解贫富差距,生产组织方式的变革则能够在长期中较为彻底地解决贫富差距问题。

参考文献：

1. 《邓小平文选》(第三卷)，人民出版社，1993年。

2. [英]本·法因、劳伦斯·哈里斯：《重读〈资本论〉》，魏埙译，山东人民出版社，1993年。

3. 董志勇、秦范：《实现共同富裕的基本问题和实践路径探究》，《西北大学学报(哲学社会科学版)》2022年第2期。

4. 盖凯程、周永昇：《所有制、涓滴效应与共享发展：一个政治经济学分析》，《政治经济学评论》2020年第6期。

5. 高岭、余吉双、杜巨澜：《雇员薪酬溢价对企业创新影响的异质性研究》，《经济评论》2020年第6期。

6. 高岭、翟润卓、唐昱茵：《马克思的劳动强度理论及其当代发展》，《经济学家》2022年第7期。

7. 黄彪、赵晓楷：《体制存在吗？——两部门新卡莱茨基增长与分配理论批判》，《政治经济学评论》2021年第6期。

8. 李实、朱梦冰：《推进收入分配制度改革 促进共同富裕实现》，《管理世界》2022年第1期。

9. 李实：《以收入分配制度创新推进共同富裕》，《经济评论》2022年第1期。

10. 厉以宁、黄奇帆、刘世锦、蔡昉：《共同富裕：科学内涵与实现路径》，中信出版社，2022年。

11. 刘盾：《中国的经济增长属于"利润拉动"还是"工资拉动"？——再测功能性收入分配对我国需求增长与结构的影响》，《南开经济研究》2020年第1期。

12. 刘培林、钱滔、黄先海、董雪兵：《共同富裕的内涵、实现路径与测度方法》，《管理世界》2021年第8期。

13. 罗楚亮、李实、岳希明：《中国居民收入差距变动分析(2013—2018)》，《中国社会科学》2021年第1期。

14. 骆桢、张衔：《劳资关系对经济增长可持续性的影响分析》，《政治经济学评论》2018年第6期。

15. [加]马克·拉沃：《后凯恩斯主义经济学》，王鹏译，山东大学出版社，2009年。

16. [德]马克思、恩格斯：《马克思恩格斯选集》(第一卷、第二卷、第八卷)，人民出版社，2012年。

17. 孟捷：《劳动与资本在价值创造中的正和关系研究》，《经济研究》2011年第4期。

18. 宋磊：《后发优势论的隐形结构及其中国意义》，《开放时代》2020年第6期。

19. [美]威廉·拉佐尼克：《车间的竞争优势》，徐华、黄虹译，中国人民大学出版社，2007年。

20. 席恒、余澍：《共同富裕的实现逻辑与推进路径》，《西北大学学报(哲学社会科学版)》

2022年第2期。

21. 谢富胜：《马克思主义经济学中生产组织及其变迁理论的演进》，《政治经济学评论》2005年第1期。

22. 谢富胜、高岭、谢佩瑜：《全球生产网络视角的供给侧结构性改革——基于政治经济学的理论逻辑和经验证据》，《管理世界》2019年第11期。

23. 叶静怡、林佳、张鹏飞、曹思未：《中国国有企业的独特作用：基于知识溢出的视角》，《经济研究》2019年第6期。

24. 赵峰、陈宝林、章永辉、季雷：《收入分配、需求体制与经济增长——基于"马克思-凯恩斯-卡莱茨基"理论的经验研究》，《经济理论与经济管理》2018年第10期。

25. 中共中央文献研究室编：《建国以来重要文献选编》（第四册），中央文献出版社，2011年。

26. 邹薇、袁飞兰：《劳动收入份额、总需求与劳动生产率》，《中国工业经济》2018年第2期。

27. Alvarez-Pelaez, Maria J., and Antonia Díaz. 2005. "Minimum consumption and transitional dynamics in wealth distribution." *Journal of Monetary Economics*, 52 (3): 633-667.

28. Basu, D., M. Budhiraja. 2021. "What to Make of the Kaldor-Verdoorn Law?" *Cambridge Journal of Economics*, 45(6): 1243-1268.

29. Bartelsman, E., J. Haltiwanger, and S. Scarpetta. 2013. "Cross-country Differences in Productivity: The Role of Allocation and Selection." *The American Economic Review*, 103(1): 305-334.

30. Benhabib, J., A. Bisin, and S. Zhu. 2011. "The Distribution of Wealth and Fiscal Policy in Economies with Finitely Lived Agents." *Econometrica*, 79(1): 123-157.

31. Bhaduri, A., and S. Marglin. 1990. "Unemployment and the Real Wage: The Economic Basis for Contesting Political Ideologies." *Cambridge Journal of Economics*, 14(4): 375-393.

32. Bowles, S., and R. Boyer. 1988. "Labor Discipline and Aggregate Demand: A Macroeconomic Model." *The American Economic Review*, 78(2): 395-400.

33. Bowles, S. 1985. "The Production Process in a Competitive Economy: Walrasian, Neo-Hobbesian, and Marxian Models." *The American Economic Review*, 75(1): 16-36.

34. Chakraborty, S., and M. Das. 2005. "Mortality, Human Capital and Persistent Inequality." *Journal of Economic Growth*, 10(2): 159-192.

35. Galor, O., and J. Zeira. 1993. "Income Distribution and Macroeconomics." *The Review of Economic Studies*, 60(1): 35-52.

36. Gintis, H., and S. Bowles. 1982. "The Welfare State and Long-Term Economic Growth: Marxian, Neoclassical, and Keynesian Approaches." *The American Economic Review*, 72(2): 341-345.

37. Jayadev, A. and S. Bowles .2006. "Guard Labor." *Journal of Development Economics*, 79 (2): 328-348.

38. Kaymak, B., and M. Poschke. 2016. "The Evolution of Wealth Inequality over Half a Century: The Role of Taxes, Transfers and Technology." *Journal of Monetary Economics*, 77: 1-25.

39. Lavoie, M. 1995. "The Kaleckian Model of Growth and Distribution and Its Neo-Ricardian and Neo-Marxian Critiques." *Cambridge Journal of Economics*, 19(6): 789-818.

40. Lavoie, M. 2017. "The Origins and Evolution of the Debate on Wage-Led and Profit-Led Regimes." *European Journal of Economics and Economic Policies: Intervention*, 14(2): 200-221.

41. Lo, Dic, Ling Gao, and Yuchen Lin. 2022. "State Ownership and Innovations: Lessons from the Mixed-Ownership Reforms of China's Listed Companies." *Structural Change and Economic Dynamics*, 60:302-314.

42. Marglin, S., and J. B. Schor. 1990. *The Golden Age of Capitalism*. Oxford: Clarendon.

43. Nikiforos, M., D. K. Foley. 2012. "Distribution and Capacity Utilization: Conceptual Issues and Empirical Evidence." *Metroeconomica*, 63(1): 200-229.

44. Palley, T. I. 2017. "Wage-vs. Profit-led Growth: The Role of the Distribution of Wages in Determining Regime Character." *Cambridge Journal of Economics*, 41(1): 49-61.

45. Petri, F. 2003. "Should the Theory of Endogenous Growth Be Based on Say's Law and the Full Employment of Resources?"// 2003. In *The Theory of Economic Growth: A "Classical" Perspective*. Edited by N. Salvadori. Cheltenham, Northampton: Edward Elgar, pp.139-160.

46. Piketty, T. 2014. *Capital in the Twenty-first Century*. Cambridge, MA: Harvard University Press.

47. Piketty, T., L. Yang, and G. Zucman. 2019. "Capital Accumulation, Private Property, and Rising Inequality in China, 1978-2015." *The American Economic Review*, 109(7): 2469-2496.

48. Rose, A. K. 1991. "The Role of Exchange Rates in a Popular Model Of International Trade: Does the 'Marshall-Lerner' Condition Hold?" *Journal of International Economics*, 30(3-4): 301-316.

49. Shapiro, C., and J. E. Stiglitz. 1984. "Equilibrium Unemployment as a Worker Discipline Device." *The American Economic Review*, 74(3): 433-444.

50. Sherman, H. J., and G. R. Evans. 1984. *Macroeconomics: Keynesian, Monetarist and Marxist Views*. New York: Harper & Row.

51. Solow, R. M. 1956. "A Contribution to the Theory of Economic Growth." *The Quarterly Journal of Economics*, 70(1): 65-94.

52. Stockhammer, E., and O. Onaran. 2013. "Wage-Led Growth: Theory, Evidence, Policy." *Review of Keynesian Economics*, 1(1): 61-78.

53. Zhang, J. 2021. "A Survey on Income Inequality in China." *Journal of Economic Literature*, 59(4): 1191-1239.

劳动复杂程度与经济增长

徐春华　刘潇南*

本章在剖析劳动复杂程度的具体内涵及其经济增长效应的基础上,构建了一个包含劳动复杂程度的经济增长模型,利用1990—2017年43个国家的面板数据构造了劳动复杂系数指标,发现在样本期内劳动复杂程度均值在发达国家与发展中国家之间存在明显的绝对差距,但是两者间的相对差距在2000年以后则有明显的缩小,中国和印度的劳动复杂系数的均值则依次位居倒数第二位和倒数第一位。通过构建面板向量自回归模型(PVAR模型)实证研究发现:一方面,在全样本层面以及发展中国家中,劳动复杂程度增长率与经济增长率之间具有显著的双向交互格兰杰因果关系检验(Granger causality test):劳动复杂程度增长率是推动经济增长的格兰杰原因,而经济增长率的提高则是促使复杂劳动向简单劳动动态转化格兰杰原因。特别是在发展中国家中,经济增长率在受到劳动复杂程度增长率一个标准差冲击后的正脉冲响应曲线在第1期达到最大值后,在较大的正值区域维持4期后才进入衰减过程。另一方面,在发达国家中,劳动复杂程度增长率与经济增长之间并不存在显著的双向交互格兰杰因果关系,劳动复杂程度增长率对经济增长率的贡献程度明显小于全劳动生产率提高和资本有

---

　*本章系福建省社会科学基金项目"资本技术构成对省界及非省界贫困县经济增长的产出效应差异研究"(FJ2021B016)、中央高校基本科研业务费项目"马克思社会再生产循环思想的理论探源、现代范式与当代价值研究"(2072021121)的阶段性成果。本章的一个简约版本发表在《财经科学》2022年第9期。徐春华,经济学博士,厦门大学经济学院、王亚南经济研究院助理教授,研究方向为马克思主义政治经济学、空间发展不平等及空间贫困;刘潇南,厦门大学经济学院,政治经济学专业硕士研究生。

机构成增长等因素的贡献程度。

　　在经济全球化过程中,由于资源禀赋、人口规模、国家制度、技术水平等因素的差异,不同国家之间的经济增长水平和速度客观上存在着相应的差距。通过整理和计算1991—2017年发达国家与发展中国家之间的经济增长率可以看出,[①]尽管这两类国家的经济增长率存在比较类似的变动趋势,但是如果以2000年为分界线(图2.1)可以发现,在2000年以前,发展中国家的经济增长率比发达国家经济增长率具有更大的波动性,然而在2000年以后这一特征不仅有明显反转,而且发展中国家的经济增长率整体上比发达国家的经济增长率处于更高的水平上。事实上,通过进一步计算这两类国家在1991—2017年经济增长率的总体均值可以发现,发达国家经济增长率的总体均值为2.96%,而发展中国家的经济增长率总体均值则为4.56%。由此可见,发展中国家在经济增长速度方面的确存在赶超发达国家的趋势,并且这一趋势在2000年以来表现得更为明显。

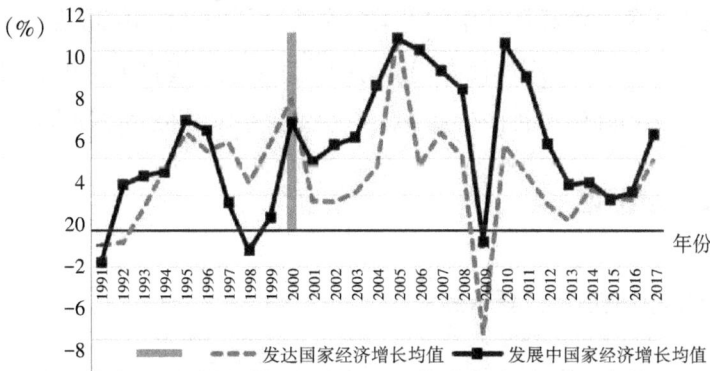

注:相关数据来自格罗宁根增长与发展中心并经作者整理计算而得。

图2.1 发达国家与发展中国家经济增长率差异及变动趋势

① 采用格罗宁根增长与发展中心(Groningen Growth and Development Centre)的以2011年美元价格为基准且经购买力平价转换后的实际国内生产总值(单位:百万美元)原始数据。其中发达国家包括澳大利亚、奥地利、比利时、加拿大、瑞士、塞浦路斯、捷克、德国、丹麦、西班牙、爱沙尼亚、芬兰、法国、英国、希腊、爱尔兰、冰岛、意大利、日本、韩国、立陶宛、卢森堡、拉脱维亚、荷兰、挪威、新西兰、葡萄牙、新加坡、斯洛伐克、斯洛文尼亚、瑞典、美国;发展中国家包括智利、中国、厄瓜多尔、克罗地亚、匈牙利、印度、波兰、罗马尼亚、俄罗斯、泰国、土耳其。

事实上,学术界对经济增长及发展差距影响因素相关研究可谓汗牛充栋。譬如,已有研究从人力资本积累(Romer,1990;Mankiw et al.,1992)、劳动力投入(Krugman,1994)、资本深化(Acemoglu & Guerrieri,2008)、周期波动的国际协同(欧阳志刚,2013)、全球贸易失衡(戴翔和张二震,2013)、全要素生产率(梁泳梅和董敏杰,2015)、土地制度(刘凯,2018)、市场潜能(程名望等,2019)、科技进步及人工智能(Grossman & Helpman,1991;Aghion,2017;郑世林和张美晨,2019)等方面研究的中国或国际经济增长问题,并且得出了不少很有理论价值和实践价值的结论。因此,对于如图2.1所示的这种发达国家与发展中国家经济增长率差异我们依然可以从很多维度进行解释。然而值得注意的是,在马克思主义政治经济学中,劳动力作为价值创造的唯一源泉和商品生产的第一主观能动因素,一个国家或者一个地区中的劳动劳动复杂程度的变动的变化必然会对其经济生产活动产生重要影响。由此引申出来的第一个问题是:发展中国家经济增长的这种赶超过程能否通过马克思主义政治经济学中的劳动复杂程度的提升作出相应解释? 或者更进一步地说,产品生产过程中劳动力的劳动复杂程度该如何识别和测度,且其变动又将对经济增长产生怎样的影响? 这是本章拟重点探究的话题。

一、文献综述

(一)"人力资本"与"复杂劳动"

在西方主流经济增长理论中,"人力资本"被视为实现经济增长的重要因素(巴罗和萨拉-伊-马丁,2019:189-224;舒尔茨,2020),并且多数学者也倾向于采用教育部门投入或者受教育年限等指标对之进行度量(Lucas,1988;刘智勇等,2018;高琳,2021)。事实上,尽管人力资本理论对认识和推动经济增长(尤其是发展中国的经济增长)有重要的理论与实践意义,然而相关争论和分歧却一直存在,在马克思主义政治经济学的相关研究中更是如此。一方面,有不少学者认为马克思的著作中包含了丰富的人力资本思想(张淑东和刘少杰,2010;刘文和罗润东,2011),认为马克思关于分工协作理论成为研究组织人力资本的最重要的理论渊源（叶正茂和叶正欣，2014），主张批判吸收西方人力资本理论中的合理成分或认为劳动价值论适用于人力资本问题的研究（任洲鸿和刘冠军，2008；张忠任，2011），或试图从马克思的相关著作中分析总结出其人力资本理论（顾婷婷和杨德才，2014），甚至认为当代人力资本理论对马克思主义政治经济学提出了新的挑战（赵志平，2011）。

另一方面，更多学者对人力资本的概念和理论提出了质疑（张海云，2003；吴宣恭，2005；陈谨祥等，2009）。吴宣恭（2005）认为，劳动者的"人力资本"是一个背离马克思主义资本理论，不仅人力不能成为资本，而且劳动力的教育培养费用不能使劳动力转化为资本。谢富胜和李安（2008）认为，人力资本理论抽象掉了社会生产关系与阶级关系，只是一个片面的生产要素理论。丁冰（2008）认为，舒尔茨的"人力资本"理论虽然在西方经济学发展史上有其积极的理论意义，但却是与马克思科学的资本理论相悖的不科学的资产阶级庸俗观点。李连波和谢富胜（2015）认为，马克思明确批判过古典经济学家的人力资本思想，所谓的马克思的人力资本理论并不存在。韩英（2018）认为，把"劳动力"看作"商品"而不是"资本"体现了马克思经济学与西方经济学的根本差异。朱丹（2020）认为，"人力资本"在一定的意义上是一个伪概念，而"人力是资本"同样是一个伪命题。

综上可知，尽管人力资本理论为我们审视经济增长提供了一个"人力"的视角，并且人力资本理论所强调的教育投入与马克思所说的复杂劳动受到教育培训等因素影响似乎颇为相似，然而立足于马克思主义政治经济学的理论则不难发现，资本主义生产方式中的"人力"或者说"劳动力"只能是一种特殊的"商品"而不是一种"资本"。马克思明确指出："资本不是物，而是一定的、社会的、属于一定历史社会形态的生产关系，后者体现在一个物上，并赋予这个物以独特的社会性质。"（资本论：第3卷，2004：922）资本的逐利性从本质上规定了资本只能在循环往复的运动中得以存活和增殖，从而"资本作为自行增殖的价值……是一种运动，是一个经过各个不同阶段的循环过程"（资本论：第2卷，2004：121）。特别地，资本在运动过程中能够增殖或者说货币能够转换成资本的决定性因素就在于购买到劳动力这一特殊的商品。一方面,失去生产资料的劳动力为了生存"不得不把只存在于他的活的身体中的劳动力本身当作商品出卖"(资本论:第1卷,2004:196);另一方面,"只有当生产资料和生活资料的占有者在市场上找到出卖自己劳动力的自由工人的时候,资本才产生"(资本论:第1卷,2004:198)。因此,如果从"人力"视角考察经济增长,则马克思所谈及的"复杂劳动"会比西方经济学中的"人力资本"更为合适,并且劳动复杂程度是比人力资本更科学地度量劳动力质量和效率增进的指标。

(二)复杂劳动还原与劳动复杂程度测算

在讨论商品二因素和劳动二重性的具体关系时,马克思谈到了简单劳动与复杂劳动之间的关系,认为"比较复杂的劳动只是自乘的或不如说多倍的简节劳动,因此少量的复杂劳动等于多量的简单劳动"(资本论:第1卷,2004:58)。自此,如何将复杂劳动换算成简单劳动这一"还原问题"(reduction problem)成为马克思主义政治经济学研究领域中的一个重要而又备受争议的理论问题。

国内学术界在20世纪80年代对复杂劳动的还原问题就有过相对集中的探讨,并且相关研究持续至今,主要涉及的争论可归纳为如下五个方面:

第一,在简单劳动的概念界定方面,尽管已有研究看到了简单劳动和复杂劳动之间的相对性,认为简单劳动是一个相对的概念,并不是每一个国家、每一个地区、每一个时期的简单劳动的标准都相同,在不同的生产力发展阶段,简单劳动的含义和水平是不同的(朱清香和胡望斌,2003),但是又不能把简单劳动仅仅理解为原始的体力劳动(张文贤,1990)。然而也有学者从边际学派的分析视角来解读复杂劳动与简单劳动之间的替代关系,并将复杂劳动与简单劳动之间这种倍加或自乘的关系视为边际关系(傅泽平,2005),甚至认为简单劳动者就是边际劳动者(刘益,2010)。对此,早已有学者明确指出把简单劳动看作一种"边际劳动"的观点是根本错误的(朱少春,1985)。

第二,在复杂劳动的内涵与影响因素方面,绝大部分研究都认为复杂劳动与受教育程度、智力劳动或科学技术之间存在密切关系,认为复杂劳动以高智力劳动为支柱或是复杂劳动力的支出(钱津,1994;刘世定,1983),或主张科技工作和经营管理是复杂劳动的重要形式(谭希培和肖昭理,2002),或强调科学技术发展是复杂劳动演变的根本原因(傅泽平,2005),甚至把复杂劳动划分为一般复杂劳动和科学技术复杂劳动两个层次(侯宏博,1991)。当然,现有研究也存在一定的分歧。譬如,段进朋(2008)认为复杂劳动不是创造性劳动,也不是熟练劳动,更不可能是简单劳动的成千上万倍;刘冠军(2002)则明确指出,智力劳动或脑力劳动这种复杂劳动也是创造价值的源泉,而且是大于它自身的价值的源泉,从而肯定了复杂劳动与价值的关系。钱津(2018)认为,受教育程度高的劳动者不一定就是复杂劳动者,现实中复杂劳动者也不一定就是受教育程度高的人,复杂劳动的发展将来必然要求所有的复杂劳动者都要受过良好的教育。特别地,如果说劳动力的异质性被一些资产阶级批判者看作马克思价值理论的阿喀琉斯之踵的话,则这种异质性应该主要表现在劳动复杂程度上(大卫·哈维,2017:123)。

第三,尽管复杂劳动与简单劳动间的协同劳动是当今时代的基本事实(许光伟,2003),然而在认识与把握简单劳动与复杂劳动之间具体关系方面也是存在明显分歧的。多数学者主张在具体劳动的维度认识简单劳动与复杂劳动之间的关系。譬如,有学者认为简单劳动和复杂劳动指不同工种之间的劳动在发展程度上的差异,人们从事各式各样的具体劳动由于技术复杂程度不一而化为抽象劳动时有简单与复杂之分(周治平,1979);或者认为马克思在还原问题中所说的价值创造根本不是指抽象劳动形成价值实体这一社会过程,而是指具体劳动生产出一定量商品从而为这一商品的所有者创造出价值和超额价值的个别过程(肖毅敏,1990),简单劳动和复杂劳动说到底都是对生产商品的使用价值过程的刻画从而不能直接通约并且作量的比较(任洲鸿,2016);或者明确表示复杂程度不同的劳动并不是创造价值的抽象劳动,而是生产力特别高的具体劳动,因此并不存在价值决定源泉上的"劳动还原"问题(陈孝兵和李广平,2007)。相反地,也有学者认为复杂劳动和简单劳动只是异量劳动而不是异质劳动(陈宇弘,1979),主张从抽象劳动的维度把握简单劳动和复杂劳动所反映出来的活劳动内部质量构成这一范畴(朱少春,1985),复杂程度高的活劳动能创造出更多价值(朱钟棣,1989),甚至明确指出复杂劳动与简单劳动的通约也只能是在抽象劳动上而不能是在具体劳动上(余斌,2014)。

第四,在复杂劳动到简单劳动的还原和换算方面,学者们的观点和方法也存在很大差异。代表性研究包括:从劳动力的培养费用或者受教育投入出发来考察劳动复杂程度(孙尚清,1962;宋宏宇和张品良,1986;赵海培,1987;汤美莲,2003;孟捷,2017),用劳动者每提供单位能量时所处理的信息量来近似地衡量他的劳动的复杂程度(朱少春,1985),主张在"物质—能量—信息"的范畴体系中或希法亭(Hilferding)"间接劳动还原法"基础上进行复杂劳动的还原(易原绥,1988;朱钟棣,1989),探讨劳动还原系数的时期倍增特征(朱钟棣,1989),认为以工资系数或劳动力教育费用系数把复杂劳动还原为简单劳动的做法是不正确的(陈振羽,1999),将知识工程原理、模糊神经网络技术因素分析法、信息传递与筛选、复杂系数法或者创新型劳动创造价值理论模型引入复杂劳动量的还原分析过程中(刘刚和宁宣熙,2000;朱清香和胡望斌,2003;马伯钧和李君华,2003;鲁品越和桂徽,2010)。

具体到对劳动复杂程度的测算方法和思路方面的代表性研究包括:主张采用劳动力培养费用比例作为还原系数(孙尚清,1962),将简单老师视为具有社会平均复杂程度的劳动(朱少春,1985),认为教育培训劳动不会像固定资本的价值那样会转移到新产品中去(Harvey,1985),建议用复杂劳动和简单劳动在同样长的时间内创造的追加价值的比率来表示劳动的复杂程度(赵海培,1987),主张通过比较各生产部门平均每个工作日新创造的价值便得到劳动化简乘数(李翀,1987),认为简单劳动与复杂劳动之间的"还原系数"应该理解为简单劳动的价值创造力对复杂劳动的价值创造力的比率(藤森赖明和李帮喜,2014:113-119),主张把希法亭和鲁宾作某种结合来考察复杂劳动还原问题(孟捷和冯金华,2017)。

值得一提的是,关于复杂劳动还原问题,马克思并未给出过多的笔墨,认为复杂劳动要还原为简单劳动"似乎是由习惯确定的"(资本论:第1卷,2004:58),甚至认为"是很容易的"(资本论:第1卷,2004:231)。因此给后来的学者解答还原问题留下来较大的争论空间。特别是,现有研究在将复杂劳动换算成简单劳动过程中不仅未能形成统一共识,而且均在一定程度上忽略了一点,那就是社会必要劳动时间在劳动复杂程度还原过程中的标杆性作用,而且不同国家由于其经济发展水平不同从而它们国内的社会必要劳动时间是各不相同的。

第五,在劳动复杂程度对劳动生产率或经济增长的作用方面,首先,有学者认为随着产技术水平提高劳动复杂程度反而会下降,进而认为用复杂劳动来解释生产力水平高的劳动创造价值多的现象是不正确的(肖毅敏,1990)。其次,也有学者认为随着劳动生产率的提高,单位时间内创造的价值可以增加,也可以减少,或是不变,这取决于劳动是变得更复杂了还是变得更简单了,或是没变(温宁军,1987)。最后,绝大多数学者认识到了劳动复杂程度的经济增长效应。譬如,宗寒(1983)认为复杂劳动代表着更高的生产力,在同样的劳动时间、劳动条件和劳动强度下,能够创造更多的价值和使用价值,为社会提供更多的财富,并且新技术创造出来后,被投入应用也离不开复杂劳动的创造性。徐浪(2002)在量化教育对经济的重要作用和对经济增长贡献研究中就使用了复杂劳动简化法来测算教育贡献率。有学者认为科技劳动或复杂劳动在相同时间内创造的物质财富比简单劳动要高得多,但是创造的价值与简单劳动是相同的(陈孝兵和李广平,2007),这一观点是不准确的。因为这一观点虽然看到了复杂劳动在财富创造方面的巨大效率,但是没有看到复杂劳动在价值创造中的有别于简单劳动的地方。严金强等(2017)认为,劳动复杂程度提高是劳动力质量提高和劳动主观条件改善的重要方面,源于复杂劳动的经济增长是真正意义上的内生经济增长。钱津(2018)认为社会的发展是由复杂劳动的发展推动的,复杂劳动的复杂程度决定了社会发展进步的程度。当前研究虽然在不同程度上看到了劳动复杂程度与经济增长之间的内在关系(如严金强等,2017;钱津,2018),

但是并没有对劳动复杂程度进行测度，也没有对这一内在关系进行实证层面的量化分析。

特别地，在考察劳动复杂程度对经济增长的影响时，并不能忽视资本有机构成在这一过程中是密不可分的。因为资本有机构成作为生产过程中不变资本与可变资本之间的比例结构，劳动复杂程度的变化过程同时必将与资本有机构成变动息息相关的。事实上，在这方面已有学者在不同程度上认识到了这一点。譬如，傅泽平(2005)认为科学技术发展是复杂劳动演变的根本原因，而复杂劳动力所占比重的扩大与复杂劳动水平本身的提高必然要反映到资本有机构成的变动上来。相反地，李松龄(2020)则认为提高资本的有机构成，从而提高生产力水平，不一定会使劳动变得越来越复杂，复杂劳动转换为简单劳动，需要提高资本的有机构成，因为资本有机构成越高，劳动的复杂程度相对较低，资本有机构成越低，劳动的复杂程度反而较高。由此可见，现有研究对于劳动复杂程度与资本有机构成之间的具体变化关系并未形成一致的认识。

综上所述可知，现有关于复杂劳动还原问题的研究在如下方面已达成相对广泛的认识：第一，普遍认为复杂劳动的产生与劳动力受教育和培训的支出密切相关；第二，普遍认为复杂劳动在同一时间内能够创造出多倍于简单劳动的使用价值；第三，复杂劳动和简单劳动是一个相对概念，在同一国家的不同时期或不同国家和地区中它们的复杂劳动所体现出来的复杂程度是不一样的。

然而关于复杂劳动还原问题至少还存在如下有待进一步研究和完善的空间：第一，不能陷入成本分析的范式来考察复杂劳动还原问题，而应从社会必要劳动时间的维度并立足于产出增长的视角来审视这一问题。因为立足教育费用的换算方法虽然看到了复杂劳动和简单劳动在教育投入方面的差异，但是多数研究均忽视了这种教育投入对提升劳动力价值构成进而增强财富创造能力和价值增殖能力的动态作用，因为"劳动力的价值和劳动力在劳动过程中的价值增殖，是两个不同的量"(资本论：第1卷，2004：225)。

第二，相对于简单劳动而言，复杂劳动不仅能够在财富创造或者说使用价值生产方面具有自乘或多倍的创造能力,而且在同一时间内的价值增殖方面也是如此,因此对于复杂劳动还原系数的测算应该同时考虑到这两方面的综合作用。事实上,马克思所说的同一劳动在同一时间内创造相同的价值是建立在所有商品生产的劳动均为简单劳动的基础上的,即"为了简便起见,我们以后把各种劳动力直接当作简单劳动力,这样就省去了简化的麻烦"(资本论:第1卷,2004:58)。因此马克思在对劳动创造价值的分析过程中都是以不考虑劳动复杂程度还原情况的简单劳动为论述起点的。当考虑了劳动复杂程度时,即便在相同的时间内,复杂劳动也可以创造出多倍于简单劳动的价值量。特别地,当在资本主义生产方式中,使用价值的生产还将受到交换价值的限制。

第三,从经验分析的角度考察劳动复杂程度对经济增长具体影响的研究则尚付阙如。事实上,在统计数据愈发丰富及计量经济学分析方法不断涌现的当今世界,采用相关数据对劳动复杂程度进行测度与量化,进而选用合适的计量分析方法从实证层面识别劳动复杂程度对经济增长的作用效果,这无疑是立足于马克思主义政治经济学基本原理更好地分析和回答理论和现实问题,进而坚持和发展马克思主义政治经济学的客观要求和可行路径之一。鉴于此,我们拟将一个包含劳动复杂程度的经济增长模型,采用格罗宁根增长与发展中心公布的相关数据估算1990—2017年世界43个国家的劳动复杂程度,并通过面板向量自回归模型实证分析劳动复杂程度对不同国家经济增长的影响,以期获得更为认识前文所示的发展中国家在经济增长速度方面发展差距与变动趋势提供一个马克思主义政治经济学的理论注释。

二、理论基础与理论模型

(一)劳动复杂程度提高的产出效应

劳动复杂程度提高的产出效应主要体现在使用价值增长效应和价值增长变动效应这两方面的综合作用(图2.2)。一个社会中的劳动复杂程度越高,则同一时间内能够比简单劳动生产出更多的使用价值,并且在社会必要劳动时间不变的前提下还能对价值增殖产生影响。

从使用价值的增长效应来看,由于"工人的平均熟练程度,科学的发展水平和它在工艺上应用的程度"(资本论:第1卷,2004:53)均是决定劳动生产力的重要因素,而复杂劳动是"比社会的平均劳动较高级、较复杂的劳动"(资本论:第1卷,2004:230)并且表现为"比普通劳动力需要较高的教育费用"(资本论:第1卷,2004:230)。因此,劳动复杂程度提高不仅意味着劳动技能的提升,而且表明劳动生产力的增强,这将通过提高劳动生产率和财富创造能力而大幅度提高使用价值的总产出,推动国民财富增长。

就劳动复杂程度的价值增长变动效应而言,第一,假定社会必要劳动时间不变,则在同一劳动时间内,劳动复杂程度较高的劳动"也就表现为较高级的劳动,也就在同样长的时间内对象化为较多的价值"(资本论:第1卷,2004:230),或者说"在每一个价值形成过程中,较高级的劳动总是要化为社会的平均劳动,例如一日较高级的劳动化为 x 日简单的劳动"(资本论:第1卷,2004:231)。因此就生产同一种商品而言,一个具备复杂劳动技能的劳动者在既定时间内所创造出的价值总量要高于一个仅具备简单劳动技能劳动者在同一劳动时间内所创造的价值总量,因为这个具备复杂劳动技能的劳动者不仅能够生产出高于其劳动力价值的剩余价值,而且这一剩余价值会大于简单劳动者在同一时间内所生产出来的剩余价值,从而复杂劳动所创造的价值总量会倍加于简单劳动所创造的价值总量。特别地,马克思在阐述相对剩余价值生产过程时发现,"生产力特别高的劳动起了自乘的劳动的作用,或者说,在同样的时间内,它所创造的价值比同种社会平均劳动要多"(资本论:第1卷,2004:370)。由此可见,价值不仅是劳动的凝结,还是社会生产关系的体现。在这种生产关系里面,更高级的劳动或者说复杂劳动被得到认可,并被承认为具有多倍的或自乘的作用。同时,正是由于劳动生产率高的劳动具有自乘作用,因此还意味着在等价交换中的"平等"包含着"不平等"。

第二,从商品价值的角度来看,由于"商品的价值量与实现在商品中的劳动的量成正比地变动,与这一劳动的生产力成反比地变动"(资本论:第1卷,2004:53-54),故因劳动复杂程度提高而增强后的劳动生产力越高则"凝结在该物品中的劳动量就越小,该物品的价值就越小"(资本论:第1卷,2004:53),即使得在同一时间内所生产出来的单位商品中的价值量减少。当整个社会的劳动复杂程度进而劳动生产力得到普遍提升后,生产该商品的社会必要劳动时间也将随之缩短,由此也将降低凝结在商品中的价值量。

综合以上两方面可知,劳动复杂程度变动所带来的价值增长效应是多维的。特别地,从货币的起源易知,作为一般等价物的货币与其他商品一样同样具有内在价值,这为货币用其价值尺度职能测量并加总各种异质化商品的价值提供了根本前提。在当今以货币作为国民经济核算计量单位的统计框架下,使用货币单位对一国或一个地区的使用价值进行加总核算,进而测度的国内生产总值及其增长也即意味着该国或该地区所创造出来的价值量的规模及其增长情况。

此外,尽管复杂劳动和简单劳动之间是一个相对概念,但是学界对这一对概念之间相对变动的具体机制的研究也稍显不足。对此,马克思明确指出:"各种劳动化为当作它们的计量单位的简单劳动的不同比例,是在生产者背后由社会过程决定的"(资本论:第1卷,2004:58)。事实上,这一包含习惯在内的"社会过程"更主要的应该是指社会经济发展过程。从历史唯物论的角度看,在既定社会经济发展阶段中的复杂劳动必然会随着经济发展水平的不断提高而逐渐转变成为相对简单的劳动。因此,经济的不断增长有促使劳动复杂程度逐渐降低的趋势,或者说具有复杂劳动还原效应(图2.2)。

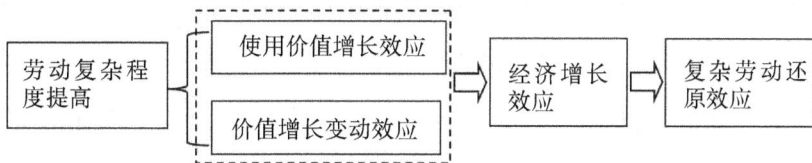

图2.2　劳动复杂程度提高与经济增长之间互动关系分析框架

(二)一个包含劳动复杂程度的经济增长模型

按照马克思的分析思路,假定国家 i 在第 t 期的消费主要由资本家发起,并且消费 C_{it} 是资本家所赚取的剩余价值 M_{it} 的一部分。我们在借鉴已有研究的做法(Foley and Michl,1999;王艺明、胡久凯,2018)的基础上,假设资本家的目的是既定消费约束下的消费主体追求使用价值消费最大化且消费函数采用如下形式:

$$Max\int_0^\infty e^{-\rho t}\frac{C_t^{1-\sigma}}{1-\sigma}P(t)dt \qquad \rho>0,\sigma>0 \tag{1}$$

其中,ρ 为该国消费主体对不同时期所能获取到的使用价值的主观估价意愿或者说时间偏好率,σ 为相对风险厌恶系数,$P(t)$ 等于该经济体中资本家的数量,其增长率等于经济中人口的增长率 n。

由于这是由资本家发起的消费,对于资本家来说,其所消费的跨期总量的现值必然要小于所拥有的财富总额,而根据马克思主义政治经济学的相关理论阐述,对于资本家来说,其所拥有的财富,即为生产资料。因此,资本家的消费预算约束为:

$$\int_0^\infty e^{-\beta(t)}C_tP(t)dt \leqslant N(0) \tag{2}$$

其中,N(0)代表着资本家所拥有的生产资料的现值,而其消费的贴现率用 $\beta(t)$ 来表示。这是由于在经济发展过程中,因为技术水平和劳动复杂程度上升等的因素存在,单位时间内生产的商品总量会不断上升,单位商品的价值也在不断下降,随着时间的推移,该商品的价格也会随着商品价值的下降而下降。因此,我们用 $\beta(t)$ 来代表这种由于时间推移而不断下降的商品价值贴现率。为了体现这种价值的下降来自资本技术构成和劳动复杂程度的不断上升,我们设定 $\beta(t)=\int_0^t \gamma g_k(\tau)+\delta g_\theta(\tau)d\tau$,其中 γ 和 δ 为转换系数,$g_k(\tau)$ 和 $g_\theta(\tau)$ 分别为资本技术构成 $k(t)$ 和劳动复杂程度 θ

(t)的增长率。事实上,如果资本家的目标是为了自身使用价值的最大化,为了实现这一目标,其应该把自己所持有的资产全部用于消费,该等式是严格相等的。

类似于西方经济学中的索罗模型,利用有效消费这一概念去分析模型中的各个变量更加便于分析。因此,我们需要将目标函数与预算约束都表示为单位有效资本的平均消费的函数。我们令$c(t)$表示为单位有效资本的平均消费,并且$C(t)=k(t)A(t)c(t)$,其中$k(t)$为经济中的资本技术构成,而$A(t)$为生产技术水平,这两项代表了经济中的总体技术进步。进一步的,经过代换后的目标函数和预算约束可以表示为:

$$B\int_0^\infty e^{-(\rho-n-(1-\sigma)g)t}\frac{[k(t)c(t)]^{1-\sigma}}{1-\sigma}dt \tag{3}$$

$$\int_0^\infty e^{-[\beta(t)-(n+g)t]}k(t)c(t)A(0)P(0)dt \leqslant N(0) \tag{4}$$

式(3)中$B=A(0)^{1-\sigma}P(0)$,基于上述目标函数和约束条件,我们可以构建拉格朗日方程,并通过对第t期的消费求导的方式,来得出一阶条件:

$$L=B\int_0^\infty e^{-(\rho-n-(1-\sigma)g)t}\frac{[k(t)c(t)]^{1-\sigma}}{1-\sigma}dt+\lambda[N(0)- \tag{5}$$

$$\int_0^\infty e^{-[\beta(t)-(n+g)t]}k(t)c(t)A(0)P(0)dt]$$

$$Be^{-(\rho-n-(1-\sigma)g)t}[k(t)]^{1-\sigma}c(t)^{-\sigma}=e^{-[\beta(t)-(n+g)t]}k(t)A(0)P(0) \tag{6}$$

两边同时取对数可得:

$$\ln B+\beta(t)-\rho t-\sigma\ln(k(t))-\sigma gt=\sigma\ln(c(t))+\ln A(0)+\ln P(0) \tag{7}$$

由于式(7)两边对于所有时间t都是相等的,因此可以对t取导数后,等式也成立:

$$\frac{c(t)}{c(t)}=\frac{\gamma-\sigma}{\sigma}g_k(t)+\frac{\delta}{\sigma}g_\theta(t)-\frac{\rho+\sigma g}{\sigma} \tag{8}$$

我们进一步引入政治经济学中,资本家的消费是来自其所获得的剩余价值的一部分这一概念,去得到资本技术构成和劳动复杂程度的关系。其中,若资本家按照固定比例 c 去消费自己所获得的剩余价值,并且剩余价值的唯一源泉来自活劳动,因此有效消费可以具体表示为:

$$c_t = c \, \Omega_t \, mL_i\theta(t) \tag{9}$$

其中,Ω_t 为 t 时期每单位产品的社会价值,并且 $\Omega_t = \Omega(0)e^{\beta(t)}$,$m$ 为剩余价值率,L_i 为 t 时期的活劳动数量。这样,我们就可以通过对上式取对数,再对时间 t 求导的方式,将消费增长率进一步表示为:

$$\frac{c(t)}{c(t)} = \gamma g_k(t) + (\delta + 1)g_\theta(t) + \frac{\dot{L}(t)}{L(t)} \tag{10}$$

将式(10)代入到式(8)中,可以得到如下描述劳动数量增长的最优路径:

$$g_L = \frac{\dot{L}(t)}{L(t)} = \frac{(1-\sigma)\gamma - \sigma}{\sigma}g_k(t) + \frac{(1-\sigma)\delta - \sigma}{\sigma}g_\theta(t) - \frac{\rho + \sigma g}{\sigma} \tag{11}$$

设国家 i 的生产函数为如下 C-D 形式:

$$Y_{it} = A_{it}K_{it}^{\alpha}(\theta_{it}L_{it})^{\varphi} \tag{12}$$

其中,$0 < \alpha < 1$,$0 < \varphi < 1$,Y 为产出水平,A 为生产技术水平,K 为不变资本或者说物化劳动,L 为劳动力,θ 为劳动复杂程度。将劳动复杂程度作为生产过程中活劳动数量的系数加入生产函数中的一个直观理由是:产品的生产并非仅是既定技术水平下物化劳动数量和活劳动数量之间的组合匹配关系,还是劳动力自身劳动技能和劳动复杂程度提升的结果。

从马克思的劳动价值论可知,商品生产一方面是通过活劳动的抽象劳动创造出剩余价值的过程,另一方面又是通过活劳动的具体劳动制造出使用价值的过程,而实现这种转移的途径则是资本有机构成。因此,借助于资本有机构成把表征以往物化劳动的物质生产资料对产出的影响"还原"到当期劳动力这种具有主观能动性的价值源泉因素上,从而可将式(12)改写成如下形式:

$$Y_{it} = A_{it}k_{it}^{\alpha}\theta_{it}^{\varphi}L_{it}^{\alpha+\varphi} \tag{13}$$

通过式(13)引入资本有机构成这一变量后,可以把以往的物化劳动参与当期产品生产过程所需要匹配的当期活劳动数量溯源到劳动力要素上（徐春华，2021）。由此易知，式(13)C-D型产出函数中所描述的是一个包含具有主观能动性的劳动者数量(L)、劳动复杂程度、资本有机构成以及生产技术(A)在内的以劳动力进行使用价值生产及价值增殖过程为根本目的的过程。特别地，在式(13)中未被观察到的技术进步因素本质上是全劳动生产率(定义为TLP)的"余值"测度。

对式(13)取对数并求时间的导数可得如下各增长率之间的关系：

$$g_Y = g_A + \alpha g_k + \varphi g_\theta + (\alpha + \varphi) g_L \tag{14}$$

其中 $g_Y = \dfrac{\dot{Y}(t)}{Y(t)}$，$g_A = \dfrac{\dot{A}(t)}{A(t)}$，$g_k = \dfrac{\dot{k}(t)}{k(t)}$，$g_\theta = \dfrac{\dot{\theta}(t)}{\theta(t)}$。把式(11)代入式(14)，从而产出增长可表述为：

$$g_Y = \zeta + \underbrace{g_A}_{\text{全劳动生产率增长效应}} + \underbrace{\phi g_\theta}_{\text{劳动复杂程度产出效应}} + \underbrace{\eta g_k}_{\text{资本技术构成增长效应}} \tag{15}$$

其中，$\zeta = -\dfrac{(\alpha+\varphi)(\rho+\sigma g)}{\sigma}$，$\phi = \varphi + (\alpha+\varphi)\dfrac{(1-\sigma)\delta - \sigma}{\sigma}$，$\eta = \alpha + (\alpha+\varphi)\dfrac{(1-\sigma)\gamma - \sigma}{\sigma}$。从式(15)可知，一个地区的经济增长率会受到全劳动生产率、劳动复杂程度增长率及资本技术构成增长率的综合影响。

就资本技术构成增长效应而言，一方面，从理论上说，资本技术构成可以通过其所蕴含的技术增长效应和水平增长效应促进经济增长（徐春华，2021）。另一方面，当期资本技术构成提高则意味着下一期生产过程中所需要的活劳动数量就越少，而劳动数量又是产品生产重要因素和价值创造的唯一源泉，因此资本技术构成增长还能够抑制经济增长。总之，劳动复杂程度这一因素的引入有助于为我们审视经济发展提供一个来自劳动力内在质量提升的分析维度，式(15)也为我们后续建立计量分析模型提供了参照基准。

三、劳动复杂程度测算与典型经验特征事实

(一)劳动复杂程度测算

基于前文的测算思路同时出于文献回顾中的相关认识,我们将测度劳动复杂程度的思路按照以下方向推进:第一,复杂劳动还原应以社会平均复杂程度的劳动为基础,而如果能够将社会必要劳动时间的引入还原过程中则能够相对合理的考虑到这一点;第二,在考虑社会必要劳动时间的基础上,还应该考虑到生产过程中的总劳动人数,并在总工作日或总劳动时间的基础上考察使用价值量生产和价值创造的规模;第三,复杂劳动和简单劳动是一个相对概念,劳动复杂程度的变动是一个随着时空变化和经济发展水平而相对变动的动态倍数变动过程。譬如,李翀(1987)在估算"劳动简化乘数"时用各生产部门的就业人数乘以年平均工作日得到总工作日,把各生产部门新创造的价值和它们的总工作日相比得到平均每个工作日新创造的价值,最后比较各生产部门平均每个工作日新创造的价值便得到劳动化简乘数。对此,马克思明确论述了它们之间的历史阶段性及辩证相对性,认为"简单平均劳动本身虽然在不同的国家和不同的文化时代具有不同的性质,但在一定的社会里是一定的"(资本论:第1卷,2004:58)。

然而应该看到的是,要通过准确衡量出凝结在商品中的社会必要劳动时间来测量不同商品的价值量显然不是一项容易的工作,因为整个经济的劳动总量本身也是一个需要经复杂劳动与简单劳动换算而进一步确定的变量。因此,这里遇到的一个首要问题是:如何建立复杂劳动与简单劳动在不同历史阶段以及不同地区中的所呈现出来的动态辩证关系及其不同换算方式?或者说,如何立足于马克思经济理论,相对合理地将不同历史时期和不同国家地区中的复杂劳动换算成为具有倍数可比性的简单劳动?这无疑是一个亟待解决又充满挑战的工作。一个显而易见的事实是,随着社会生产力的日益发展以及生产率的不断提高,生产同一商品所需要的社会平均劳动时间数量在不同经济发展阶段是不同的,并且在趋势上应是逐渐下降的。

然而值得注意的是,在不同经济发展阶段内或者不同经济发展水平的国家当中,同一商品上所耗费的同一数量的劳动时间,虽然它们在"量"上是相同的,但是由于不同国家中的劳动复杂程度不同及社会必要劳动时间的差异而使得在这同一时间内所创造的使用价值量和价值增殖总量无疑是不同的。如何识别出这种处在不同时期中同量不同质(即劳动复杂程度)的劳动,这便涉及复杂劳动向简单劳动的换算问题。

鉴于此同时在前文分析的基础上,我们将劳动复杂程度系数(labfz)写成如下形式:

$$labfz_{it} = \frac{creabl_{it}}{Min(creabl_{it})} \tag{16}$$

其中,$creabl_{it} = \frac{Y_{it}}{T_{it} \times L_{it}}$,表示国家 i 在第 t 年的表征劳动复杂程度的劳动创造能力,Y_{it} 为产出水平,L_{it} 为生产过程中所使用的活劳动数量,T_{it} 为社会必要劳动时间,从而 $T_{it} \times L_{it}$ 即为考虑劳动力总人数后的总劳动时间,$Min(creabl_{it})$ 表示所有国家的各年劳动创造能力的最小值。因此,劳动复杂系数 $labfz_{it}$ 表明,以所有样本国家中劳动创造能力最小的那一年为这一时期内相对简单劳动的参照基准,将所有其他国家各年的劳动创造能力与这一基准年度的创造能力之比作为各国劳动复杂系数。

(二)典型经验特征事实

在式(16)基础上,采用格罗宁根增长与发展中心的原始数据即可计算出各国的复杂劳动系数。[①]具体说来,采用以 2011 年美元价格为基准且经购买力平价转换后的实际国内生产总值(单位:百万美元)作为各国的产出 Y,选用劳动者年均劳动小时数作为各国的劳动时间 T,使用劳动参与人数(单位:百万人)作为各国的劳动人数 L。

从图 2.3 中不同发展水平国家的劳动复杂系数均值在时间维度上的变

---

① https://www.rug.nl/ggdc/productivity/pwt/.

动差异可知,1990—2017年,发达国家的劳动复杂程度在绝对值上一直高于发展中国家(图2.3左轴),其中发展中国家的劳动复杂系数均值从1990年的6.1增长到2017年的15.8,而发达国家的劳动复杂系数均值则从1990年的18.3增长到2017年的33.7。从相对差距方面看(图2.3右轴),发达国家与发展中国家的劳动复杂系数均值之比从1990年的3波动上升到1999年的3.3,随后进入到一个较快的下降通道,并在2017年降至2.1。

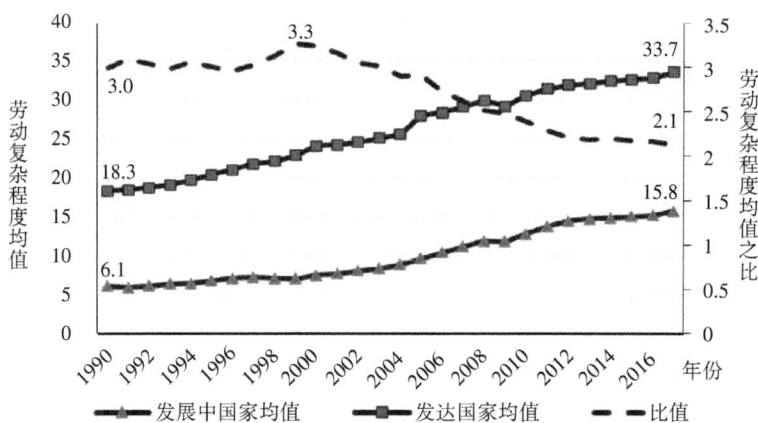

注:原始数据来自格罗宁根增长与发展中心并经作者计算而得。

图2.3 劳动复杂程度均值的国别差异和变动趋势

从空间维度看(图2.4),各国劳动复杂系数均值(1990—2017年)存在明显的国别差异。在发达国家中,挪威的劳动复杂系数均值高达48,远高于排在第二位的美国(36)。这应该与挪威人口少而资源丰富的独特优势密切相关。[①]挪威的人口只有五百多万,却拥有丰富的油气、水力、森林、渔业等资源,这种得天独厚的资源禀赋优势使其劳动者仅通过相对少量的劳动就可以生产出大量产品,然而在这些资源禀赋相对稀缺的国家却需要花费大量劳动才能生产出来的同种产品。值得注意的是,中国和印度两个人口大国的劳动复杂系数均值则依次位居倒数第二位和倒数第一位,不仅远低于所

---

① 联合国开发计划署"人类发展指数"调查结果显示,挪威连续多年高居榜首,被评为"全球最适宜居住国家"。关于资源禀赋优势对一国劳动生产力的影响,马克思曾指出:"同一劳动量用在富矿比用在贫矿能提供更多的金属等等。"([德]马克思:《资本论》第1卷,人民出版社,2004年,第53页。)

有国家的平均水平(22),而且低于其他发展中国家的水平,表明这两个当今世界上的重要发展中国家劳动复杂程度的确很低,从而存在较大的提升空间。从经验事实看,中国长期以来依靠数量型"人口红利"支撑起来的加工贸易打造了中国的"世界工厂"地位,这是与中国人口众多而劳动复杂程度低的现状密切相关的。

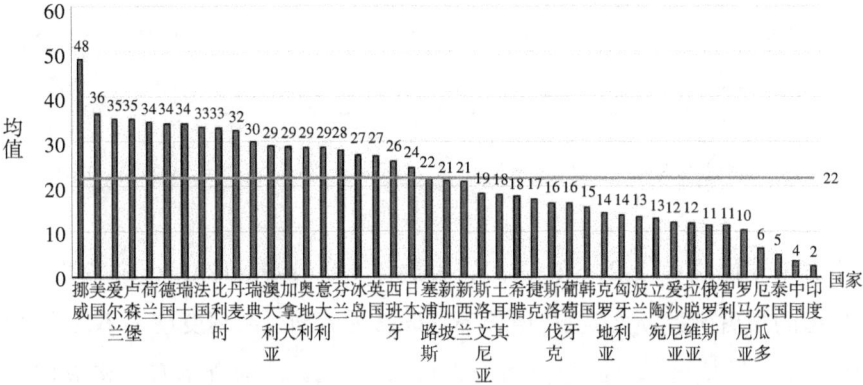

注:原始数据来自格罗宁根增长与发展中心并经作者计算而得。

图2.4　各国劳动复杂系数均值(1990—2017年)

四、模型设定与相关检验

(一)面板向量自回归模型

生产关系的客观存在使得经济生产活动之间存在密切的交互影响,也使得内生性问题成为经济分析过程中的永恒话题。就式(14)所构建的包含劳动复杂程度因素在内的经济增长模型而言,无论是在全劳动生产率、资本有机构成、劳动复杂程度之间,还是在它们各自与经济增长率的作用之间,都存在不容忽视的双向因果作用。对此,面板数据的向量自回归模型则能够将所有经济变量均视为内生变量,不仅考虑到了各变量之间的互动影响,而且充分融合了面板数据模型与向量自回归模型的优点,在控制地区个体效应和时间效应的基础上系统分析经济变量对冲击的动态响应,使其在经济学的相关研究中得到越来越广泛的应用(Love & Zicchino,2006;黄凌翔

等,2020)。鉴于此,我们在式(15)的基础上将劳动复杂程度对经济增长的作用关系设定为如下面板向量自回归模型形式:

$$gy_{it} = \chi_0 + \sum_{j=1}^{n} \chi_{1j} gy_{it-j} + \sum_{j=1}^{n} \chi_{2j} glabfz_{it-j} + \sum_{j=1}^{n} \chi_{3j} gA_{it-j} + \sum_{j=1}^{n} \chi_{4j} gl_{it-j} + \sum_{j=1}^{n} \chi_5 gocc_{it-j} + \varepsilon_{it}$$

$$glabf_{it} = \phi_0 + \sum_{j=1}^{n} \phi_{1j} gy_{it-j} + \sum_{j=1}^{n} \phi_{2j} glabfz_{it-j} + \sum_{j=1}^{n} \phi_{3j} gA_{it-j} + \sum_{j=1}^{n} \phi_{4j} gl_{it-j} + \sum_{j=1}^{n} \phi_5 gocc_{it-j} + \varepsilon_{2it}$$

$$gA_{it} = \kappa_0 + \sum_{j=1}^{n} \kappa_{1j} gy_{it-j} + \sum_{j=1}^{n} \kappa_{2j} glabfz_{it-j} + \sum_{j=1}^{n} \kappa_{3j} gA_{it-j} + \sum_{j=1}^{n} \kappa_{4j} gl_{it-j} + \sum_{j=1}^{n} \kappa_5 gocc_{it-j} + \varepsilon_{3it} \quad (17)$$

$$gl_{it} = \gamma_0 + \sum_{j=1}^{n} \gamma_{1j} gy_{it-j} + \sum_{j=1}^{n} \gamma_{2j} glabfz_{it-j} + \sum_{j=1}^{n} \gamma_{3j} gA_{it-j} + \sum_{j=1}^{n} \gamma_{4j} gl_{it-j} + \sum_{j=1}^{n} \gamma_5 gocc_{it-j} + \varepsilon_{4it}$$

$$gocc_{it} = \eta_0 + \sum_{j=1}^{n} \eta_{1j} gy_{it-j} + \sum_{j=1}^{n} \eta_{2j} glabfz_{it-j} + \sum_{j=1}^{n} \eta_{3j} gA_{it-j} + \sum_{j=1}^{n} \eta_{4j} gl_{it-j} + \sum_{j=1}^{n} \eta_5 gocc_{it-j} + \varepsilon_{5it}$$

其中,i 表述国别(i=1,2,……,43),t 表述年份(t=1991,1991,……,2017),j 为模型的滞后阶数,gy 为经济增长率,$glabfz$ 为劳动复杂程度增长率,g_A 为全劳动生产率的增长率,gl 为劳动力人口增长率,$gocc$ 为资本有机构成增长率,ε_{jit} 为服从正态分布的随机扰动项(j=1,……,5)。从式(17)的面板向量自回归模型中可见,所有变量均被视为内生变量。

(二)变量构造与相关检验

1.变量构造

从前文分析可知,首先,如上文所述,以2011年美元价格为基准且经购买力平价转换后的实际国内生产总值可算得经济增长率。其次,基于所估算出来的劳动复杂程度数据可以计算出劳动复杂程度增长率这一变量。再次,我们选用劳动力参与人数作为劳动力数量的指标,并由此计算出劳动力人口增长率。最后,资本有机构成增长率和全劳动生产率的增长率是变量构造中的重点工作。

第一,关于资本有机构成,马克思通过解剖资本主义生产过程发现资本家在扩大再生产过程中是"通过资本构成不断发生质的变化,通过减少资本的可变组成部分来不断增加资本的不变组成部分"(资本论:第1卷,2004:725)这一途径进行积累的,"把资本的构成理解为资本的能动组成部分和它的被动组成部分的比率,理解为可变资本和不变资本的比率"(资本论:第3卷,2004:162),并将资本有机构成定义为"由资本技术构成决定并且反映这种技术构成的资本价值构成"(资本论:第1卷,2004:163)。鉴于此并考虑到数据的可得性,特别是在不变流动资本数据缺乏的情况下,我们在以2011年美元价格为基准且经购买力平价转换后的资本存量(单位:百万美元)数据基础上,使用资本存量折旧率计算出各国历年的净资本存量作为不变资本的替代指标;在以2011年美元价格为基准且经购买力平价转换后的实际国内生产总值(单位:百万美元)数据基础上,使用劳动报酬占国内生产总值比重推算出劳动力报酬作为可变资本的替代指标。将所估算出来的不变资本与可变资本之比即可测算出各国1990—2017年的资本有机构成,在此基础上可进一步计算出各国1991—2017年的资本有机构成增长率。从图2.5中资本有机构成均值在发达国家与发展中国家之间的变动差异可知,发展中国家的这一均值在1990—1999年有较快增长,并且在1998年超过发达国家,然而在2003年被发达国家反超并且差距逐渐拉大。

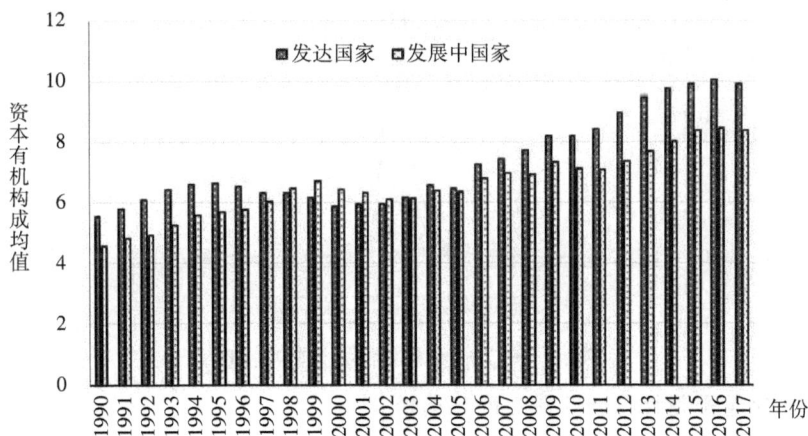

图2.5　发达国家与发展中国家资本有机构成均值变动态势

第二,关于式(13)中的全劳动生产率的估算,首先我们借鉴西方经济学中被广泛使用的"索罗余值"的思想并采用最小二乘法(OLS)来估算式(14)中全劳动生产率A_{it}的数值(记为全劳动生产率,即TLP)。对式(13)进行对数化可得如下OLS基本模型：

$$\ln Y_{it} = \pi_0 + \alpha \ln occ_{it} + \varphi \ln labfz_{it} + (\alpha + \varphi) \ln L_{it} + \mu_{it} \tag{18}$$

按照索罗余值的思想，TLP的数值可以通过以下等式估算：

$$TLP_{it} = \ln Y_{it} - \alpha \ln occ_{it} - \varphi \ln labfz_{it} - (\alpha + \varphi) \ln L_{it} \tag{19}$$

式(19)的OLS估计结果如表2.1所示。

表2.1　基于最小二乘法的估计系数

ln*occ*	ln*labfz*	ln*L*	R^2	N
0.0154	0.9579***	0.9149***	0.9992	1204
(0.39)	(21.93)	(25.47)		

注：括号内为t值，***表示1%的显著水平，在回归过程中控制了年份固定效应和国别固定效应，并对国别进行聚类稳健估计。

基于表2.1的回归结果可以估算出各国历年的TLP数值。从TLP数值的核密度函数图(图2.6)可以看到TLP的数值分布呈现明显的正态分布特征。基于TLP数值可以进一步计算出本章所需要的全劳动生产率的增长率(gA)。

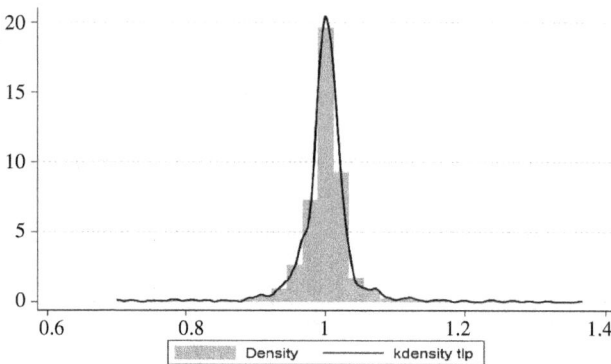

图2.6　全劳动生产率的核密度函数图

2.变量平稳性检验及滞后阶数选择

为了避免伪回归问题，我们选用了适用于平衡面板数据单位根检验的LLC(Levin-Lin-Chu)、IPS检验方法，以及允许非平衡面板数据情况的费希尔精确概率检验(Fisher检验方法)对面板时间序列进行单位根检验。从单位根检验结果容易看出(表2.2)，所有变量都拒绝含有单位根的原假设，表明它们都是平稳序列。

表2.2 面板数据单位根检验结果

变量	LLC统计量	IPS统计量	Fisher统计量			
			P	Z	L*	Pm
gy	−20.7143*** (0.0000)	−20.7325*** (0.0000)	786.6204*** (0.0000)	−23.8523*** (0.0000)	−33.1399*** (0.0000)	53.4218*** (0.0000)
glabfz	−22.8572*** (0.0000)	−22.1536*** (0.0000)	579.4698*** (0.0000)	−19.5928*** (0.0000)	−24.3986*** (0.0000)	37.6267*** (0.0000)
gl	−13.0614*** (0.0000)	−12.9379*** (0.0000)	572.3460*** (0.0000)	−19.0674*** (0.0000)	−23.8850*** (0.0000)	37.0835*** (0.0000)
gocc	−17.0659*** (0.0000)	−17.0946*** (0.0000)	681.0786*** (0.0000)	−21.6922*** (0.0000)	−28.6863*** (0.0000)	45.3743*** (0.0000)
gA	−25.8153*** (0.0000)	−24.6772*** (0.0000)	901.8681*** (0.0000)	−26.1840*** (0.0000)	−37.9997*** (0.0000)	62.2094*** (0.0000)

注:***、**、*分别表示在 1%、5%、10%的水平下通过显著性检验,( )内为P值,LLC统计量为Adjusted t*统计值,P、Z、L*、Pm分别表示经过逆卡方变换、逆正态变换、逆逻辑变换、修正逆卡方变换后得到的Fisher单位根检验统计量。

依据AIC、BIC、HQIC的判定标准,它们的最小值所确定的阶数确定为模型的最优滞后阶数,但是它们在确定滞后阶数方面存在不同的倾向。一般而言,BIC和HQIC倾向于选择相对精简的模型,而AIC则倾向于选择比较复杂的模型,并且BIC和HQIC都优于AIC,故当它们的判定结果不一致时,应该参照BIC和HQIC的结果进行面板向量自回归滞后阶数的选择。从表2.3中各个变量滞后阶数的判断结果容易看出,BIC和HQIC的结果都一致表明滞后阶数应选1,即应该建立面板向量自回归(1)模型。

表2.3 变量滞后阶数选择判定表

	AIC	BIC	HQIC
1	−23.8611	−22.7493*	−23.4400*
2	−23.8946	−22.6262	−23.4132
3	−23.9722*	−22.5364	−23.4262

五、实证结果分析及因果关系检验

(一)面板向量自回归模型估计结果分析

从表2.4中全样本层面的面板向量自回归模型估计结果可以看出,在经济增长率作为被解释变量的回归方程中,$glabfz$滞后1期($L1.glabfz$)的回归系数为1.2571,并且通过了1%的显著性检验,表明劳动复杂程度增长率能够显著促进经济增长,这与严金强等(2017)研究发现经济中长期均衡增长率将随着劳动复杂程度提高而提高的结论相一致;同时,$L1.gl$ 和$L1.gtlp$ 的回归系数依次为1.3817与1.2417,并且均通过了1%的显著性检验,$L1.gocc$ 的回归系数依次为0.0932,也通过了10%的显著性检验,表明劳动力人口增长、全劳动生产率增长,以及资本有机构成增长,都能够对经济增长产生显著的正向影响。

表2.4 全样本层面面板向量自回归模型估计结果

变量	gy	gl	$glabfz$	$gocc$	$gtlp$
$L1.gy$	−0.9348** (−2.45)	0.1323 (0.94)	−0.7543* (−1.79)	0.2016 (0.47)	−0.3301 (−1.40)
$L1.gl$	1.3817*** (3.38)	0.3460** (2.13)	0.7022 (1.58)	−0.3650 (−0.78)	0.3799 (1.52)
$L1.glabfz$	1.2571*** (3.26)	−0.1051 (−0.72)	1.0242** (2.39)	−0.0263 (−0.06)	0.3598 (1.48)
$L1.gocc$	0.0932* (1.95)	−0.0243 (−1.64)	0.0891** (2.10)	0.2842*** (4.70)	0.0158 (0.94)
$L1.gtlp$	1.2417*** (3.08)	−0.0475 (−0.30)	0.8809* (1.93)	0.1002 (0.22)	0.4463* (1.92)

注:***、**和*分别表示在1%、5%和10%的显著性水平上是显著的,( )给出了参数GMM估计的t统计量。下同。

表2.4中的估计结果还表明,在劳动复杂程度增长率作为被解释变量的回归方程中,首先,$L1.gy$ 的回归系数为−0.7543且通过了10%的显著性检

验,由此印证了经济增长具有将劳动复杂程度化简为相对简单劳动的作用。其次,L1.*gocc*的回归系数为0.0891且通过了5%的显著性检验,说明资本有机构成的增长能够显著促进劳动复杂程度的提高。这一发现既不同于傅泽平(2005)认为复杂劳动水平本身的提高必然要反映到资本有机构成的变动上来的论断,也不同于李松龄(2020)认为资本有机构成越高劳动的复杂程度相对较低的观点,而是表明资本有机构成提高后能够显著提升劳动复杂程度。最后,全劳动生产率的提高也能够在10%的显著性水平下促进劳动复杂程度提升。

从发达国家面板向量自回归模型估计结果可知(表2.5),在经济增长率的回归方程中,劳动力人口的增长、全劳动生产率的增长以及资本有机构成的增长的回归系数均在10%的显著性水平下显著为正,然而L1.*glabfz*的回归系数则不显著,表明劳动复杂程度的提高未能对发达国家经济增长产生显著的正向影响,并且发达国家中资本有机构成提高依然能够显著提高其劳动复杂程度,同时发达国家的经济增长没能显著降低其劳动复杂程度。

表2.5 发达国家面板向量自回归模型估计结果

变量	*gy*	*gl*	*glabfz*	*gocc*	*gtlp*
L1.*gy*	−0.5614 (−1.08)	0.0471 (0.35)	−0.4201 (−0.81)	−0.3213 (−0.52)	−0.1556 (−0.61)
L1.*gl*	0.9704* (1.69)	0.5123*** (3.30)	0.2762 (0.49)	−0.0206 (−0.03)	0.1897 (0.71)
L1.*glabfz*	0.8192 (1.55)	−0.0171 (−0.12)	0.6441 (1.21)	0.5245 (0.82)	0.1577 (0.60)
L1.*gocc*	0.1135* (1.82)	−0.0164 (−0.90)	0.1245** (2.31)	0.2270*** (3.10)	−0.0044 (−0.38)
L1.*gtlp*	0.9825* (1.70)	0.0156 (0.09)	0.7911 (1.49)	0.5144 (0.75)	0.1245 (0.61)

与发达国家不同的是,发展中国家面板向量自回归模型估计结果表明(表2.6),L1.*gl*、L1.*glabfz*和L1.*gtlp*对经济增长率均能产生显著的正向作用。特别是,L1.*glabfz*的估计系数为1.7576,大于它在全样本回归结果中的估计

系数1.2571,表明发展中国家的经济增长的重要动力源泉之一就在于其劳动复杂程度增长率的提高。值得一提的是,发展中国家的经济增长也能在10%的显著性水平下显著减低其劳动复杂程度。另外,发展中国家劳动复杂程度的提高更多的是依靠劳动力人数的增长而非资本有机构成提高。这可能与发展中国家中资本有机构成在整体上低于发达国家的现实处境密切相关,特别是更多的劳动力投入到生产过程中有助于通过社会接触而促进生产经验的分享以及提升生产效率,因为"在大多数生产劳动中,单是社会接触就会引起竞争心和特有的精力振奋,从而提高每个人的个人工作效率"(资本论:第1卷,2004:379),这些都有助于劳动复杂程度的进一步提升。

表2.6 发展中国家面板向量自回归模型估计结果

变量	gy	gl	$glabfz$	$gocc$	$gtlp$
L1.gy	−1.2403** (−2.17)	0.1939 (0.74)	−1.0374* (−1.75)	0.9383 (1.63)	−0.4530 (−1.11)
L1.gl	1.7962*** (3.18)	0.1337 (0.44)	1.1836** (1.99)	−0.7615 (−1.26)	0.5536 (1.29)
L1.$glabfz$	1.7576*** (3.09)	−0.1900 (−0.70)	1.4698** (2.50)	−0.8110 (−1.35)	0.5529 (1.35)
L1.$gocc$	0.0470 (0.75)	−0.0411 (−1.60)	0.0119 (0.20)	0.4253*** (3.82)	0.0546 (1.20)
L1.$gtlp$	1.4929*** (2.68)	−0.1035 (−0.37)	1.0329 (1.57)	−0.5371 (−0.95)	0.6632* (1.65)

(二)面板格兰杰因果关系检验

为了进一步考察以上面板向量自回归模型估计结果所识别出来的劳动复杂程度对经济增长的作用的确是短期内的动态因果关系而不只是相关关系,我们对面板向量自回归模型中的各变量进行面板格兰杰因果检验。从经济增长率回归方程的格兰杰因果关系检验结果可知(表2.7),gl、$glabfz$、gA均在1%的显著性水平下都是影响gy变动的格兰杰原因,而$gocc$则在10%的显著性水平下也是影响gy变动的格兰杰原因,同时它们联合起来也是引发gy变动的格兰杰原因。此外,$glabfz$作为被解释变量的格兰杰因果检验结果还表明,*gy*也是*glabfz*的格兰杰原因。由此可知,在全样本层面劳动复杂程度提高和经济增长率之间具有双向交互格兰杰因果关系。

表2.7 全样本下面板向量自回归模型的面板格兰杰因果检验

Equation	Excluded	卡方统计量	P值
gy	*gl*	11.398	0.001
gy	*glabfz*	10.646	0.001
gy	*gocc*	3.787	0.052
gy	*gA*	9.494	0.002
gy	*all*	12.181	0.016
gl	*gy*	0.880	0.348
gl	*glabfz*	0.518	0.472
gl	*gocc*	2.701	0.100
gl	*gA*	0.093	0.760
gl	*all*	20.830	0.000
glabfz	*gy*	3.199	0.074
glabfz	*gl*	2.497	0.114
glabfz	*gocc*	4.417	0.036
glabfz	*gA*	3.713	0.054
glabfz	*all*	8.223	0.084
gocc	*gy*	0.218	0.641
gocc	*gl*	0.615	0.433
gocc	*glabfz*	0.003	0.953
gocc	*gA*	0.049	0.826
gocc	*all*	12.794	0.012
gtlp	*gy*	1.959	0.162
gtlp	*gl*	2.315	0.128
gtlp	*glabfz*	2.200	0.138
gtlp	*gocc*	0.882	0.348
gtlp	*all*	4.590	0.332

发达国家的面板格兰杰因果关系检验结果显示(表2.8),虽然*gl*、*gocc*、*gA*均在10%的显著性水平下依然是影响*gy*变动的格兰杰原因,但是*glabfz*则不再是影响*gy*变动的格兰杰原因,同时*gy*也不再是影响*glabfz*变动的格

兰杰原因,即在发达国家中劳动复杂程度提高和经济增长之间不存在双向交互格兰杰因果关系。这与前文发达国家面板向量自回归模型的回归结果一致,表明发达国家的经济增长主要依赖于劳动人口增长、资本有机构成增长及全劳动生产率增长等方面。

表2.8　发达国家面板向量自回归模型的面板格兰杰因果检验

Equation	Excluded	卡方统计量	P值
gy	gl	2.872	0.090
gy	$glabfz$	2.398	0.121
gy	$gocc$	3.319	0.068
gy	gA	2.886	0.089
gy	all	5.583	0.233
gl	gy	0.123	0.726
gl	$glabfz$	0.015	0.904
gl	$gocc$	0.809	0.368
gl	gA	0.008	0.927
gl	all	10.865	0.028
$glabfz$	gy	0.653	0.419
$glabfz$	gl	0.238	0.625
$glabfz$	$gocc$	5.350	0.021
$glabfz$	gA	2.234	0.135
$glabfz$	all	15.458	0.004
$gocc$	gy	0.274	0.601
$gocc$	gl	0.001	0.975
$gocc$	$glabfz$	0.677	0.411
$gocc$	gA	0.566	0.452
$gocc$	all	10.466	0.033
$gtlp$	gy	0.378	0.593
$gtlp$	gl	0.504	0.478
$gtlp$	$glabfz$	0.361	0.548
$gtlp$	$gocc$	0.146	0.702
$gtlp$	all	3.201	0.525

与发达国家不同的是，发展中国家的面板格兰杰因果关系检验结果则表明（表2.9），除了$gocc$外，gl、$glabfz$、gA均在1%的显著性水平下是影响gy变动的格兰杰原因，这一检验结果与发展中国家面板向量自回归模型的估计结果相吻合。同时，与全样本层面的结果类似，劳动复杂程度提高和经济增长之间也具有双向交互格兰杰因果关系。

总之，面板格兰杰因果检验再次表明，尽管劳动复杂程度增长率在整体层面以及发展中国家层面均是促进gy提升的格兰杰原因，但是它在发达国家中则不再是影响gy变动的格兰杰原因。除了劳动人口增长和全劳动生产率增进这两个影响因素相同，发展中国家经济增长的更依赖于劳动复杂程度的提高而如发达国家那样更依赖于非资本有机构成的增长。

表2.9　发展中国家面板向量自回归模型的面板格兰杰因果检验

Equation	Excluded	卡方统计量	P值
gy	gl	10.104	0.001
gy	$glabfz$	9.534	0.002
gy	$gocc$	0.568	0.451
gy	gA	7.177	0.007
gy	all	11.892	0.018
gl	gy	0.546	0.460
gl	$glabfz$	0.484	0.487
gl	$gocc$	2.566	0.109
gl	gA	0.140	0.708
gl	all	10.327	0.035
$glabfz$	gy	3.062	0.080
$glabfz$	gl	3.947	0.047
$glabfz$	$gocc$	0.041	0.839
$glabfz$	gA	2.462	0.117
$glabfz$	all	5.455	0.244
$gocc$	gy	2.648	0.104
$gocc$	gl	1.592	0.207
$gocc$	$glabfz$	1.829	0.176
$gocc$	gA	0.894	0.344

Equation	Excluded	卡方统计量	P值
gocc	*all*	9.809	0.044
gtlp	*gy*	1.225	0.268
gtlp	*gl*	1.670	0.196
gtlp	*glabfz*	1.810	0.178
gtlp	*gocc*	1.446	0.229
gtlp	*all*	4.634	0.327

六、脉冲响应分析与方差分解

(一)脉冲响应分析

虽然面板向量自回归模型的回归结果能直观地显示出短期内各变量之间的局部交互影响,但是无法识别出各内生变量之间的长期动态关系。对此,脉冲响应函数(Impulse Response Function)则能较好地用于考察一个变量在受到一个标准差冲击后对面板向量自回归模型系统中其余各变量所产生的长期动态影响。因此,为了进一步考察劳动复杂程度与经济增长之间的长期动态关系,我们进一步研究内生变量在受到一个标准差冲击后,通过使用蒙特卡罗(Monte Carlo)模拟而得到的正交脉冲相应函数图,具体分析不同发展水平国家中包括劳动复杂程度在内的各因素对经济增长的动态交互作用和各自遭受冲击后的趋势。

1.模型稳定性检验

在进行脉冲响应分析之前需要检验所设定的面板向量自回归模型的稳定性。由于在面板向量自回归模型中每个变量都会受到其他变量的影响,因此当模型中某一个变量产生冲击时,将会对整个面板向量自回归模型系统中的其余变量引发冲击,而所引发的这些冲击能否随着时间的推移而逐渐消失,进而使得整个面板向量自回归模型系统趋于稳定,则需要对面板向量自回归模型的特征值是否均位于单位元内进行检验。若所有特征值均位于单位元内则表明模型是稳定的,否则就是不稳定的。从图2.7

中面板向量自回归模型特征值平稳性检验结果可知,全样本(左)、发达国家(中)及发展中国家(右)的特征值均位于单位元内,从而面板向量自回归模型是稳定的。

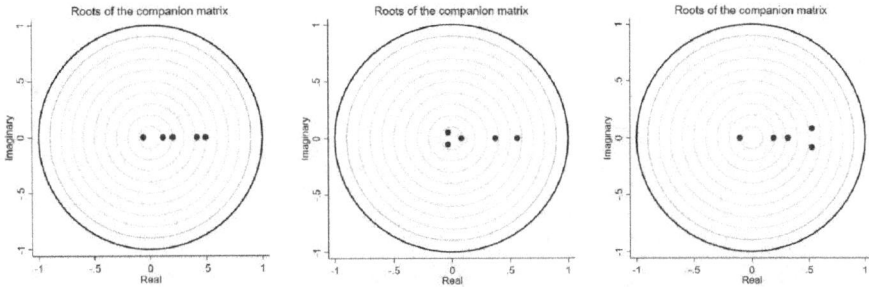

图2.7 全样本(左)、发达国家(中)及发展中国家(右)特征值平稳性检验

2. 脉冲响应分析

从全样本脉冲响应图可以看出(图2.8),当 $glabfz$ 发生一个标准差冲击后,gy 对这一冲击的响应呈现 M 形变动趋势,并且都在大于零的区域波动(图2.8中的第一行第三列)。具体而言,在 $glabfz$ 的冲击下,gy 表现出正向响应的顺周期特征,并且在第 2 期上升到最大值,随后逐渐衰减至第 4 期的大于零的极小值,然后进入第二轮的上升过程并且在第 5 期达到极大值后开始衰减。由此说明劳动复杂程度的提高的确是促使经济长期增长的重要因素。图2.8第一行中其他影响因素的脉冲响应图还显示,gl 发生一个标准差冲击后,gy 在第 1 期有一个明显的正响应过程,随后开始向零波动收敛;$gocc$ 受到一个标准差冲击后,gy 的正脉冲响一直持续到第 2 期后开始向零衰减;当给 $gtlp$ 一个标准差冲击后,gy 的累积脉冲响应呈现顺周期态势并在第 2 期上升到最大值,随后进入到衰减收敛的过程。

特别地,当 gy 发出一个标准差冲击后,$glabfz$ 的脉冲响在当期表现出断崖式下降(图2.8第3行第1列),这再次表明经济的持续增长具有促使复杂劳动逐渐转变为相对简单劳动的动态作用。

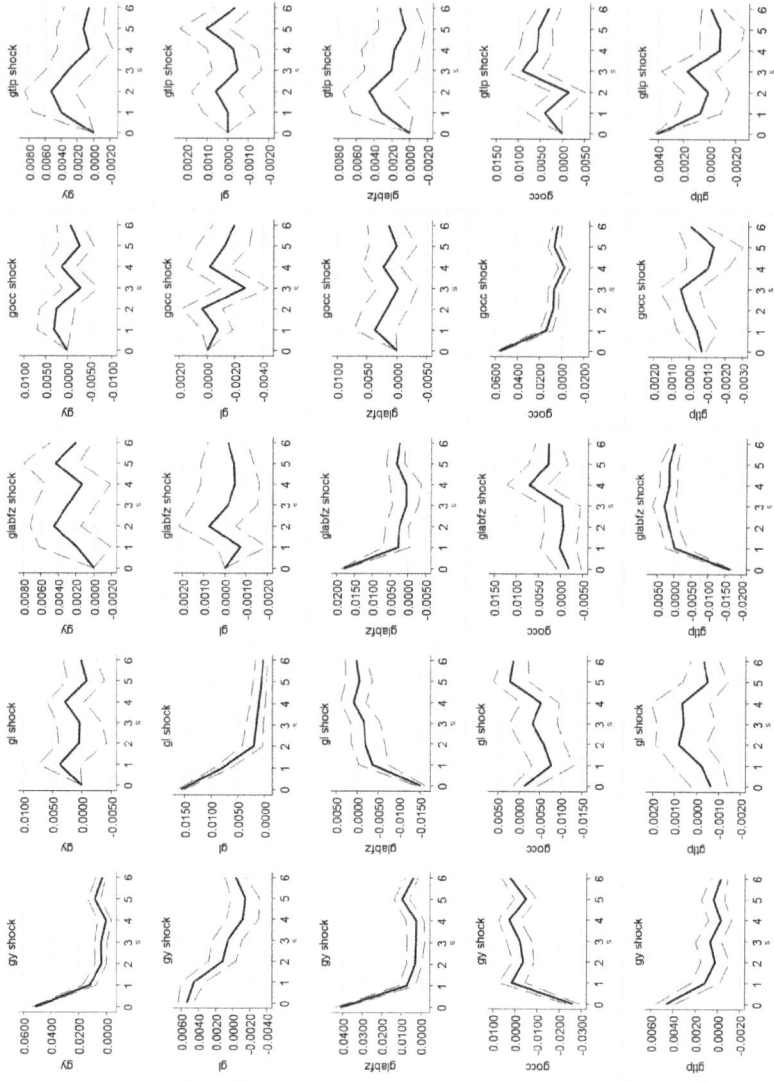

图 2.8 全样本脉冲响应图

Errors are 5% on each side generated by Monte-Carlo with 200 reps

具体看发达国家的脉冲响应图可知（图2.9），当给予 *glabfz* 一个标准差冲击后，*gy* 的脉冲响应曲线整体上在零值附近波动，在第1期表现为负响应，并随后开始向零值波动收敛，表明劳动复杂程度提高的确没能对发达国家经济增长产生积极影响。*gl* 发生一个标准差冲击后，*gy* 的脉冲响应曲线在第1期上升到最大值，然后开始衰减收敛。当分别给予 *gocc* 和 *gtlp* 一个标准差冲击后，*gy* 的正脉冲响应均持续到第2期，随后开始向零波动收敛。

同时，当 *gy* 发出一个标准差冲击后，*glabfz* 的脉冲响同样在当期表现出断崖式下降（图2.9第3行第1列）。此外，如果给 *gocc* 一个标准差冲击，发达国家中 *glabfz* 的正向响应在第1期和第4期依次达到最大值和次大值后才进入衰减过程，而 *glabfz* 的对 *gl* 冲击的顺周期脉冲响应则从当期的负值区域上升到第4期的零值区域附近后就开始波动收敛，而始终没有进入正值区域。

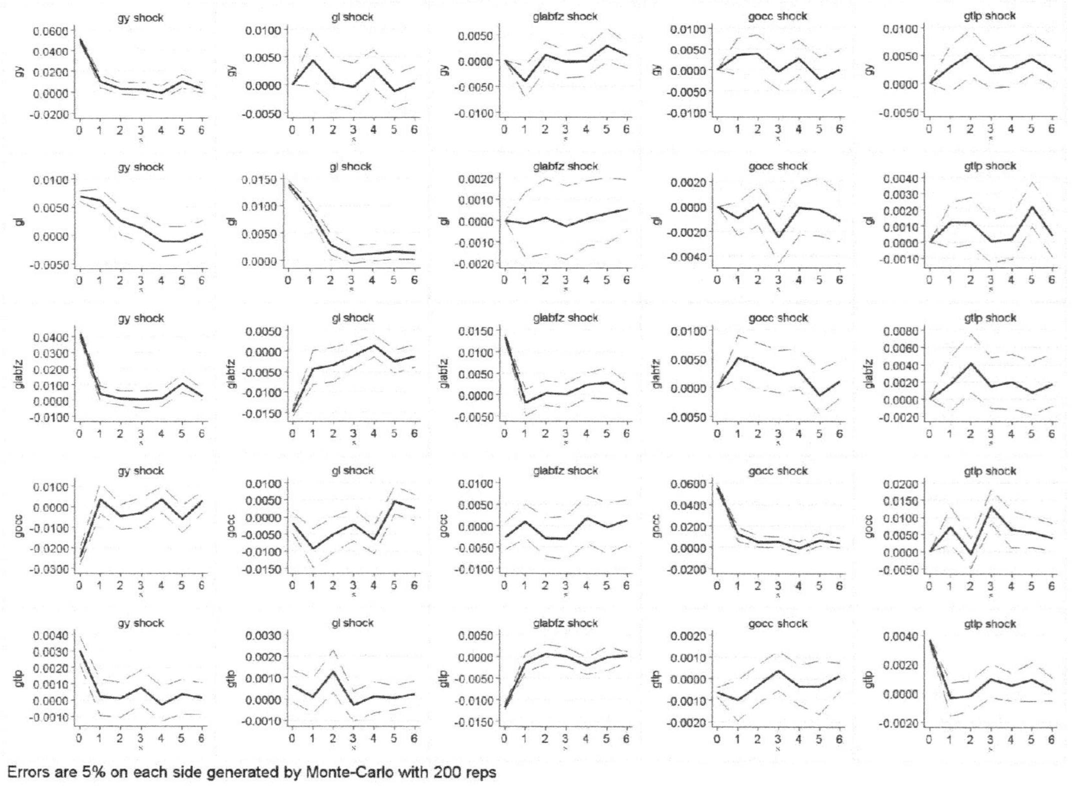
gy shock
gl shock
glabfz shock
gocc shock
gtlp shock
gy
gl
glabfz
gocc
gtlp
Errors are 5% on each side generated by Monte-Carlo with 200 reps

图2.9　发达国家脉冲响应图

与发达国家情形不同的是,发展中国家脉冲响应图显示(图2.10),*glab-fz*发出一个标准差冲击后,*gy*的正脉冲响应曲线在第1期达到0.01处的最大值,随后进入一个相对缓慢的衰减过程,并且持续到第4期左右才开始向零值波动收敛。这再次印证了劳动复杂程度的提高的确是促进发展中国家长期经济增长的重要动力之一。与此同时,*gl*发生一个标准差冲击后,*gy*的正脉冲响应曲线在第1期达到最大值,随后维持一直在0.005附近,并持续到第4期后才开始衰减;当给*gtlp*一个标准差冲击后,*gy*的正脉冲响应在第1期达到最大值,并且在相对高位的正值区域持续到第3期后才开始向零值快速衰减收敛。这再次说明劳动力人数的增长和全劳动生产率的提高也都是发展中国家维持其经济增长的有效动能。此外,与前文面板向量自回归模型估计结果类似的是,当给*gocc*一个标准差冲击后,*gy*的累积脉冲响应在前两期维持在零值附近没有明显变化,然而在第2期末开始迅速下降,在第3期达到跌穿−0.05的最小值后开始回升,并在第4期后向零值收敛。

　　此外,*glabfz*的脉冲响应图还表明,当*gy*发出一个标准差冲击后,*glabfz*的脉冲响在当期依然表现出断崖式下降(图2.10第3行第1列),表明经济增长的确能够促使劳动复杂程度朝着相对简单劳动的方向演化;当*gl*受到一个标准差冲击后,*glabfz*的累积脉冲响应会从当期的负值区域迅速上升到第1期的正值区域,随后开始下降并在第3期触底后再次反弹,并在第5期抵达0.005附近的最大值后开始回落收敛。*glabfz*的对*gocc*冲击的累积脉冲响应则在整个响应期内均维持在零值附近波动。

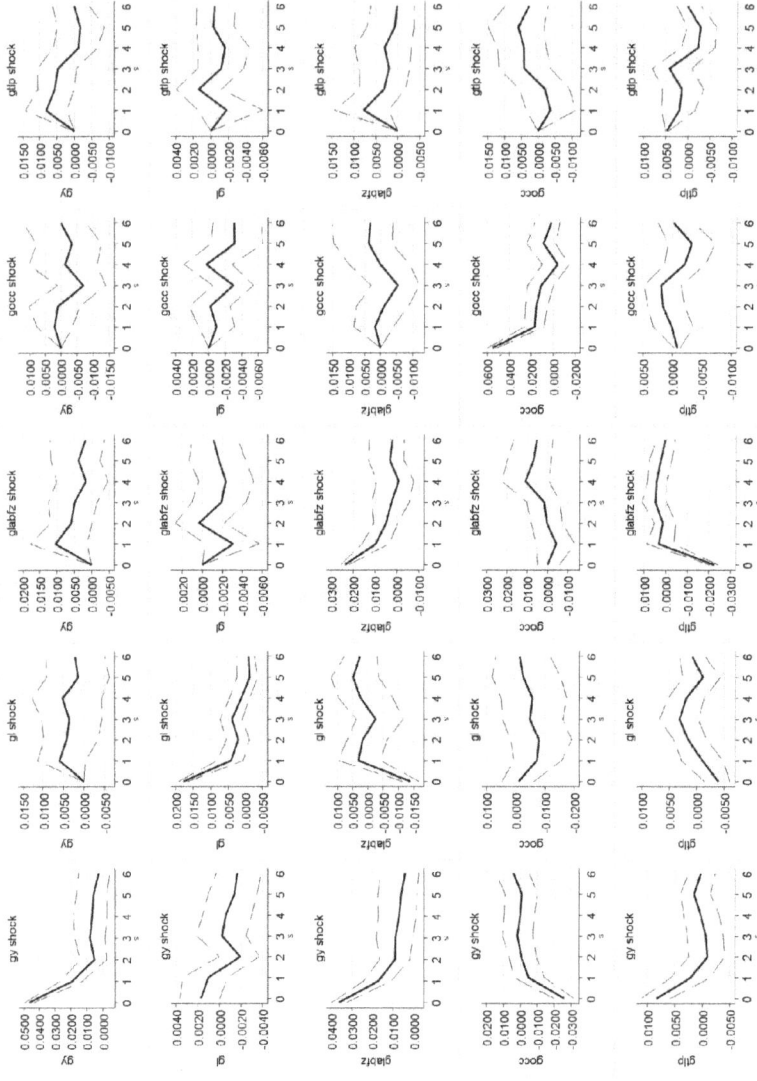

Errors are 5% on each side generated by Monte-Carlo with 200 reps

图 2.10 发展中国家脉冲响应图

综上可知,劳动复杂程度提高不仅能在整体上促进各国的经济增长,而且是发展中国家实现经济增长及经济赶超的重要动力,而经济增长率则能对劳动复杂程度带来明显的负向冲击。与发达国家的劳动复杂程度提升主要取决于资本有机构成提高的情况不同,发展中国家的劳动复杂程度提升则主要依赖于劳动人口的增长。

(二)方差分解

方差分解能够直观显示在时间积累过程中每个变量在解释其他变量变动过程中的重要程度(Love,2006)。为了更准确地考察劳动复杂程度变动对经济增长率的影响程度,我们使用蒙特卡罗模拟200次得到方差分解,由此识别面板向量自回归模型系统中各解释变量的冲击对被解释变量波动的贡献程度。表2.10给出了对面板向量自回归模型各变量进行蒙特卡罗模拟后第10个预测期、第20个预测期以及第30个预测期的方差分解结果。

从全样本层面面板向量自回归模型的方差分解结果可知(表2.10),经济增长率的波动对其自身的贡献程度大致维持在94%左右,这也印证了经济增长在时间上的路径依赖特征;$glabfz$的对经济增长率的贡献程度为1.86%,是除了经济增长自身贡献程度最大的因素,随后依次是$gtlp$和$gocc$。值得注意的是,gy对$glabfz$的贡献程度为73.54%,超过了$glabfz$对其自身的贡献程。由此表明了经济增长对劳动复杂程度的影响之大。

表2.10　全样本层面方差分解结果

变量	期数	gy	gl	$glabfz$	$gocc$	$gtlp$
gy	10	0.9436	0.0079	0.0186	0.0116	0.0184
	20	0.9434	0.0079	0.0186	0.0116	0.0184
	30	0.9434	0.0079	0.0186	0.0116	0.0184
gl	10	0.1424	0.8098	0.0049	0.0369	0.0061
	20	0.1432	0.8064	0.0059	0.0374	0.0072
	30	0.1432	0.8064	0.0059	0.0374	0.0072

变量	期数	*gy*	*gl*	*glabfz*	*gocc*	*gtlp*
glabfz	10	0.7354	0.0979	0.1400	0.0102	0.0165
	20	0.7354	0.0976	0.1399	0.0102	0.0168
	30	0.7354	0.0976	0.1399	0.0102	0.0168
gocc	10	0.1603	0.0299	0.0164	0.7558	0.0376
	20	0.1601	0.0300	0.0167	0.7546	0.0385
	30	0.1601	0.0300	0.0167	0.7546	0.0385
gtlp	10	0.0691	0.0069	0.8482	0.0119	0.0640
	20	0.0692	0.0069	0.8479	0.0120	0.0640
	30	0.0692	0.0069	0.8479	0.0120	0.0640

在发达国家的方差分解结果中(表2.11),就经济增长率的各影响因素而言,*gy*对其自身的贡献程度依旧维持在94%左右,其次依次是*gtlp*、*gocc*和*gl*,这三者的贡献程度分别为2.52%、1.36%及1.01%,均高于*glabfz*的贡献程度在第10个预测期的0.94%和第20个或第30个预测期0.96%。可见,除了经济增长自身因素以外,发达国家的经济增长更多的是依靠于全劳动生产率提高、资本有机构成增长以及劳动人口的增加,而非劳动复杂程度的增长。发达国家*gy*对*glabfz*的贡献程度维持在76.9%左右,大于全样本层面的贡献程度。

表2.11　发达国家方差分解结果

变量	期数	*gy*	*gl*	*glabfz*	*gocc*	*gtlp*
gy	10	0.9418	0.0100	0.0094	0.0136	0.0252
	20	0.9409	0.0101	0.0099	0.0136	0.0255
	30	0.9409	0.0101	0.0099	0.0136	0.0255
gl	10	0.2349	0.7210	0.0015	0.0228	0.0199
	20	0.2355	0.7197	0.0015	0.0230	0.0203
	30	0.2355	0.7197	0.0015	0.0230	0.0203
glabfz	10	0.7694	0.1080	0.0817	0.0263	0.0145
	20	0.7690	0.1076	0.0818	0.0264	0.0152
	30	0.7690	0.1076	0.0818	0.0264	0.0152

变量	期数	*gy*	*gl*	*glabfz*	*gocc*	*gtlp*
gocc	10	0.1560	0.0419	0.0073	0.7242	0.0707
	20	0.1563	0.0423	0.0075	0.7214	0.0725
	30	0.1563	0.0423	0.0075	0.7214	0.0725
gtlp	10	0.0578	0.0122	0.8284	0.0112	0.0904
	20	0.0579	0.0123	0.8283	0.0112	0.0904
	30	0.0579	0.0123	0.8282	0.0112	0.0904

与发达国家明显不同的是（表2.12），发展中国家的经济增长除了主要依靠于其自身84%左右的贡献外，位居其二的就是劳动复制增长率的贡献，为6.1%左右，明显高于*gtlp*最高的贡献程度3.94%、*gocc*最高的贡献程度2.31%和*gl*的贡献程度3.31%。由此可知，发展中国家中*glabfz*对经济增长的贡献程度约为发达国家的6倍，表明劳动复杂程度提高能够赋予发展中国家比发达国家更大的经济增长动能。由于发展中国家劳动复杂程度在整体上低于发达国家（图2.3），因此发展中国家中的劳动复杂程度得到提高后能够快速地推动经济增长。同时也表明发展中国家实现向发达国家的经济赶超的一个重要途径就在于提升其劳动复杂程度，由此为其经济增长注入更大的动力。同样值得注意的是，*gy*对*glabfz*的贡献程度维持在62.8%左右，同样远远超过了*glabfz*对其自身的贡献程度26.3%，印证了在发展中国家中经济增长的复杂劳动还原效应显著存在。

表2.12 发展中国家方差分解结果

变量	期数	*gy*	*gl*	*glabfz*	*gocc*	*gtlp*
gy	10	0.8457	0.0331	0.0609	0.0211	0.0392
	20	0.8433	0.0331	0.0611	0.0230	0.0394
	30	0.8433	0.0331	0.0611	0.0231	0.0394
gl	10	0.0379	0.8072	0.0533	0.0782	0.0234
	20	0.0433	0.7939	0.0566	0.0815	0.0248
	30	0.0435	0.7936	0.0566	0.0815	0.0248

变量	期数	*gy*	*gl*	*glabfz*	*gocc*	*gtlp*
glabfz	10	0.6283	0.0856	0.2363	0.0214	0.0285
	20	0.6282	0.0855	0.2360	0.0218	0.0286
	30	0.6282	0.0855	0.2360	0.0218	0.0286
gocc	10	0.1456	0.0362	0.0464	0.7514	0.0204
	20	0.1490	0.0360	0.0501	0.7431	0.0218
	30	0.1492	0.0360	0.0503	0.7427	0.0218
gtlp	10	0.0995	0.0467	0.7426	0.0333	0.0779
	20	0.0990	0.0468	0.7412	0.0350	0.0781
	30	0.0989	0.0468	0.7411	0.0351	0.0781

七、结论

在系统剖析劳动复杂程度的具体内涵及其在使用价值和价值这两方面所具有的增长效应的基础上,本章构建了一个包含劳动复杂程度的经济增长模型,利用1990—2017年43个国家的面板数据构造了适用于测度各国劳动复杂程度的劳动复杂系数指标,发现虽然劳动复杂程度在发达国家与发展中国家之间的绝对差距在样本期内都明显存在,但是两者间的相对差距在2000年以后则有明显的缩小;中国和印度的劳动复杂系数在样本期内的均值则依次位居倒数第二位和倒数第一位,说明这两个人口大国的劳动复杂程度存在很大的提升空间。在理论分析与数理模型的基础上,进一步构建面板向量自回归模型实证研究发现:

第一,在全样本层面,劳动复杂程度增长率与经济增长之间具有显著的双向交互格兰杰因果关系,即劳动复杂程度增长率是推动经济增长的格兰杰原因,而经济增长率的提高则是促使复杂劳动向简单劳动动态转化格兰杰原因。在劳动复杂程度增长率受到一个标准差冲击后,经济增长率的脉冲响应曲线在大于零的区域呈现 M 型变动趋势。劳动复杂程度增长率对经济增长率的贡献程度为 1.86%,是除了经济增长自身贡献程度最大的因素。与此同时,经济增长率对劳动复杂程度的贡献率也远超过了其他变量。

第二,在发达国家中,劳动复杂程度的提高不仅未能对其经济增长产生显著的正向影响,而且也不再是影响经济增长率变动的格兰杰原因。当给予劳动复杂程度增长率一个标准差冲击后,经济增长率的脉冲响应曲线整体上在零值附近波动,并在第1期表现出比较明显的负响应后开始向零值波动收敛。劳动复杂程度增长率对经济增长率的贡献程度明显小于全劳动生产率提高以及资本有机构成增长等因素的贡献程度。同时,经济增长所具有的复杂劳动还原效应也不显著。

第三,与发达国家不同的是,在发展中国家中显著存在着劳动复杂程度增长率与经济增长之间的双向交互格兰杰因果关系。当劳动复杂程度增长率发出一个标准差冲击后,经济增长率的正脉冲响应曲线在第1期达到最大值后进入一个相对缓慢的衰减过程,并且持续到第4期左右才开始向零值波动收敛。劳动复杂程度增长率对经济增长率的贡献程度明显大于劳动人数增长、全劳动生产率提高以及资本有机构成增长等因素的贡献程度,而经济增长率对劳动复杂程度增长率的贡献程度也位居第一。

因此,发展中国家尤其是中国和印度等人口众多的发展中国家,要实现经济长期增长或向发达国家进行赶超,首要途径是大力改善其教育条件,提升劳动者的整体受教育水平和劳动技能,积极引进国外各领域先进生产技术和领军人才,致力于通过提升劳动复杂程度来增强经济增长的长期动力。特别是中国,应该通过大力提升劳动复杂程度来实现经济高质量增长。此外,发展中国家还应该完善交通设施建设,扩大公共服务投资,细化产业分工和区域协作,提高其资本有机构成和全劳动生产率。

参考文献:

1. 陈谨祥、陈丽、朱喆:《马克思没有研究人力资本问题——兼论"劳动力"与"人力资本"的异同》,《求实》2009年第10期。
2. 陈孝兵、李广平:《劳动还原与价值创造的特殊性》,《福建论坛(人文社会科学版)》

2007年第3期。

3. 陈宇弘：《复杂劳动和简单劳动不是异质劳动》,《经济研究》1980年第3期。

4. 陈振羽：《正确理解马克思的简单劳动和复杂劳动理论》,《经济经纬》1999年第2期。

5. 程名望、贾晓佳、仇焕广：《中国经济增长（1978—2015）：灵感还是汗水》,《经济研究》2019年第7期。

6. [英]大卫·哈维：《资本的限度》,张寅译,中信出版社,2017年。

7. 戴翔、张二震：《发展差距、非对称要素流动与全球贸易失衡》,《世界经济》2013年第2期。

8. 丁冰：《舒尔茨"人力资本"论的意义与马克思资本理论的比较——纪念马克思诞辰190周年》,《山东社会科学》2008年第7期。

9. 段进朋：《复杂劳动探微》,《长安大学学报(社会科学版)》2008年第3期。

10. 傅泽平：《劳动复杂程度的演变与平均利润率形成趋势的变化研究》,《四川大学学报(哲学社会科学版)》2005年第2期。

11. 高琳：《分权的生产率增长效应：人力资本的作用》,《管理世界》2021年第3期。

12. 顾婷婷、杨德才：《马克思人力资本理论刍议》,《当代经济研究》2014年第8期。

13. 韩英：《"劳动力商品"概念应让位于"人力资本"吗？》,《政治经济学评论》2018年第1期。

14. 侯宏博：《科学技术复杂劳动的特点和性质》,《当代经济科学》1991年第5期。

15. 黄凌翔、韩杰、艾萍、陈竹：《土地市场、财政压力与经济增长——基于省级面板VAR的实证分析》,《中国土地科学》2020年第11期。

16. 李翀：《复杂劳动化简之管见》,《马克思主义研究》1987年第3期。

17. 李连波、谢富胜：《马克思有人力资本理论吗？——与顾婷婷、杨德才商榷》,《当代经济研究》2015年第2期。

18. 李松龄：《简单劳动和复杂劳动的理论深化及其当代意义——基于新时代美好生活需要的思考》,《湖南社会科学》2020年第1期。

19. 梁泳梅、董敏杰：《中国经济增长来源：基于非参数核算方法的分析》,《世界经济》2015年第11期。

20. 刘刚、宁宣熙：《知识-模糊神经网络在复杂劳动计量中的应用》,《南京航空航天大学学报》2000年第4期。

21. 刘冠军：《论马克思复杂劳动与价值的关系思想》,《内蒙古社会科学(汉文版)》2002年第1期。

22. 刘凯：《中国特色的土地制度如何影响中国经济增长——基于多部门动态一般均衡框架的分析》,《中国工业经济》2018年第10期。

23. 刘世定:《谈谈复杂劳动还原为简单劳动问题》,《农业经济丛刊》1983年第3期。

24. 刘文、罗润东:《从人力资本到"人的自由和全面发展"》,《山东社会科学》2011年第3期。

25. 刘益:《劳动价值论:基本模型及解释》,《经济问题》2010年第9期。

26. 刘智勇、李海峥、胡永远、李陈华:《人力资本结构高级化与经济增长——兼论东中西部地区差距的形成和缩小》,《经济研究》2018年第3期。

27. 鲁品越、桂徽:《创新型劳动的价值创造模型——对庞巴维克挑战的当代回应》,《经济学家》2010年第3期。

28. [美]罗伯特·J.巴罗、夏威尔·萨拉-伊-马丁:《经济增长(第二版)》,夏俊译,格致出版社、上海三联书店、上海人民出版社2019年。

29. 马伯钧、李君华:《复杂劳动与简单劳动换算的困境与出路》,《湖南大学学报(社会科学版)》2003年第6期。

30. [德]马克思:《资本论》(第1至3卷),人民出版社,2004年。

31. 孟捷、冯金华:《复杂劳动还原与产品的价值决定:理论和数理的分析》,《经济研究》2017年第2期。

32. 孟捷:《复杂劳动还原与马克思主义内生增长理论》,《世界经济》2017年第5期。

33. 欧阳志刚:《中国经济增长的趋势与周期波动的国际协同》,《经济研究》2013年第7期。

34. 钱津:《复杂劳动与现代市场经济》,《中州学刊》1994年第2期。

35. 钱津:《生产劳动与复杂劳动研究》,《经济纵横》2018年第5期。

36. 任洲鸿:《"还原问题"新探——基于劳动价值论和复杂性科学的双重视角》,《河北经贸大学学报》2016年第1期。

37. 宋宏宇、张品良:《复杂劳动及其报酬探索》,《江西财经学院学报》1986年第5期。

38. 任洲鸿、刘冠军:《从"雇佣劳动"到"劳动力资本"——西方人力资本理论的一种马克思主义经济学解读》,《马克思主义研究》2008年第8期。

39. 孙尚清:《关于复杂劳动如何化为简单劳动的问题》,《经济研究》1962年第11期。

40. 谭希培、肖昭理:《简单劳动和复杂劳动新探》,《江汉大学学报(人文社会科学版)》2002年第2期。

41. 汤美莲:《论复杂劳动的价值计量和价值实现》,《消费经济》2003年第3期。

42. [日]藤森赖明、李喜帮:《马克思经济学与数理分析》,社会科学文献出版社,2014年。

43. 王艺明、胡久凯:《马克思主义财政扶贫理论与政策:十九大精神下的探索》,《世界经济》2018年第7期。

44. 温宁军:《关于复杂劳动的几个问题》,《思想战线》1987年第5期。

45. 吴宣恭:《"人力资本"概念悖论分析》,《经济学动态》2005年第10期。

46. [美]西奥多·舒尔茨:《对人进行投资》,吴珠华译,商务印书馆2020年。

47. 肖毅敏:《略论劳动生产力、复杂劳动与价值创造》,《求索》1990年第1期。

48. 谢富胜、李安:《人力资本理论与劳动力价值》,《马克思主义研究》2008年第8期。

49. 徐春华:《生产资料部类优先增长:理论逻辑与经验证据》,《经济学动态》2017年第2期。

50. 徐春华:《资本技术构成、政府财政支出与贫困县域经济增长》,《财政研究》2021年第4期。

51. 徐浪:《关于复杂劳动简化法的改进建议》,《教育与经济》2002年第1期。

52. 严金强、马艳、张思扬:《基于复杂劳动的马克思内生经济增长模型》,《教学与研究》2017年第9期。

53. 叶正茂、叶正欣:《组织人力资本:关于人力资本的拓展研究》,《马克思主义研究》2014年第9期。

54. 易原绥:《对简单劳动和复杂劳动的再认识》,《当代财经》1988年第8期。

55. 余斌:《抽象劳动、简单劳动与复杂劳动》,《河北经贸大学学报》2014年第3期。

56. 张海云:《人力资本理论质疑》,《当代财经》2003年第2期。

57. 张淑东、刘少杰:《马克思人力资本思想的多维透视》,《社会科学战线》2010年第5期。

58. 张文贤:《复杂劳动的还原》,《当代财经》1990年第2期。

59. 张忠任:《基于价值"差异性"理论的人力资本认识及其现实意义》,《财经问题研究》2011年第11期。

60. 赵海培:《复杂劳动的还原和结构工资》,《兰州学刊》1987年第1期。

61. 赵志平:《论人力资本理论对马克思政治经济学的挑战》,《科学经济社会》2011年第4期。

62. 郑世林、张美晨:《科技进步对中国经济增长的贡献率估计:1990—2017年》,《世界经济》2019年第10期。

63. 周冶平:《正确认识简单劳动和复杂劳动的差别》,《学术研究》1979年第4期。

64. 朱丹:《"人力资本"与"劳动力商品"的辨析与批判》,《湖北社会科学》2020年第1期。

65. 朱清香、胡望斌:《论人力资源价值计量的方法——复杂劳动还原为简单劳动的问题》,《管理现代化》2003年第5期。

66. 朱少春:《试析简单劳动和复杂劳动的内涵》,《经济理论与经济管理》1985年第5期。

67. 朱钟棣:《劳动价值论中一个并未得到充分论述的问题——应当如何把复杂劳动还原成简单劳动》,《财经研究》1989年第5期。

68. 宗寰:《论技术进步中的复杂劳动》,《学术月刊》1983年第2期。

69. Acemoglu, D. & Guerrieri V. "Capital deepening and non-balanced economic growth", *Journal of Political Economy*, 2008, 116(3):467-498.

70. Aghion P., B. Jones, and C. Jones. "Artificial Intelligence and Economic Growth", *NBER Working Paper*, 2017.

71. Foley D. K. and Michl, T. R. *Growth and Distribution*. Cambridge: Harvard University Press, 1999.

72. Grossman G. M., and E. Helpman. "Quality Ladders in the Theory of Growth", *The Review of Economic Studies*, 1991, 58(1):43-61.

73. Krugman P. "The Myth of Asia's Miracle", *Foreign Affairs*, 1994, 73(6), 62-78.

74. Harvey, P. "The Value-Creating Capacity of Skilled Labor in Marxian Economics", *Review of Radical Political Economics*, 1985, 17(1/2):83-102.

75. Love I, Zicchino L. "Financial development and dynamic investment behavior: Evidence from panel VAR", *Quarterly Review of Economics and Finance*, 2006, 46(2):190-210.

76. Lucas, Robert E., Jr. "On the Mechanics of Economic Development", *Journal of Monetary Economics*, 1988, 22:3-42.

77. Mankiw N. G., Romer D. and Weil, D.N. A. "Contribution to the Empirics of Economic Growth", *Quarterly Journal of Economics*, 1992(2):407-437.

78. Romer, P, M. "Endogenous Technological Change", *The Journal of Political Economy*, 1990, 98(5):71-102.

供给侧结构性改革：

研究范式与政策选择

宋　涛　赵燕菁*

供给侧结构性改革作为当前中国宏观政策的代名词,是针对以凯恩斯为代表的需求侧管理提出的,但由于主流经济学中的供给侧与需求侧是基于西方国家经济发展的不同阶段而提出的静态理论,二者的理论基础都存在缺陷,因此无论从哪一侧都难以找到解决经济问题的正确答案。与传统的"供给-需求"分析视角不同,基于两阶段经济增长模型的"资本-劳动"范式能够更好地被用来分析宏观经济问题,供给侧结构性改革也能够在新的范式里得到界定。按照这一理论,在现代经济中,经济增长的启动资本主要通过金融制度将未来劳动的收益贴现创造,资本与劳动之间的这一关系导致政策镜像效应,因此不存在能够同时满足资本和劳动两个目标的宏观政策,资本和现金流之间的贴现率才是宏观政策应该关注的核心。对于中国来说,在开放经济下,资本还是劳动,不是一个选项,而是一个结果。

一、引言与文献综述

供给侧结构性改革已成为当下宏观政策的代名词,但关于它的确切含义,却依然存在争议。2016年,习近平总书记在省部级主要领导干部学习贯彻党的十八届五中全会精神专题研讨班上的讲话中提出:"我们讲的供给侧结构性改革,同西方经济学的供给学派不是一回事,不能把供给侧结构性改革看成是西方供给学派的翻版……供给学派强调的重点是减税,过分突出

*宋涛,厦门大学经济学院副教授、硕士研究生导师,研究方向为宏观经济与区域经济;赵燕菁,厦门大学经济学院教授、博士研究生导师,研究方向为宏观经济与城市经济制度。

税率的作用,并且思想方法比较绝对,只注重供给而忽视需求、只注重市场功能而忽视政府作用。"这就已经明确中国的供给侧结构性改革不同于西方经济学中的供给学派,但在中国式新供给主义的理论体系构建之前,"供给侧"一词很难彻底摆脱传统西方经济学中供给学派的影子。

中国的供给侧结构性改革提出:"放弃需求侧谈供给侧或放弃供给侧谈需求侧都是片面的,二者不是非此即彼、一去一存的替代关系,而是要相互配合、协调推进……供给侧结构性改革,既强调供给又关注需求……"①综观世界经济史,从供给侧与需求侧思考经济问题的主张发生过多次碰撞,随经济周期波动而呈现"否定之否定"的周期性切换和替代(贾康、苏京春,2014),这意味想将供给侧和需求侧统一的主观愿望存在客观障碍。更进一步,理论上的争论与摇摆能还表明,传统的供给侧和需求侧理论本身都存在缺陷,都不是解释经济问题尤其是中国经济问题的恰当视角,固守传统的分析框架很难取得关于供给侧结构改革理论实质性的突破和进步。中国的经济政策不是要在供给侧和需求侧之间二选一,而是需要建立基于中国经济实践的新的理论框架。

与主流经济学中采用的供给侧和需求侧的静态理论研究范式不同,如果我们采用统一的动态内阶段经济增长模型,将经济增长区分为资本型增长和运营型增长,就会发现在现代经济增长中,任何经济政策都只能解决一种增长中出现的问题,而对另一种增长的效果则刚好相反。所谓采用货币政策或是财政政策,本质上都是在两种不同增长目标中进行选择。

自2015年中央首次提出供给侧改革②这一概念以来,已经形成的相关研究成果可以概括为以下两大类别:针对供给侧结构性改革的政策方案设计或实际操作问题的研究;针对供给侧结构性改革的理论基础或依据的研究(方福前,2017)。后者应该是前者的基础,但相对于已经相继陆续推出和实施的政策,供给侧结构性改革的理论研究相对滞后。就理论基础方面

---

① 《习近平著作选读(第一卷)》,人民出版社,2023年,第443~444页。

② "供给侧改革"后期被进一步完整表达为"供给侧结构性改革"。

的研究而言,现有成果又可以归纳为马克思主义政治经济学和西方经济学两类(邵光学、王锡森,2016)。从马克思主义政治经济学的视角出发,相关研究从生产力与生产关系、生产与消费的辩证关系入手,为供给侧结构性改革寻找马克思主义政治经济学的理论支撑和解释(洪银兴,2016;方敏、胡涛,2016)。

在西方经济学框架下,针对供给侧结构性改革的理论渊源,国内学者则给出了多种解读:

首先是就供给侧而言,从经济学说史的角度,目前的研究认为从这一视角研究经济问题并非首创,从以萨伊定律为核心的新古典理论开始,其后续的发展包括以传统供给经济学为核心的新古典增长理论、以保守主义和供给主义为核心的里根经济学和撒切尔主义、以货币主义和华盛顿共识为核心的新自由主义改革理论。[①]目前已明确的是,支撑中国供给侧结构性改革的理论与上述理论不同,中国式新供给主义强调供给和需求的整体性、政府与市场的统一性。

其次是针对结构性,目前研究将其与以发展经济学为核心的各类结构主义联系在一起,相关理论认为经济发展不仅是数量的扩张,更是结构(产业结构、城乡结构等)的变迁,主张干预主义和非均衡主义。显然,供给侧结构性改革中的"结构性"包含但并不限于这些内容,且发展经济学的最终政策主张与中国完善市场机制、进一步扩大开放和促进均衡发展的改革目标存在一定冲突。

最后是就改革而言,以产权理论和制度创新理论为核心的新制度主义被认为是其理论支撑,以放松主要领域管制和私有化为目标的制度创新是其重要主张(周密、刘秉镰,2017;张维迎、林毅夫,2017),而这与国家整体发展方向和制度诉求存在一定偏差。

综上可见,目前对供给侧结构性改革的研究处于基于现有理论对概念进行解构——将供给侧等同于供给经济学、结构性等同于结构主义、改革等

[①] 刘元春:《论供给侧结构性改革的理论基础》,《人民日报》,2016年2月25日。

同于制度主义的多理论争鸣阶段(刘元春,2016)。而对这一概念的整体内涵而言,目前尚未形成共识。供给侧结构性改革应该是基于中国实践的一项理论综合性集成创新。但就现状来看,支撑供给侧结构性改革实践的理论较松散。从排除一个错误的方向,到最终找到正确的出口,中国的供给侧结构性改革仍面临着紧迫而艰巨的理论任务。

二、传统的宏观经济分析方法与两阶段增长模型

主流经济学的宏观分析方法大体可以归为两类:一类是供给侧因素分析,以索洛的新古典增长理论为代表;另一类是需求侧因素分析,以凯恩斯的宏观经济理论为代表(吴敬琏,2016)。两个理论都是以发达国家已经达到的既定(运行)阶段为基准建立的静态理论,由于分析视角与理论基础存在根本性分歧,两种理论彼此独立,无法在逻辑上连贯一致地表达经济转型的内涵。

供给学派理论可追溯到古典经济学,产生于供不应求的短缺经济,研究焦点在于回答如何增加供给,供给创造需求。①随着金融制度的发展,经济增长中关键的资本问题得以解决,技术进步推动经济从古典增长进入现代增长,经济开始逐渐摆脱短缺,随之而来的则是产能过剩的困扰。从19世纪70年代开始,边际效用学派把经济学的研究重点从生产转向消费,偏好和效用成为经济分析的核心概念,形成最早的消费学派。马歇尔通过构建连续且相交的供给曲线和需求曲线,构建基于一般均衡的价格理论,将古典经济学与边际主义的思想结合起来成为新古典微观经济学(布鲁和格兰特,2015:247)。

由于现实经济中很少出现真正稳定的一般均衡,新古典经济学逐渐发展成为远离真实世界的"学术试管里的游戏"。柯布-道格拉斯生产函数就是描述在一般均衡条件下劳动和资本的最优配置,索洛在此基础上提出了新古典经济增长模型。依据这模型,人们通过调整生产一侧投入的资本(K)

---

① 这一思想的经典表述是萨伊定律,即供给自动会创造等量的需求。

和劳动(L)的配合比例,就可以实现生产可能性边界的最大化,而一旦资源达到最优配置,由于生产没有剩余(利润),经济会趋于稳态。为了解释"增长",新古典增长模型将新增劳动力和投资之外带来的"额外增长"界定为技术进步。由此,经济活动总量(Y)被认为是由劳动力总量(L)、资本总量(K)和效率水平(A,即 TFP)三个基本因素决定的,即 $Y=A·K^{\alpha}·L^{1-\alpha}$。柯布–道格拉斯函数的含义是给定最大产出条件下的劳动和资本的最优配置,技术不过是外生变量,是劳动和资本投入之外的余额。按照索洛的增长模型(生产要素创造收入)计算的国内生产总值就是所有厂商劳动、资本和技术增加值的加总。基于"供给侧"的政策,也基本上是围绕着这些要素展开的。

20世纪30年代西方国家普遍出现经济大萧条,发达国家的经济供给全面过剩。供大于求使得需求成为制约增长的瓶颈,凯恩斯基于需求侧的分析应运而生。在凯恩斯看来,一个经济体的经济活动总产量(Y)是由需求总量限定的,而需求总量则是由消费(C)、投资(I)、净出口($Ex-Im$)、政府购买($G-T$)构成的,即 $Y=C+I+(Ex-Im)+(G-T)$。(约翰·凯恩斯,2017:45-55)[1]这一理论的基本观点是,当总投资小于总储蓄时,社会总产品无法在市场上得到充分实现,表现为有效需求不足,这是导致经济处于下滑周期的根本原因。解决有效需求不足的办法,对内就是政府通过积极的财政和货币政策来刺激有效需求;对外则依靠净出口增加,弥补需求不足,引发充分就业,平抑经济周期波动。其实质是通过政府的力量把未来的需求挪到现在,把国外的需求转移到本国。凯恩斯理论的一个重要的前提假设就是消费、投资和净出口之间具有完全的替代性。实际上,投资需求与消费需求之间的关系及相互作用机理远比这一理论所表达的要复杂。尽管凯恩斯的理论存在明显缺陷,但在需求不足的经济周期,由于索洛的模型对于政策制定毫无用途,而凯恩斯的经济政策则几乎是除战争和技术革命之外,可以人为推动、用来应对大萧条的唯一可选项(许小年,2017),因而被各国政府普遍采用。

---

① 这一框架在忽略政府的财政赤字后,经过简化成为消费、投资和出口是拉动经济增长的"三辆马车"。

凯恩斯也意识到他的理论[①]是一种短期分析框架,其本质是一种债务延展,为等待下次产业技术革命争取宝贵时间。

如果说技术是供给侧增长模型的外生变量,货币就是需求侧增长模型的外生变量,货币是积极财政政策的根本源泉。现代货币的本质是基于国家主权的债务,积极的货币政策意味着政府通过降低企业的资金成本帮助"冻僵的企业"延长"冬眠",等待"气候"回暖,而扛不过经济"寒冬"的企业则会给其他企业让出需求,使经济在局部恢复"供不应求"。显然,供给侧和需求侧是两个平行的范式,分别适用于供不应求和供大于求两个不同的宏观经济环境。只有将这两个范式放到一个统一的理论框架里,二者之间的分歧才会得到解决——这个框架就是两阶段经济增长理论。

按照熊彼特的创新理论,经济组织的本质是商业模式,经济可以被视作众多独立商业模式的集合;按照两阶段经济增长模型(赵燕菁、邱爽、宋涛,2019;赵燕菁,2017),每个商业模式都是由投资(资本型增长)和运营(现金流型或劳动型增长)两个阶段构成的动态过程。

首先,每个商业模式可以用一个基础会计学公式描述——收入(R)减去成本(C)要有正的剩余(S),即

$$Revenue - Cost = Surplus\ ,\ R - C = S \tag{1}$$

可见,一个商业模式得以确立的约束条件是:$S \geqslant 0$。

其次,经济总量就是商业模式的加总,把所有商业模式i加总,就可以获得经济规模(凯恩斯,1997)[②]:

$$\sum_{i=0}^{n} R_i - \sum_{i=0}^{n} C_i = \sum_{i=0}^{n} S_i\ (\ i=1,\ 2\cdots\cdots n\ ) \tag{2}$$

这个基于会计学的恒等式对经济增长的描述和传统经济学的增长模型存在明显的区别,体现为以下两点:第一,从增长的资本来源来看,传统的基

---

① 这一理论的逻辑类似于人希望通过不断吃饭来延长寿命,但"从长期看,我们都要死"(In the long run, we will all die)。

② 这一思想凯恩斯在《货币论》里也有指出:"我要提请史学家特别注意的明显结论是:各国利润膨胀时期和萎缩时期与国家的兴盛和衰败时期异常地相符"。

于新古典的内生增长理论的一个微观基础，就是边际收益减去边际成本所带来的边际剩余，即 $\triangle\%A = \triangle\%Y - \triangle\%X$（保罗·罗默，2017）。[①]这意味着在传统经济中，经济增长的资本来自过去剩余积累，只有正的剩余不断积累，才能带来新的增长；而现代增长中的资本可以通过金融制度将未来剩余贴现获得。第二，从增长的方式来看，新古典的经济增长是序贯的数量增长，边际剩余越多，增长越快，新古典范式中的决策基于边际分析。但现实中的经济增长除了原有商业模式在数量上的增长外，还包括新增商业模式 i 所带来的种类上的扩张，即熊彼特式的增长——只要新的商业模式减去旧的商业模式的剩余为正，经济就会扩张；反之则收缩。在这种增长模式中，即使原有的商业模型剩余为零，新增的商业模式也会带来经济规模的扩张，[②]这也就是"创造性破坏"所表达的经济增长的含义（约瑟夫·熊彼特，2017:53-88），属于"超边际问题"。

公式（2）是静态的，将其按照商业模式的全过程做动态展开，则任一商业模式都可以进一步分解为两个连续不同的阶段：第一阶段，进行资本性投资；第二阶段，获得现金流收入，支付运行性支出。照此，将公式（1）中的收

---

① 保罗·罗默认为，基德兰德和普利斯科特（Kydland & Prescott，1982）提出的真实经济周期（RBC）模型依赖于两个恒等式：第一个恒等式将通常的增长核算残差定义为产出 Y 的增长率与生产投入指数 X 的增长率之差 $\triangle\%A = \triangle\%Y - \triangle\%X$；第二个恒等式是货币数量方程。

② 想象只有一个汽车厂的经济，汽车厂的投入和产出正好相等，剩余为零。然后，想要再建立了一个化工厂，投入和产生也正好相等，剩余依然为零。按照传统经济学，这个经济不增长。因为按照传统理论，当汽车厂剩余为零时，化工厂根本没有钱建。但是现实中，化工厂建设的资本，并不取决于汽车厂能否有正的剩余，而可以通过金融的途径创造，因此后者并不必然是前者积累的结果。只要两个工厂的剩余都不小于零，经济总量就会增加——从一个工厂增加到两个工厂之和。

入、成本[①]和剩余分别按照资本和现金流展开：收入R分为资本性收入R_{i0}和运营性收入R_{ik}；支出分为资本性支出C_{i0}和运营性支出C_{ik}；剩余分为资本性剩余S_{i0}和运营性剩余S_{ik}；其中k代表运营型增长的不同时期,则经济增长可以表达为如下两个方程：

$$R_{i0} - C_{i0} = S_{i0}\,(S_{i0} \geqslant 0) \tag{3}$$

$$R_{ik} - C_{ik} = S_{ik}\,(S_{ik} \geqslant 0,\ k = 1,\ 2,\ 3 \cdots n) \tag{4}$$

以上两个方程的六个变量分别描述经济增长资本型增长和现金流型(运营型或劳动型)增长两个不同阶段。公式(3)描述的是商业模式的投资阶段,即资本型增长,公式中所有变量都是存量,可以忽略时间;[②]公式(4)描述的是一个商业模式的收益(运营)阶段,即现金流(劳动)型增长,所有变量都是流量,需要考虑时间。[③]必须同时满足两组等式的约束条件,两个阶段同时成功并不断循环和积累,整个商业模式就运转起来了。两阶段经济增长模型是一个统一的增长模型,兼容微观、中观和宏观,模型中各变量的含义如表3.1所示。

①　这同新古典从一般均衡的角度基于柯布道格拉斯生产函数以劳动和资本作为成本的函数不同,将成本分为可变成本和固定成本的思想来源于古典经济学。亚当·斯密在《国富论》第二卷"论财富的性质及其蓄积和用途"第1章"论财富"中,将投资资本分为流动资本和固定资本：……商人的资本不断以一个形态用出,以另一个形态收进……这样的资本可称为流动资本;资本又可用来改良土地,购买有用的机器和工具,或用来置备无须易主或无须进一步流通即可提供利润的东西,这样的资本可称为固定资本。([英]亚当·斯密：《国富论》,胡长明译,重庆出版社,2009年,第113页。)类似地,马克思在剩余价值理论中提出商品价值由不变资本、可变资本和剩余价值三部分构成,其中不变资本(c)可视为固定成本(资本),可变资本(v)也即边际成本(现金流),二者合计为成本,但他们都并没有对收入和剩余做进一步区分。([德]马克思：《资本论》(节选本),中共中央党校出版社,1983年,第162页。)

②　这里不考虑时间主要是针对资本的性质而言的,并非指建设不需要时间。以基础设施的建设为例,所有的基础设施只有在建成投产的瞬间才能开始被称之为资本,而处在建设过程中的材料并不能构成资本。

③　这一阶段需要考虑时间主要从消费的角度考虑,就消费而言,由于人的消费能力是有限的,因此任何消费活动都必须在时间中展开,因此任一个商业模式的收益阶段必定要展开为一个过程。

表3.1　两阶段增长模型中各变量的经济学含义

	资本型收入	资本型支出	资本型剩余		现金流型收入	现金流型支出	现金流型剩余
	R_{i0}	C_{i0}	S_{i0}		R_{ik}	C_{ik}	S_{ik}
家庭	金融市场投资获利	购买住房和耐用消费品	融资的净结余	家庭	工资	支付电费、水费等日常支出	储蓄
企业	直接融资间接融资	购买设备和土地	融资的净结余	企业	货款	支付工人工资、纳税和资本付息	利润
政府	发行债券出让土地	投资建设基础设施	融资的净结余	政府	税收	公务员工资、基础设施折旧和日常维护	预算结余

如前所述,根据两阶段经济增长模型,现代增长和传统增长最大的不同,就是传统增长所需的资本R_{i0}是来自其他商业模式的现金流剩余S_{ik}(储蓄),要积累资本就必须压缩消费C_{ik};而现代增长所需的资本R_{i0},则来自自身未来现金流剩余S_{ik}的贴现。这样,我们就可以获得两阶段经济增长模型的第三个公式,如公式(5)所示,其中δ为贴现乘数:

$$R_{i0} = \sum_{k=1}^{\infty} \delta^k S_{ik} \tag{5}$$

这个公式把增长模型的两个阶段连接为一个相互影响的统一过程。由于现代货币[①]的本质是基于国家主权信用的未来剩余贴现,因此这个公式把凯恩斯模型中外生的变量"货币"在两阶段模型中也内生了。

两种不同类型增长的对比如表3.2所示,从表中可以看出两阶段经济增长模型所表达的增长含义,相对于传统的新古典经济增长,在增长形式和资本来源上存在明显区别,相应地,这种增长可以称为熊彼特式增长。

---

① 这里所说的现代货币是指布雷顿森林体系解体后,以美元为代表与黄金脱钩而以政府未来收益(税收)为锚生成的货币。

表3.2 两种不同类型增长含义的比较

	增长方式	增长关系	数学含义	分析方法		资本来源	货币
新古典增长模型	数量增长	序贯	$\Delta\%A = \Delta\%Y - \Delta\%X$	边际分析	传统增长	过去剩余积累	外生
两阶段增长模型	种类扩张	平行	$\sum R_i - \sum C_i = \sum S_i$	超边际分析	现代增长	未来剩余贴现	内生

在这一增长模型中有一个关键,就是资本性剩余与现金流(劳动/运行)性剩余不能相互替代,我们将其称为"不可替代原则"。确立这一原则,是由于在现代经济中的资本主要通过金融创造将未来收益贴现,金融的本质是依靠信用制度向未来的借贷行为,资本的本质是债务;而现金流主要通过劳动创造,是真实财富。如果用资本(债务)去弥补现金流的缺口,意味着更多的债务和更高的利息;反之,如果用现金流去弥补资本的缺口,则意味着压缩当期消费和强行积累,会割裂生产和消费之间的有效循环。

三、两种宏观经济分析框架与两阶段模型的比较

新古典增长模型是基于发达国家经济实践的理论,由于发达国家经济增长的原始资本积累来自外部掠夺或援助,因而其研究重点是经济运行阶段,其本质是将经济运行中一定时段内的不同要素进行加总进而求取均衡。与这种静态求取经济增长的思路不同,两阶段经济增长模型是基于中国国情和具体经济实践,由于中国经济增长启动资本源自自力更生的内部积累,经历了从启动到运行的全过程,因此两阶段经济增长模型是一个包括先投资、后收益的全周期动态经济增长模型。比较两阶段动态经济增长模型与两种主流宏观经济分析框架可以发现:

首先,从供给侧出发的宏观模型中的两个变量——资本和劳动,可以分别对应到两阶段增长模型中资本型增长和运营型增长中的第一项——资本性收入(R_{i0})和运营性收入(R_{ik})。其中,第一项资本性收入的概念比较好理解,其定义是未来现金流剩余(S_{ik})的贴现;第二项现金流性收入(运营性收入)其实是比劳动更抽象但却更准确的经济学概念,这是由于劳动在经济增

长中既可以是资本(人力资本)也可以是现金流(劳动力),因此用现金流替代传统经济学中普遍使用的劳动,在概念的表达上更加严格和规范。[①]

其次,从供给侧出发的宏观模型中的第三个变量——外生的技术进步代表劳动和资本之外的增长余额,由于在现代经济增长中的技术进步对资本有明显的依赖,因此可以认为与其对应的是两阶段模型中资本型收入扣除一般资本性支出后的资本性剩余(S_{i0}),这样,技术进步在两阶段经济模型中成为一个内生变量。在主流经济学中,从供给侧计算(按照收入法计算)计算的国内生产总值等于劳动(L)、资本(K)和技术(A)三项增加值的加总;而如果按照两阶段经济增长模型,则意味着将资本性收益(R_{i0})、现金流性收益(R_{ik})和资本性剩余(S_{i0})进行加总。

最后,再看消费侧宏观理论的变量:消费、投资、政府采购和净出口。其中,政府采购可以按照用途和属性分解为投资和消费两部分;净出口则可视为现金流收入中扣除现金流支出后剩余的部分。这样,投资(包括部分政府采购)就相当于两阶段模型中的资本性支出(C_{i0});消费(包括部分政府采购)等于两阶段模型中的运营性支出(C_{ik});而净出口则为二者的剩余。如此,从消费侧计算(按照支出法计算)的国内生产总值等于投资(包括部分政府采购)、消费(包括部分政府采购)和净出口三项增加值的加总;如果按照两阶段经济增长模型,则意味着将资本性支出(C_{i0})、现金流性支出(C_{ik})和现金流性剩余(S_{ik})进行加总。

以上分析表示,在两阶段经济增长模型中可以同时得到包含供给侧和消费侧的分析框架。在两阶段经济增长模型中,原本对立的消费侧和供给侧就成为经济增长中的一体两面。更为重要的是,我们在统一的两阶段增长经济模型框架里对新古典增长理论和凯恩斯宏观经济理论加以对比,就可以发现两种理论存在的问题:

第一,这两种理论都混淆了资本和现金流。在新古典增长理论中的 L

---

① 但是为了与传统的经济学研究进行衔接,本章仍保留劳动这一概念中的社会学含义,按照现金流的语义交替使用劳动和现金流两个概念。

代表劳动力,*K*代表的是资本,前者创造的是现金流,后者则是资本。在凯恩斯宏观经济理论中,*C*是消费,*I*是投资,前者使用的是现金流,后者则是资本。按照两阶段经济增长模型,经济增长由众多商业模式构成,不同的商业模式所处的发展阶段不同(或处于资本增长阶段,或处于劳动增长阶段),新古典增长理论是在一个时点(时段)上,将处于不同阶段的商业模式中不同经济学含义——"量纲"的变量合并到一个公式中,加总得出经济增长,属于典型的静态分析。更重要的是,基于一般均衡的新古典增长模型暗示变量"流"(劳动)和"量"(资本)之间存在替代关系,没有理解资本和劳动的不同属性及在经济增长中不同的作用,违背了不可替代原则。

第二,两种理论或关注供给(劳动、资本和技术),以追求要素的最优配置为目标;或关注需求(消费、出口和投资),以平抑经济的短缺波动为目的。由于缺少统一的经济学基础,两种理论之间无法建立关联,只能分别做总量分析,不能逻辑连贯地表达结构变化(吴敬琏,2016)。尽管后来的研究中加入了不同部门的技术进步差异及消费者非同质偏好等要素,试图在新古典增长模型框架内演绎出结构和转型的概念,但由于新古典模型包含的要素仅是从供给侧(生产)考虑的,且混淆了资本和现金流,因此仍无法表达出包含供给和需求的完整意义的经济转型,难以对经济的长期动态发展给出有说服力的解释。因此,认为供给侧结构性改革就是要从凯恩斯主义转向新古典自由主义的结论,无论在理论上还是实践上,都是有问题的。

四、"资本-现金流"范式

"资本-现金流"范式是相对"供给-需求"范式而言的。按照两阶段经济增长模型,任何经济都可以分为资本型增长和运营型增长两个阶段,前者对应的是虚拟经济、资本密集、固定资产投资、资本等,后者对应的是实体经济、劳动密集、经营性收入、现金流等,在传统经济中,由于第一个阶段资本型增长中的资本来自过去剩余的积累,因此积累率(资本支出)和消费水平(运营支出)负相关,即只有压缩消费(勤俭节约),才能进行资本型投入(比如固投)。而在现代经济中,资本来自未来剩余的贴现,信用越好,贴现能力越强,资本就越充足,投资规模就越大,而由于投资需要与消费形成正反馈,因此消费水平(运营支出)和积累率(资本支出)正相关,消费主义(提前消费)盛行。但反过来,一旦现代经济增长进入运营型阶段,由于在资本型增长阶段已经通过金融制度将未来的现金流剩余提前贴现,会导致运营型阶段的现金流收入减少,大部分营收要用来偿还前一阶段透支的未来剩余,由于存在不可替代原则,经济从资本型增长转向现金流型(经济转型)增长将非常困难。

从两个阶段经济增长模型可以看出,经济增长的根本问题是出现在两个增长阶段之间的转换和过渡,即资本型增长和劳动型增长之间的比例关系,而描述两者之间关系的资本贴现则是观察宏观经济问题的核心线索。理解这一点,我们就可以抛开供给还是需求这一传统范式,将分析重点集中在资本还是现金流(或者用传统的术语资本还是劳动)这一问题上。凡是进入现代增长的国家都会周期性爆发金融危机,关键的原因就是现代增长中资本的形成来自未来剩余的贴现,属于向未来的借贷行为,一旦预支的未来剩余没有兑现,或没有获得预期的回报率,违约就会发生;如果出现大面积的违约,就会爆发金融危机。从"资本-劳动"范式来看,金融危机的本质不是需求不足,而是运营(劳动或现金流)型增长阶段的真实现金流剩余小于资本型增长阶段通过金融贴现未来剩余投入的资本——剩余无法偿还债务。

在两阶段经济增长模型的框架下,通过贴现率这个公式,我们还可以把供给侧的经济变量和消费侧的经济变量整合到统一的框架里。当我们把在"供给-需求"范式下孤立的经济变量在"资本-劳动"范式下合并到一个统一的方程组中,就可以发现将经济政策按照供给侧和需求侧区分开来是不可能的,当我们提出供给侧政策时,实际上也在改变需求侧的变量,根本就不存在独立的供给侧和需求侧政策。需求侧"积极的财政政策"(在两阶段经济增长模型中意味着资本性支出 C_i 增加)必定是依靠供给侧"积极的货币政策"(按照现代货币理论意味着政府资本性收入 R_{i0} 增加)支持的;同样,供给侧抑制需求(政府的现金流性收入 R_{ik} 减少,如减税),也必然是以债务增加

(政府的资本性收入 R_{i0} 增加,如国债抵押贬值)为条件的。而如果按照传统彼此对立的"供给–需求"范式,如根据凯恩斯主义需求不足开出的药方,采用政府投资来拉动经济增长,如果没有积极货币政策的配合,必然以更高的债务作为代价——用贴现乘数更高的债务覆盖贴现乘数较低的债务,直到信用崩溃,贴现乘数归零。与之相比,供给侧的药方也存在类似的问题,去杠杆、注销债务、加息、出清,必会导致流动性不足,如果没有新的信用创造,就会触发违约的链式反应,社会分工水平下降,商品经济退回管制经济,基于货币的分工退回计划经济乃至以物易物。这意味着在"供给–需求"范式下,任何一侧指标的改善,都会以另一侧指标的恶化为前提的。换言之,把经济理论分为供给侧和需求侧,本身就是基于错误的理论框架,从哪一侧都不能找到解决经济问题的正确答案。

按照两阶段经济增长模型,现代增长中的资本主要通过金融将未来剩余贴现创造,如公式(5) $R_{i0} = \sum_{k=1}^{\infty} \delta^k S_{ik}$ 所示。其中的贴现乘数 δ 越高,意味着财富中对资本也就是虚拟部分 R_{i0} 的估值(泡沫)越高,相应地,现金流(劳动)的估值 R_{ik} 就越低,整个经济就越有利于资本,从而鼓励经济虚拟化;反之,贴现乘数 δ 越低,表明一个社会信用差,生成的资本少,对现金流(劳动) R_{ik} 的估值较高,在市场交易中,有利于持有真实财富(现金流)的一方,整个经济就越有利于劳动(现金流),实体经济的比重越高。

为验证这一假说,本章采用一国上市公司总市值占国民生产总值的比重对不同国家资本市场的发达程度加以刻画;采用工业增加值占国民生产总值的比重对不同国家实体经济的发展水平加以表征,并选取了具有代表性的七个国家:中国、印度、俄罗斯、德国、日本、英国和美国,1991—2018年上述指标的数据进行了对比,结果如图3.1所示。由图可见,资本市场越发达(上市公司总市值占国民经济比重高)的国家,其实体经济会相对萎缩(工业增加值占国民生产总值比重偏低并呈下降趋势);而实体经济发展的国家(工业增加值占国民生产总值比重高),资本市场则相对薄弱(上市公司总市值占国民经济比重偏低),一国的资本市场发达程度与实体经济的发展水平成反比。

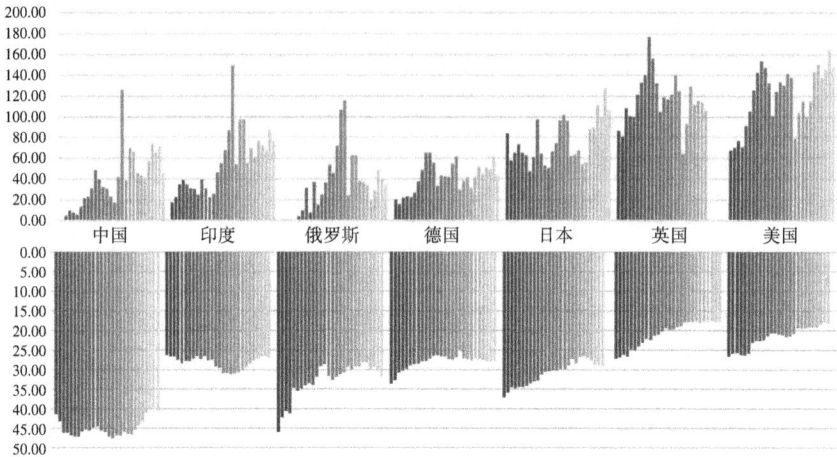

世界主要国家工业增加值占国民生产总值的比重(1991—2018)

数据来源:上市公司总市值占国民生产总值比重的相关数据来自万得(wind)数据库,工业增加占国民生产总值比重的相关数据来自世界银行。

图3.1 世界主要国家资本市场发达程度与实体经济发达程度的对比

基于上述判断,所有的宏观经济政策,实际上都应该是围绕着贴现率这个轴心在作政策选择。这意味着一个宏观政策,必定对资本型增长和现金流型增长(资本和劳动)产生相反的政策效果——对资本(虚拟经济)有利的政策,必定对劳动(实体经济)不利。不存在能够同时满足资本和劳动两个目标的宏观政策,我们将其称之为"资本-劳动"的政策镜像效应。

如何避免金融危机,实际上是一个两难选择:要增长还是要安全。如果是前者,在资本型增长阶段,贴现乘数就要越高越好,因为这意味着同样的现金流,创造的资本更多。所以越是发达的国家,其资本市场的市盈率就越高(如表3.3所示),但这同时意味着更高的金融风险,而如果是后者,贴现乘数一定是越低越好,如此才有更多的金融安全。

表3.3 全球部分国家资本市场年度市盈率比较(1998—2018年)

	印度	日本	韩国	新加坡	西班牙	英国	中国
	SENSEX	TSE 一部	加权 KOSPI	富时全 股指数	马德里证 券交易所	富时指数 所有股份	上海证券 交易所股份
1998	12.08	88.67	27.80	19.04	24.39	21.38	32.96
1999	21.67	117.72	34.60	99.19	24.93	28.64	37.09
2000	20.28	212.53	15.34	20.91	18.66	22.51	58.22
2001	15.73	223.97	29.29	16.75	17.81	21.13	37.71
2002	14.64	467.28	15.61	21.17	16.17	19.38	34.43
2003	18.86	308.03	10.06	24.87	19.42	18.92	36.54
2004	17.07	155.83	15.84	16.60	18.35	15.62	24.23
2005	18.61	39.74	10.98	15.37	16.07	14.91	16.33
2006	22.76	39.98	11.40	19.42	15.04	14.30	33.30
2007	27.67	33.03	16.84	17.97	12.08	12.16	59.24
2008	12.36	23.68	8.99	6.24	8.16	9.09	14.85
2009	22.36	20.02	23.68	19.27	14.38	19.04	28.73
2010	23.56	44.24	17.80	18.96	9.83	12.90	21.61
2011	16.41	29.47	10.90	10.32	9.75	10.60	13.40
2012	17.53	22.68	12.92	11.06	18.16	12.32	12.30
2013	18.16	29.48	14.95	12.67	33.08	14.89	10.99
2014	18.79	25.49	15.32	14.08	26.09	15.82	15.99
2015	19.83	24.38	15.07	12.75	15.41	17.85	17.63
2016	20.88	22.71	13.92	13.94	23.59	30.25	15.94
2017	25.22	27.03	12.99	15.53	16.28	21.20	18.16
2018	23.64	24.93	9.58	13.47	15.46	11.72	12.49
平均市 盈率	20.4342	65.7526	16.3752	19.9797	16.8659	17.6996	27.1611

数据来源:CEIC中国经济数据库。

"资本-现金流"范式则可以将政策分解为独立、自洽的两组,分别对应两种相反的宏观目标:若要资本型增长优先,对应的是"高速度增长""加杠杆""虚拟经济",相应的财政政策应该是负债、固投、减税,相应的货币政策是降息、降准、升值;若要现金流型增长优先,对应的是"高质量发展""去杠杆""实体经济",相应的货币政策是还债、去库存、加税、减少支出,相应的货币政策是加息、升准、贬值。

五、结论

那么对于一个国家而言，究竟应当优先选择哪种政策？在现代增长中，正确的答案，取决于这个国家是否能创造足够的资本。资本是否足够是相对于劳动而言的，若资本不足，则劳动一定过剩，此时应当选择资本增长优先的宏观政策；反之，若资本过剩，则劳动一定不足，此时应当选择现金流（劳动）增长优先的宏观政策。

在经济全球化的世界里，在国家之间存在资本和劳动的禀赋差异。根据李嘉图的比较优势理论，创造资本能力强的国家，应当选择资本优先；而劳动力富裕的国家则反之。采取这种增长战略并不是因为这种做法更有利于不同资源禀赋的国家之间展开国际贸易，而是因为资本过剩的国家不会同劳动过剩的国家竞争，而是首先面临与其他资本过剩的经济体之间的竞争。

资本强国比的是谁的信用好、贴现率高，同样的现金流若能生成更多的资本，则这个国家的资本就便宜，它就更能在资本密集的重资产行业（城市基础设施、高科技、国防军工等）承受风险，并最终在与其他资本强国的资本竞争中胜出。但与此同时，根据资本—劳动政策镜像效应，资本强国的劳动会受到损伤，这是资本强国为此付出的代价。而劳动过剩的国家必然资本不足，资本不足源于信用缺少，无法把未来的现金流贴现过来，只能依赖外部资本输入（出口和吸引外资）。竞争对手是其他劳动过剩的国家，此时，谁能把劳动力的成本压得更低，谁就能争夺更多的资本，并靠此超越其他资本不足的国家。因此，资本不足的国家应当选择现金流（劳动）增长优先的宏观政策。[①]

一个国家的资本生成能力实际已经决定了其宏观政策的选择。资本不足的国家如果选择资本密集的重工业优先战略，将进一步恶化其资本不足状况，结果不仅不能赶上资本强国，反而会输给其他劳动过剩的国家。而资

---

① 这也就解释了为何二战后曾经流行于发展中国家的进口替代战略最终会陷入失败。

本强国之间比拼的除了资本这一"长板"之外，更重要的是控制劳动这块"短板"。如果资本强国（如美国）的劳动密集产业不断转移到世界上现金流（劳动）最便宜的国家（如中国），它首先就会被其他资本强国（如日本）超越，而一旦现金流（劳动）最便宜的国家（如中国）也开始参与资本创造，其对资本强国（如美国）形成的挑战可能更胜于此前的竞争对手（如日本）。中国在现金流和资本领域对美国形成的双重挑战，可以解释1998年之后美国试图封锁中国的原因，但只要保持开放，中国的劳动力优势就决定了美国的现金流仍会流向中国，封锁就难以持久。

布雷顿森林体系解体之后，全球的资本生成能力急剧膨胀，其政策镜像结果一定是劳动力急剧不足。具体体现为劳动相对资本的议价能力急剧提高，通过工会、劳动保护法分走的财富份额越来越高。于是剩余的资本开始加快溢出，大量劳动密集产业外包给劳动力剩余（资本不足）的国家。这种产业转移直接伤害了美国劳动者的利益，这就是为什么在全球化的今天，中国的"战略竞争者"从美国的资本家变为了美国的劳动者。尽管中国在布雷顿森林体系解体之后的资本爆发式增长中，依靠"土地金融"成为最大的"赢家"，但根据"资本-劳动"的政策镜像效应，其结果也必然是劳动力变得越来越不足。这使得中国的劳动在胜过美国的劳动者的同时，也面临着越来越多其他劳动过剩经济的竞争。在总体资本不足的世界里，中国劳动的议价能力仍然会被其他国家过剩的劳动力所压制。

资本在现代经济增长中的重要性使的资本在不同国家划出的鸿沟，将世界分为资本充足的中心国家和资本不足的边缘国家。只要一国没有创造出足够的资本，就难以进入中心国家。而要跨越资本鸿沟，就必须创造出足够的资本，要在资本强国的压制下胜出，中国资本的贴现率就必须更高，虚拟经济更强大，泡沫更不易破裂。中国现在的所有问题，其实都可以归结到中国面临是要继续做一个边缘国家，还是要成为一个中心国家的战略选择。更准确地讲，这不是一个选项，而是一个结果——如果中国继续在虚拟经济领域开疆拓土，并努力成为一个资本大国，就是选择了参加中心国家之间的竞争将面临修昔底德陷阱，如果泡沫破裂，资本缩水，就只能退出中心国家的竞争,实体经济将成为中国唯一的选项,劳动增长优先的宏观政策就是中国必须长期坚持的国策。显然,后者是符合当前国际分工秩序的,而前者则必然导致"边缘-中心"国家秩序的重构,进而遭遇中心国家的遏制。面临这一变局,中国将无法继续维护曾给其带来巨大利益的国际经济秩序,这是由中国巨大的经济体量所决定的,因为对中心国家来说,重要的不是边缘国家的态度,而是其能力。

中国巨大的人口规模意味着资本的长期不足。中国来自外部的资本增长始于改革开放加入全球分工体系,加速于2002年加入世贸组织之后的出口剧增,陡然增长源自于2008年的金融危机之后。具有中国特色的"土地金融"制度为中国的虚拟经济发展提供了巨大的信用,以土地为信用的抵押贷款与房价持续上涨形成正反馈循环,在这一内生的信用货币生成机制下,中国几乎在一夜之间成为资本大国(赵燕菁,2019;赵燕菁,2018)。[1]在"一带一路"建设和成立亚投行等背景下,劳动力不足和成本上升导致中国的制造业开始向边缘国家转移,而资本密集的高技术产业(如大飞机、航空航天、信息产业、高铁等)快速崛起。过去十年的中国,在外界看来完全像是另一个国家。中国的战略界已经感知到了这一变化,"高速度转向高质量"、"一带一路"建设、"百年未有之大变局"都是对这一巨变的回应。但也正是由于传统的"供给-需求"范式的局限,使我们难以理解这一巨变背后的深层原因,不改变传统的经济学范式,就不可能选择正确的政策组合。

任何理论都是由其所要解决的问题定义的,供给学派和供给侧分别是针对其对立范式需求学派和需求侧提出的,供给学派解决的是第二次世界大战后美国由于采用凯恩斯主义的需求管理而在20世纪70年代导致的滞胀问题;供给侧结构性改革解决的是2008年后中国出现的经济增速减缓、债务增加和产能过剩等问题。供给侧与需求侧两种理论几经反复,长期争论,却一直都无法解决经济增长中出现的问题,也暴露除了两种理论的缺陷。一旦我们在开放经济下,引入新的"资本-劳动"范式,我们就会明白,按

---

[1] 当然土地金融的制度设计也直接推高了中国的城市房价。

照主流经济学理论制定的政策做出选择的背后,我们究竟放弃了什么。供给侧结构性改革必须在新的"资本-劳动"范式里加以界定,否则就会再次回到传统的供给学派的道路上去。

由于中国长期作为一个劳动大国,在我们的思维传统里,至今仍缺少对资本大国的行为方式和政策选择的理解。面对前所未有的国内国际形势,我们必须选择正确的理论范式。当然,可以肯定的是资本仅是经济增长的必要条件而非充分条件,要应对中国经济所面临的挑战,在资本与劳动之外还有其他的变量对中国经济发展产生影响,我们所作的工作也仅是刻画其中的核心线索。供给学派与需求学派的相关理论与实践皆出自西方发达国家,而关于供给侧结构性改革的相关理论与实践,中国的经济实践和中国的经济学研究应该并且能够发出自己的声音并做出应有的贡献。

参考文献:

1. 习近平:《在省部级主要领导干部学习贯彻党的十八届五中全会精神专题研讨班上的讲话》,《人民日报》2016年5月10日。

2. [美]保罗·罗默:《宏观经济学的困境》,《政治经济学报》2017年第5期。

3. [美]斯坦利·L.布鲁、兰迪·R.格兰特:《经济思想史》,邸晓燕等译,北京大学出版社,2015年,第247页。

4. 方福前:《寻找供给侧结构性改革的理论源头》,《中国社会科学》2017年第7期。

5. 方敏、胡涛:《供给侧结构性改革的政治经济学》,《山东社会科学》2016年第6期。

6. 洪银兴:《准确认识供给侧结构性改革的目标和任务》,《中国工业经济》2016年第6期。

7. 贾康、苏京春:《探析"供给侧"经济学派所经历的两轮"否定之否定"——对"供给侧"学派的评价、学理启示及立足于中国的研讨展望》,《财政研究》2014年第8期。

8. [英]凯恩斯:《货币论》,何瑞英译,商务印书馆,1997年。

9. 刘元春:《论供给侧结构性改革的理论基础》,《人民日报》2016年2月25日。

10. [德]马克思:《资本论》,中共中央党校出版社,1983年。

11. 邵光学、王锡森:《供给侧结构性改革研究述评》,《经济学家》2016年第12期。

12. [美]斯坦利·L.布鲁、兰迪·R.格兰特:《经济思想史》,邸晓燕等译,北京大学出版社,2015年。

13. 吴敬琏:《供给侧改革——经济转型重塑中国布局》,中国文史出版社,2016年。

14. 许小年:《从来没有什么救世主》,许小年博客,http://xuxiaonian.blog.caixin.com,2017年2月3日。

15. [英]亚当·斯密:《国富论》,胡长明译,重庆出版社,2009年。

16. 叶初升、方林肖:《供给侧结构性改革的增长效应:潜在经济增长率的视角》,《社会科学战线》2019年第5期。

17. [美]约瑟夫·熊彼特:《经济发展理论》,王永胜译,立信会计出版社,2017年。

18. 张维迎、林毅夫:《政府的边界——张维迎、林毅夫聚焦中国经济改革核心问题》,民主与建设出版社,2017年。

19. 赵燕菁:《城市化2.0与规划转型:一个两阶段模型的解释》,《城市规划》2017年第3期。

20. 赵燕菁:《从增长理论的角度看土地财政》,《21世纪经济报道》2019年7月3日。

21. 赵燕菁:《货币、信用与房地产:一个基于货币供给的增长假说》,《学术月刊》2018年第9期。

22. 周密、刘秉镰:《供给侧结构性改革为什么是必由之路——中国式产能过剩的经济学解释》,《经济研究》2017年第2期。

23. Kenneth J. A., Samuel K., Patrick S., "Mathematical Models in the Social Sciences: Proceedings of the First Stanford Symposium", *Stanford Mathematical Studies in the Social Sciences*, California: Stanford University Press, 1960.

24. Solow. R. M, "Investment and Technical Progress". Kenneth J. A, Samuel K, Patrick S. *Mathematical Models in the Social Sciences: Proceedings of the First Stanford Symposium*, Stanford Mathematical Studies in the Social Sciences, IV, California: Stanford University Press, 1960.

数字经济与共同富裕

祝嘉良　纪　洋　陈少华　赵清华　李振华*

推动数字经济健康发展,是以习近平同志为核心的党中央紧扣我国当前社会主要矛盾变化,为全面建设社会主义现代化强国、推动实现高质量发展而做出的重大战略决策。本章聚焦数字经济对我国城乡流动人口与农村人口的消费、就业、金融信贷等方面的影响,为数字减贫赋能共同富裕提供最新证据。本章全面梳理我国城市及农村地区的数字化进程,特别关注流动人口的数字化需求及新冠疫情冲击对数字化进程的影响;深入探讨数字经济促进流动人口脱贫减贫的具体途径;重点研究农村人口,特别是女性农户、失地农民等弱势群体,对于数字金融服务尤其是互联网银行涉农贷款的需求,探讨涉农贷款对新冠疫情冲击的响应。本章研究表明,数字经济在我国的快速发展契合新时代实现共同富裕目标的要求,通过稳步推进数字经济发展,充分利用数字资源可以在高质量发展中实现共同富裕。

一、引言

2020年,我国在全面建成小康社会、不断迈进共同富裕的征程中取得辉煌成就。共同富裕,是社会主义的本质要求,是中国特色社会主义理论的重要内容之一。2021年,我国脱贫攻坚战取得了全面胜利,在实现共同富裕的

---

* 本章为国家自然科学基金重点项目(72133004)、福建省自然科学基金项目(2021J01036)、福建省社会科学基金青年项目(FJ2020C061)的阶段性成果。祝嘉良,厦门大学经济学院,博士,助理教授;纪洋,厦门大学经济学院,博士,副教授,博士生导师;陈少华,厦门大学邹至庄经济研究中心,讲座教授,博士生导师;赵清华,厦门大学邹至庄经济研究中心,讲座教授,博士生导师;李振华,蚂蚁集团研究院院长。

道路上迈出坚实一步。共同富裕美好社会是中国特色社会主义迈向更高阶段的社会形态。坚持和发展中国特色社会主义，必然旗帜鲜明地走共同富裕的发展道路。因此，当下及未来一段时期，共同富裕是中国实现社会主义现代化的重要主题。

要实现全体人民共同富裕的远景目标，必须构建解决相对贫困的长效机制。作为全世界人口最多的发展中国家，我国高度重视扶贫减贫工作，积极探索中国特色减贫道路。随着经济社会发展，我国扶贫工作经历了五个阶段，从救济式扶贫、发展型减贫，到开发式扶贫、综合型扶贫，再到精准扶贫，呈现出典型的阶段性推进特征。通过持续大规模扶贫开发，我国农村贫困人口大幅度减少，区域性整体减贫成效显著，贫困群众生活水平大幅度提高，成为全球最早实现联合国千年发展目标中减贫目标的发展中国家。同时我们也清醒地认识到，虽然目前已经消除绝对贫困，但相对贫困问题仍将长期存在。相比受到扶贫工作重点关注的农村人口，介于城乡之间的流动人口（以下简称"流动人口"）数量庞大，其生存与发展依然面临诸多障碍，在全面建成小康社会、迈向共同富裕的过程中，这两类人都是重点关注人群，亟待改善其相对贫困状况。

进一步巩固脱贫成果、减少相对贫困，需要充分发挥中国特色社会主义制度优越性，抓住经济建设主战场。数字经济作为新时期国民经济发展的新动能，对实现共同富裕目标发挥不可替代的作用，值得我们予以充分重视并开展深入研究。党的十九届五中全会、《中华人民共和国国民经济和社会发展第十四个五年规划和2035年远是就目标纲要》均指出，要推动数字经济和实体经济深度融合，加快构建以国内大循环为主体、国内国际双循环相互促进的新发展格局。2020年，我国的数字经济在逆势中仍呈现蓬勃增长态势。据《中国数字经济发展白皮书（2021年）》数据显示，2020年我国数字经济规模达到39.2万亿元，较2019年增加3.3万亿元，占国内生产总值比重38.6%，同比增长2.4个百分点。

发展数字经济与共同富裕目标高度契合。实现共同富裕需要解决普遍增长和发展不平衡不充分问题，而数字经济具有的高技术和共享性两大特征,既为经济增长增添动力,也为均衡发展提供共享机制。张勋等(2019)发现,数字经济的发展有助于提升居民的消费和收入水平。郭峰等(2019)研究表明,数字经济是实现低成本、广覆盖和可持续的包容性金融的重要模式,为经济落后地区实现经济赶超提供了可能。帕克和梅尔卡多(Park and Mercado,2016)以亚洲发展中国家为研究对象,发现普惠金融能有效缓解贫困,减少贫富差距。金(Jin,2017)选取非洲、亚洲、拉丁美洲等国家的数据,实证检验了普惠金融的减贫效应。宋晓玲(2017)认为,数字普惠金融的发展对于缩小我国城乡居民收入差距具有显著促进作用。黄倩等(2019)也发现,数字普惠金融能缓解贫困,并探究了数字普惠金融减缓贫困的内在机制。马述忠和胡增玺(2022)的研究表明,数字金融通过提供就业机会、提高预期收入两个渠道影响劳动力流动,认为一个城市数字金融发展水平的提高会有利于吸引劳动力流入。简言之,数字经济为共同富裕提供了技术和途径,推进共同富裕需要嵌入和依托于数字经济的发展。

本章聚焦数字经济对流动人口与农村地区人口的消费、就业、金融信贷等方面的影响,为数字经济赋能共同富裕目标的实现提供最新证据。本章分三部分展开:第一部分全面展示我国城市与农村地区数字化进程,特别是流动人口的数字化需求及新冠疫情冲击对数字化进程的影响;第二部分探讨数字经济促进流动人口增加收入的具体途径;第三部分关注农村地区人口对数字金融服务的需求,重点关注女性农户、失地农民等弱势群体对互联网银行涉农贷款的需求,并探讨涉农贷款对于缓解新冠疫情冲击的作用。

二、农村与城市地区的数字化进程

基于最新微观数据,本节首先从广度、深度两个维度展示中国城市和农村地区人口,特别是流动人口和贫困县人口的数字化进程。在数字化进程的广度方面,我们关注使用移动支付的用户总量,这反映了数字化手段可以触及的用户数量。在数字化进程的深度方面,我们通过数字化手段追踪用户的消费行为特征,关注微观层面的差异。最后,本节运用新冠疫情期间微观数据变化,比较数字化与非数字化工种的消费水平。本节内容不仅反映新冠疫情对贫困县人口、流动人口的收入和消费冲击,也证明了数字化工具是一种能够及时捕捉不同群体信息、监测相对贫困发生可靠依据。

(一)城市、贫困县与非贫困县的数字化进程

我们与蚂蚁集团研究院合作,从蚂蚁集团随机抽样脱敏数据,首先抽取三类地区的代表区县,对比其数字化程度的差异。这三类地区分别是:城市地区、贫困县和非贫困县[①]。我们对数字化进程的衡量方式是:利用某代表性第三方支付平台2018年1月至2021年5月的数据[②],采用其活跃用户人数作为数字化进程的度量指标。其中活跃用户的定义是:过去30天至少有一次登录手机应用程序且允许定位追踪的用户,或者手机应用程序进行一次可定位消费的用户,如线下消费或更新快递信息。

图4.1反映了三类地区在观测期内活跃用户人数的变化情况。为了保证数据的可比性和保密性,我们对活跃用户人数做了指数化处理,将基期数值均标准化为1。从图4.1可以看到,无论是城市、贫困县还是非贫困县,活跃用户人数均呈增长趋势,其中贫困县的增长速度相对较快,城市的增长速度相对较慢,表明数字化覆盖率相对较低的地区,数字化进程较快。另外,不同地区的活跃用户人数还存在季节性变化。每年第一季度的农村地区活跃用户人数存在小幅度的增加,而城市地区的活跃用户人数则相应地减少,这是由于春节期间的城乡迁徙所造成的。

图4.2反映了2021年4月三类地区数字化渗透率的变化情况。此处数字化渗透率的衡量方式为活跃用户人数/常住人口[③]。从图4.2可以看到,同一时期不同地区的数字化渗透率差异较大,城市的数字化渗透率远高于贫困县和非贫困县,非贫困县高于贫困县。以上结果说明,虽然农村地区的数

---

① 国家级贫困县,是经过国务院扶贫开发领导小组办公室2012认定的,这些贫困县均于2020年11月完成脱贫。

② 此处的数据为地区抽样数据。

③ 常住人口是指全年经常在家或在家居住6个月以上,而且经济和生活与本户连成一体的人口,数据来源于第七次全国人口普查。因活跃用户的定义宽松于常住人口,所以二者的比值会出现大于100%的情况。

字化进程增速显著,但数字化渗透率仍存在显著的城乡差距。

图4.3进一步展示了疫情冲击对三个地区活跃用户人数增长速度的影响。在疫情期间,农村活跃用户数明显增加,城市活跃用户数显著下降。结

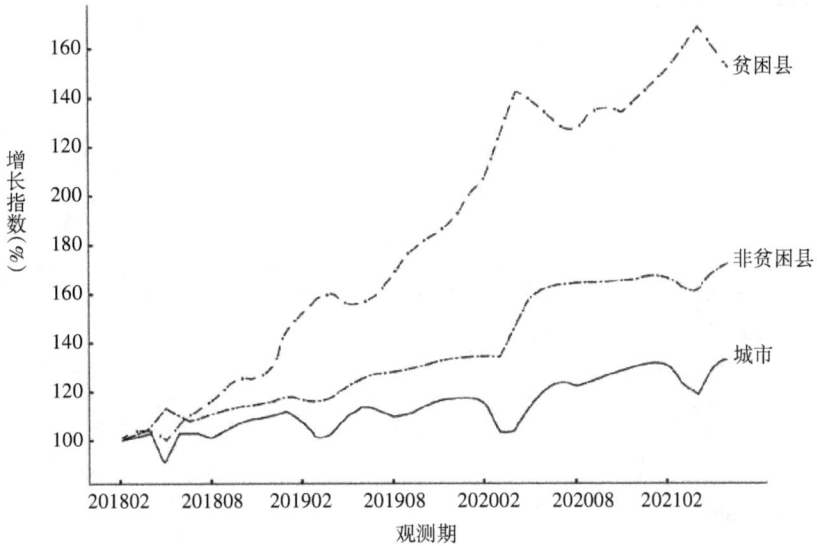

图4.1　活跃用户人数指数化

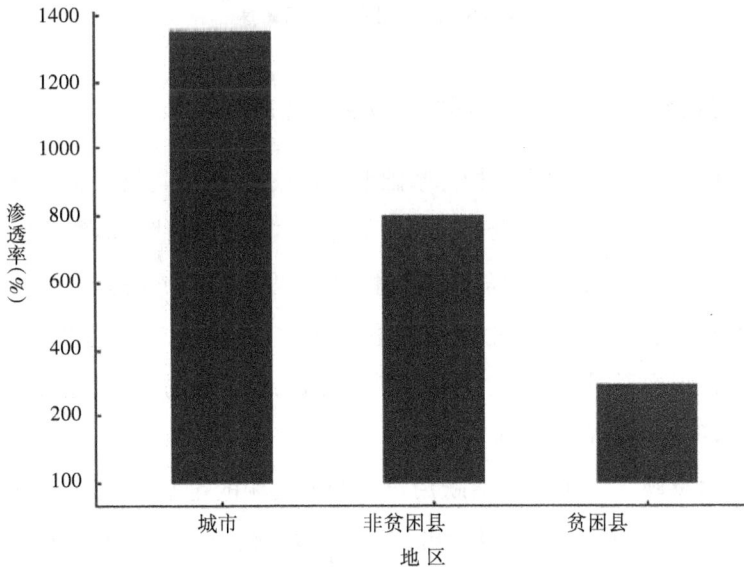

图4.2　活跃用户人数/常住人口

合调研访谈证据,这一数据趋势背后的经济现实为:疫情防疫政策会从工作常住地(城市或经济较好的县)将来自贫困县的人口抽回至来源地区。可见,数字足迹可以帮助我们及时、准确地定位这些失去工作机会、回到贫困县的务工人员。

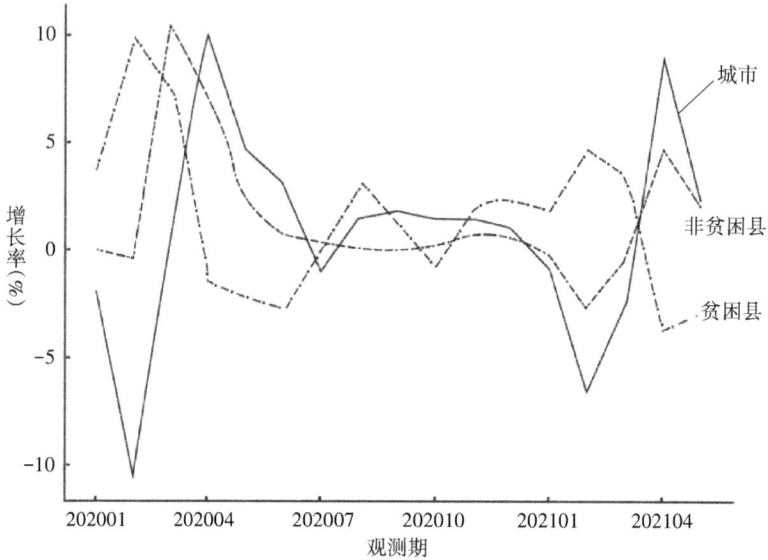

图4.3　活跃用户人数月增速

(二)城市、贫困县与非贫困县的数字化消费水平

在移动支付活跃用户的指标基础上,本节进一步探查数字化消费信息,即通过移动支付手段所记录下的消费信息,其中既包括线上消费信息,例如京东、淘宝等线上购物平台的消费付款信息,也包括线下消费信息,例如二维码付款、人脸识别付款等线下数字化支付的消费信息。将这些消费信息加总,可以得到不同用户每个月的总消费数据,比传统的调查数据的年度消费观测数据更加具有及时性。

图4.4反映了三类地区活跃用户人均消费额的定基增长速度,基期为2018年1月。从图4.4中可以看出,贫困县的活跃用户消费增长速度最快,非贫困县和城市的增长速度基本一致。受疫情影响,2020年初所有地区的

消费都出现了下跌,其中城市和非贫困县的增长速度跌至100%以下,下跌幅度远大于贫困县,这与城市地区和非贫困县较高的数字渗透率有关。另外,2019年和2021年春节期间,三类地区的消费增长速度均出现下跌。产生这种现象的原因有以下三方面:一是春节前人们会提前采购以备过节;二是春节期间物流停止,线上购物意愿下降;三是因人员返乡过年,春节期间线下服务业相对停滞,从而导致消费需求下降。这初步说明数字化对于追踪消费数据具有及时、高频的特点。

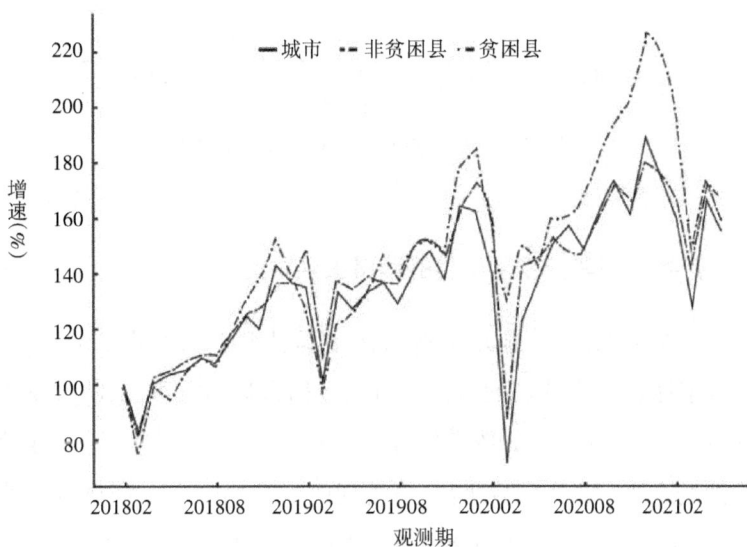

图4.4　活跃用户消费增长

为了进一步探究新冠疫情对城市及农村地区数字化消费的影响程度,我们计算了不同地区人均消费的同比增长速度。如图4.5所示,除贫困县外,其他地区2020年2月人均消费同比增速大幅度下跌,2021年2月则大幅度上涨。可见,疫情对城市和非贫困县的数字化消费影响显著,但对贫困县几乎没有影响,这与贫困县较低的数字化渗透率有关。这说明数字化手段可以追踪农村地区的消费变化,但更多局限于非贫困县。对于贫困县的消费追踪,数字化手段仍有较大提升空间。

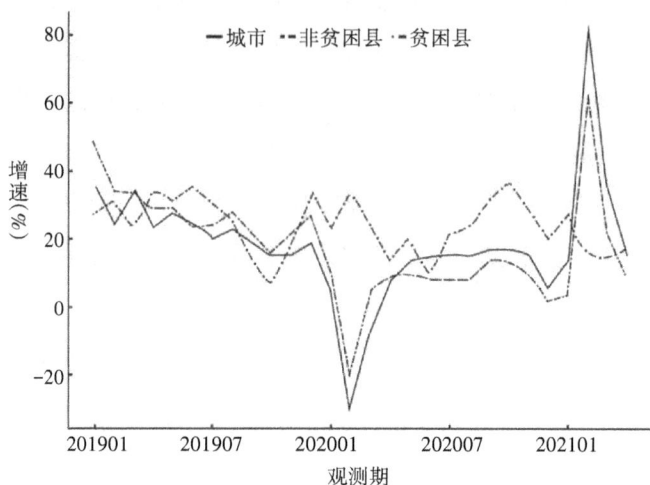

图 4.5　活跃用户月消费较上年同比增长

(三)数字化与非数字化工种的消费水平对比

通过对城市人群,特别是蓝领职业、流动人口相关数据的分析,我们可以发现城市地区数字减贫的特征。首先根据人口职业特征,将样本人口划分为白领、数字化蓝领[①]、非数字化蓝领三个大类。图4.6对比分析了这三个类别的消费水平,即观测期期初、疫情期间以及期末三个群体的月均消费额。图4.7则反映了整个观测期内不同人群的消费增长率,并将基期数值设定为1。从图4.6和图4.7可以看出:无论哪个时期,白领消费水平均高于蓝领,其中数字化蓝领的消费水平又高于非数字化蓝领。疫情暴发后,三个群体的消费水平都急剧下降,但数字化蓝领的消费率先反弹,这是由于数字经济为蓝领群体提供的就业机会更加灵活,能够帮助该群体应对经济冲击。

---

　　① 白领、蓝领等标签是根据用户在特定场景,如填写调研问卷、注册工作证时主动提供的职业信息,并基于自然语言学习进行二分类获得的算法标签。数字化蓝领是指从事外卖、快递等新兴蓝领职业的人群。

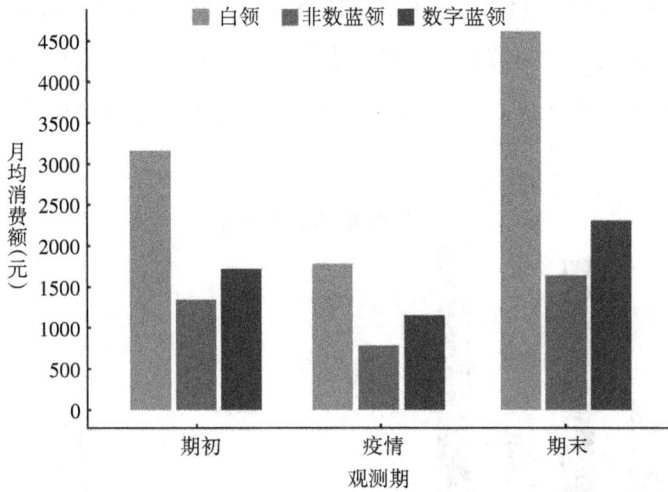

图4.6　不同人群月均消费额

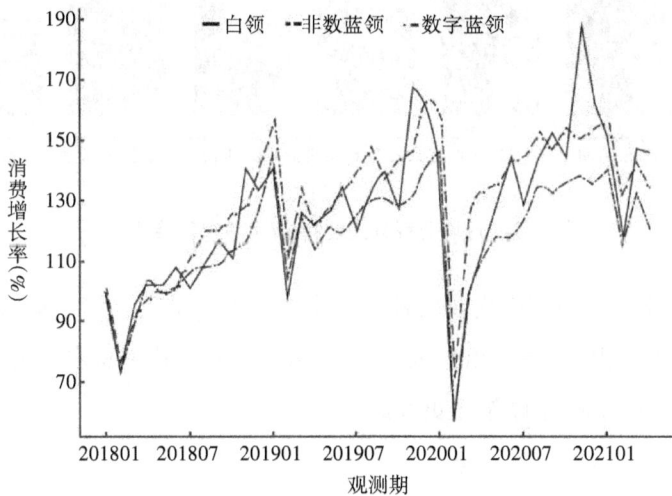

图4.7　月均消费增长率

　　根据流动性不同,我们将白领、数字化蓝领与非数字化蓝领这三大类人群内部进一步划分为流动人口和非流动人口,以讨论流动人口的数字化消费变动。我们将流动人口定义为出生在农村、在观测样本中超过50%的时间在特定城市①居住、超过10%的时间回到农村居住的人群。图4.8对比了三个时期流动人口和非流动人口的消费情况。由图4.8可知,白领群体中的流动人口与非流动人口的消费水平差异最大,蓝领群体的流动人口与非流动人口差异较小。

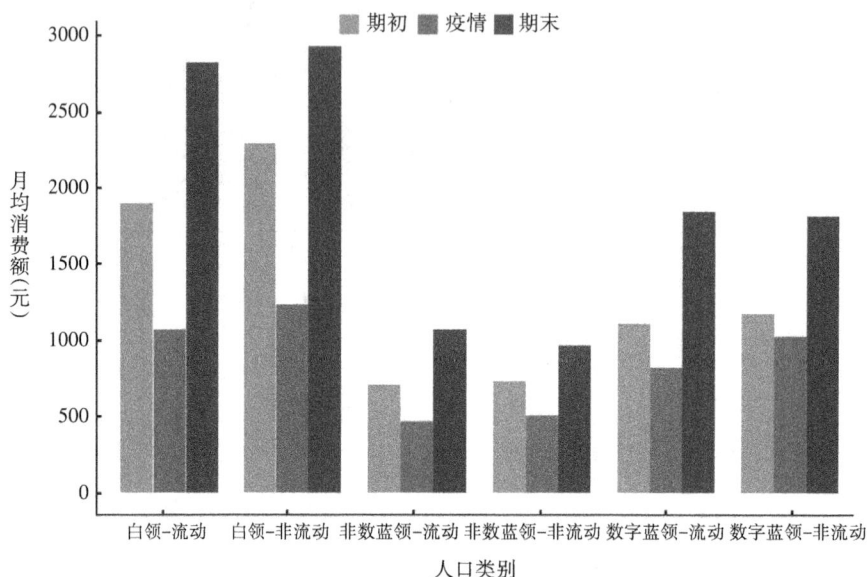

图4.8　月均消费分人群特征/流动人口特征

图4.9反映了观测期内农村地区外出打工的流动人口与本地留守人口的消费情况。相较于本地留守人口,流动人口的数字化消费水平更高,所受疫情冲击也更明显,下跌幅度更大。

---

① 每次观测则是基于过去60天所在地点进行,如果60天内有超过30天在目标城市即为在目标城市。

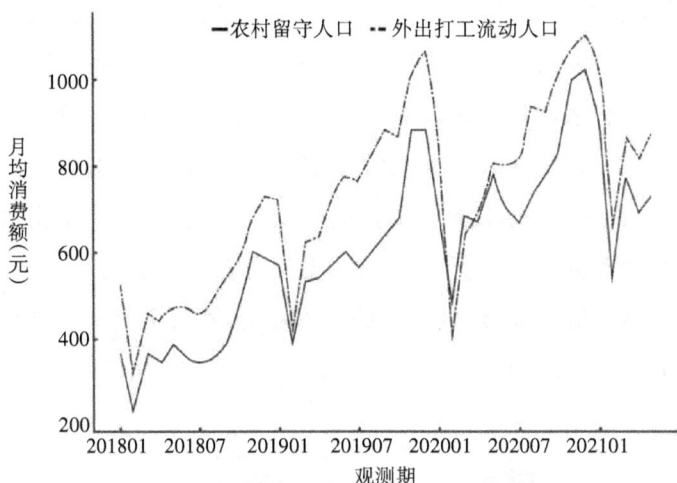

图4.9 农村地区本地vs流动人口月消费水平

通过对以上图表的分析，我们可以得出初步结论：一是农村地区的数字化进程在加速推进，但仍与城市地区有较大差异；二是数字化手段可以便捷地追踪不同人群的流动情况，能够帮助我们及时发现疫情对农村外出打工流动人口的工作冲击，也能对消费水平进行及时的追踪。

三、数字经济如何缓解流动人口的相对贫困问题

张勋等（2021）指出数字金融的发展带来了中国居民收入和消费的显著增加，尤其是数字金融主要通过促进农业向非农业的就业结构转型，提升工资性收入和农业经营性收入，促进消费，进而抑制数字鸿沟扩大。而本节着重关注城市中的流动人口的就业结构转型，特别是数字经济如何为他们提供就业机会与销售渠道，来展现数字经济对于减贫和共同富裕的作用。

（一）数字经济催生就业机会

首先，数字经济催生线上购物平台、线上外卖平台等诸多新业态，相应创造了"数字化蓝领"这一庞大的就业岗位。本章对比流动人口和非流动人口在不同职业中的占比，考察数字经济对流动人口就业的促进作用。

图4.10反映了疫情前、中、后三个时期间[①]，白领、非数字化蓝领、数字化蓝领中流动人口的占比。无论哪一时期，白领的流动人口占比均小于蓝领的流动人口占比，表明流动人口中白领占比较小，而在蓝领中较大，流动人口的主要就业类型是蓝领岗位。值得注意的是，在疫情冲击下数字化蓝领中的流动人口占比在疫情发展中期达到峰值。这一方面是由于疫情导致的经济冲击，使流动人口失去了在白领、非数字化蓝领岗位的就业机会；另一方面是由于疫情期间"无接触购物"的迅速发展，使数字化蓝领岗位吸收了更多的流动人口。由此可见，数字化为城市流动人口提供了更多就业机会。

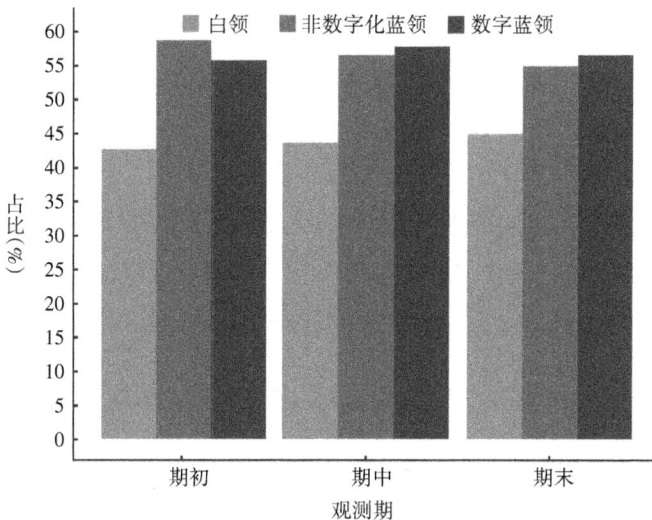

图4.10　流动人口占比（分人群特征）

（二）数字经济提供销售渠道

除了提供更多就业岗位，数字经济还拓展了流动人口的销售渠道。流动人口大量从事个体户零售行业，在数字经济不发达的时代，其销售渠道主要为线下销售，客户主要为当地人群。随着数字经济迅速发展，其销售渠道

---

① 我们将2018年1月至2019年12月定义为疫情前期，2020年1—6月为疫情中期，2020年7月至2021年1月为疫情后期。

增加了线上销售,客户范围拓展至全国乃至世界各地。此外,数字经济的发展伴随着移动支付的普及,二维码支付方式同样为流动人口的零售行业提供便利。因此,本小节考察流动人口线上开店和数字化收款的情况,用以评估数字经济对流动人口从事零售行业销售渠道的影响。

图4.11反映了城市流动人口与非流动人口中线上开店的人员占比情况。可以看到,相较于非流动人口,流动人口在数字化平台开店的占比较高,并且疫情期间二者的差距进一步增大。线下使用二维码收款的情况也有类似的结论。正如图4.12所示,流动人口使用二维码收款的比例高于非流动人口,疫情冲击导致二者的差距进一步增大。以上结论表明了数字化可以为流动人口提供更便捷的销售与收款渠道。

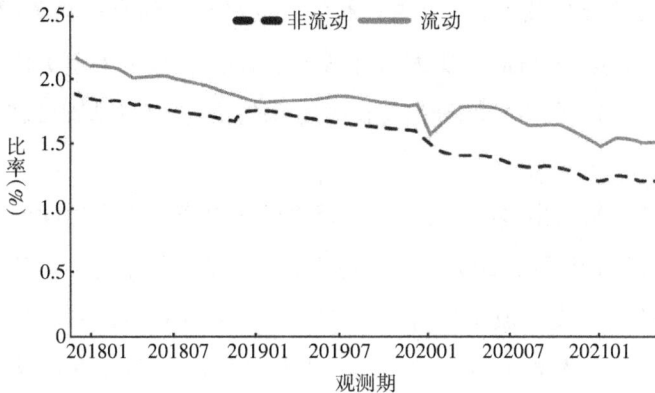

图4.11　线上开店人员占比

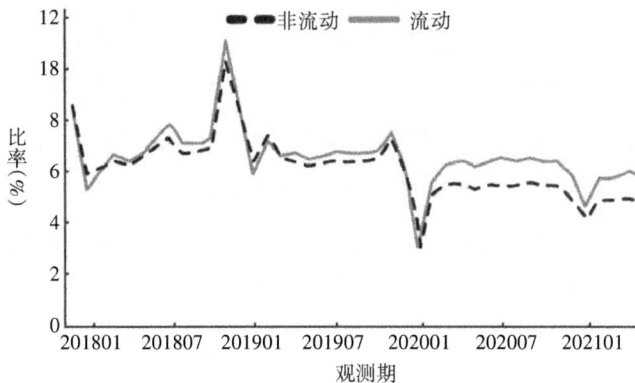

图4.12　流动线下vs本地线下商户占比

从以上结果可以看出,数字经济成为了流动人口就业岗位的"孵化器"。随着数字技术与实体经济进一步地深度融合,大量新产业、新业态和新模式的涌现将为我国城市中的流动人口的就业结构转型提供更多可能性。

四、数字金融服务与乡村振兴

为农户提供可得、便利的金融服务,是推进乡村振兴、实现共同富裕目标的重要工作之一。2021年6月,中国人民银行等多部门联合发布的《关于金融支持巩固拓展脱贫攻坚成果 全面推进乡村振兴的意见》提出"到2025年,金融服务乡村振兴的体制机制进一步健全,信贷、债券、股权、期货、保险等金融子市场支农作用有效发挥,农村信用体系建设深入推进,乡村振兴重点领域融资状况持续改善,金融服务乡村振兴能力和水平显著提升"的目标。为了达成这一目标,需要大力开展小额信用贷款、开发新型农业经营主题贷款产品、加大民生领域贷款支持力度、增加农业农村基础设施建设贷款投放。

但现有文献指出,农户从传统信贷机构获得贷款困难的问题是一种普遍现象(朱喜和李子奈,2006),原因在于农村信贷市场信息不对称及随之而来的更高的信贷交易成本(Stiglitz & Weiss,1981;Carter,1988;张龙耀和江春,2011)。农户人数多、收入不稳定、缺少担保品,传统金融机构不能摸清贷款人信息,在审核农户贷款时也要付出更高的成本。再加上自然气候多变、农产品价格偏低、小农经济难形成规模经济等原因,农业的投资回报率低(林毅夫和余森杰,2009;张杰,2005),农户收入偏低,相关贷款不良贷款率高,金融机构从追求利润和降低风险出发,对农户采取"惜贷""慎贷"的态度。程郁等(2009)认为,长期信贷配给会让农户降低信贷获得预期,进一步压缩农户贷款需求。刘西川等(2009)衡量了农户的信贷需求,在他们的调查样本中,有43.4%的农户对正规贷款有理想需求,但获得信用社贷款仅占样本的16.7%。2019年末发布的《中国农村金融服务供给与需求研究报告》中的调研数据显示,31.39%的样本农户有信贷需求,但只有18.38%的农户通过申请,获得了银行贷款,传统的信贷途径无法有效满足农户信贷需求。

在农户贷款困难中，一个更严峻的问题是失地农户的贷款难问题。在我国城镇化发展过程中，城市向周围农村地区积极扩张，大量农村集体土地被政府征用，产生了庞大的失地农民群体。2010年至2017年，我国土地城镇化速度快于人口城镇化速度，城镇人口的年均增速稳定在3%左右，而建成区面积的增速高于4%。农村土地经营权是一种重要的抵押物形式，失去土地意味着失去一种贷款途径，在担保物本就缺乏的情况下，失地农民的贷款问题可谓难上加难。此外，土地征收补偿相比土地合理价格过低，且多以一次性货币补偿形式为主，许多农民在失地后失去收入来源，再就业受困，他们有渡过困难期、铺垫生活资金和启动创业等诉求，进而增加了贷款需求。贷款受限、扩大的贷款需求缺口和金融机构信贷支持的缺位的叠加令农户贷款问题更加复杂。

农村金融供需矛盾突出，融资难的问题制约着"三农"的发展。在这一背景下，互联网银行贷款作为补充传统金融机构农户贷款的有效途径能发挥积极作用。截至2020年12月，我国农村网民规模为3.09亿，农村地区互联网普及率为55.9%，数字金融具有低成本触及广大农户、服务"三农"群体的巨大潜力。

农户是融资需求的长尾群体，边际成本递减和边际效益递增的互联网金融有着服务长尾群体的天然优势，金融科技等数字化手段也有利于缓解信息不对称，降低交易成本，促进信贷资源合理配置，使得农户贷款可以规模化、可持续化。因此，下文将重点考察数字金融的涉农贷款部分，用以分析数字经济如何助力农村地区的金融服务。

(一)数字金融与农户的贷款可得性、市场可及性

在上述背景下，我们首先采用某互联网银行的涉农贷款数据①，定量评估农户是否能通过数字化途径获得更多贷款支持，为数字金融助力农村发

---

① 此类给农户的贷款具有以下特点：无抵押物、无担保、随借随还、按日计息、不使用则不产生利息。

展提供新证据。我们具体考察以下问题：第一，数字化进程的推进是否有助于农户获得金融服务？第二，数字金融服务的发展，是否能够帮助农户拓展农产品销售？

针对第一个问题，我们用农户已注册手机应用程序的时长来衡量其数字化程度。数字化程度这个指标计算了用户从注册月到统计截止月的月份总数。我们预期，随着数字化程度加深，农户更容易获得贷款，贷款力度更大，成本更小。图4.13和图4.14分别展示了农户数字化程度对贷款获得概率和额度影响。横轴是农户已注册手机应用程序的时长，纵轴分别为在农村地区中累计获得过贷款的用户数量占总用户数量的比例和贷款平均额度（万元）。为了剔除其他因素的干扰，我们随机抽取了290276个在农村地区的用户为样本，使用比例风险回归模型（Cox）与普通最小二乘法（OLS）进行回归分析，控制了用户年龄、性别、每月登录天数、理财规模和银行卡张数多个因素。图4.13和图4.14所展示的是模型估计值。

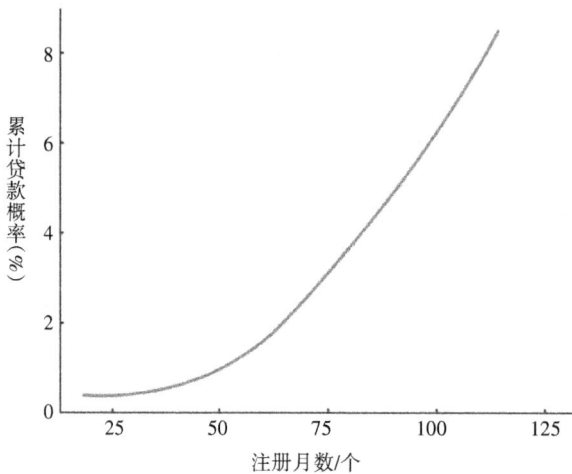

图4.13　数字化程度与累计贷款概率

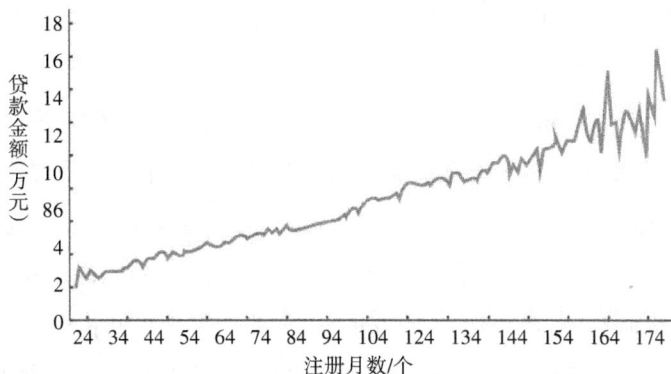

图4.14　数字化程度与额度

如图4.13和图4.14所示,随着农户数字足迹的增加,即手机应用程序注册月份的增加,农户的数字化贷款使用概率从接近于零增长到约20%;贷款授信的力度也不断加大,当已注册时长在125个月时,农户的贷款额度已经接近10万元。

针对第二个问题,我们采用逻辑斯谛回归(Logistic regression)的方法估计农户获得授信对其线上开店的影响,关注的自变量是农户是否获得互联网贷款授信的哑变量,因变量是用户是否线上开店的哑变量。此处的因变量,线上开店,是指通过手机应用程序进行线上收款,用户在任意线上平台开店并通过手机应用程序进行收款的行为都会被纳入样本。我们发现,没有贷款授信的农户线上开店概率约为7.5%,而对于拥有授信的用户,这一概率值约有9.7%,后者比前者高出29.72%。这可以侧面说明,便利可得的金融服务将鼓励农户拓展销售,为农户线上开店提供有力的支持。

通过以上分析可知,对于农村地区,数字化进程的推进伴随着数字金融服务的发展。农户数字化程度的增加,意味着更高的贷款可得概率和更大的贷款额度,数字金融服务业有助于农户接触线上市场,拓展农产品销售渠道,进而促进脱贫减贫。

(二)数字金融与农村女性群体

农户贷款难不仅仅是一个总量问题,其中也含有结构因素:农户贷款存在性别差异。现有研究发现,女性相较男性有着更低的贷款可得概率、贷款额度和更高的利率(Fletschner,2009),并且当女性无法满足其信贷需求时,家庭效率会有所下降(Fletschner,2008)。女性无法掌控家中资产、缺乏贷款抵押物,有些女性甚至无法获得合法的贷款开户身份。中国农村仍存在重男轻女的情况,女性地位偏低,通常不具有土地经营权进而无法获得抵押贷款,同时获得的正规信贷资源往往少于男性。因此,我国政府积极倡导减轻信贷的性别差异,财政部在2009年发布《关于完善小额担保贷款财政贴息政策 推动妇女创业就业工作的通知》,为符合条件的妇女提供小额担保贷款财政贴息,保障妇女发展权利,做好妇女就业创业工作。

借助涉农贷款用户的性别变量,我们将初步展示数字金融与女性用户的关系,发现数字化进程有助于减少农户贷款中的性别歧视。在数字化涉农贷款中,女性用户比男性用户享受更低的贷款利率,约为0.2个百分点,但男性用户比女性用户拥有更高的贷款授信额度和贷款支用率。[1]从贷款利率来看,女性农户并未在数字化贷款上受到歧视,但在贷款额度上确实低于男性,两者相差约1万元。女性农户在涉农贷款支用额度上比男性用户低5千元左右。

接下来,我们进一步探讨数字化足迹的积累、数字化进程的深化,如何改善女性的贷款条件。我们发现高数字化程度可以显著降低贷款利率,男性低数字化用户比高数字化用户在贷款利率上高约1.7个百分点,女性低数字化用户比高数字化用户高约1.3个百分点。与此同时,数字化程度也显著增加了两类性别群体的授信额度(男性和女性的低数字化用户均比高数字化用户额度低约4万元)和贷款支用率(男性和女性的低数字化用户均比高数字化用户支用额度低1.3万元)。

张勋等(2019)的研究发现,数字金融的发展帮助改善了农村居民的创业行为,并带来了创业机会的均等化。而本章进一步发现了数字金融相对

---

① 男性农户和女性农户的支用额度都远低于授信额度,其中男性农户贷款支用率(支用/额度)为0.39,女性农户贷款支用率为0.38。

于弱势群体(女性、失地农民)的作用更加明显。原因是数字痕迹对授信额度、贷款支用率等信贷可得性指标存在着差异性的影响。数字化程度一定程度反映了互联网贷款公司对用户了解程度。随着对用户更加了解,天然弱势因素(例如缺少资产、低风险偏好等)在信贷考量中的占比会进一步降低,而更侧重于基于用户数据的因素进行考虑。

(三)数字金融与失地农民

如前所述,失地农民的贷款难问题十分突出。因此,我们从涉农贷款数据中,一方面探查数字化的涉农贷款是否会歧视失地农民,另一方面研究数字足迹的增加是否有助于失地农户获得更好的金融服务。

表4.1对比了有地农户与失地农户的贷款授信额度、支用额度、贷款利率。表4.1显示,相比于有地农户,失地农户的贷款利率更高,贷款授信额度更低,支用额度也更低,t检验结果进一步证实了差异的显著性。这说明,即便在数字化的信贷市场,失地农户依然存在劣势。失地农户的金融服务问题,值得我们更多地关注。

表4.1 土地情况对农户信贷可获取性的影响

土地情况	额度(万元)	支用(万元)	利率(%)
失地	5.9365	2.4972	0.4578
有地	6.5389	2.7524	基准
t检验值	5.4797	2.9878	-8.4519
p值	0.0000	0.0028	0.0000

那么随着数字化足迹的增加,失地农户的信贷条件有无可能得到改善?表4.2对比了不同数字化程度和有无土地对农户信贷可获取性的影响。无论对于有地农户还是失地农户,高数字化程度者均比低数字程度者享有更低的利率、更高的额度,并展示出更高的支用率。但对于失地农户而言,数字化程度的增加能够带来更大幅度的利率下降,更大幅度的额度增加。因此,数字化足迹对失地农户有更大的促进作用。这一发现也符合经济直觉,在抵押物缺失的情况下,数据信息对于失地农户变得更为重要,数字化足迹

的积累有助于他们获得更好的金融服务。

表4.2 土地情况与数字化程度对农户信贷可获取性的影响

土地情况	数字化程度	利率(%)	额度(万元)	支用(万元)
失地	低数字化	1.7271	5.0044	2.1546
有地	低数字化	1.2247	5.9187	2.5545
失地	高数字化	0.2989	9.1883	3.6918
有地	高数字化	基准	9.3311	3.6431

在农村习俗的影响下,农村的土地经营权主要由男性户主所有,女性农户通常不单独拥有土地经营权。因此在本次样本中,有地农户90%以上均为男性。为了剔除性别差异的干扰,下文将样本锁定为男性用户,再对比有地农户和失地农户的差异。表4.3重复了表4.2的对比,即有地农户和失地农户的对比,男性农户样本和总样本结果基本一致。

表4.3 土地情况对男性农户信贷可获取性的影响

土地情况	额度(万元)	支用(万元)	利率(%)
失地	6.2654	2.6409	0.5802
有地	6.5251	2.7564	基准
t检验值	2.0817	2.0129	−10.4002
p值	0.0373	0.0441	0.0000

从以上结果可以看出,数字化涉农贷款对于有地农户、失地农户仍有一定的差异,但数字足迹的增加可以更加显著地改善失地农户情况,帮助他们获得更好的数字金融服务。这一发现对于改善失地农户的金融服务具有重要意义。

(四)疫情与数字化涉农贷款

新冠疫情以来,全球经济受到了巨大冲击,金融服务的需求随之上升,但金融服务的供给则受到负面影响,金融服务的供求之间出现了较大的缺口。在此背景下,数字金融的线上、无接触特征,使它具有保持金融供给、弥补供需缺口的潜力。因此,我们汇总不同地区的数字化涉农贷款数据,利用不同县级行政单位在不同时点疫情冲击的差异,考察数字化的涉农贷款是否能够及时相应疫情,满足农户的资金需求。

我们用散点图简单展示疫情期间数字化涉农贷响应疫情的程度。横轴是新冠肺炎确诊病例数,纵轴是经过标准化处理的贷款总量,每个点代表某月某县的情况,并在散点图中增加拟合回归线。在包含湖北省县域的图4.15与剔除湖北省县域的图4.16中,确诊人数和贷款总量均呈现正相关关系。初步可见,数字化的涉农贷款在疫情期间积极响应了农户需求,及时保障了金融服务的供给。

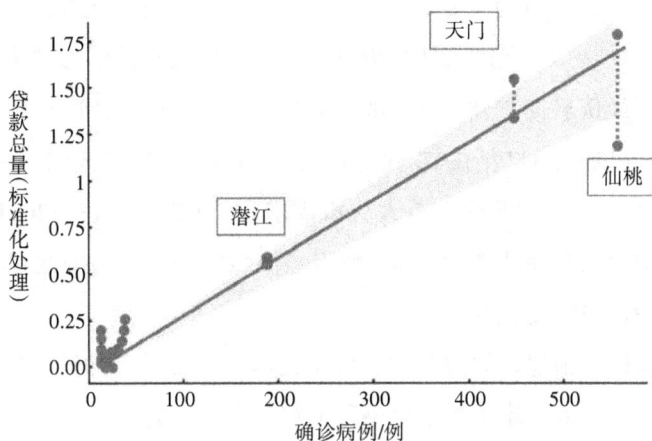

图4.15　疫情期间贷款量投放

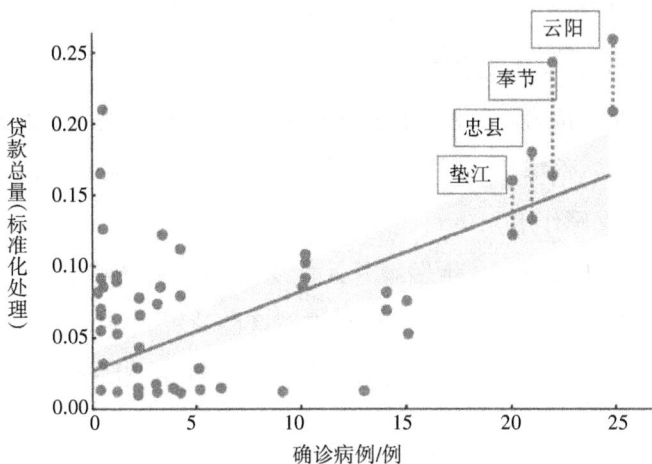

图4.16　疫情期间贷款量投放(剔除湖北省)

综上所述,数字金融能够赋能于共同富裕,在于其能够给农户提供可得的贷款及可触及的贷款市场。相较于传统金融,数字金融对于女性及失地农民相对友好。而在疫情的冲击下,我们发现农户对于贷款的需求仍然很高,数字金融对于我国进一步推进共同富裕将起到积极作用。

五、结论与展望

2021年,《国务院关于印发"十四五"数字经济发展规划的通知》指出,数字经济是继农业经济、工业经济之后的主要经济形态,是以数据资源为关键要素,以现代信息网络为主要载体,以信息通信技术融合应用、全要素数字化转型为重要推动力,促进公平与效率更加统一的新经济形态。"十四五"时期,我国数字经济转向深化应用、规范发展、普惠共享的新阶段。国家发展和改革委员会也于2022年在《求是》杂志上发表《大力推动我国数字经济健康发展》一文。基于国家这一重大决策需求,本章利用2018—2021年微观数据,初步追踪与分析了数字减贫、数字经济赋能共同富裕的途径与现状,得到了以下六点初步结果:

第一,农村贫困地区的数字化进程正在迅速发展,尽管仍与城市地区有较大差距,但已经可以使用数字化手段追踪其人口流向。

第二,移动支付记录了高频的消费变化情况,可以帮助我们及时识别城市流动人口、非贫困县人口的消费变化,进而防范脱贫返贫问题;但是这一手段对于贫困县人口尚不适用。

第三,数字经济为流动人口提供了线上销售渠道,也提供了大量的数字化蓝领就业岗位,例如外卖配送员、快递员。这些就业机会在疫情期间发挥了显著的就业保障作用。

第四,数字手段对农村金融服务具有显著的优势,能够触及长尾人群;数字金融服务的支持也有利于农户拓展农产品销售,增加线上销售渠道。对于农户而言,数字足迹的积累能够提高信贷可得性,增加信贷额度,降低贷款利率。

第五,数字金融相较于传统金融更注重数据积累,因此对女性农户与失地农户的歧视能够有所减弱。特别重要的是,数字化足迹的积累可以帮助女性农户与失地农户获得更好的金融服务。

第六,疫情对金融服务的供给产生了巨大的影响,其经济冲击增加了金融服务的需求,数字金融具有无接触、线上化的特征,因此能够较好地应对疫情冲击,较好地响应疫情期间的金融服务需求。

需要指出的是,本章结论仅来自对数据的初步统计分析,更多是"事实与现状的描述",而非"经济因果的推断"。我们仍将进一步研究数字经济如何推动减贫和促进共同富裕,未来将持续追踪与共享最新数据发现和研究成果。

参考文献:

1. 程郁、韩俊、罗丹:《供给配给与需求压抑交互影响下的正规信贷约束:来自1874户农户金融需求行为考察》,《世界经济》2009年第5期。

2. 郭峰、王靖一、王芳等:《测度中国数字普惠金融发展:指数编制与空间特征》,《经济学(季刊)》2020年第4期。

3. 黄倩、李政、熊德平:《数字普惠金融的减贫效应及其传导机制》,《改革》2019年第11期。

4. 林毅夫、余淼杰:《我国价格剪刀差的政治经济学分析:理论模型与计量实证》,《经济研究》2009年第1期。

5. 刘西川、黄祖辉、程恩江:《贫困地区农户的正规信贷需求:直接识别与经验分析》,《金融研究》2009年第4期。

6. 马述忠、胡增玺:《数字金融是否影响劳动力流动?——基于中国流动人口的微观视角》,《经济学(季刊)》2022年第1期。

7. 宋晓玲:《数字普惠金融缩小城乡收入差距的实证检验》,《财经科学》2017年第6期。

8. 张杰:《农户、国家与中国农贷制度:一个长期视角》,《金融研究》2005年第2期。

9. 张龙耀、江春:《中国农村金融市场中非价格信贷配给的理论和实证分析》,《金融研究》2011年第7期。

10. 张勋、谭莹:《数字经济背景下大国的经济增长机制研究》,《湖南师范大学社会科学学报》2019年第6期。

11. 张勋、万广华、吴海涛:《缩小数字鸿沟:中国特色数字金融发展》,《中国社会科学》2021年第8期。

12. 张勋、万广华、张佳佳等:《数字经济、普惠金融与包容性增长》,《经济研究》2019年第8期。

13. 朱喜、李子奈:《我国农村正式金融机构对农户的信贷配给:一个联立离散选择模型的实证分析》,《数量经济技术经济研究》2006年第3期。

14. Carter M. R., "Equilibrium Credit Rationing of Small Farm Agriculture", *Journal of Development Economics*, 1998,28(1), 83-103.

15. Fletschner D., "Women's Access to Credit: Does It Matter for Household Efficiency", *American Journal of Agricultural Economics*, 2008,90(3), 669-683.

16. Fletschner D., "Rural Women's Access to Credit: Market Imperfections and Intrahousehold Dynamics", *World Development*, 2009,37(3), 618-631.

17. Jin D., "The Inclusive Finance Have Effects on Alleviating Poverty", *Open Journal of Social Sciences*, 2017,5(3), 233-242.

18. Park C. Y. and R.V. Mercado, *Does Financial Inclusion Reduce Poverty and Income Inequality in Developing Asia*, London: Palgrave Macmillan UK, 2016.

19. Stiglitz J. E., "Weiss A. Credit Rationing in Markets with Imperfect Information", *The American Economic Review*, 1981,71(3), 393-410.

数字经济发展与企业的价格加成：

理论机制与经验事实

柏培文　喻　理*

数字经济与实体经济融合是新时代经济可持续发展的重大议题。大量的经济学研究聚焦于数字经济发展给企业带来的收益,例如企业生产率提高、创新增加和组织结构改善等,但少有研究探讨数字经济发展给企业带来的成本,例如企业间竞争加剧、成本压力上升等。本章使用企业的价格加成作为上述两种效应净值的综合反映,并在理论上构造可变价格加成模型,探讨数字经济发展对企业价格加成的影响机制。进一步地,本章使用2004—2013年的中国工业企业数据,结合新近发展的不完美工具变量法进行实证检验。研究发现:数字经济发展显著降低了企业的价格加成,不完美工具变量法估计的稳健上界为-0.31%。作用机制的分析显示,企业间竞争程度的增加和企业对成本压力的不完全转嫁是重要传导渠道。异质性分析表明,对具有数字化程度较低、融资约束较紧、成本节约能力较弱等特征的企业,数字经济发展对其价格加成的负面影响更深。研究还发现,数字经济发展降低了企业价格加成的离散度,显著改善了资源配置的效率。本章的发现对认识当前推行数字经济与实体经济融合的重大意义,以及如何进一步有

　* 本章是国家社会科学基金重大项目"需求结构转化背景下提高消费对经济增长贡献的研究"(批准号17ZDA114)、教育部人文社会科学重点研究基地重大项目"矫正要素配置扭曲与促进经济有效增长"(批准号16JJD790031)、教育部人文社会科学规划基金项目"行业工资差异、劳动力错配与我国产业结构调整和产出增长"(批准号16YJA790003)部分研究成果。柏培文,厦门大学经济学院教授、博士生导师,研究方向为企业经济、宏观经济管理与可持续发展、人才学与劳动科学;喻理,厦门大学经济学院博士研究生,研究方向为工业经济、信息经济与邮政经济、经济体制改革。

效推进数字经济发展有着重要启示。

一、引言

进入新时代,数字经济已成为世界各国经济发展的重要力量。数字经济以知识和信息作为要素、以信息网络作为载体、以信息技术的使用作为发展动力,正深刻地改变和重塑当下经济活动和发展方式。习近平总书记在党的十九大报告中指出要"推动互联网、大数据、人工智能和实体经济深度融合"。因此,有必要研究和考察数字经济的发展对我国实体经济发展的影响。

本章旨在考察数字经济的发展对实体企业价格加成的影响。企业是数字赋能的载体,也是支撑经济可持续发展的基石。从既有研究来看,数字经济发展会对企业生产率及其创新活动带来积极影响(黄群慧,2019;赵涛等,2020)。但鲜有文献关注数字经济发展对企业带来的不利影响,例如企业间的竞争加剧、劳动力用工成本攀升等问题。数字经济发展对企业带来的上述两种不同方向的效应,直接表现为对企业价格加成变化的影响。企业价格加成一般定义为价格与边际成本之比,常用于衡量企业的垄断势力(李兰冰等,2019)。在此,很自然提出一个问题,数字经济的发展是如何影响企业的价格加成,二者之间是否存在内在联系,如果有联系,那么其内部机制到底是什么? 更进一步地,奥托等人(Autor et al.,2020)发现,数字技术的发展使少数前沿企业受益,企业间异质性明显。那么这种异质性的来源是什么,是否也体现在数字经济发展对企业价格加成的影响中。厘清这些问题,不仅有助于提升数字经济发展与企业发展政策制定的战略协同,也为理解数字经济发展如何影响宏观经济提供了微观解释。

与本章直接相关的文献是探讨数字经济发展对企业的影响。例如,已有研究聚焦于数字经济发展对企业全要素生产率(TFP)及创新行为(黄群慧等,2019)、企业组织结构(Bloom et al.,2012)、企业专业化分工(袁淳等,2021)、企业绩效(王永进等,2017)等的影响。其中,两篇文献与本章最为相关,一是拉什卡里和鲍尔(Lashkari and Bauer,2020)的研究发现,互联网技术的兴起重塑了企业市场份额,且显著利于大公司。该研究隐含了互联网技术的发展会影响企业市场势力的推论,但作者并未将二者直接联系起来。二是贝森和瑞吉(Bessen and Righi,2019)使用美国的企业数据发现,大型企业对专用软件的投资,提升了其价格加成。然而该研究样本皆为规模较大的企业,且并未考虑数字经济发展的一般均衡效应,因此该文的结论可能深受样本选择偏差的影响。不同于上述文献聚焦于数字经济发展对企业的积极影响,本章试图从价格加成的角度,纳入数字经济发展对企业带来的成本,综合考察数字经济发展同实体企业的关系。

企业的价格加成是经济学领域非常重要的话题。既有文献一般从两个角度探讨企业价格加成的变动。第一个角度以成本冲击作为切入点,例如,最低工资法的推出和汇率变动提高了企业的成本压力(盛丹和刘竹青,2017;赵瑞丽等,2018),进而降低了企业的价格加成。第二个角度则聚焦于企业竞争环境的变动,例如,王璐等(2020)研究发现,行政审批中心的设立通过降低企业进入退出的门槛,增加了企业间的竞争,导致其价格加成下降。类似地,埃德蒙和许(Edmond and Xu,2015)从企业进入成本下降的角度,发现自由贸易提高了企业间竞争程度,降低了企业的价格加成。陆等(Lu et al.,2014)和赵瑞丽等(2019)则从空间竞争的角度出发,通过集聚的概念将竞争和成本两类因素纳入统一的理论体系,探讨集聚对企业价格加成的负面影响。

综合上述文献可以看到,尽管文献中对企业价格加成的影响研究较为丰富,但鲜有文献将视角聚焦于数字经济发展对企业价格加成的影响。因此,有必要给予深入考察。

鉴于此,本章拟使用1998—2013年中国规模以上工业企业数据,结合不完美工具变量法,实证检验数字经济发展对企业价格加成的影响,并讨论作用机制及异质性。研究发现,数字经济发展会通过促进竞争,增加在位企业成本压力的渠道,显著降低企业的价格加成。异质性分析表明,相较于各行业头部企业,其他企业受到的负面影响更为显著;相较于数字化程度较高的企业,数字化程度较低的企业负面影响更为显著;相较于融资约束宽松的企业,融资约束较紧企业的负面效应更为显著;相较于成本节约能力较强的企业,成本节约能力较弱的企业负面影响更为明显。进一步地,本章还发现数字经济通过降低企业价格加成的离散度,提高了企业所在城市资源配置的效率,表明数字经济的发展,能够通过促进竞争效应,对经济效率的优化产生积极作用。

本章的创新之处主要有三点:一是理论视角上,丰富和拓展了数字经济发展对企业综合影响的研究框架,通过构建可变价格加成模型,将数字经济的发展引入企业的价格加成中,从一般均衡的角度深入讨论数字经济发展对企业价格加成的影响机制,对这一领域形成边际贡献。二是识别策略的设计上,通过使用新发展的不完美工具变量法,对存在路径依赖的历史工具变量提供了更稳健的估计思路,大量的稳健性检验也有助于增强实证结果的可信度。同时,多个维度的异质型分析有利于加深文献关于数字经济发展对各类企业影响的理解。三是数字经济发展程度的测度上,既有文献多围绕在数字基建层面进行衡量,本章通过文本挖掘的方式,度量了各城市从事数字经济企业的数量和初始规模,进一步补充了对城市数字经济发展程度的测度,丰富和拓展了现有文献。

二、理论分析

数字经济发展会通过三个潜在的渠道影响企业的价格加成:一是数字经济的发展通过降低企业进入退出的门槛,促进了新企业的创立(赵涛等,2020)。进一步地,区域内企业间竞争程度的加深会降低该区域的价格上界,并推动企业的价格加成下降(Ottaviano et al.,2002)。二是竞争程度加深使得企业获取生产要素的边际成本上涨,企业成本压力上升。例如就劳动力而言,陈和刘(Chen and Liu,2019)和约尔特和波尔森(Hjort and Poulsen,2019)分别在中国和非洲发现,互联网的发展通过增加企业对劳动力需求的渠道,不仅提高了高技能劳动者的工资,也惠及了低技能劳动者。因此,如果企业在要素配置中存在较大摩擦,工资压力将难以通过优化要素结构的方式转嫁,进而对其价格加成产生负面影响。三是数字经济发展的正外部性有助于企业提高生产率及创新能力(黄群慧等,2019)。前者利于企业节约成本,后者利于提高定价,都有助于提振企业的价格加成。综上所述,理论上数字经济发展对企业价格加成的影响方向并不明确,取决于上述三方面影响占比的相对大小。

为将上述讨论模型化,本章借鉴欧塔维诺等(Ottaviano et al.,2002)和赵(Zhao,2011)的异质性可变价格加成模型,引入数字经济发展的影响。其中消费者的效用函数为含有二次项的准线性效用函数:

$$U = q_0^c + \alpha \int_{i \in \Omega} q_i^c \, di - \frac{1}{2} \gamma \int_{i \in \Omega} (q_i^c)^2 \, di - \frac{1}{2} \eta \left(\int_{i \in \Omega} q_i^c \, di \right)^2 \tag{1}$$

假设商品集合为 Ω,q_0^c 是消费者对基准商品的消费量,q_i^c 是消费者对第 i 种商品的消费量。参数 α、γ 及 η 皆为正数。其中,α 和 η 用以指代消费者在各异质性商品间的替代程度,γ 用以表示各产品间的异质性。通过解消费者最优化问题,利用一阶条件 $MRS_i = P_i$,得到商品 i 的需求函数为:

$$P_i = \alpha - \gamma q_i^c - \eta Q^c \tag{2}$$

其中,$Q^c = \int_{i \in \Omega} q_i^c \, di$ 是所有商品的总消费量。对上式在 Ω 上积分,可得商品 i 的需求函数:

$$q_i = \frac{\alpha L}{\eta N + \gamma} - \frac{L}{\gamma} P_i + \frac{\eta N}{\eta N + \gamma} \frac{L}{\gamma} \bar{P} \tag{3}$$

式(3)中,L 为市场中消费者的总数,假设在商品空间 Ω 中共有 Ω^* 被消费,即 $q_i > 0$ 的定义域为 $\Omega^* \in \Omega$。N 为 Ω^* 的个数,则该区域中平均价格指数为:$P = 1/N \int_{i \in \Omega} P_i \, di$。在垄断竞争环境下,可利用零利润条件得到该区域价格的上限以及企业的停止生产点 C_D:

$$P_{\max} = \frac{1}{\eta N + \gamma} (\gamma \alpha + \eta N \bar{P}) \equiv C_D \tag{4}$$

现将视角转至企业,假设其成本函数为 $TC_i = (\delta c_i / N^\lambda) q_i$。$\delta$ 则用来反应当地竞争性要素市场需求冲击对企业成本的负向作用,并假设 $\delta \geq 1$。这一点类似于格林斯通(Greenstone et al.,2010)分析大企业进驻对当地中小企业影响时提到的机制。λ 表示数字经济发展正外部性对当地企业的影响程度。该外部性体现在多方面,例如,数字经济发展可增强社会互动性,利于促进社会资本的积累(周广肃和樊纲,2018)。此外,数字经济发展程度越高,产业配套也越丰富,利于产品匹配和交易的加速(赵涛等,2020)。因此,本章假设 $0 \leqslant \lambda < 1$,该值越高,表示数字经济发展对企业的正外部性影响越大。通过解企业利润最大化问题,推出企业面临的价格 P_i 和对应销量 q_i 为:

$$P_i = \frac{\alpha\gamma}{2(\eta N+\gamma)} + \frac{\eta N}{2(\eta N+\gamma)}\bar{P} + \frac{c_i+\delta_i}{2N^{\lambda}} = \frac{1}{2}\left(C_D + \frac{\delta c_i}{N^{\lambda}}\right) \tag{5}$$

$$q_i = \frac{\alpha L}{2(\eta N+\gamma)} + \frac{\eta N}{2(\eta N+\gamma)}\frac{L}{\gamma}\bar{P} - \frac{L}{\gamma}\frac{c_i+\delta_i}{N^{\lambda}} = \frac{1}{2}\frac{L}{\gamma}\left(C_D - \frac{\delta c_i}{N^{\lambda}}\right) \tag{6}$$

假设企业成本项 δc_i 服从帕累托分布,即 $G(c)=(c/c_M)^k$,$c \in [0, c_M]$,其中,k 值越大,分布越向高成本值的企业集中。假设企业进入市场还需要支付一定的固定成本 f_E,鉴于数字经济发展程度的提高可促进新企业的进入(赵涛等,2020),而新企业进入市场难度的下降,往往预示着企业进入退出门槛的降低(王璐等,2020)。因此,本章假定 f_E 同数字经济发展的程度负相关。在垄断竞争市场企业自由进入的条件下,企业期望利润为0,于是有:

$$\int_0^{C_D N^{\lambda}} \pi(c)\mathrm{d}G(c) - f_E = \frac{L}{4\gamma}\int_0^{C_D N^{\lambda}}\left(C_D - \frac{c}{N^{\lambda}}\right)^2 \mathrm{d}G(c) - f_E = 0 \tag{7}$$

因此,企业的临界成本值为:

$$C_D = \left[\frac{2\gamma(k+2)(k+1)c_M^k f_E}{L(N^{\lambda})^k}\right]^{\frac{1}{k+2}} \tag{8}$$

从式(8)可进一步得到企业的平均价格同企业临界成本值 C_D 成正比的结论,而 C_D 又是企业数的减函数。因此,在位企业的价格空间也会随着企业数的增加而下降。故而如果数字经济发展提高了企业的数量,企业面临的价格空间将下降,这一点同赵瑞丽等(2019)分析城市集聚对企业价格加成的影响渠道是类似的。进一步地,结合零利润条件,可得均衡时的价格加成 Λ_i 为:

$$\Lambda_i = \frac{P_i - MC_i}{P_i} = 1 - 2(\delta c_i) / \left\{ \left[\frac{2\gamma(k+2)(k+1)c_M^k f_E}{L(N^\lambda)^k} \right]^{\frac{1}{k+2}} N^\lambda + \delta c_i \right\} \tag{9}$$

根据式(9)可知,数字经济发展对企业价格加成 Λ_i 的影响涉及三个参数的值:一是 λ 的大小,用以表示数字经济发展对企业的正外部性影响,从式(9)可推出企业价格加成同 λ 成正比[①], $\partial \Lambda_i / \partial \lambda > 0$。例如数字经济发展促进了区域内企业产业链的协同,企业间的学习效应等(Goldfarb et al.,2019),本章将此称为数字经济发展对企业价格加成的促进效应。二是 f_E 的大小,其中, $\partial \Lambda_i / \partial f_E > 0$ 表示数字经济发展对企业进入退出门槛的影响。故而当 f_E 因数字经济的发展下降时,企业的价格加成也会随之下降。三是 δ 的大小,企业的价格加成为企业成本 δc_i 的减函数,因而当 δ 外生性提高时,企业的价格加成也会受到负面冲击。本章将上述数字经济发展对企业价格加成的负向作用统称为竞争效应,而将正向效应称为数字经济发展对企业价格加成的溢出效应。因此,本章得出以下推论:数字经济发展对企业价格加成影响的最终方向,将取决于竞争效应和溢出效应的净效应。如果竞争效应大于溢出效应,则企业的价格加成下降,反之企业的价格加成上升。

上述讨论中,数字经济发展对企业价格加成的影响是同质的,本章进一步借助式(9)讨论企业的异质性。相较于数字化程度较低的企业,数字化程度高的企业将有更大概率借助数字技术提高生产率和组织效率(Bloom et al.,2012;Lashkari and Bauer,2020),这两者都有助于提高价格加成。此外,恰当的数字技术应用,可使得企业同数字经济融合的更加紧密,在产销环节提效赋能。故而合理推论,数字化程度高的企业受到的来自数字经济发展正外部性的影响,会高于数字化程度较低的企业,即 $\partial \Lambda / \partial \lambda_H > \partial \Lambda / \partial \lambda_L$。其中,$H$ 指代数字化程度较高的企业,L 指代数字化程度较低的企业。此时即便数字经济发展对两类企业的负面影响程度相同,H 类企业的价格加成受到的负面冲击也会更低。类似的异质性还存在于企业规模的差异中。例

---

① 比较静态部分的推导结果,参见《中国工业经济》网站(http://ciejournal.ajcass.org)附件。

如,大型企业相比小型企业,不仅市场势力更大,对互联网技术应用进行投资的概率也更高(Bessen and Righi,2019)。因而大型企业受到数字经济发展对其价格加成的负面影响理应更低。在成本参数δ方面,尽管根据资本-技能互补理论,成本压力的增加会导致企业实施成本诱导型创新,减少对成本上涨的生产要素的依赖。但企业对要素的再配置具有调整成本,企业若要进行数字化转型,首要面临的一个限制即是融资约束。如果融资约束非常紧,企业将难以达到要素配置的效率解,成本压力也将受限于要素结构的僵化而对企业的价格加成产生持续的负面影响。由于生产率较高的企业成本节约能力更强(李兰冰等,2019),故而成本节约能力也会通过影响δ的大小,调节数字经济发展对企业价格加成的负面影响。除此之外,企业所有制和制度成本,则会嵌入在企业进入退出的门槛f_E中,调节数字经济发展对企业价格加成影响的程度。例如,民营企业相较国有企业,面临的竞争环境更为激烈(Lu et al.,2014),上述推论在制度成本较低的区域也有类似反映。因此,对于国有企业和位于制度成本较高区域的企业,数字经济发展对其价格加成的负面影响会较小。

综合上述讨论,本章将以该理论框架为参考,展开实证研究。

三、数据说明与主要指标构建

(一)数据说明

本章使用的数据主要分为两大类:一是企业层面的数据来自1998—2013年的《中国规模以上工业企业数据库》(简称工企库)。借鉴聂辉华等(2012)等文献对工企库进行相应处理。[①]在稳健性检验和机制分析中,本章还使用了2018—2020年的上市公司数据和2004—2007年的中国海关企业数据库。二是城市层面的数据主要来自2004—2013年的《中国城市统计年鉴》《中国区域经济统计年鉴》等。其中,1998—2013年的地级市最低工资数

---

① 数据处理具体过程参见《中国工业经济》网站(http://ciejournal.ajcass.org)附件。

据通过各省各市地方政府网址获得。在后续稳健性检验和异质性分析中，本章还使用了来自美国国防气象卫星（DMSP）的中国地级市夜间灯光数据；来自北京大学企业大数据研究中心编制的创新创业指数，包含1990—2018年地级市层面的新建企业进入数等变量；中国地级市行政审批中心数据库；腾讯公司自2018年开始公布的《数字中国指数年度报告》；各城市历年工商企业登记信息。

（二）指标构建与变量定义

1.企业的价格加成

本章采用洛克等（De Loecker et al.，2012）的方法度量企业层面的价格加成（DLW），通过估计要素产出弹性，恢复企业的价格加成。DLW法计算了式（10）的企业成本最小化方程，其中，V是可变投入，如劳动力、中间材料等；K是资本存量；Q为企业的生产函数，连续且二阶可导；P_{it}^{x} 为可变投入对应的价格；r_{it} 为资本投入的成本，在既定产出水平下，解上述最小化问题，可推导出企业的价格加成为 $\mu_{it}=\theta_{it}^{x}(\alpha_{it}^{x})^{-1}$，其中，$\theta_{it}^{x}$ 为可变投入的产出弹性，$(\alpha_{it}^{x})^{-1}$ 为可变投入收入份额的倒数。

$$L(X_{it}^{1},\cdots,X_{it}^{v},K_{it},\lambda_{it})=\sum_{v=1}^{V}P_{it}^{x}X_{it}^{v}+r_{it}K_{it}+\lambda_{it}[Q_{it}-Q(\cdot)] \quad (10)$$

鉴于技术进步在生产函数中的非中性会导致不同可变投入计算出的价格加成在截面和时间序列上呈现相反的趋势（Raval，2020）。为此，本章使用人均计算机数作为有偏技术进步的代理变量（B_{it}），在估计劳动作为自由投入的价格加成时，将 B_{it} 与年份的虚拟变量乘积加入估算生产率的动态方程中，估算出的价格加成记为 *markup_labor*。同时在稳健性部分还分别使用了材料投入和会计法测算企业的价格加成，记为 *markup_material* 和 *markup_account*。鉴于工企库中的劳动收入份额低于宏观账户中的劳动收入份额，这会导致企业层面的劳动收入份额向下偏误而价格加成的估计向上偏误。因此，本章借鉴张天华等（2020）的做法，采用员工工资、雇员补贴、失业保险的总和作为员工劳动收入的度量。尽管加总后仍与宏观劳动收入份额有较大差距，但只要这种度量偏差不发生系统性改变，固定效应可将其吸收，因此对本章后续实证估计的影响较小。

2.数字经济的发展程度

巴克特和赫克斯（Bukht and Heeks,2018）将数字经济的定义划分为三个层级。核心层涉及数字基建的完善程度，其次包含了数字服务与平台经济，最广义的数字经济定义则包含了电子商业、由算法驱动的经济活动等。基于这种认识，综合考量数据的限制，本章借鉴文献（黄慧群等,2019;柏培文等,2021）的思路。在城市层面从数字用户、数字企业、数字平台、数字产出四大维度出发，共九个指标对数字经济发展进行度量。[①]考虑到文献中既有测度对从事数字经济企业的活动关注有所不足，本章增加了数字企业维度的衡量指标，内含城市层面从事数字经济的企业数量和注册资本。具体来说，在2004—2013年的中国城市统计年鉴中，提取每百人中互联网宽带用户数、计算机服务和软件从业人员占城镇就业人员比重等指标。同时利用2004—2013年全国各地区的工商企业登记信息，对每家公司的经营范围做分词处理。分词后和包含"软件""计算机""电子商务"等二十多条与数字经济相关的词条进行模糊匹配，按匹配的次数对每一家公司打分。公司的经营范围每与上述词条向量匹配一次，便记1分，分数越高，表示企业的数字经济属性越强。为稳健起见，本章只保留了评分为2以上的企业，并计算了上述企业的注册资本之和，作为各城市从事数字经济企业规模的代理变量。最后使用主成分分析法（PCA法），得到核心解释变量 $index$。

3.主要控制变量定义[②]

控制变量分为城市和企业两个层面。在城市层面中，经济发展程度定义为人均地区生产总值的对数值（gdp），外商投资比重定义为外商实际投资额与地区生产总值的比值，并按当年汇率进行调整（fdi）。财政自主权定义

---

① 选择的变量和数据来源参见《中国工业经济》网站（http://ciejournal.ajcass.org）附件。
② 描述性统计参见《中国工业经济》网站（http://ciejournal.ajcass.org）附件。

为地方一般公共预算收入与地方一般公共支出的比值(finance)。在企业层面中,所有制特征(soe)用国有资本占企业实收资本的比重度量,涉及分类时,定义该比重超过0.5时,则为国有企业,如此可避免所有制变量被固定效应吸收。企业规模用企业实际总资产的对数来度量(size)。企业年龄(lnage)定义为企业成立时间和企业在样本时间之差的对数(lnage)。企业的全生产要素率(TFP)由LP法(Likelihood Procedure)估算(李兰冰等,2019)。企业在劳动和资本之间的技术选择状况用固定资产净值与从业人数之比度量,且取对数(kl)。企业出口行为用出口交货值占比定义(export)。企业平均工资定义为本年应付工资总额与从业人数之比(wage)。

4.特征事实[1]

在得到数字经济发展程度index和企业的价格加成后,本章分别比较了index位于较高和较低组时,企业的价格加成及全生产要素率的分布。本章发现,在数字经济发展程度较高的城市中,生产率分布相较于数字经济发展程度较低的组右偏,这一点同文献的结论是一致的(黄群慧等,2019),但企业价格加成的分布左偏,尚未有理论对其进行解释。本章进一步按人均计算机数进行分组,发现企业数字化程度同其价格加成的分布和生产率的分布的影响是同向的,即都向右偏。上述差异说明数字经济发展对企业价格加成存在负面影响,对理论部分给出了初步证据。

四、实证策略与回归结果分析

(一)模型设定及控制变量的选取和测度

基准回归采用双向固定效应模型,回归方程设定如式(11)。其中,被解释变量 $\ln markup_{ijt}$ 是企业 i 在城市 j 和年 t 的对数价格加成, k 表示行业;核心解释变量 $index_{jt}$ 是城市层面的,二者并非同一个数据层面,弱化了互为因果的可能性。在控制变量的选取方面, X_{ijt} 为企业和城市层面的控制变量,企业

---

① 数字经济发展程度按75%和25%分位数区分高低组,企业数字化程度按人均计算机数的中位数区分。分布密度图参见《中国工业经济》网站(http://ciejournal.ajcass.org)附件。

层面如年龄（$lnage$）、资本密集度（kl）、人均工资（$wage$）等。城市层面控制变量包括经济发展程度（gdp）、外商投资比例（fdi）、财政自主权（$finance$）及月最低工资（$miniwage$）。

$$\ln markup_{ijt} = \beta_0 + \beta_1 index_{jt} + \beta_2 X_{ijt} + \alpha_i + \lambda_t + u_g \lambda_t + \epsilon_{ijt} \tag{11}$$

此外，α_i 为企业的固定效应，控制了企业、行业和区域的所有非时变的异质性，如区域的地理特征和不同类型企业在行业内的分布。λ_t 为时间固定效应，样本时间内对所有城市产生共同影响的变化将由该项吸收，如2008年金融危机等普遍的经济冲击。$u_k \lambda_t$ 为行业固定效应和时间固定效应的交互项，用以控制随行业变化的时间异质性趋势，虽然该项会吸收很大一部分数据变化，但若基准回归仍显著，则说明结果相对稳健。ϵ_{ijt} 为误差项，标准误双向聚类在城市-行业层面。β_1 是本章感兴趣的系数，它衡量了数字经济发展程度增加1单位，企业价格加成变化的百分比。

(二)基准回归结果

表5.1报告了基准回归中数字经济发展对企业价格加成的估计结果。第(1)列未增加控制变量。第(2)列增加了企业层面的控制变量。第(3)列增加了城市层面的控制变量。为隔离2004年最低工资政策的混杂影响(赵瑞丽等,2018),本章将地级市月最低工资加入了基准方程。第(4)列控制了企业的固定效应。考虑到即便是全国性的政策,不同行业的反应强度也不尽相同,因此第(5)列添加了行业和时间固定效应的交互项,用以控制随行业变化的时间异质性趋势。标准误方面,所有列都双向聚类在城市-行业层面,各种设定下 β_1 均显著为负。控制变量的回归结果也基本与预期相符[①]:全生产要素率的系数显著为正,这一点和欧洲的经验类似,但同美国相反(Battiati and Lasinio,2021)。这说明中国的制造业面临的竞争程度更强,市场份额向生产力高的企业重新分配仍利于提效增质。在其他变量中,企业年龄、劳资比例和企业规模的增加都导致价格加成显著增加,同文献一致

---

① 详细的控制变量的估计系数,参见《中国工业经济》网站(http://ciejournal.ajcass.org)附件。

（蒋冠宏，2021）。平均工资前的系数为负，说明成本压力上涨会对企业价格加成产生负面影响。从上述结果可见，当控制了一系列混杂因素后，$index$ 的系数不再随着控制变量的加入而大幅度变化，意味着潜在的遗漏偏差已相对较小（Altonji，2005）。

表5.1　数字经济发展对企业价格加成影响的基准回归

	（1）	（2）	（3）	（4）	（5）
$index$	-0.0020*** (0.0003)	-0.0012*** (0.0003)	-0.0010** (0.0003)	-0.0012*** (0.0003)	-0.0011*** (0.0002)
地级市月最低工资			控制	控制	控制
			控制	控制	控制
企业控制变量		控制	控制	控制	控制
城市控制变量			控制	控制	控制
城市固定效应	控制	控制	控制		
企业固定效应				控制	控制
时间固定效应	控制	控制	控制	控制	控制
行业-年份固定效应					控制
R^2	0.0022	0.6913	0.7093	0.4971	0.4962
N	879660	879323	785468	785468	785468

注：*、**、***分别代表10%、5%、1%的显著性水平。括号内为标准误，双向聚类在城市-行业层面，以下各表同。

（三）内生性分析

基准回归的有效性面临四点威胁：第一，在城市层面衡量数字经济发展程度，隐含假设了同一年份、同一城市，不同企业面临的数字经济发展程度相同。该假设可能导致分类错误，进而使 β_1 估计值的方向与真实值相反。第二，若进行数字化的企业在人力资本和组织结构方面进行了互补性投资，那么 β_1 会向上偏误，若企业数字化存在调整成本，则 β_1 会向下偏误。第三，若城市之间的数字经济发展受到了不可观测的城市禀赋的影响，会导致 β_1 有偏。第四，数字经济发展对企业存在选择效应，即数字经济发展中的竞争效应促进低效率企业的退出，导致留在市场中的企业呈现价格加成更高的特征。合理使用工具变量法可有效缓解第二个和第三个内生性问题，第一个内生性问题则留待稳健性检验,对于第四个内生性问题,本章在后续将使用平衡面板数据来进行处理。

工具变量选择方面,本章借鉴黄群慧等(2019)的思路,使用1984年各市邮局数乘以全国互联网端口数作为工具变量(iv1)。戈德史密斯等(Goldsmith et al., 2020)将这种形式的工具变量称为偏离-份额分析法(Shift-Share),并认为这类工具变量的外生性主要由份额(Share)部分决定。在本章中即对应为1984年各地级市的邮局数,用以衡量历史上各城市数字基建的发展程度。由于该部分不随时间变化,为在面板模型中使用该工具变量,本章将偏离(Shift)部分选用为全国互联网端口数。工具变量的合理使用,需满足相关性和外生性条件。从相关性看,邮局密度较高的地区,意味着该地对信息沟通的需求更高,而地区层面的信息需求一般较为稳定。此外,邮局早年是承担铺设固话线路任务的主力,此为拨号上网必备的基础设施,因此地区邮局数符合工具变量的相关性条件。外生性方面,尽管1984年距2004年较远,但正如相关性所述,对信息的需求较为稳定这种特征,可能会导致iv1存在路径依赖性而非完全外生。本章认为尽管上述工具变量并不完美,但历史条件赋予了其近似外生的优势,即如果iv1内生性小于 $index$ 的内生性,则可使用较新发展的不完美工具变量法进行估计。该法放松了对工具变量严格外生性条件的要求,转而用两个稍弱的假设替代。第一个假设是工具变量与误差项相关的方向和内生解释变量与误差项相关的方向一致。第二个假设是即便工具变量不完美,但是工具变量和误差项相关的程度 $\rho_{z\varepsilon}$ 要小于内生解释变量与误差项的相关程度 $\rho_{x\varepsilon}$,该程度用 $\lambda^* = \rho_{z\varepsilon}/\rho_{x\varepsilon}$ 表示。显然当工具变量完全外生时, $\lambda^* = 0$,而当工具变量与核心解释变量的内生程度相同时, $\lambda^* = 1$。对符合上述两个条件的工具变量,尼沃(Nevo, 2012)称其为不完美工具变量(ipiv),并证明存在 λ^*,使得式(12)成立:

$$E\{(\sigma_X Z - \lambda \sigma_z X)\varepsilon\} = \sigma_X \sigma_{Z\varepsilon} - \lambda^* \sigma_z \sigma_{X\varepsilon} = 0 \qquad (12)$$

在信息需求稳定的前提下, $index$ 与iv1同误差项的相关性应为同向,所以符合ipiv的假设一。其次,1984年距基准回归的数据区间最短也相隔20年,iv1内生的程度理应小于 $index$。鉴于 λ^* 的取值未知,本章计算极端情况下不完美工具变量的估计上界,令 $\lambda^* = 1$,即假设工具变量iv1和核心解释变量 $index$ 的内生程度相同,此时便可通过式(12)构造出新的工具变量,对应估计系数为 $\beta_{v(1)}^{IV}$。$index$ 系数的估计上界为 $\beta \leqslant \min\{\beta_{v(1)}^{IV}, \beta_{IV1}^{IV}\}$,如果该值小于0,说明iv1尽管不完全外生,但仍识别了数字经济发展对企业价格加成的影响方向。为稳健起见,本章还借鉴了傅秋子等(2018)的思路,使用各城市到杭州市的距离作为第二个工具变量(iv2)。

表5.2　工具变量的估计结果

	(1)	(2)	(3)	(4)	(5)	(6)
	iv1	iv1	liml	ipiv	平衡面板	2004—2013
$index$	−0.0148**	−0.0192**	−0.0187***	−0.0033**	−0.0088*	−0.0015***
	(0.0052)	(0.0067)	(0.0035)	(0.0013)	(0.0053)	(0.0004)
控制变量		控制	控制	控制	控制	控制
固定效应	控制	控制	控制	控制	控制	控制
KPF	22.8642	23.2581	33.4102	56.3363	100.8732	24.4522
R^2	0.2190	0.4631	0.3821	0.1073	0.4882	0.8232
N	719017	716902	636146	637332	401042	1202715

表5.2显示了工具变量分析的结果,其中,KPF(Kleibergen-Paaprk F)统计量大于Stock-Yogo弱识别检验临界值,即不存在弱工具变量问题。[1]第(1)列未加入控制变量,$index$ 显著为负。第(2)列添加了控制变量,$index$ 系数的绝对值大于基准回归估计系数的绝对值,说明企业层面的混杂因素更多来自新技术的采用成本。第(3)列同时使用iv1和iv2以及liml估计量,结果显著为负。第(4)列汇报了ipiv的结果,尽管 $index$ 的系数大幅度衰减,但仍显著为负。[2]这说明即便在极端情形,数字经济的发展还是降低了企业的价格加成。鉴于数字经济发展对企业的选择效应,本章在第(5)列使用了

_____

① KPF检验虽并无对应临界值,但仍大于Stock-Yogo的临界值。

② STATA缺乏面板数据结构下IPIV的估计命令,本章手动将所有控制变量同其均值做差分以去除企业固定效应,并添加年份虚拟变量以控制时间固定效应。

2004—2007年中,持续存在的企业样本对基准方程估计,index 的符号与显著性均未改变,说明上述结果并非由企业的广沿边际驱动。随后本章将数据延展至2004—2013年作为扩展讨论。估计结果见第(6)列,尽管 index 的系数绝对值下降,但仍显著为负。

(四)稳健性检验

上述分析说明,数字经济的发展对企业的价格加成有显著的负向影响,但仍有部分混杂因素值得探讨。例如:基准回归的结果是否由数字经济发展的定义驱动,基准回归的结果是否由企业价格加成的定义、前期趋势等驱动,基准回归的结果是否由同时期其余的政策驱动,基准回归的结果是否由实证策略的函数形式设定驱动。本部分对此逐一进行检验。

1.替换核心解释变量与因变量

本章在此使用2000年骨干网速度大提升作为外生冲击,用以识别数字经济发展对企业价格加成的影响。借鉴陈和刘(Chen and Liu,2020)的设定,使用广义双重差分模型和1998—2007年的工企库数据进行实证检验。其中,核心解释变量为1999年各地级市的固话密度同2000年虚拟变量的乘积。表5.3中第(1)列为双重差分的估计结果,该设定使用了同前文完全不同的识别策略,相对外生的测度,差异化的时间区间,结果仍保持稳健。[1]为缓解指数构造方式可能带来的估计偏误,第(2)列使用了熵权法构造数字经济发展指数。第(3)列则使用了前文测度的各城市从事数字经济的企业数(firmnum)。无论哪种设定,index 均显著为负。那基准回归的结果是否由价格加成的定义驱动呢?第(4)列使用会计法,将企业价格加成定义为增加值同中间投入与总劳动支出之和的比值(Battiati and Lasinio,2021)。第(5)列在DLW法中使用柯布—道格拉斯函数计算价格加成。第(6)列为控制国有企业雇佣约束对价格加成估计的影响,使用材料投入计算价格加成(Lu and Yu,2015),各种度量方式下,实证结果同基准回归的结论保持一致。

---

① 该设定通过了平行趋势检验,参见《中国工业经济》网站(http://ciejournal.ajcass.org)附件。

表5.3　替换数字经济发展和企业价格加成的度量方式

	替换数字经济发展测度			替换企业价格加成测度		
	(1)	(2)	(3)	(4)	(5)	(6)
	双重差分	熵权法	*firmnum*	会计法	柯布-道格拉斯	材料投入
替代测度	−0.0698**	−0.0288***	−0.0021*	−0.0067***	−0.0012***	−0.0001*
	(0.0319)	(0.0028)	(0.0008)	(0.0018)	(0.0002)	(0.0000)
控制变量	控制	控制	控制	控制	控制	控制
固定效应	控制	控制	控制	控制	控制	控制
R^2	0.8301	0.4971	0.4963	0.0092	0.9732	0.8871
N	1136269	790806	781643	667767	697855	650233

2.隔离前期趋势的检验

鉴于企业的价格加成初始趋势存在差异,并可能随时间变化,致使估计有偏。因此,本章将1999年企业价格加成的增速同年份虚拟变量做交互(*original_trend*)加入基准方程,见表5.4第(1)列。为控制均值回复的影响,第(2)列加入了企业对数价格加成的滞后项(*lag*)。本章进一步考察了*index*增长率与城市基线特征的关系,即将*index*回归在城市层面的变量,发现经济发展程度解释了地级市数字经济指数增长的80%,为避免其初始差异衍生出的异质性趋势混杂估计结果。此处使用1998年的灯光数据作为当年国内生产总值的代理变量,然后分别与年份虚拟变量和年份二次项做交互(*trend_1*、*trend_2*),控制地级市初始差异的线性趋势与非线性趋势,结果分见列(3)和列(4)。无论哪种设定,*index*的系数均显著为负。

3.安慰剂检验

下一年的城市数字经济发展程度如果可影响当前企业的价格加成,则说明存在了不可观测的遗漏变量。本章使用未来一期的城市数字经济指数作为核心解释变量(*F1.index*),表5.4第(5)列显示该项皆不显著,进一步降低了对遗漏重要变量的担忧。

表5.4 增加前期趋势与滞后领先项

	（1）	（2）	（3）	（4）	（5）
	初始趋势	均值回复	趋势项1	趋势项2	领先1期
$index$	-0.0014***	-0.0017*	-0.0012***	-0.0010***	
	（0.0003）	（0.0002）	（0.0000）	（0.0001）	
$F1.index$					0.0001
					（0.0002）
$original\_trend$	控制				
lag		控制			
$trend\_1$			控制	控制	
$trend\_2$				控制	
控制变量	控制	控制	控制	控制	控制
固定效应	控制	控制	控制	控制	控制
R^2	0.1790	0.3861	0.4973	0.4961	0.8802
N	86226	396902	784260	784260	399822

4.排除同期政策和更新数据区间①

基准回归的时间段位于2004—2007年,其间多起重大的政策变化可能会对本章结论的稳健性造成威胁。例如:一是2003年土地招拍挂改革后住房价格剧烈上涨,房价作为企业的成本之一可能会使其价格加成下降。二是2001年国务院成立了行政审批制度改革工作领导小组,王璐等(2020)发现行政审批中心的建立会显著降低企业的价格加成。三是中国在2001年加入世贸组织,后续的关税改革对企业价格加成造成了冲击(Lu et al.,2014)。鉴于此,本章在附录中进一步纳入了上述政策的影响,基准回归的结论仍然稳健。最后鉴于数字经济的概念在近两三年飞速发展,数字经济发展程度测度指标相对更易获取。为说明基准回归的结论可进行延伸,本章使用腾讯公司自2018年开始公布的《数字中国指数年度报告》作为各城市数字经济发展程度的替代测度,相应使用2018—2020年上市公司作为研究样本,结果同基准回归类似。

---

① 限于篇幅,该部分的稳健性检验结果参见《中国工业经济》网站(http://ciejournal.ajcass.org)附件。

五、机制与异质性分析

以上内容通过丰富的识别检验与稳健性分析,回答了数字经济发展是否影响企业价格加成的问题。本节则在此基础上,考察数字经济发展影响企业价格加成的具体传导机制。

(一)机制分析

1.竞争效应

理论部分的分析表明,数字经济发展会促进新企业的进入,对企业的价格加成产生负面影响。但值得注意的是,竞争增加对企业价格加成的影响并非单向,竞争增加还会引发选择效应,即只有成本停止点 C_D 较低的企业可存活,这将使得在位企业平均的价格加成上升。因此,为综合评估数字经济发展中竞争效应对企业价格加成的影响,需要比较新企业的进入效应和选择效应的净值。在表5.5中的第(1)列,本章使用管理费用作为企业进入退出成本的代理变量(王璐等,2020),$index$ 的系数显著为负,说明数字经济的发展降低了企业的进入退出门槛。这是否意味着在位企业的竞争程度也增加了呢?本章在第(2)和第(3)列中,利用工企库中企业出现和退出的时间,分别定义了企业进入和退出的虚拟变量。线性概率模型(LPM)估计的结果显示,数字经济发展显著促进了企业的进入和退出,且企业进入的概率为退出概率的两倍。说明整体上,数字经济发展带来的企业进入效应要高于选择效应,区域竞争变得更加激烈。为避免对企业进入的估计受到数据处理过程的影响而过于乐观,本章也采用宏观数据和微观数据结合的方式进行讨论:使用来自北京大学企业大数据研究中心编制的创新创业指数。该数据集提供了1990—2018年地级市层面的新建企业进入数等变量,$index$ 的系数仍显著为正。[1]

----

[1] 限于篇幅,参见《中国工业经济》网站(http://ciejournal.ajcass.org)附件。

表5.5 数字经济发展与企业竞争

	（1）	（2）	（3）	（4）	（5）	（6）
	管理费用	企业进入	企业退出	进入效应	EGI	集聚
index	−0.0285***	0.0103**	0.0051***	−0.0026**	0.0005**	−0.0180**
	（0.0101）	（0.0046）	（0.0016）	（0.0006）	（0.0002）	（0.0077）
ln *cusum*				−0.1171**		
				（0.0232）		
index_egi						−0.0360*
						（0.0211）
控制变量	控制	控制	控制	控制	控制	控制
固定效应	控制	控制	控制	控制	控制	控制
R^2	0.8643	0.8493	0.8802	0.0864	0.0551	0.1292
N	713215	715535	542777	784984	785481	442887

其后,本章在第（4）列中,构造了地级市层面分年度累计的新进企业数（*cusum*）和该城市内企业价格加成的中位数。发现新进入企业累计数越高,企业价格加成的中位数越低,回应了理论部分的讨论。上述分析仍限于使用企业数来衡量竞争,赵（Zhao,2011）认为企业的价格加成不仅取决于市场上企业的总数,还取决于企业的空间分布。此处借鉴陆等（Lu et al.,2014）的做法,使用生态差额指数（EGI）指数作为企业集聚程度的度量,并将该指数同 *index* 做交互,记为（*index_egi*）。第（5）列显示,数字经济发展显著促进了集聚,第（6）列表明这种空间分布的集中也促进了企业价格加成的下降。

有关竞争效应的另一个解释,涉及垄断竞争市场结构中企业价格策略的博弈。现实中,大企业往往可更好地同数字要素结合,例如利用融资和技术应用能力的比较优势,进行大型专有软件的开发,赋能提效（Bessen and Righi,2019）。因此,相比中小企业,数字经济的发展将更有利于降低大企业的成本。如果此时大企业对产品价格的调整幅度小于其成本下降的幅度,则大企业的价格会下降但价格加成会上升。大企业的降价行为将会迫使作为竞争者的中小企业跟随,在价格趋同的前提下,由于中小企业成本下降的幅度相较大企业要小,故而其价格加成会下降。限于详细产品价格数据的可得性,本章无法直接验证该渠道,但后续的分析中确实发现,当企业销售规模位于行业前列时,数字经济发展对其价格加成的影响不显著,侧面表明该解释可能是成立的。

2.成本压力上升

正如前述,数字经济发展会通过提高在位企业成本压力的渠道,降低企业价格加成。而该压力源自企业间竞争加剧引致的生产要素价格上涨,这一机制同格林斯通(Greenstone et al.,2010)探讨大企业进驻对中小企业的影响渠道类似。表5.6的第(1)列显示,数字经济的发展显著提高了企业平均工资($wage$)。那么人力成本的上涨从何而来呢?第(2)列中计算了城市层面的平均工资($cwage$),并回归至城市的新进入企业累计数上。发现新企业进入累计数每增加1%,当地平均工资增加0.07%,说明企业人力成本的上升,源于企业间对生产要素的竞争性获取加剧。

表5.6　数字经济发展与成本的不完全传递

	(1)	(2)	(3)	(4)	(5)	(6)
	$wage$	ln $cwage$	ln $pressure$	ln $markup$	ln $price$	ln mc
$index$	0.1333***	0.0060***	0.0439***	−0.0081***	0.0009	0.0037*
	(0.0119)	(0.0017)	(0.0089)	(0.0015)	(0.0019)	(0.0019)
ln $pressure$				−0.3167***		
				(0.0016)		
ln $cusum$		0.0694*				
		(0.0360)				
控制变量	控制	控制	控制	控制	控制	控制
固定效应	控制	控制	控制	控制	控制	控制
R^2	0.6502	0.5931	0.9073	0.9662	0.7452	0.7531
N	697977	627439	715441	715441	136439	136439

上述第(1)和第(2)列讨论的工资成本仅是企业总成本的一部分,不能等价于企业的成本压力上升。为此,本章使用本年应付工资总额与本年应付职工薪酬之和同主营成本的比值,定义了企业的工资压力($pressure$)。第(3)和第(4)列表明,数字经济发展确实显著提高了企业的工资压力,并且最终影响了其价格加成。企业的工资压力每上升1%,企业的价格加成即下降0.32%。前三列讨论了成本压力的来源及成本压力对企业价格加成的影响,

然而如果企业自身有较强的成本转嫁能力,价格加成也可保持稳定。因此,既然整体上观察到了数字经济发展显著降低了企业的价格加成,那么对偶来看,也应该可以在数据中发现企业对成本压力转嫁不足的迹象。为此,本章借鉴许明和李逸飞(2020)的做法,按照企业名称,将工企库与海关数据库匹配,由海关数据库提供的产品数量与销售额等信息计算产品的平均价格($price$),再利用该价格减去企业的价格加成得到对应的边际成本(mc)。第(5)和第(6)列表明数字经济的发展对企业平均价格的影响方向为正但不显著,同时对企业平均边际成本的影响显著为正,因此确实发现了成本不完全转嫁的痕迹。

(二)异质性分析

1.企业数字化程度的异质性

正如前述,企业价格加成同企业数字化程度成正比。本章借鉴沈国兵等(2020)的思路,从两个角度衡量企业数字化程度,即使用企业是否拥有网站(web)、使用企业的人均计算机数($computer$)。预期数字化程度越高的企业,数字经济发展对其价格加成的负面影响越低。回归结果见表5.7,第(1)列为部署网站的企业,数字经济对其价格加成无负面影响。第(2)列为无网站企业,数字经济发展对其价格加成的影响显著为负。第(3)列表明企业的人均计算机数越高,数字经济发展对其价格加成的负面影响越低,说明企业数字化程度提升可有效缓解竞争引致的负面效应。那么这种缓解是通过何种渠道作用于企业的价格加成呢? 第(4)列发现随着数字化程度的提升,企业工资压力得到了有效减少。类似地,第(5)列表明一旦控制企业的数字化程度后,数字经济发展对企业生产率的正向影响不再存在,符号甚至由正转负,与之相比,使用企业的人均计算机数的系数却显著为正。[1]说明数字经济发展对企业生产率的正面影响同企业数字化程度密不可分。既然数字化如此重要,而企业数字化转型往往需要依赖前期资金的投入,例如购买互联网技术

---

[1] 不引入企业的人均计算机数时,$index$ 的系数显著为正,限于篇幅,结果备索。

设备,招聘高技能工人等。因此,如果企业面临较大的融资限制,将会影响其数字化的进程,限制企业对要素的再配置。本章将企业的融资约束定义为每一期企业负债同固定资产净值的比(记为*fin*)。确有证据表明,企业的融资约束越高,其拥有的人均计算机数越低。本章将*index*同*fin*做交互(*index_fin*)。第(6)列显示交互项系数显著为正,说明企业的融资约束越高,数字经济发展对企业价格加成的负面影响越大,印证了理论部分的讨论。

表5.7　企业数字化程度的异质性

	(1)	(2)	(3)	(4)	(5)	(6)
	web=1	*web=0*	*m=computer*	ln *pressure*	*tfp*	*m=fin*
index	0.0001	−0.0002***	−0.0021***	0.0021***	−0.0031	−0.0169***
	(0.0001)	(0.0001)	(0.0001)	(0.0003)	(0.0030)	(0.0033)
computer				−0.2470***	0.0811***	
				(0.0020)	(0.0232)	
index_m			0.0036***			−0.0096**
			(0.0002)			(0.0038)
控制变量	控制	控制	控制	控制	控制	控制
固定效应	控制	控制	控制	控制	控制	控制
R^2	0.8912	0.8543	0.4361	0.6562	0.1213	0.8843
N	48335	644764	179424	145873	145873	711738

2.明星企业的异质性

在理论部分本章讨论了大型企业和小型企业的异质性影响。大型企业不仅可能有更高的数字化程度,也更可能凭借垄断地位将数字经济发展对其带来的负面冲击转嫁给消费者。本章效仿奥托等(Autor et al.,2020),将视角集中在行业内明星企业同其余企业的对比。可合理推测,对于头部明星企业,数字经济发展对其负向影响较其他企业会更低。本章按4字行业代码,筛选出当年销售额前3、5名的企业,记为*CR3*、*CR5*,作为行业明星企业的代表,构造对应的虚拟变量并与*index*做交互。①估计结果见表5.8,第(1)和第(2)列显示,当企业位于各自所在行业前列时,同*index*的交互项系

---

① *CR10*的结果类似,限于篇幅,结果备索。

数显著为正,行业地位的优势有效缓解了数字经济发展的负面影响。同时第(3)和第(4)列显示各交互项对工资压力(ln pressure)的影响显著为负,说明这部分明星企业具有较强的转嫁劳动成本的能力,缓释了数字经济发展引致的负面冲击。[①]

3.成本节约能力的异质性

生产率高低可看作一种企业对投入成本的节约能力,即便成本压力上升,高生产率企业的要素边际产出仍高于低生产率的企业。故可合理推测,高生产率企业可更好的缓解竞争效应的负面影响。本章按企业全生产要素率是否高于4字行业全生产要素率的中位数分组,表5.8第(5)和第(6)列表明,数字经济发展对高全生产要素率组企业的价格加成的影响并不显著。[②]

表5.8 明星企业和成本节约能力的异质性

	ln markup		ln pressure		ln markup	
	(1)	(2)	(3)	(4)	(5)	(6)
	CR3	CR5	CR3	CR5	TFP_l	TFP_h
index_cr3	0.2714* (0.1465)		−0.0262*** (0.0058)			
index_cr5		0.1561* (0.0837)		−0.273*** (0.0049)		
index	控制	控制	控制	控制	−0.0011*** (0.0002)	−0.0002 (0.0005)
控制变量	控制	控制	控制	控制	控制	控制
固定效应	控制	控制	控制	控制	控制	控制
R^2	0.3043	0.0161	0.3132	0.3113	0.3852	0.5394
N	667477	667477	715443	715443	297914	295951

[①]头部明星企业数字化的概率也比其余企业更高,事实上本章发现企业数字化的概率同企业销售规模和资产规模皆成正比,限于篇幅,结果备索。

[②]低组别记为TFP_l,高组别记为TFP_h。

表 5.9 　企业所有制及制度壁垒的异质性

	所有制差异		资本流动壁垒		劳动流动壁垒	
	(1)	(2)	(3)	(4)	(5)	(6)
	国有企业	非国有企业	高组别	低组别	高组别	低组别
$index$	−0.0005 (0.0010)	−0.0012*** (0.0003)	0.0015 (0.0033)	−0.0028*** (0.0007)	0.0001 (0.0029)	−0.0018*** (0.0004)
控制变量	控制	控制	控制	控制	控制	控制
固定效应	控制	控制	控制	控制	控制	控制
R^2	0.3724	0.4992	0.9081	0.8951	0.8982	0.8811
N	17339	768129	163531	414424	270218	263560

4.企业所有制的异质性

尽管中国在 2001 年加入世贸组织后,私营企业的进入限制被陆续放开,但私营企业相比国有企业仍存在不同程度的制约,例如更难进入某些市场和获得外部融资等。国有企业作为中国地方政府税收收入和就业的重要来源,特别是在竞标政府采购合同时,会受到地方政府的有力保护(Lu et al., 2014)。因此,预计数字经济发展带来的竞争效应对国有企业来说相对较小。表 5.9 第(1)和第(2)列表明上述推论得到了本章分析结果的支持。

5.制度壁垒的异质性

由于中国各省地区生产总值竞赛导致的地区市场分割,各地均存在不同程度的制度成本。鉴于制度壁垒较高会有效削减企业面临的竞争(王璐等,2020)。因此,预期制度成本较高的地区,数字经济发展对企业价格加成影响较弱。本章借鉴赵奇伟(2009)的方法,计算了分省份的资本分割和劳动市场分割指数作为各省制度成本的代理变量,并按各指数的中位数定义高低组别。表 5.9 第(3)至第(6)列显示,各项分指数下低组别都显著为负,而高组别不显著。

(三)进一步讨论

数字经济发展降低了企业的平均价格加成这一结论,对宏观上资源配置效率也提供了启示。价格加成大于 1 意味着价格与边际成本不一致,本身即有扭曲的意义(Edmond and Xu,2015)。那么企业价格加成的下降是否也意味着城市的资源配置得到了改善呢?

表5.10　数字经济发展与资源配置

	(1)	(2)	(3)	(4)	(5)	(6)
	TFPQ	基尼系数	泰尔指数	*markup_sd*	CR10	剩余企业
index	−0.0049***	−0.0008***	−0.0003***	−0.0031***	−0.0087	−0.0177***
	(0.0012)	(0.0002)	(0.0001)	(0.0009)	(0.0229)	(0.0038)
控制变量	控制	控制	控制	控制	控制	控制
固定效应	控制	控制	控制	控制	控制	控制
R^2	0.7542	0.8302	0.8063	0.9051	0.7112	0.9190
N	783965	783064	783064	547854	12849	495585

本章使用TFPQ[①]的离散度来讨论数字经济和资源错配的关系,并用企业全生产要素率的基尼系数和泰尔指数作为资源配置测度的稳健性讨论(Lu and Yu,2015)。估计结果见表5.10,第(1)至第(3)列中*index*的系数均显著为负,说明数字经济的发展改善了本地资源配置的程度;第(4)列使用了企业价格加成的离散度(*markup_sd*)作为资源错配的度量(Edmond and Xu,2015),结果同前保持一致。[②]为说明资源配置改善的来源,本章将企业分为两份,第一份由行业内*CR10*的企业组成,第二份由剩余企业组成。从第(5)和第(6)列可看出,价格加成离散度的下降主要来自剩余企业,头部企业相对平稳,呼应了明星企业价格加成受到竞争等负面影响更小的论断。

六、结论与政策启示

既有研究较多关注数字经济发展对企业的正向影响,但对数字经济发展给企业带来的成本关注较少。本章研究表明,数字经济发展显著降低了企业的价格加成。两个潜在的机制为:一是数字经济发展对企业带来的竞争效应大于溢出效应,因此在数字经济发展程度更高的城市中,企业价格加

---

① 定义为全生产要素率对数值和价格价格加成对数值之差。

② 感谢匿名评审专家审稿的宝贵建议。

成更低;二是数字经济发展使企业对生产要素整体的需求补偿效应大于生产替代效应,致使成本压力上升,价格加成下降。本章还发现对具备数字化程度较高、融资约束较低等特征的企业,数字经济发展对其价格加成负面影响较小,这源于这类企业具备较强的成本转嫁和要素调整能力。

本章的研究涉及数字经济与实体经济融合,关系到中国经济的高质量发展。本章的研究为数字经济发展与实体经济融合提供了如下政策启示:

第一,从资源配置优化的角度来看,尽管数字经济发展在平均意义上降低了企业的价格加成,但仍然显著改善了城市的资源配置情况。因此,政策制定者在继续推行数字经济发展之余,还需着力改善企业的制度环境和营商环境,促进资源合理跨区流动,有效降低市场之间的壁垒,给企业打造一个更加公平竞争的市场。这些政策同数字经济的高质量发展相辅相成,缺一不可。

第二,数字经济和实体经济融合是比数字经济发展更深层次的概念与要求。部分企业由于所有制歧视、融资难等问题,受到数字经济发展引致的负面影响程度更深。然而这种负面影响并非来自企业经营的失误,这些因素无形之中增加了企业的运行成本和退出市场的风险,阻碍了作为经济增长主体的企业同数字经济的进一步融合。因此,在数字经济的发展中,政策制定者在提供数字基建的同时,还应切实服务实体经济与微观企业,发挥服务型政府的角色定位,着力改善不同企业面临的融资环境和市场准入待遇等,让市场竞争的作用范围更加均匀。如此才能打破单纯的数字经济发展同数字经济与实体经济融合之间的壁垒,真正释放数字经济对实体经济增长提供的新动力。

第三,研究发现,数字经济发展对企业生产率的正向效应主要来自企业数字化程度的深化。例如,计算机的使用显著缓解了企业面临的竞争和成本压力,进而使其价格加成保持稳定。其中,行业内明星企业表现了数字化更具优势的特征,价格加成得以在数字经济发展的负面冲击下保持稳定。但与此同时,部分中小企业受限于自身发展等因素,数字化程度受到一定程度的限制,导致其受到的负面冲击相较行业内明星企业程度更深。

上述因素若持续存在,可能会使得企业间的价格加成在未来逐渐极化,趋向美国近年来宏观价格加成的演变特征,即少数超级明星公司同数字技术结合的更好,最后不仅提高了宏观整体的价格加成,也恶化了宏观劳动收入份额和资源配置效率。因此,该趋势不仅对大中小企业的均衡发展有害,也不利于经济的可持续增长。故而政策制定者应及早应对,有针对性地帮扶企业提高同数字经济融合的意识与能力。尤其是降低中小企业数字化的难度,中小企业是实施大众创业、万众创新的重要载体,在稳定增加就业、促进经济增长等方面具有举足轻重的作用。因此,帮扶中小企业在数字经济发展中实现可持续的良性发展,也是化新发展理念为行动的紧迫任务。

需要说明的是,近年来数字经济发展的内涵愈加丰富。尤其随着云计算、零代码编程等新技术的发展和普及,预期中小企业未来进行数字化转型的成本和难度会大大下降。因此,如何结合新技术的特征,探讨数字经济发展对企业的综合影响,仍是一个在未来值得深入研究的问题。

参考文献:

1. 柏培文、张云:《数字经济、人口红利下降与中低技能劳动者权益》,《经济研究》2021年第5期。

2. 傅秋子、黄益平:《数字金融对农村金融需求的异质性影响——来自中国家庭金融调查与北京大学数字普惠金融指数的证据》,《金融研究》2018年第11期。

3. 黄群慧、余泳泽、张松林:《互联网发展与制造业生产率提升:内在机制与中国经验》,《中国工业经济》2019年第8期。

4. 蒋冠宏:《并购如何提升企业市场势力——来自中国企业的证据》,《中国工业经济》2021年第5期。

5. 李兰冰、阎丽、黄玖立:《交通基础设施通达性与非中心城市制造业成长:市场势力、生产率及其配置效率》,《经济研究》2019年第12期。

6. 聂辉华、江艇、杨汝岱:《中国工业企业数据库的使用现状和潜在问题》,《世界经济》2012年第5期。

7. 沈国兵、袁征宇:《企业互联网化对中国企业创新及出口的影响》,《经济研究》2020年第1期。

8. 盛丹、刘竹青:《汇率变动、加工贸易与中国企业的成本价格加成》,《世界经济》2017年第1期。

9. 王璐、吴群锋、罗頔：《市场壁垒、行政审批与企业价格加成》，《中国工业经济》2020年第6期。

10. 王永进、匡霞、邵文波：《信息化、企业柔性与产能利用率》，《世界经济》2017年第1期。

11. 许明、李逸飞：《最低工资政策、成本不完全传递与多产品价格加成调整》，《经济研究》2020年第4期。

12. 袁淳、肖土盛、耿春晓、盛誉：《数字化转型与企业分工：专业化还是纵向一体化》，《中国工业经济》2021年第9期。

13. 张天华、邓宇铭：《开发区、资源配置与宏观经济效率——基于中国工业企业的实证研究》，《经济学（季刊）》2020年第4期。

14. 赵瑞丽、孙楚仁、陈勇兵：《最低工资与企业价格加成》，《世界经济》2018年第2期。

15. 赵瑞丽、尹翔硕、孙楚仁：《大城市的低价格加成之谜：集聚效应和竞争效应》，《世界经济》2019年第4期。

16. 赵奇伟、熊性美：《中国三大市场分割程度的比较分析：时间走势与区域差异》，《世界经济》2009年第6期。

17. 赵涛、张智、梁上坤：《数字经济、创业活跃度与高质量发展——来自中国城市的经验证据》，《管理世界》2020年第10期。

18. 周广肃、樊纲：《互联网使用与家庭创业选择——来自CFPS数据的验证》，《经济评论》2018年第5期。

19. Altonji, J. G., T. E. Elder, and C. R. Taber. "Selection on Observed and Unobserved Variables: Assessing the Effectiveness of Catholic Schools", *Journal of Political Economy*, 2005, 113(1):151-184.

20. Autor, D., D. Dorn, L. F. Katz, and C. Patterson. "The Fall of the Labor Share and the Rise of Superstar Firms", *Quarterly Journal of Economics*, 2020, 135(2):645-709.

21. Battiati, C., C. J.Lasinio, and E. Marvasi. "Market Power and Productivity Trends in the European Economies. A Macroeconomic Perspective", *Luiss School of European Political Economy Working Papers*, 2021.

22. Bessen, J. E., and C. Righi. "Shocking Technology: What Happens When Firms Make Large IT Investments", *SSRN Working Paper*, 2019.

23. Bloom, N., R. Sadun, and J. Van Reenen. "The Organization of Firms Across Countries", *Quarterly Journal of Economics*, 2012, 127(4):1663-1705.

24. Bukht, R., and R. Heeks. "Defining, Conceptualising and Measuring the Digital Economy", *Development Informatics Working Paper*, 2017.

25. Chen, S., W. Liu, and H. Song. "Broadband Internet, Firm Performance, and Worker Wel-

fare: Evidence and Mechanism", *Economic Inquiry*, 2020, 58(3):1146-1166.

26. De Loecker, J., and F. Warzynski. "Markups and Firm-level Export Status", *American Economic Review*, 2012, 102(6):2437-2471.

27. Edmond, C., V. Midrigan, and D. Y. Xu. "Competition, Markups, and the Gains from International Trade", *American Economic Review*, 2015, 105(10):3183-3221.

28. Goldfarb, A., and C. Tucker. "Digital Economics", *Journal of Economic Literature*, 2019, 57(1):3-43.

29. Goldsmith-Pinkham, P., I. Sorkin, and H. Swift. "Bartik Instruments: What, When, Why, and How", *American Economic Review*, 2020, 110(8):2586-2624.

30. Greenstone, M., R. Hornbeck, and E. Moretti. "Identifying Agglomeration Spillovers: Evidence from Winners and Losers of Large Plant Openings", *Journal of Political Economy*, 2010, 118(3):536-598.

31. Hjort, J., and J. Poulsen. "The Arrival of Fast Internet and Employment in Africa", *American Economic Review*, 2019, 109(3):1032-1079.

32. Lashkari, D., A. Bauer, and J. Boussard. "Information Technology and Returns to Scale", *SSRN Working Paper*, 2020.

33. Lu, Y., Z. Tao, and L. Yu. "The Markup Effect of Agglomeration", *MRPA Working Paper*, 2014.

34. Lu, Y., and L. Yu. "Trade Liberalization and Markup Dispersion: Evidence from China's WTO Accession", *American Economic Journal: Applied Economics*, 2015, 7(4):221-253.

35. Nevo, A., and M. Rosen. "Identification with Imperfect Instruments", *Review of Economics and Statistics,* 2012, 94(3):659-671.

36. Ottaviano, G., T. Tabuchi, and J. F. Thisse. "Agglomeration and Trade Revisited", *International Economic Review*, 2002, 43(2):409-435.

37. Raval, D. "Testing the Production Approach to Markup Estimation", *SSRN Working Paper*, 2020.

38. Zhao, L. "Markups and Agglomeration: Price Competition Versus Externalities", *Katholieke Universiteit Leuven Discussion Paper*, 2011.

中国城市空间扩张质量测度、地区差异与分布动态

莫长炜　闫毓龙　王燕武*

本章以城市为对象,基于Dagum基尼系数及分解、σ收敛系数、马尔可夫链动态特征分析等方法对城市空间扩张质量的地区差异、分布动态进行了分析,并重点探讨了国际金融危机前后的差异变化及其内在逻辑。研究发现:我国城市空间扩张质量总体上呈上升趋势;城市空间扩张质量的Dagum基尼系数和σ收敛系数呈下降趋势,城市空间扩张质量差异不断缩小、整体呈现收敛之势;地区间的差异对城市空间扩张质量的差异贡献在不断上升,地区内部差异的贡献率则稳定在32%左右;城市空间扩张质量初始等级更高的城市更容易向更高层级转移;2008年国际金融危机之后,我国城市空间扩张质量的提升速度明显下降,城市空间扩张质量的地区差异、分布动态也发生显著改变,特别是西部地区城市空间扩张质量与东部和中部地区差距拉大。本章合理度量了我国城市空间扩张的质量,为进一步提升城市空间扩张质量提供了政策制定依据。

一、引言

城市空间扩张是城市空间变化过程中的一个普遍现象(Mendonça et al.,2020),是城市在地域上向外推进和扩散的动态过程(孙平军等,2012)。

---

* 本章为福建省社会科学规划项目"关键种行业选择及其对地区产业升级的影响机制研究"(FJ2019B148)、中央高校基本科研业务费项目"关键行业选择、产业生态系统与县域产业升级研究"(2072021050)的部分研究成果。莫长炜,厦门大学经济学院,博士,副教授,硕士生导师;闫毓龙,厦门大学国际学院,研究生;王燕武(通讯作者),厦门大学经济学院,博士,教授,博士生导师。

城市空间扩张涉及耕地占用与土地消耗。如果城市空间边界在向外扩张的过程中长期没有足够的人口和经济活动与之相适配,必然导致土地资源的浪费和过度开发(Duany et al.,2010),进而势必会阻碍城市的高质量发展。自1994年分税制改革及2002年土地出让制度改革以来,我国经历了快速的城市空间扩张过程。在推进城市空间快速扩张的同时,如何促进人口、产业等与之匹配以提高土地资源利用效率,事关我国新型城镇化能否高质量推进及国土空间布局能否实现高质量发展。因此,正确认识和测度城市空间扩张质量、探求我国城市空间扩张质量的差异及其来源、理解地区城市空间扩张质量的分布动态趋势,可以为推动地区间及城市间经济协调发展、制定和实施差异化政策以实现共同富裕提供客观依据。

从已有研究看,一些研究比较了1994年以来我国土地城镇化和人口城镇化的快慢程度,发现前者的增速要远远大于后者,从而认为我国各地区的土地扩张导致了城市的无序蔓延(Chen et al.,2013)。尤其是中部、西部地区那些高度依赖于土地财政发展经济的城市,这些问题更为严重(陆铭,2011)。但也有不少研究认为,我国城市空间扩张过程中的土地资源利用效率不高、人地不协调等并不是一个非常严重的长期性、普遍性问题。首先,对于一些城市而言,这只是快速城市化过程中的一个暂时现象。如表6.1所示,进入21世纪后,我国的城镇化速度进一步加快,无论是常住人口城镇化率的平均增长百分点还是平均增速大多要高于20世纪后20年的平均增长百分点及平均增速。而在人口城镇化快速推进时期,土地城镇化往往会以更快的速度推进,尤其是各地方政府在国内生产总值竞逐及主要承担本地公共基础设施建设、公共服务提供的背景下,土地城镇化速度会更快,但这在长期并不必然会导致城市空间扩张的低质化。如果产业发展基础牢固、配套基础设施完备、要素汇聚能力较强,随着时间的推移,将会吸引劳动力、人口、资本进入,进而促进城市空间与人口、经济活动相适配。当前,我国的城镇化水平仍有提升的空间①,随着户籍制度改革、城市公共服务均等化等,乡镇人口仍然会不断向城市转移②。而随着人口不断向城市汇集,城市规模经济效应将会带动产业的发展及其他要素的流入,进而会大大提升城市土地利用效率。其次,这只是一个结构性问题,即只有少数城市的确因为对土地财政的高度依赖,导致城市的产业基础不牢、经济发展水平不高、要素集聚能力不强,城市空间的快速扩张将导致土地资源的低效利用和人地不协调。但对于那些有产业支撑的城市而言,这并不是一个问题。

表6.1　1980—2020年我国常住人口城镇化率及其增速

指标	1980年	1985年	1990年	1995年	2000年	2005年	2010年	2015年	2020年
城镇化率(%)	19.39	23.71	26.41	29.04	36.22	42.99	49.95	56.10	63.89
增长百分点(个)		4.32	2.7	2.63	7.18	6.77	6.96	6.15	7.79
增速(%)		22.28	11.39	9.96	24.72	18.69	16.19	12.31	13.89

资料来源:根据国家统计局数据整理。

基于以上分歧,一个自然而然的思考是,城市空间规模扩张是否伴随着城市土地资源的高效利用,以及人口、经济活动的匹配? 进一步地,在城市空间规模不断拓宽的同时,要如何才能实现城市空间扩张质量的提升? 要回答以上问题,需要先厘清以下问题:什么是城市空间扩张质量? 如何衡量城市空间扩张质量? 随着时间的推移,我国的城市空间扩张质量是如何动态演变的? 鉴于我国不同城市的产业基础、经济发展水平及要素集聚能力存在较大差异,进而我国城市空间扩张质量是否存在显著差异? 如果有显

---

① 2020年我国常住人口的城镇化水平为63.89%,虽然超过了世界平均水平55.30%,但与发达国家81.3%特别是美国95%的城镇化率还有较大差距。户籍人口的城镇化率实际上要更低,截至2020年底我国户籍人口城镇化率仅为45.4%。

② 可以看到,2015—2020年,我国城镇化率增长了7.79个百分点,比2000—2015年的3个五年阶段的都要高。国家统计局资料显示,从2020年人口流动特征来看,农村人口仍然大量流向城市,2020年从乡村流向城镇的人口为2.49亿人,较2010年增加1.06亿人。同时,东部地区吸纳跨省流动的人口占比73.54%,中部、西部、东北地区分别占比7.65%、15.06%和3.75%。2020年省内流动人口为2.51亿人,比2010年增长了85.70%;跨省流动人口为1.25亿人,比2010年增加了45.37%;省内流动人口占全部流动人口的比重为66.78%,比2010年上升5.73个百分点。

著差异,这种差异的来源是什么? 考虑到处于东部、中部、西部等不同地区的城市所面临的发展环境不同,那么这种差异是来自地区内部的差异还是地区之间的差异? 不同差异来源对总体差异的贡献率有多大? 随着时间的推移,各城市的空间扩张质量是否趋于平衡? 处于某种初始空间扩张质量状态的城市是否会随着时间的推移而发生状态转移?

已有文献就城市空间扩张的特点及其演变趋势进行了有益探讨,但主要侧重于城市扩张规模、速度、边界形态、方向等议题。而就如何衡量城市空间扩张的质量,少部分研究从人地协调程度或者土地城镇化与人口城镇化耦合程度进行了度量,认为土地城镇化快于人口城镇化就意味着城市空间扩张就是无序的、低质量的,城镇化进程是激进式的。但是此类研究一方面侧重于测度城市空间规模的扩张速度与扩张模式,另一方面没有考虑不同城市发展阶段土地城镇化与人口城镇化耦合特征的差异,以及时间因素对人地协调的影响。也有一些研究从城市扩张自由度、景观生态指数、蔓延度,以及感观优劣度等方面来评价城市建设用地(建成区)扩张质量。但是这类指标仅从城市建设用地本身来对城市空间扩张特征进行评价,而没有反映城市空间扩张过程是否与人口、经济活动等相适配。陈湘满和陈瑶(2020)、李涛等(2015)、杨璐璐(2015)、魏后凯等(2013)、朱鹏华和刘学侠(2017)等虽然用人均城市道路面积、国内生产总值密度、地均产值、城镇人口密度或者土地城镇化与人口城镇化的差异等反映了城市空间发展质量或水平,但此类密度指标是城市空间中平均意义上的指标,无法反映扩张区域的空间发展质量水平。秦蒙等(2016)基于灯光数据度量了城市蔓延程度,但他们在确定城市区域时将灯光亮度小于10及常住人口密度小于1000人/平方公里的、有楼无人的区域剔除掉了,认为这并不是城市区域。然而这些区域可能恰恰是城市空间低质量扩张的结果,即与我国当前语境下"有城无人""有城无业""有城无市"的问题相吻合。而关于我国城市空间扩张质量的演变趋势、城市空间扩张质量的差异及其来源,以及城市空间扩张质量状态的时空演变,已有研究较少涉及。

鉴于此,本章尝试在已有研究的基础上对我国城市空间扩张质量进行科学、合理的界定与度量,并对城市空间扩张质量的演变趋势、整体差异及其来源、收敛趋势、扩张质量状态的动态稳定性进行探索,然后提出政策建议。

相对于已有文献,本章的创新点在于:第一,在对城市空间扩张质量进行界定的基础上,利用卫星灯光数据和LandScan人口数据,从城市空间扩张面积与人口、经济活动的适配程度来度量城市空间扩张质量。第二,利用Dagum基尼系数对我国城市空间扩张质量的总体差异进行衡量,并基于东部、中部、西部三大区域对总体差异进行了来源与贡献分解。相对于传统的基尼系数、泰尔指数等指标,Dagum基尼系数可以同时考察不同组别之间的相对差异和绝对差异并考虑了不同组别的样本分布情况,还可以精确识别组内、组间及组间共同因素对总体差异的贡献程度。第三,基于马尔可夫链动态特征分析了我国城市空间扩张质量状态的稳定性和动态转移性。第四,考虑到不同城市的产业基础、经济发展水平差异,在遭遇不利的外部冲击时可能会导致不同城市空间扩张质量发生系统性改变,因此还分析了2008年国际金融危机前后我国城市空间扩张质量的地区差异及演变趋势变化。

二、城市空间扩张质量辨析及其度量方法

城市空间扩张是城市建成区面积不断扩大、城市居民居住面积和生产用地面积不断增长的过程。那么什么是城市空间扩张质量?已有文献并没有进行系统性阐述。与此有一定关联的文献包括有关人地协调或土地城镇化与人口城镇化的耦合程度,以及城市蔓延(Ew I ng et al.,2016;Oueslat I et al.,2015;Yue et al.,2013)的研究,但人地协调程度、城市蔓延状态、城市空间扩张质量并不能完全等同。

第一,就人地协调问题而言,既有研究大多认为我国的土地城镇化普遍快于人口城镇化,进而认为我国城镇化质量低下、土地资源利用效率不高。然而土地城镇化快于人口城镇化是否就表明城市空间扩张质量低下?答案并不尽然。

首先,对于那些人口密度本来已经较高的城市,人口城镇化快于土地城镇化就意味着城市人口密度越来越高,城市将变得越来越拥挤,过度拥挤的

生产生活空间并不是城市空间高质量发展的应有之义。实际上,英、美等国提出的紧凑型城市概念或精明增长战略,在强调要提高城市密度、恢复城市吸引力的同时,也强调城市生活空间的舒适性。我国也提出了类似的发展规划,如2015年4月30日,中共中央政治局审议通过的《京津冀协同发展规划纲要》就提出要有序疏解北京非首都功能。我国有部分城市人口密度非常高,公共服务主要集中在城市中心,人口仍然向大城市、城市中心流动,导致城市交通拥挤、居住空间不足。因此,对于这些城市而言,适时进行空间扩张恰恰是改善人居环境、拓展产业发展空间的必要手段。从而,土地城镇化稍快于人口城镇化是很有必要的,只有先有了城,人口与产业才可能向外疏解。

其次,有些城市人地不协调只是短期的、暂时的现象,并不意味着长期的人地不协调,新城、新区建设好了也并一定要求大量人口和企业同步填充进来。我们发现,许多现今较为繁华的城市区域大多经历了5年、10年甚至更长时期的培育期。如果新城、新区刚建成就需要充足的人口和经济活动与之相匹配,这既不现实也不合理,反而可能会导致地方盲目上马项目进而导致经济低效发展。有了城市发展空间及相应的基础设施和公共服务,才能逐步吸引人口、要素、经济活动进入,进而使得新城、新区演变为真正的城市。例如,鄂尔多斯的康巴什新区,在建成伊始被广泛作为"鬼城"的典型代表,然而随着10多年的产业发展和人口、资本等要素的流入,现今已成为真正的新城。因此,短期的人地不协调或者土地城镇化稍快于人口城镇化并不必然导致长期的城市空间低质量化。相应地,在度量城市空间扩张质量时,也需要考虑土地城镇化与人口城镇化在时间上的不一致性,以将暂时的人地不协调与那些单纯依赖于土地出让和"造城""造区"活动而导致的真正的城市空间的低质量扩张区别开来。

再次,人口城镇化与土地城镇化速度一致是否就是合理的呢? 如果一开始人口密度较低,二者以同样的速度上升,仍然会导致一个较低的人口密度;反之,如果一开始人口密度非常高了,则城市空间扩张也同样会伴随着较高的人口密度。

最后,城市空间扩张质量高低也不完全取决于人口是否与城市面积相协调,还应考虑经济活动情况。特别是随着互联网、数字经济的发展,以制造业为主体的工业越来越多地用工业机器人、智能设备等替代工人,即使人口密度没有扩大,经济活动密度可能在城市空间扩张的同时保持较高的水平。因此,不能简单地用土地城镇化是否快于人口城镇化来判定城市空间扩张质量的高低。

第二,就城市蔓延而言,在语义上,城市蔓延是城市因市场失灵而导致的居民点分散化分布和城市的低密度扩张的状态,与城市空间低质量扩张有相似之处。但是在形成机理上,城市蔓延是老城区密度提高及居民生活水平提高之后,微观个体因老城区交通拥堵、空气污染、公共产品挤占、犯罪活动上升、生活与经营成本上升等多方面的原因而向城市边缘地带或者郊区不断迁移所导致的城市空间低密度扩张过程(Brueckner,1983;Burchf I ld et al.,2006)。这与我国当前因城市化推进过程中的大规模土地开发、新城新区建设带来的规划型"空城"问题并不完全相同,后者具有典型的自上而下、政府主导、大范围规划和整体推进的特征(李强等,2012)。城市蔓延表现为城市由市场自发的、不规则的、低密度的郊区化而城市中心不断衰退过程。然而在当前,我国的大中城市、城市中心仍然拥有更高的经济发展水平和公共产品供给水平,人口仍然持续向大中城市或城市中心流动,并没有出现主动向郊区迁移的现象,即并不存在西方式城市蔓延问题。相反,由我国地方政府主导的大面积城市空间低质量扩张不是人口与经济活动的低密度问题,而是人口及经济活动非常少,在长时间内表现为"空城""睡城"或"鬼城"状态。换句话说,城市蔓延仅仅表现为城市的低密度扩张或者新建城区人口密度较低,并没有反映经济活动密度的高低;城市空间低质量扩张突出"有城无人""有城无市"的状态,也强调"有城无业"的情形,而不仅仅是新建城区人口密度较低。因此,规划型"空城"问题与城市蔓延问题虽有类似之处,但并不能等同,无论是在成因上、结果上还是表现形式上均存在较大差异。

综上所述,可以认为城市空间扩张质量是城市空间扩张的过程中土地资源的利用效率、生产空间的集约程度，以及土地与人口、经济的适配程度（苏红键，2021；魏后凯等，2013），反映了城市人口与经济活动的空间分布情况（梁昌一等，2021），是空间城市化质量的具体体现（朱鹏华和刘学侠，2017），是高质量城镇化[①]的重要内容之一。高质量的城市空间扩张，意味着新城、新区建成后经过一定时期的培育而具有较高的人口密度和高度集约的经济活动。反之，如果城市空间扩张质量低下，则意味着新城、新区建成后的很长一段时期内均表现出建成区人口密度较低、经济活动或产业活动不足、建筑物与基础设施利用率不高、土地集约使用效率低下（常晨和陆铭，2017；郭志勇和顾乃华，2013；黄亮雄等，2021）。换言之，城市空间低质量扩张表现为新建城区长期"有城无人""有城无业""有城无市"。

如果将城市空间扩张质量界定为新城、新区建成后相当长一段时期内人口与经济活动的密度情况，那么在进行城市空间扩张质量度量时就不能仅从当前的城市人口密度或者土地城镇化是快于或慢于人口城镇化来进行判断。为了准确度量城市空间扩张质量，一是既要反映人口密度也要反映经济活动密度；二是要区分新城、新区建成后只是暂时的人地、业地不协调还是长期不协调。

鉴于夜间灯光数据的可获得性以及与经济活动的高度关联性，本章将利用夜间灯光数据来构建反映城市人口密度、经济活动密度的综合指标，以更为合理地度量城市空间扩张质量。已有研究认为，夜间灯光强度可以在很大程度上反映人类生活、生产活动和城市经济发展程度，而且可以避免经济数据的统计偏差（Henderson & Weil，2012），可以作为度量经济发展程度和经济、人口密度的可靠替代指标。通常，人类经济活动密集大、经济发展水平高，夜间灯光强度就更大，高灯光强度面积占比也更高。此外，卫星数据的可获得性也大大提高，有利于所构建指标在计算上的实现。在具体指标构建上，本章借鉴郑等（Zheng et al.，2017）的思路，从建成区高质量发展

---

① 高质量城镇化还包括医疗、教育、养老、文化、体育、公园等便利设施的供给水平，以及城市安全、环境卫生等情况。

区域人口密度、平均灯光强度占最高灯光强度之比及高强度灯光建成区面积占比三个方面构建城市空间扩张质量综合指数。

为了度量上述三个反映城市空间扩张质量的分项指标,我们需要识别出建成区范围内长期存在人口非常少、缺乏足够人类活动、建筑物空置率高、处于"空城"状态的区域。基于郑等(Zheng et al.,2017)的思路,我们将城市建成区内夜间灯光亮度低于阈值的区域作为城市低质量扩张区域的识别基础。城市建成区来自全国土地利用类型中城镇用地的建成区,是根据建筑物光谱波段形成的影像,是建成建筑物的真实区域。因此,基于该区域得到的灯光强弱可以较为准确地反映出建成区域人类与经济活动的多寡。具体识别过程如下:

首先,对DMSP/OLS夜间灯光数据进行校准处理。借鉴埃尔维奇等(Elvidge et al.,2009)、李等(Li et al.,2013)的做法,先对栅格进行内部校准以提高同年度不同卫星、不同年度不同卫星所获取数据的可比性。接着对同年度不同卫星所获取的数据进行整合,同时去掉同一年度内不稳定的有光栅格数据。接下来进行不同年份数据的时间序列修正。其次,利用全国土地利用类型中编号为51的城镇用地对校准后的灯光数据进行掩膜提取。再利用栅格计算器将大于阈值的栅格设为空值,阈值DN=10,并将小于阈值的区域视为城市低质量扩张区域。由于城市新建城区在期初的人类活动通常较少,考虑到城市的新城区可能随着人口的流入而变成真正的城区,在进行低质量城市空间区域识别时,将各区域连续5年的灯光进行叠加,如果某城市建成区的某片区域灯光连续5年都小于阈值,该区域就被认定为低质量区域。最后,在此基础上,将城市空间扩张质量综合指数界定为式(1):

$$Cityexpqua = C \text{ I} + C \text{ II} + PD \tag{1}$$

其中,$C\text{ I}$表示城市建成区中灯光亮度大于阈值的区域占建成区总面积的比例,是水平方向上的衡量,反映的是高强度照明区域的占比情况;II表示城市建成区中平均灯光亮度占最大灯光亮度的比例,是垂直方向上的衡量;PD是根据LandScan全球人口动态统计分析数据计算的建成区灯光大于阈值区域的人口密度。为了三个组成部分在量纲上一致,我们对PD进行了标准化处理。

根据我国 2014 年发布的《国家新型城镇化规划(2014—2020 年)》可以看到,在中国的城市化发展历程中,1978—2000 年主要是小城镇数量扩张阶段,2000—2013 年处于大建新城、新区的城市规模快速扩张阶段,2014 年以后进入以功能提升为主的城市群发展阶段。[1]2013 年以来,中央政府相关部门出台了一系列限制房地产市场无序发展及限制地方政府违规举债的强有力措施,有效缓解了部分城市空间的低质量扩张问题。因此,本章选择的时间窗口为 2000—2013 年。考虑到新建城区是否会演变为低质量扩张的"空城"取决于未来是否能够吸引到足够多的人口和经济活动的聚集,在识别某地区某年份的城市空间扩张质量时,本章将过去 5 年人类经济活动都较少的区域作为该年的低质量城市空间,然后以此为基础来计算城市空间扩张质量指数。由于识别低质量空间时考虑了 5 年累积期,因此本章的最终时间窗口为 2005—2013 年。

三、城市空间扩张质量综合指数的测算结果与演变趋势

根据前文所确立的衡量方法,本章测度了 2005—2013 年我国 285 个地级市的城市空间扩张质量综合指数(Cityexpqua)和三个分项指数(CI、II 和 PD)。本节将对全国 285 个地级市的城市空间扩张质量综合指数和三个分项指数在全国层面、东部、中部、西部[2]三大区域层面的演变趋势进行考察。

---

① 参见:2014 年新华社发布的《国家新型城镇化规划(2014—2020 年)》。

② 按照通常的划分方法,东部地区包括北京、天津、河北、辽宁、山东、江苏、上海、浙江、福建、广东、海南 11 个省(市);中部地区包括山西、吉林、黑龙江、安徽、江西、河南、湖北、湖南 8 个省;西部地区包括陕西、四川、云南、贵州、广西、甘肃、青海、宁夏、西藏、新疆、内蒙古、重庆 12 个省(区、市)。

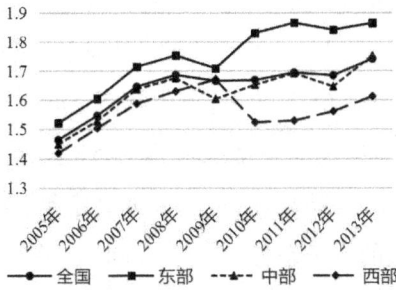

图 6.1　全国及三大区域城市空间扩张质量综合指数演变趋势

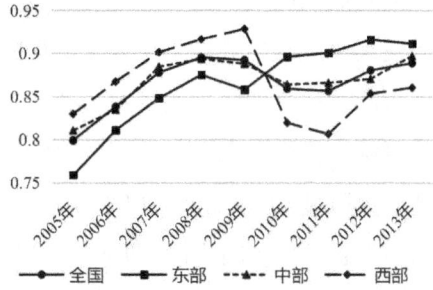

图 6.2　全国及三大区域 *C I* 指数演变趋势

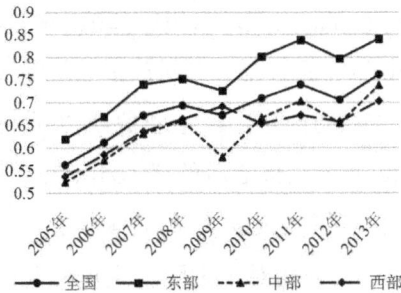

图 6.3　全国及三大区域 *I I* 指数演变趋势

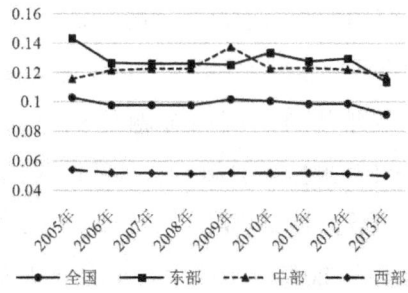

图 6.4　全国及三大区域 *PD* 指数演变趋势

图 6.1 和表 6.2 的 2~5 行反映了城市空间扩张质量综合指数在全国及三大区域的演变趋势。首先,我国城市空间扩张质量综合指数整体呈上升趋势,增速较为平稳,由表 6.2 可以看到,全国层面的城市空间扩张质量综合指数从 2005 年的 1.4640 上升至 2013 年的 1.7408,增幅为 18.91%,年均增长 2.36%。从而在观察期内,我国城市空间扩张质量整体上是不断改善的,并没有出现整体恶化现象。其次,在三大区域层面,东部地区的城市空间扩张质量综合最高,9 年均值为 1.7446,增幅和年均增速也更快,分别达到 22.6% 和 2.83%。中部地区与西部地区的城市空间扩张质量综合值相对低(9 年均值分别为 1.6261 和 1.5597),增幅(分别为 20.82% 和 13.55%)和年均增速(分别为 2.6% 和 1.69%)也相对较低。因此,东部地区的城市空间扩张质量表现更好。最后,2008 年国际金融危机对全国特别是东部、西部地区的城

市空间扩张质量产生了系统性影响。2008年之前,城市空间扩张质量综合呈现快速上升趋势,2005—2008年的年均增幅为5.05%,表明我国城市空间扩张质量在此期间得到了显著提升。但是2008年之后,我国城市空间扩张质量综合指数增长明显放缓,2010—2013年的年均增幅仅为1.45%。具体到三大区域,可以看到,2008年之前,三大区域城市空间扩张质量综合指数的演变趋势具有同步性,即都呈现出较快的增长态势,2005—2008年,东部、中部、西部地区的年均增速分别为5.08%、5.18%和4.93%。然而2008年国际金融危机之后,城市空间扩张质量综合指数在三大区域之间呈现出了较大的分异特征。其中,东部地区的年均值从国际金融危机之前的1.6481上升至国际金融危机之后的1.8502,但国际金融危机之后(2010—2013年)增速下降幅度较大,年均增长仅为0.62%;中部地区的城市空间扩张质量综合指数年均值从国际金融危机前的1.5725上升至国际金融危机之后的1.6853,虽然增加额不及东部地区,但国际金融危机之后的增速相对较快,年均增长为2.01%;而西部地区在2010年出现了大幅度下降,后续年份虽有所上升(2010—2013年间年均增速为1.95%),但相对于国际金融危机前的最高水平,整体有所下降,到2013年未超过国际金融危机前的最高点。此外,还可以发现,2008年之前,东部地区的城市空间扩张质量综合指数大于中部地区,而中部地区又大于西部地区,但三者之间的差距相对较小且稳定,其中,东部、中部地区平均相差0.0756,中部、西部地区平均相差0.0374。而2008年国际金融危机之后,东部地区与中部地区进而与西部地区之间的差异变得更大,其中,东部、中部地区平均相差0.1649,中部、西部地区平均相差0.1289,差距分别扩大了118.30%和245.05%。

图6.2和表6.2的6~9行显示了CI指数的演变趋势。结果显示:

第一,在2008年及之前,该指数无论是在全国层面还是在东部、中部、西部均保持了较快的增长速度。2005—2008年,全国与东部、中部、西部地区的增幅分别达到12.02%、15.29%、10.25%和10.45%,年均增速分别为4.01%、5.10%、3.42%和3.48%。

第二,在2008年之后,全国层面的CI指数从2009年到2011年出现了较大幅度的下降,2012年之后缓慢上升。而在三大区域层面,这一指标的演变趋势也呈现出了较大差异。对于东部地区的CI指数总体保持上升趋势,2010—2013年平均为0.9059,要高于2008年及之前的均值0.8234,但平均增幅(0.57%)显著小于2008年及之前的增幅(5.10%)。中部地区与全国层面的变化趋势非常一致,2010—2013年的平均CI指数值(0.8743)略高于2005—2008年的值(0.8558),同样,2010—2013年的年均增速(1.28%)要显著小于2005—2008年的年均增速(3.42%)。西部地区在2008年及之前保持了较快速的增长(年均增速为3.48%),但2008年之后出现了大幅度的下降,直到2011年才开始缓慢上升,2010—2013年整个期间的年均增速降为1.66%。

第三,还可以发现,2008年国际金融危机之前,西部地区的CI指数最大(0.8786),东部地区的最小(0.8234)。而2008年之后,东部地区的CI指数仍不断上升,年平均为0.9059,超过了中部地区的0.8743和西部地区的0.8349。这意味着2008年国际金融危机对西部地区城市空间扩张质量的影响最大,导致西部地区高强度亮光面积占比大幅度下降,且在金融危机之后的5年内都没有恢复到国际金融危机之前的最高水平,这可能是因为西部地区在国际金融危机之后城市空间扩张速度更快,或者之前的扩张区域缺乏持续注入人口和经济活动的能力。但是国际金融危机对东部地区的影响相对较小,其CI指数仍然稳步提升。这在某种程度上说明了东部地区的经济韧性和要素集聚能力更为强大。

图6.3和表6.2的10~13行则报告了II指数的演变趋势。2008年之前,无论是全国层面还是三大区域层面,II指数均呈现出稳步上升趋势。然而国际金融危机前后的II指数年均增速仍然存在较大差异。国际金融危机之前即2005—2008年,全国与东部地区、中部地区、西部地区的II指数年均增速分别为7.78%、7.17%、8.59%、7.86%,中部和西部地区的增速甚至高于东部地区的增速。然而在国际金融危机之后即2010—2013年,全国与东部地区、中部地区、西部地区的II指数年均增速分别为2.45%、1.62%、3.59%、2.55%。金融危机导致三大区域的II指数年均增速均出现了不同程度的下滑。此外,2008年国际金融危机之后,东部地区与中部、西部地区在II指数

上的差距有所扩大。国际金融危机之前即2005—2008年,东部地区与中部地区的差距均值为0.098,而金融危机之后上升为0.1287,上升了31.29%;金融危机之前东部地区与西部地区的差距均值为0.0898,金融危机之后上升为0.1478,上升幅度为64.58%。这意味着金融危机之后,东部与中部地区已有高强度灯光区域的平均灯光占比在持续上升,而西部地区的上升幅度较小,经济发展动能受阻。

图6.4和表6.2的14~17行呈现了PD指数的演变趋势。我们发现,东部地区与中部地区的高强度灯光占比区域的城市人口密度(分别为0.1278和0.1226)要显著大于西部地区的人口密度(0.0514)。需要指出的是,无论是在全国层面还是在三大区域层面,PD指数变动幅度不大,但有微弱下降趋势。全国层面从2005年的0.1028降为2013年的0.0912,东部地区从0.1432降为0.1134,西部地区从0.0538降为0.0495,而中部地区虽然从2005年的0.1155上升至2009年的0.1371,但随后又逐步下降至2013年的0.1175。这可能是因为随着城市土地面积的扩张和农村人口向城市不断集中的趋势有所减弱,进一步导致了全国城市人口密度呈下降趋势。

表6.2　2005—2013年我国城市空间扩张质量综合指数及三个分项指数

指数		2005年	2006年	2007年	2008年	2009年	2010年	2011年	2012年	2013年
城市空间扩张质量综合	全国	1.4640	1.5465	1.6461	1.6860	1.6654	1.6683	1.6937	1.6842	1.7408
	东部	1.5207	1.6055	1.7135	1.7525	1.7083	1.8302	1.8651	1.8412	1.8644
	中部	1.4499	1.5280	1.6371	1.6750	1.6039	1.6521	1.6913	1.6460	1.7518
	西部	1.4199	1.5033	1.5875	1.6299	1.6709	1.5234	1.5290	1.5610	1.6123
CI指数	全国	0.7993	0.8381	0.8777	0.8954	0.8922	0.8590	0.8565	0.8803	0.8886
	东部	0.7591	0.8109	0.8482	0.8752	0.8580	0.8960	0.9005	0.9159	0.9112
	中部	0.8104	0.8346	0.8845	0.8935	0.8879	0.8639	0.8659	0.8704	0.8970
	西部	0.8297	0.8672	0.9012	0.9164	0.9287	0.8194	0.8064	0.8533	0.8603
II指数	全国	0.5620	0.6106	0.6706	0.6931	0.6716	0.7088	0.7388	0.7053	0.7610
	东部	0.6184	0.6682	0.7394	0.7514	0.7251	0.8009	0.8372	0.7960	0.8399
	中部	0.5240	0.5720	0.6302	0.6591	0.5790	0.6657	0.7024	0.6538	0.7373
	西部	0.5363	0.5844	0.6349	0.6627	0.6908	0.6526	0.6712	0.6567	0.7025

指数		2005年	2006年	2007年	2008年	2009年	2010年	2011年	2012年	2013年
*PD*指数	全国	0.1028	0.0977	0.0977	0.0975	0.1016	0.1004	0.0984	0.0986	0.0912
	东部	0.1432	0.1264	0.1259	0.1259	0.1251	0.1333	0.1274	0.1293	0.1134
	中部	0.1155	0.1214	0.1224	0.1224	0.1371	0.1226	0.1230	0.1218	0.1175
	西部	0.0538	0.0517	0.0514	0.0509	0.0515	0.0514	0.0514	0.0510	0.0495

四、城市空间扩张质量的地区差异

基于2005—2013年我国285个地级市的城市空间扩张质量综合指数，接下来，我们将利用Dagum基尼系数测度我国地区间城市扩张质量的差异及其演变趋势，并按照东部、中部、西部三大区域分解上述基尼系数，以揭示我国地区间城市空间扩张质量差异的主要来源。

(一)城市空间扩张质量差异的测算方法

达格尔(Dagum, 1997)构建了一个测度样本差异的指数，即Dagum基尼系数，该系数既能测度总体差异又能按照组内差异、组间差异和超变密度分解的指数对总体差异进行分解，相对于传统测度样本差异的指标更有优势。Dagum基尼系数测算公式如下：

$$G = \frac{\sum_{i=1}^{k} \sum_{j=1}^{k} \sum_{h=1}^{n_i} \sum_{r=1}^{n_j} |y_{ih} - y_{jr}|}{2n^2(\bar{y})} \tag{2}$$

其中，G为总基尼系数，i、j表示城市类型，k为城市类型数量；h、r分别表示某类城市的数量，n_i和n_j分别表示第i类城市和第j类城市中的城市个数，$i,j=1$，$2,\cdots,k$；y_{ih}表示第i类城市中第h个城市的空间扩张质量指数，y_{jr}表示第j类城市中第r个城市的空间扩张质量指数，$\bar{y}$表示全国所有城市空间扩张质量指数均值，n为城市总数。本章将所有城市按东部、中部、西部地区分为3组，因此城市类型数量k为3。n_i和n_j就分别表示第i组城市和第j组城市中的城市个数。

而某类城市内部的差异即组内基尼系数，和不同类型城市之间的差异即组间基尼系数分别表示为：

$$G_{ij} = \frac{\sum_{h=1}^{n_i} \sum_{r=1}^{n_j} |y_{ih} - y_{jr}|}{n_i n_j (\bar{y}_i + \bar{y}_j)} \qquad (3)$$

其中，当i等于j时，G_{ij}为第i类城市的组内基尼系数，当i与j不相等时，G_{ij}为第i类城市与第j类城市之间的组间基尼系数，$\bar{y}_i$和$\bar{y}_j$分别为第i类城市与第j类城市的组内均值。

进而，总基尼系数G可以被分解为三个组成部分：组内差异的贡献G_w、组间差异的贡献G_{nb}和超变密度的贡献G_t，即$G=G_w+G_{nb}+G_t$，且有：

$$G_w = \sum_{i=1}^{k} G_{ii} p_i s_i \qquad (4)$$

$$G_{nb} = \sum_{i=2}^{k} \sum_{j=1}^{i-1} G_{ij} (p_i s_j + p_j s_i) D_{ij} \qquad (5)$$

$$G_t = \sum_{i=2}^{k} \sum_{j=1}^{i-1} G_{ij} (p_i s_j + p_j s_i)(1 - D_{ij}) \qquad (6)$$

其中，$p_i = n_i / n$，$s_i = n_i \bar{y}_i / \overline{ny}$，$i, j = 1, 2, \cdots, k$，$D_{ij}$为$i$类城市与$j$类城市之间的定向城市空间扩张质量距离比，即

$$D_{ij} = \frac{d_{ij} - p_{ij}}{d_{ij} + p_{ij}} \qquad (7)$$

其中，

$$d_{ij} = \int_0^\infty dF_i(y) \int_0^y (y - x) dF_j(x) \qquad (8)$$

$$p_{ij} = \int_0^\infty dF_i(y) \int_0^y (y - x) dF_i(x) \qquad (9)$$

其中，$F_i(y)$与$F_j(y)$为第i类城市和第j类城市的累积密度分布函数。从而，d_{ij}可以理解为i类城市与j类城市中所有$y_{jr}-y_{ih}>0$的样本值加总的数学期望。

(二)我国城市空间扩张质量总体差距及其来源

我们首先计算我国城市空间扩张质量指数的总体差异，然后按照东部、

中部、西部地区将每年的285个城市分为三种类型,即东部城市、中部城市和西部城市,再根据三种类型对总体差异进行分解。表6.3和图6.5、图6.6报告了2005—2013年我国城市空间扩张质量的总体Dagum基尼系数及其贡献率、组内差异、组间差异及超变密度的测算结果和演变趋势。

表6.3 2005—2013年我国城市空间扩张质量的Dagum基尼系数及其分解结果

年份	总体地区差距	地区内部差距	地区之间差距	超变密度	贡献率(%)		
					地区内部差距	地区之间差距	超变密度
2005	0.1841	0.0611	0.0158	0.1072	33.17	8.59	58.24
2006	0.1640	0.0540	0.0152	0.0949	32.90	9.25	57.85
2007	0.1385	0.0450	0.0176	0.0759	32.51	12.72	54.78
2008	0.1289	0.0420	0.0167	0.0702	32.61	12.96	54.43
2009	0.1315	0.0432	0.0133	0.0750	32.88	10.09	57.03
2010	0.1517	0.0483	0.0423	0.0611	31.85	27.89	40.26
2011	0.1455	0.0455	0.0457	0.0543	31.28	31.41	37.31
2012	0.1381	0.0437	0.0382	0.0562	31.66	27.67	40.67
2013	0.1291	0.0412	0.0334	0.0545	31.90	25.84	42.25

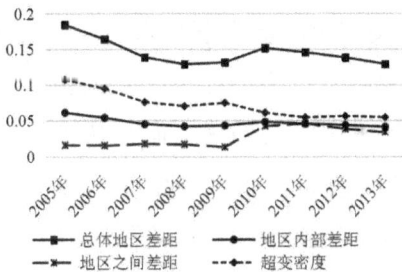

图6.5 全国及三大区域Dagum基尼系数演变趋势

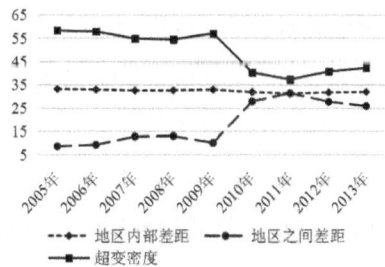

图6.6 全国及三大区域Dagum基尼系数贡献率演变趋势

1. 总体差异

根据表6.3的第2列和图6.5可以看到,我国城市之间的空间扩张质量总体差异是不断缩小的,从2005年的0.1841下降至2013年的0.1291,9年间下降了29.88%,年均降幅为3.73%,这意味着我国城市空间扩张质量在城市间存在收敛的趋势。但是2008年国际金融危机的爆发导致这种差异下降的趋势有所减缓。2008年之前,我国城市空间扩张质量的总体地区差距下降速度较快,而2008年国际金融危机爆发之后,总体地区差距在短期内有所上升,不过随后又继续缓慢下降。图6.5也显示了我国城市空间扩张质量的总体地区差距,可以看到,国际金融危机之前,总体差距下降幅度更大,从2005年的0.1841下降至2008年的0.1289,3年间降幅达到29.98%,而国际金融危机之后下降趋缓,从2010年的0.1517下降至2013年的0.1291,3年间降幅为14.90%。这意味着国际金融危机可能减缓了我国城市间空间扩张质量收敛的速度。

2. 我国城市空间扩张质量总体差异分解

城市空间扩张质量的地区差距可以被分解为组内差距(即地区内部差距)、组间差距(即地区之间差距)及超变密度三个部分,分解结果如表6.3和图6.5、图6.6所示。

一是不同差异来源的演变趋势。如表6.3第3~5列和图6.5所示,首先,对于组内差距,地区内部差距整体呈现下降趋势,但下降的幅度不大,2005—2013年下降了32.57%,年平均降幅仅为4.07%,最主要的原因在于2008—2010年组内差距上升所致。其次,对于组间差距,国际金融危机之前处在较低水平,2005—2009年组间基尼系数平均为0.0157,且变动幅度不大,2005—2009年仅下降了15.82%,年均降幅为3.96%。但是从2009—2010年开始,组间差距大幅度上升且之后几年均维持在较高水平,2010—2013年组间基尼系数平均为0.0399,显著高于国际金融危机之前的0.0157。最后,对于超变密度,除了2008—2009年外,其在考察期内整体呈现下降趋势,特别是在2011年之前,下降幅度较大,共下降了49.35%,年均下降8.22%,要高于组内差距的下降幅度,但2011年之后变化不大。这意味着随着时间的推移,东部、中部、西部地区各组之间交叉重叠部分对整体城市空间扩张质量差异的影响下降的幅度更大,在组内差异变化不大的情况下,组别之间的分化更为明显。

二是不同差异来源的贡献率比较。如表6.3第6~8列和图6.6所示,第一,总体而言,我国城市空间扩张质量的差异主要来自超变密度,观察期内的平均贡献率为49.2%；其次是组内差异，观察期内的平均贡献率为32.31%；组间差异对总体差异的贡献率最小，观察期内的平均贡献率仅为18.49%。这意味着三大区域之间的其他某些共同因素对我国城市空间扩张质量差异的影响更大。第二，从变化趋势来看，超变密度的贡献率呈下降趋势，从2005年的58.24%下降至2013年的42.25%，降幅为27.4%；组内差异的贡献率相对平稳，仅从2005年的33.17%下降至2013年的31.9%，降幅为3.8%；然而组间差异的贡献率则从2005年的8.59%显著增加至2013年的25.84%，增幅高达200.85%。第三，2008年国际金融危机对不同差异来源贡献率的影响。首先，从超变密度来看，其对我国城市空间扩张质量总体差异的贡献率年均值从危机之前（2005—2008年）的56.32%大幅度下降至危机之后（2010—2013年）的40.12%；其次，组内差距在危机前后对总体差距的贡献率变化幅度不大，仅从危机之前的32.8%下降为危机之后的31.67%，相对稳定；最后，对于组间差距，其对总体差距的贡献率年均值从危机之前的10.88%上升为危机之后的28.2%。上述结果表明，国际金融危机爆发之后，虽然超变密度对我国城市空间扩张质量整体差距的贡献率仍然最大，但已低于地区内部差距和地区之间差距的贡献率之和；超变密度贡献率下降主要是因为地区之间差距的贡献率上升。因此可以判断，国际金融危机加剧了地区之间的分化，导致地区之间的差异显著拉大，但并没有明显改变地区内部的差异。

3. 三大区域内部与之间空间扩张质量基尼系数演变趋势

表6.4和图6.7、图6.8显示了东部、中部、西部地区内部和地区之间的城市空间扩张质量差距。

表6.4　东部、中部、西部地区内部与之间的城市空间扩张质量差距（2005—2013年）

年份	东部地区	中部地区	西部地区	东部-中部	东部-西部	中部-西部
2005	0.1902	0.1904	0.1657	0.1933	0.1848	0.1794
2006	0.1638	0.1783	0.1446	0.1747	0.1616	0.1636
2007	0.1421	0.1414	0.1196	0.1472	0.1428	0.1327
2008	0.1294	0.1345	0.1135	0.1367	0.1308	0.1259

年份	东部地区	中部地区	西部地区	东部-中部	东部-西部	中部-西部
2009	0.1400	0.1405	0.1088	0.1474	0.1280	0.1265
2010	0.1181	0.1482	0.1684	0.1426	0.1630	0.1610
2011	0.1060	0.1452	0.1615	0.1344	0.1585	0.1582
2012	0.1051	0.1483	0.1448	0.1362	0.1429	0.1487
2013	0.1023	0.1283	0.1399	0.1206	0.1379	0.1382

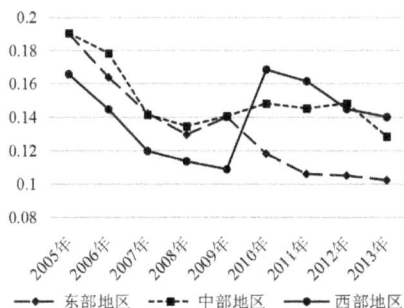

图6.7　三大区域内部Dagum基尼
系数演变趋势

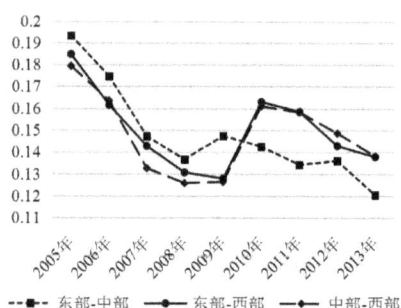

图6.8　三大区域之间Dagum基尼
系数演变趋势

可以发现,在三大区域内部,东部地区内部的差距在不断缩小(基尼系数从2005年的0.1902下降至2013年的0.1023),差距下降幅度较大(下降了46.22%),但国际金融危机之后下降幅度有所缩小(2010—2013年降幅为13.38%,而2005—2008年的降幅为31.97%);中部地区在2008年之前有较大幅度的下降,但2008年之后不仅没有下降反而有所上升,一直持续到2012年之后才继续下降;而西部地区在2008年国际金融危机之前也是呈现快速下降的趋势,但在危机之后,其内部的差距显著上升,甚至一度超过了中部地区,2010年之后虽有所下降,但仍与中部地区内部的差距相当。这说明,就地区内部而言,东部地区内部的城市空间扩张质量差距越来越小,且受金融危机的冲击较小。然而中部、西部地区内部的差距因国际金融危机的冲击而产生了系统性上升,与东部地区内部的差距显著拉大。危机之前,东部地区内部的基尼系数(0.1564)仅比中部地区内部的基尼系数(0.1612)低0.0048,而危机之后东部地区内部的基尼系数较中部地区内部的基尼系数平均低0.0346，差距扩大了约6.25倍。危机之前，东部地区内部的基尼系数（0.1564）要高于西部地区内部的基尼系数（0.1359），而危机之后，东部地区内部的基尼系数（0.1079）反而低于西部地区内部的基尼系数（0.1537），危机前后东部与西部地区内部基尼系数差距扩大了323.02%。

就地区之间的差距而言，首先，东部-中部之间整体呈下降趋势，从2005年的0.1933下降至2013年的0.1206，降幅为37.61%，但国际金融危机之前（2005—2008年）降幅较大（-29.28%），而危机之后（2010—2013年）降幅较小（-15.43%）。其次，东部-西部之间和中部-西部之间的差距在危机之前均与东部-中部一样，以较快速度下降，但危机之后，均经历了快速的上升（2009—2010年，分别从0.1280上升至0.1630、0.1265上升至0.1610）之后再缓慢下降，但降幅有所减缓，其中东部-西部之间从-29.22%变为-15.40%，中部-西部之间从-29.82%变为-14.16%。最后，我们还可以看到，国际金融危机之前，东部-西部和中部-西部之间的基尼系数相差不大，且比东部-中部之间的基尼系数要小。然而危机之后，东部-西部和中部-西部之间的基尼系数迅速上升，且大于东部-中部之间的基尼系数。以上分析结果表明，虽然从总体上看我国城市空间扩张质量差异呈下降趋势，但不同地区内部和地区之间的差异下降情况存在较大差异，尤其是在国际金融危机之后，这种差异体现得更为明显，这与不同地区内部的发展水平差异有较大关联性。在东部地区，各城市之间的发展模式和发展水平较为接近，而中部、西部地区内部各城市之间的差异较大，省会等少数城市的极化可能是导致中部、西部地区在国际金融危机之后差距不断扩大的重要原因。

五、我国城市空间扩张质量的动态演进

接下来分析我国城市空间扩张质量的动态演进过程。一是分析我国285个城市空间扩张质量在全国层面和三大区域层面的动态空间收敛性，以考察285个城市的空间扩张质量差距的动态演进过程；二是考察处于某种初始城市空间扩张质量层级的城市，在接下来的时期内转变为更低层级、更高层级或保持状态不变的概率，以考察各城市空间扩张质量的动态转换过程。

(一)城市空间扩张质量的动态空间收敛性

随着要素市场的完善、地区间壁垒的降低和劳动力的自有流动,城市间的经济发展水平可能会趋于收敛,在此背景下,各城市的空间扩张质量的差距也可能随之缩小。为此,我们通过计算各城市空间扩张质量综合指数的 σ 收敛系数来考察城市空间扩张质量的动态空间收敛性。σ 收敛系数的计算公式如下:

$$\sigma = \sqrt{\frac{1}{n}\sum_{i=1}^{n}\left(\ln Cityexpqua_{it} - \frac{1}{n}\sum_{i=1}^{n}\ln Cityexpqua_{it}\right)^2} \qquad (10)$$

其中,i 和 t 分别表示城市和年份,n 表示城市的数量。$\ln Cityexpqua_{it}$ 为 i 城市在第 t 年的城市空间扩张质量指数的对数。如果 $\sigma_{t+1} < \sigma_t$,则意味着与第 t 年相比,第 $t+1$ 年城市间的空间扩张质量是趋于收敛的,反之则表示城市间的差距在扩大。

表6.5　2005—2013年城市空间扩张质量指数 σ 收敛系数

年份	全国	东部	中部	西部
2005	0.4620	0.5485	0.4489	0.3706
2006	0.4212	0.4972	0.4394	0.3112
2007	0.3508	0.4561	0.3191	0.2375
2008	0.3195	0.3864	0.3320	0.2213
2009	0.3323	0.4280	0.3169	0.2138
2010	0.3916	0.3746	0.3137	0.4331
2011	0.3750	0.3421	0.3087	0.4168
2012	0.3147	0.2818	0.3184	0.3166
2013	0.3251	0.3322	0.2802	0.3327

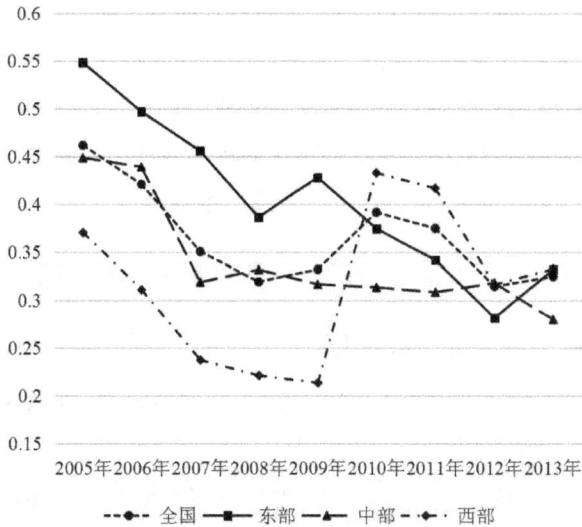

图6.9　2005—2013年城市空间扩张质量指数σ收敛系数

　　根据式(10)计算的全国层面和东部、中部、西部地区内部的城市空间扩张质量指数的σ收敛系数结果如表6.5和图6.9所示。首先,从全国层面来看,我国各城市空间扩张质量综合指数在观察期内呈现明显的收敛趋势,σ收敛系数由2005年的0.4620下降至2013年的0.3251。但在不同阶段收敛的状况有所不同。其中,在国际金融危机之前(2005—2008年),城市空间扩张质量综合指数的σ收敛系数每年都有所下降,2008年相对于2005年下降了30.84%;而危机之后,城市空间扩张质量综合指数的σ收敛系数先从2009年的0.3323上升至2010年的0.3916,然后再下降,但2013年又有所上升(0.3251),甚至略高于2008年的0.3195。在降幅上,2013年相对于2010年仅下降了16.98%。其次,从东部、中部、西部三大区域来看,东部地区的σ收敛系数整体呈下降趋势,即使在国际金融危机后也呈直线下降趋势,仅在2009年和2013年略有上升,这说明东部地区的城市空间扩张质量综合指数在不同城市间呈现明显的收敛趋势;中部地区也较为类似,但中部地区的收敛趋势主要体现在国际金融危机之前(降幅为26.04%),而危机后的收敛态势明显趋缓(降幅为10.68%);西部地区的城市空间扩张质量综合指数的σ收敛系数则呈现出较大的波动性。国际金融危机之前,σ收敛系数从2005年的0.3706

降至2008年的0.2213,4年均值为0.2852。然而危机之后,2009—2010年,西部地区的σ收敛系数出现了跳跃式攀升,从0.2138跃升至0.4331。2010年之后虽呈下降趋势,但整体处在较高水平,2010—2013年4年均值为0.3748,要显著高于危机之前的水平。这也是导致全国城市空间扩张质量综合指数的σ收敛系数在国际金融危机之后显著上升的重要原因。

(二)城市空间扩张质量指数的马尔可夫链动态特征分析

接下来,我们将利用马尔可夫链分析法进一步探究各城市空间扩张质量指数相对位置的变动情况或者动态转移特征,以考察各城市空间扩张质量等级状态动态转移的情况。

马尔可夫链分析步骤如下:首先,需要对所有城市的空间扩张质量综合指数进行等级划分。由于本章的考察期为2005—2013年,共9年时间,为此,我们按照所考察时间窗口的中间年份即2009年的城市空间扩张质量综合指数的高低将城市分为四种层级(也为四种类型):低质量空间扩张城市(I ,城市空间扩张质量综合的值小于等于25%)、中低质量空间扩张城市(II ,城市空间扩张质量综合的值大于25%且小于等于50%)、中高质量空间扩张城市(III ,城市空间扩张质量综合的值大于50%且小于等于75%),以及高质量空间扩张城市(IV ,城市空间扩张质量综合的值大于75%)。其次,测算不同期间各城市在不同类型之间转移的概率矩阵。这里,我们考虑三种情况:一年期内(从第t期到第$t+1$期)、两年期内(从第t期到第$t+2$期)和在三年期内(从第t期到第$t+3$期)的转移概率。转移概率矩阵中的元素m_{1j}表示在第t年为类型 I 的城市在第$t+1$年转移为类型j的概率。如果在第$t+1$期的类型与第t期的类型一致,则该城市的类型状态比较稳定,或者属于平稳转移;如果类型等级有所提高,则为向上转移;反之,如果类型等级有所下降,则为向下转移。

表6.6　四类城市的整体转移概率矩阵

一年期	I	II	III	IV
I	0.8010	0.1939	0.0051	0.0000
II	0.1254	0.5848	0.2810	0.0091
III	0.0053	0.1029	0.6531	0.2389
IV	0.0081	0.0065	0.0679	0.9174
二年期	I	II	III	IV
I	0.7603	0.2280	0.0091	0.0024
II	0.1163	0.4919	0.3699	0.0219
III	0.0146	0.0956	0.5704	0.3193
IV	0.0060	0.0133	0.0606	0.9201
三年期	I	II	III	IV
I	0.7412	0.2218	0.0325	0.0045
II	0.1338	0.4328	0.4058	0.0275
III	0.0220	0.0628	0.5098	0.4055
IV	0.0070	0.0132	0.0575	0.9220

1. 全国层面的马尔可夫状态转移分析

表6.6报告了一年期到三年期内四类城市在窗口期间的平均转移概率矩阵。矩阵的主对角线表示城市维持原来等级,即保持稳定的平均概率,主对角线上方表示城市等级上升的平均概率,主对角线下方表示城市等级下降的概率。根据表6.6的结果可以发现:

第一,无论是一年期内、两年期内还是三年期内,主对角线元素均高于非主对角线上的元素,意味着各城市等级状态在观察期内保持了较高的稳定性。例如,在一年期内,I级城市保持稳定的概率为0.801,II级保持稳定的概率为0.5848,II级为0.6531,而IV级高达0.9174。

第二,平均而言,大部分城市向上转移的概率大于向下转移的概率。以一年期内的情况为例,主对角线相邻两侧的转移概率均为右边的大于左边的,如II类城市向III类城市转移的概率为0.281,而向I类城市转移的概率仅为0.1254;III类城市分别向IV类城市和II类城市转移的概率分别为0.2389和0.1029。可以看到,向相邻高级别城市转移的概率要显著高于向相邻低级别城市转移的概率。这意味着,在观察期内,城市的空间扩张质量等级上升的概率大于下降的概率。然而城市等级跨级上升或下降的概率均较低。同样以一年期为例，从上升的情况来看，Ⅰ类城市上升为Ⅱ类城市的概率为0.1939，然而上升为Ⅲ类城市和Ⅳ城市的概率分别仅为0.0051和0；Ⅱ类城市上升为Ⅲ类城市的概率高达0.281，但上升为Ⅳ类城市的概率骤降为0.0091。从下降的情况来看，Ⅲ类城市下降为Ⅱ类城市的概率高达0.1029，但下降为Ⅰ类城市的概率仅有0.0053。两年期内和三年期内也有类似的特征。说明城市短期内跨等级上升或下降的难度非常大。

第三，Ⅰ类城市和Ⅳ城市保持稳定的概率要远远大于Ⅱ类城市和Ⅲ类城市，也就是说Ⅱ类城市和Ⅲ类城市有更大的概率向更高或更低级别的城市类型转移，然而初始等级非常低或非常高的城市难以向更高或更低级别的城市类型转移。尤其是高级别（Ⅳ类）城市，在9年的观测期内，在一年中降为更低级别（Ⅰ～Ⅲ类）城市的概率总共只有0.0826。这意味着城市空间扩张质量具有一定的俱乐部收敛或者路径依赖性。

第四，从一年期到三年期的情况来看，随着跨期越长，主对角线上的数值逐渐减小，而主对角线相邻两侧的元素逐渐增大，这表明城市空间扩张质量等级随着时间的推移变动的概率变大，城市等级的稳定性逐渐降低。而且，向上转移的概率普遍上升了，例如，Ⅱ类城市向Ⅲ类城市转移的概率从一年期内的0.281上升至三年期内的0.4058，Ⅲ类城市向Ⅳ类城市转移的概率从一年期内的0.2389上升至三年期内的0.4055。但下降的概率依初始的城市状态不同而不同，例如，Ⅱ类城市降为Ⅰ类城市的概率从一年期内的0.1254上升至三年期内的0.1338，然而Ⅲ类城市降为Ⅱ类城市的概率却从一年期内的0.1029降至三年期内的0.628，从而，城市初始等级越高，随着时间的推移其等级下降的概率相对要更低。

2. 三大区域内部的马尔可夫状态转移分析

表6.7呈现了东部、中部、西部地区内部四类城市一年期转移概率矩阵的差异。

表6.7　东部、中部、西部地区内部四类城市一年期的转移概率矩阵

东部地区	I	II	III	IV
I	0.8401	0.1599	0.0000	0.0000
II	0.0906	0.5152	0.3734	0.0208
III	0.0000	0.0634	0.6560	0.2807
IV	0.0063	0.0000	0.0642	0.9295
中部地区	I	II	III	IV
I	0.8049	0.1917	0.0035	0.0000
II	0.1352	0.5311	0.3224	0.0113
III	0.0000	0.1929	0.5304	0.2767
IV	0.0000	0.0136	0.0750	0.9114
西部地区	I	II	III	IV
I	0.7820	0.2089	0.0090	0.0000
II	0.1379	0.6684	0.1937	0.0000
III	0.0129	0.0852	0.7551	0.1467
IV	0.0179	0.0125	0.0626	0.9070

第一,对于最低水平和最高水平的城市,东部地区的等级状态稳定性更高。东部、中部、西部地区的 I 级城市在一年期内仍然保持 I 级的概率分别为0.8401、0.8049和0.7820,但它们的 IV 级城市仍保持不变的概率同样是东部地区>中部地区>西部地区,分别为0.9295、0.9114和0.9070。这意味着东部地区的 I 级城市向上转移的概率相对更低,但 IV 级城市转为更低级别城市的概率也更低。同时还可以发现,东部地区的 IV 城市更不容易跨级别向下转移,而中部地区跨级别向下转移的概率相对较高,尤其是西部地区甚至有0.0179的概率降为 I 级城市。

第二,对于初始状态为 II 级、III 级的城市而言,东部地区向上转移的概率要显著大于中部、西部地区,如 II 级转为 III 级城市的概率,中东西部地区分别为0.3724、0.3224和0.1937;东部、中部、西部地区的 III 级城市转为 IV 级城市的概率分别为0.2807、0.2767和0.1467。从而可以发现,虽然东部地区的 I 级城市在一年期内的状态较为稳定,向上转移的概率相对更低,但中等层级城市向上转移的可能性更大,而西部地区中等层级的城市向上转移较为困难。中部地区的 II 级城市和 III 级城市向上转移的概率远大于西部城

市,与东部城市较为接近,但比西部地区有更大向下转移的可能性,尤其是Ⅲ级城市转为Ⅱ级城市方面,中部地区的概率高达0.1929,而西部地区仅有0.0852,因此中部地区的中等层级城市状态更不稳定。

3. 2008年国际金融危机冲击对状态转移概率的影响

考虑到2008年国际金融危机对城市空间扩张质量的潜在影响,我们分三个时期来考察城市在一年期内的平均状态转移概率矩阵:国际金融危机之前(2005—2008年)、国际金融危机冲击期(2008—2010年)和后国际金融危机时期(2010—2013年)。

(1)2008年金融危机冲击在全国层面的影响

我们比较分析了在全国层面三个时期一年内的平均状态转移概率矩阵,结果如表6.8所示。

表6.8　2008年金融危机对城市空间扩张质量状态转移概率的影响

2005—2008年	Ⅰ	Ⅱ	Ⅲ	Ⅳ
Ⅰ	0.7860	0.2050	0.0090	0.0000
Ⅱ	0.0480	0.6197	0.3327	0.0000
Ⅲ	0.0000	0.0357	0.7323	0.2323
Ⅳ	0.0077	0.0000	0.0280	0.9640
2008—2010年	Ⅰ	Ⅱ	Ⅲ	Ⅳ
Ⅰ	0.7925	0.2075	0.0000	0.0000
Ⅱ	0.2265	0.5220	0.2150	0.0365
Ⅲ	0.0210	0.1630	0.5590	0.2570
Ⅳ	0.0210	0.0210	0.1020	0.8560
2010—2013年	Ⅰ	Ⅱ	Ⅲ	Ⅳ
Ⅰ	0.8217	0.1737	0.0047	0.0000
Ⅱ	0.1353	0.5917	0.2733	0.0000
Ⅲ	0.0000	0.1300	0.6367	0.2333
Ⅳ	0.0000	0.0033	0.0850	0.9117

第一,相对于国际金融危机冲击期,危机前后城市空间扩张质量状态均较为稳定,即2005—2008年与2010—2013年两个阶段状态转移矩阵主对角线的值均要大于2008—2010年转态转移矩阵主对角线的值。除了Ⅰ级城

市外,金融危机前其他各类城市比金融危机后的状态更为稳定。

第二,从转移方向来看,三个阶段Ⅲ级城市向Ⅳ转移的概率较为接近,但国际金融危机前Ⅱ级城市向Ⅲ级城市转移的概率(0.3327)要远远大于危机冲击期(0.2150)和后危机阶段(0.2733)。同时,国际金融危机冲击期各类城市向下转移的概率要显著大于国际金融危机前后两个阶段。例如,金融危机之前、金融危机冲击期、后金融危机期三个阶段的Ⅱ级城市向Ⅰ级城市转移的概率分别为0.0480、0.2265、0.1353,Ⅲ级城市向Ⅱ级城市转移的概率分别为0.0357、0.1630、0.1300,而Ⅳ级城市向Ⅲ级城市转移的概率分别为0.0280、0.1020、0.0850。可以看到,国际金融危机对低级别城市的影响非常大,降低了向更高层级城市转移的概率,同时更为显著地提高了向更低层级城市转移的概率。

(2)2008年国际金融危机冲击在不同地区的影响

表6.9呈现了2008年国际金融危机冲击对不同地区城市等级状态转移概率的影响。第一,从向上转移的情况来看,在危机之前,东部地区的高级别城市(Ⅱ级城市和Ⅲ级城市)向上一级转移的概率最高,尤其是Ⅱ级城市向Ⅲ级城市转移的概率高达0.4652,西部地区的高级别城市进一步向上一级转移的概率最小,或者进一步攀升的难度最大,尤其是Ⅲ级城市向Ⅳ级城市转移的概率仅有0.1246。但国际金融危机导致东部地区Ⅱ级城市向Ⅲ级城市转移的概率大幅度下降,即从0.4652降至0.2639,西部地区的Ⅱ级城市向Ⅲ级城市转移的概率也从0.2298大幅度降为0.0874,而中部地区的Ⅲ级城市向Ⅳ级城市攀升的概率从0.2481提高至0.3026,西部地区的Ⅲ级城市向Ⅳ级城市转移的概率也有较大幅度提高,从0.1246提高至0.1944。第二,从向下转移的情况来看,国际金融危机导致所有地区的不同级别城市向下转移的概率都有所提高,但相对于东部地区而言,中部、西部地区向下转移的概率增幅更大。例如,相对于国际金融危机前,在危机冲击期,东部地区的Ⅱ类城市转移为Ⅰ类城市的概率由0.0545上升至0.1806,增幅为231.38%,然而中部地区的概率由0.0392上升至0.21,增幅高达435.71%,西部地区则从0.0496上升至0.2783,增幅更是高达461.09%。上述分析表明,

国际金融危机整体上对中部、西部地区的负面影响更为明显。

表6.9 2008年国际金融危机对不同地区城市状态转移概率的影响

时间	地区	向上一级转移			向下一级转移		
		Ⅰ→Ⅱ	Ⅱ→Ⅲ	Ⅲ→Ⅳ	Ⅱ→Ⅰ	Ⅲ→Ⅱ	Ⅳ→Ⅲ
2005—2008年	东部	0.1931	0.4652	0.2875	0.0545	0.0119	0.0430
	中部	0.1807	0.3484	0.2481	0.0392	0.1037	0.0196
	西部	0.2243	0.2298	0.1246	0.0496	0.0145	0.0000
2008—2010年	东部	0.2250	0.2639	0.2989	0.1806	0.1129	0.0921
	中部	0.1584	0.3300	0.3026	0.2100	0.3575	0.1250
	西部	0.2311	0.0874	0.1944	0.2783	0.1014	0.0789
2010—2013年	东部	0.0833	0.3545	0.2616	0.0667	0.0818	0.0668
	中部	0.2248	0.2914	0.2879	0.1814	0.1723	0.0970
	西部	0.1788	0.2285	0.1370	0.1325	0.1452	0.1145

六、结论与建议

本章在对城市空间扩张质量进行辨析和界定的基础上,利用卫星灯光数据和LandScan人口数据,在考虑了时间因素的影响后,从高灯光强度面积占建成区面积的比重、高灯光强度区域的平均灯光强度占最大灯光强度的比重,以及建成区人口密度等方面构建了一个综合指数以反映城市空间扩张质量的高低。随后,从全国层面和东部、中部、西部地区三大区域层面分析了城市空间扩张质量综合指数及三个分项指标的演变趋势,基于Dagum基尼系数方法考察了城市空间扩张质量综合指数的差异和差异的不同来源及其贡献率,利用σ收敛指数分析了城市空间扩张质量综合指数在全国层面和不同区域层面的收敛情况,最后基于马尔可夫链动态特征分析考察了不同城市的空间扩张质量状态转移情况。综上,得出如下主要结论:

第一,整体上,我国城市空间扩张质量无论是在全国层面还是在东部、中部、西部地区三大区域层面均呈现上升趋势,但2008年国际金融危机后,这一上升趋势有所减缓,东部、中部、西部地区的差距与国际金融危机之前相比进一步被放大。相对于国际金融危机之前的最高水平,西部地区的城市空间扩张质量出现了显著下降,中部地区有小幅度上升,东部地区则持续向好。在各分项指标上,CI指数在国际金融危机前快速上升,而国际金融危机后出现了较大波动;II指数则一直呈现上升趋势,但国际金融危机后的上升步伐有所下降;PD指数则整体呈现微弱的下降趋势。总体而言,东部地区的城市空间扩张质量要优于中部地区,后者进一步比西部地区表现要好;在遭受2008年国际金融危机冲击后,西部地区的城市扩张质量出现了显著的下降,而东部地区所受影响相对较小,这体现了东部地区在经济发展、要素集聚方面优势显著。

第二,在城市空间扩张质量的差异上,在考察期内,Dagum基尼系数呈下降趋势,意味着城市空间扩张质量的差异有不断缩小之势,但2008年国际金融危机后这种差异出现了小幅上升,而后缓慢下降,即国际金融危机减缓了我国城市间空间扩张质量差异缩小的幅度。就差异来源来看,总体差异主要归功于超变密度,其次是三大区域内部的差异,而三大区域之间的差异贡献率最小。然而国际金融危机爆发之后,三大区域内部差异的贡献率小幅下降,其原因在于东部区域内部差异仍然以较快速度下降,但中部区域内部出现了小幅上升,而西部地区内部出现了大幅度攀升。超变密度的贡献率显著降低,相对应的是三大区域之间的差异的贡献率大幅度上升,这主要是因为国际金融危机导致西部地区与中部地区、东部地区的差距扩大所引起的。

第三,进一步进行的σ收敛系数分析表明,全国层面的城市空间扩张质量指数呈现收敛趋势,但国际金融危机爆发之后收敛速度有所下降,主要是因为国际金融危机后西部地区内部出现了短期发散趋势,而中部地区的收敛速度显著下降所致,这与Dagum基尼系数分析所得到的结论是一致的。但需要注意的是,国际金融危机后,随着时间的推移,三大区域和全国层面的σ收敛系数的差异越来越接近。

第四,虽然大部分城市的空间扩张质量状态在观察期内较为稳定,但平均而言,处于中间层级的城市具有更高的向上转移的可能性。然而西部地区的城市向上转移的概率要明显小于中部地区和东部地区,西部地区城市向上转移更为困难。但在遭遇国际金融危机冲击时,西部地区低层级城市向上转移的概率大幅度下降,而Ⅲ级城市向上转移的概率却上升,这意味着国际金融危机后加大了西部地区内部的城市分化,进而导致西部地区城市空间扩张质量差异拉大、收敛程度下降。

根据以上结论,对于如何认识和促进城市空间扩张质量,我们认为应注重以下四点:

第一,在评判城市空间扩张质量高低时,既要看城市扩张与人口的匹配过程,也要看经济发展情况,同时要考虑城市建设与人口、产业集聚在时间上的不同步性,以及不同发展阶段的城市所展现的差异。不能简单地从城市面积扩大的速度与城市人口增长的速度差异来判定城市扩张质量的高低。从本章的研究结果来看,事实上,在观察期内,我国城市空间扩张质量在整体上是不断优化的,并没有出现全国性的城市空间扩张质量下降。

第二,要注意东部、中部、西部地区之间的差异对我国城市空间扩张质量总体差异的贡献。尤其是西部地区由于经济发展水平相对较低、要素集聚能力不强,导致西部地区城市空间扩张质量相对更低,因此需要进一步推进西部地区与东中部地区之间的平衡发展。

第三,要特别加强推动西部地区内部的初始处于较低层级空间扩张质量的城市向更高水平空间扩张质量城市的转移,以推进西部地区内部城市空间扩张质量差异的缩小,进而助推我国城市空间扩张质量的收敛。

第四,当城市面临诸如国际金融危机等不利冲击时,需要采取差异化政策与措施以应对不同地区的城市空间扩张质量下降或增速减缓问题。尤其是对于西部地区和中部地区,在面临国际金融危机冲击时,要权衡短期经济增长与城市空间扩张质量之间的关系,加大转移支付力度,降低西部地区城市为了促进短期经济复苏而单纯对土地出让依赖程度。同时,加强户籍制度、农村集体用地流转制度、进城农民基本公共服务保障机制、进城落户农民在农村的合法权益保障机制(如土地承包权、宅基地使用权、集体收益分配权)、进城落户农民人文关怀与城市融入保障机制等,在推动城市面积或土地边界扩大的同时促进人口进一步向城市自由流动,着力解决产业就业不够、人口集聚能力不足等问题,以保证城市空间扩大的同时有足够的人口与经济活动与之匹配。

本章的不足之处或者需要进一步拓展研究的方向在于:本章只是针对我国城市空间扩张质量的区域差异及动态演变进行测算和现象描述,并由此发现,地区间的城市空间扩张质量变化在国际金融危机前后发生了显著的差异变化。但本章并没有解释其中的原因,即为什么国际金融危机前后我国地区城市空间扩张质量会发生如此变化? 更详细的讨论,我们将另行着文分析。

参考文献:

1. 常晨、陆铭:《新城之殇——密度、距离与债务》,《经济学(季刊)》2017年第4期。

2. 陈湘满、陈瑶:《城镇化质量、房价对产业结构升级的影响研究》,《财经理论与实践》2020年第6期。

3. 郭志勇、顾乃华:《制度变迁、土地财政与外延式城市扩张:一个解释我国城市化和产业结构虚高现象的新视角》,《社会科学研究》2013年第1期。

4. 黄亮雄、王贤彬、刘淑琳:《经济增长目标与激进城镇化——来自夜间灯光数据的证据》,《世界经济》2021年第6期。

5. 李强、陈宇琳、刘精明:《中国城镇化"推进模式"研究》,《中国社会科学》2012年第7期。

6. 李涛、廖和平、杨伟、庄伟、时仅:《重庆市"土地、人口、产业"城镇化质量的时空分异及耦合协调性》,《经济地理》2015年第5期。

7. 梁昌一、刘修岩、李松林:《城市空间发展模式与雾霾污染——基于人口密度分布的视角》,《经济学动态》2021年第2期。

8. 陆铭:《建设用地使用权跨区域再配置:中国经济增长的新动力》,《世界经济》2011年第1期。

9. 秦蒙、刘修岩、李松林:《中国的"城市蔓延之谜"——来自政府行为视角的空间面板数据分析》,《经济学动态》2016年第7期。

10. 苏红键:《城镇化质量评价与高质量城镇化的推进方略》,《改革》2021年第1期。

11. 孙平军、修春亮、王绮等:《中国城市空间扩展的非协调性研究》,《地理科学进展》2012年第8期。

12. 魏后凯、王业强、苏红键、郭叶波:《中国城镇化质量综合评价报告》,《经济研究参考》2013年第31期。

13. 杨璐璐:《中部六省城镇化质量空间格局演变及驱动因素——基于地级及以上城市的分析》,《经济地理》2015年第1期。

14. 朱鹏华、刘学侠:《城镇化质量测度与现实价值》,《改革》2017年第9期。

15. Brueckner J.K., Fansler D.A. "The Economics of Urban Sprawl:Theory and Evidence on The Spatial Size of Cities", *The Review of Economics and Statistics*,1983,65(3):479-482.

16. Burchfield M., Overman H., Puga D., Turner M. "Causes of Sprawl: A Portrait from Space", *Quarterly Journal of Economics*,2006,121(2):587-633.

17. Chen M., Liu W., Tao X. "Evolution and Assessment on China's Urbanization 1960-2010: Under-Urbanization or Over-Urbanization?", *Habitat International*,2013,38(4):25-33.

18. Dagum C. "A New Approach to the Decomposition of the Gini Income Inequality Ratio", *Empirical Economics*,1997,22(4):515-531.

19. Duany A., Plater-Zyberk E., Speck J. *Suburban Nation: The Rise of Sprawl and the Decline of the American Dream.* New York: North Point Press, 2010.

20. Elvidge C. D., Sutton P. C., Ghosh T., Tuttle B. T., et al. "A Global Poverty Map Derived from Satellite Data", *Computers and Geosciences*,2009,35(8):1652-1660.

21. Ewing R., Hamidi S., Grace J. B., Wei Y. D. "Does Urban Sprawl Hold Down Upward Mobility". *Landscape Urban Planning*,2016,148:80-88.

22. Henderson J. V., Weil D. "Measuring Economic Growth from Outer Space", *American Economic Review*,2012,102(2):994-1028.

23. Li X., Chen X., Zhao Y., Xu J., et al. "Automatic Intercalibration of Night-Time Light Imagery Using Robust Regression", *Remote Sensing Letters*,2013,4(1):45-54.

24. Mendonça R., Roebeling P., Martins F., et al. "Assessing Economic Instruments to Steer Urban Residential Sprawl, Using A Hedonic Pricing Simulation Modelling Approach", *Land Use Policy*,2020,92:1-12.

25. Oueslati W., Alvanides S., Garrod G. "Determinants of Urban Sprawl in European Cities", *Urban Studies*,2015,52:1594-1614.

26. Yue W., Liu Y., Fan P. "Measuring Urban Sprawl and Its Drivers in Large Chinese Cities: The Case of Hangzhou", *Land Use Policy*,2013,31:358-370.

27. Zheng Q., Zeng Y., Deng J., Wang K., et al. "'GhostCities' Identification Using Multi-Source Remote Sensing Datasets: A Case Study in Yangtze River Delta", *Applied Geography*,2017,80:112-121.

实践篇

文化资本与经济增长的中国经验

靳　涛　林海燕[*]

文化资本如何影响经济增长、如何看待"文化兴国",这都是很多人感兴趣的问题。本章从宏观理论角度出发,建立两部门增长模型,研究文化资本影响经济增长的作用途径。数值模拟结果表明:文化资本对经济增长的作用不一定总是正向促进,这取决于溢出效应和替代效应的大小比较。这两种效应又受文化资本积累及经济发展阶段的影响,呈现交替变化的态势。本章以1997—2014年间我国30个省区市的面板数据对文化资本与经济增长的关系进行实证后发现,文化资本前期对经济增长的作用十分微弱甚至为负,后期对经济增长的作用显著为正。在此基础上,本章进一步用门槛模型考察文化资本与经济增长之间的非线性关系,分析可能影响文化资本与经济增长关系的因素。

一、引言

文化与增长之间存在什么关系? 这是很多人感兴趣但也很少有学者能令人信服地用经济学理论和实证研究方法对二者之间的关系作出透彻分析的。中国是文明古国,传统文化与文化生产在经济增长中起到什么样的作用,非常值得研究。在中国经济转型的实践中,文化生产与经济增长之间处于一种什么样的关系,也非常令人关注。

————————————

　* 本章是国家社科基金重大项目"需求结构转换背景下提高消费对经济增长贡献研究"(15ZDC011)和"供给侧结构性改革视阈下的社会结构与经济增长研究"(16ZDA007)的部分成果。靳涛,经济学博士,厦门大学经济学院教授、博士生导师;林海燕,厦门大学经济学院。

关于文化方面的研究近年来才逐渐兴起,研究文化与经济增长之间的关系似乎还是一个比较冷门的方向。韦伯(Weber,1904)较早关注文化与经济增长,并在该领域具有卓越贡献。他致力于探究中西方文明的差异,指出有益于西方国家经济快速发展的资本主义精神绝非来自单独的个人,而是来自整个团体的生活方式。诺思(North,1990)认为,制度由正式规则、非正式规则制约和实施这些制约的特性所组成,而惯例、习俗、传统和文化被用来代表非正式规则或制约。新制度经济学派将文化归为非正式制度的重要组成部分,会对正式制度的形成产生影响。广义的社会制度与文化在社会过程中基本是同构的。然而这种广义的制度外延扩大并不能很好地解释文化对经济的作用途径,在大多数语境下,文化成了承载各种复杂信息的黑箱。文化固然蕴含了太多经济理性所不能解释的因素,但越来越多的经济学家试图去解开这个文化黑箱。国内学者近来也逐渐关注到儒家思想、宗族观念等传统文化对社会经济的影响。受儒家思想的影响,人们普遍存在着"养儿防老"的信念,因而在子女身上会投入更多的资本,形成一种人力资本内生积累机制(郭庆旺,2007)。此外,宗教观念通过外在声誉、潜在惩罚方式增强社会互信,根植于人们内心"父债子偿"的债务观念使得家庭成为偿债主体,债务不会随着债务人的消亡而消亡,由于这种债务代际偿还机制使得债权人面临更低的履约风险(王金波,2013)。综上所述,尽管研究文化与经济社会关系这个黑箱的学者越来越多,相关的研究看似覆盖了很多方向,诸如制度、教育、信任等多方面,然而这些语境下文化的概念太过宽泛,更多的时候文化只是象征着某些模糊的社会因素。少有文献关注到具体的文化生产活动对经济增长的影响。

在凡勃伦(Veblen,1909)的炫耀性消费理论中,文化产品更多的是被当成一种奢侈品,并用以象征权贵们的社会地位和声望。在这种观念下,文化不可能对经济起到很大的作用,它只是少数社会高级阶层的一种雅兴。法兰克福学派的代表阿多诺(Adorno)和霍克海默(Horkheimer)甚至在1947年出版的《启蒙辩证法》一书中批判模块化、批量化生产出的文化产品失去了其精髓。这也是文化生产首次以"文化工业"的概念被提出来。尽管文化的工业化生产一时间受到了非议,被认为"亵渎"了精英文化,但是随着社会的进步,文化与社会的距离开始拉近。文化走下"阳春白雪"的神堂,成为更多"下里巴人"的可消费选择。文化大众化已然是现代社会的既成事实,文化从"文化圈层"中剥离出来,走进普通大众的日常生活。与此同时,文化工业化发展杂糅了文化与商品,即商品中有文化、文化中有商品。大众化从消费者角度对文化产品产生了大量需求,工业化从生产者角度解决了文化产品的供给。随着文化商品化程度的不断加深,文化生产在经济社会中逐渐占有一席之地,最直观的证据就是文化的产值占国内生产总值的比重不断增加。具体的文化生产活动对经济会有哪些影响呢?这个问题似乎更具有针对性和现实指导意义,特别是在后工业化发展时期文化生产起到越来越重要的作用。

国内外学者主要从增长效应和关联效应两个方面分析了文化生产对经济发展的影响。关于文化生产的增长效应,主要从两个层面进行分析:一是子行业层面的分析。国外学者多采用案例分析方法分析出版、媒体、音乐、时尚等子行业对区域经济的促进作用。例如,克赖(Creigh,2005)采用案例分析方法对英国的时尚设计行业进行研究,指出时尚设计行业产值快速上升,由1999年3.5亿英镑上升到2000年10亿英镑;库里德(Currid,2008)指出,文化创意产业(像时尚、艺术、音乐等)对纽约经济的推动作用与金融、房地产、法律等行业一样大。二是具体分析文化生产促进区域经济增长的机理。发展文化产业可以升级与重塑文化资源,提升各处文化资源的吸引力,进而吸引更多的游客;还可以提升地区形象,吸引高层次的投资者和高素质的劳动者。文化创意产业依靠人才的创造力和集聚效应,使许多面临废弃的老城区重新焕发活力,不仅提升了地区的文化品位,同时也提高了地区的竞争力(厉无畏、王慧敏,2006)。此外,作为劳动密集型的文化生产可以显著提升就业水平。1991年英国的文化生产部门雇用了全国4.5%的就业者,就业规模与建筑业相当(Pratt,1997)。KEA(2006)指出,与文化生产相关的就业在经济周期波动中比资本密集型产业的就业更加稳定。

文化生产的关联效应是指随着文化产业自身发展所引起的其他产业发

展,进而带动经济增长。文化生产具有很强的渗透性,其自身发展促进了文化传播,文化理念渗透到传统文化产业的设计、生产、营销、经营管理的各个环节,从而有效促进传统产业的升级转型。劳伦斯和菲利浦斯(Lawrence and Phillips,2002)指出,将文化渗透到工业产品的制造中可以提高工业产品的竞争优势。随着科技的飞速发展,文化与科技融合渐成趋势。毛蕴诗等(2006)根据行业边界模糊理论对信息产业和传统产业的结合趋势进行了分析。文化产业与科技产业的融合实质是文化生产依托高科技产业的技术手段或产出结果,拓宽传统文化产业的表现形式和传播手段,催生新的文化产品甚至新的文化业态(彭英柯,2013)。此外,还有一部分学者从产业结构关联视角分析文化生产的关联效应。蔡旺春(2010)、高秋芳(2012)等用投入产出模型分析了我国文化产业的关联程度和波及效应,结果表明文化生产具有很强的扩散效应,且已经表现出对其他相关产业较大的辐射作用。文化生产的发展对经济结构转型具有稳定、可持续的正向促进作用(赵娜等,2014)。

通过对现有文献的梳理,我们发现,研究者们在文化生产对经济发展的影响上已取得了较为一致的结论,即文化生产从增长效应和关联效应等多个方面可以推动区域发展。然而少有文献注意到上述关系可能存在的阶段性差异,就目前来看,很难回答为什么发达国家大力扶持文化产业,而发展中国家文化产业受到的重视却明显不够。尽管已有研究表明文化生产有利于促进经济增长水平的提高,然而文化生产对经济增长率的作用却少有涉及。中国经济经历了三十余年年均增长率近10%的高速增长。由大量资本、劳动力、原材料等要素积累推动的粗放型经济增长模式已是不可持续,近些年经济增长逐渐表现出疲态,特别是在2008年的金融危机之后,增长速度逐渐步入6%~7%区间,中国经济增长需要寻找新的动力,转变增长方式。那么文化生产能否促进经济增长率提高?这是值得深思的问题。

文化产品的重要性质在于它既是消费品,也是投资品。例如,文学作品既可以作为一种消费品提供感官享受,也可以作为一种投资品用来翻拍成电视剧和电影。本章为了更透彻地分析文化生产与经济增长的关系,将文化资本引入增长模型中。本章的文化资本是指由文化产品形成的文化资本。在研究文化资本与经济增长方面，国外文献如布奇和塞格雷（Bucci and Segre，2011）、布奇等（Bucci et al.，2014）、马奎斯（Marguis，2013）从宏观经济理论模型分析文化资本对经济增长率的影响，但他们的研究缺乏现实证据支撑。图芭吉（Tubadji，2014）、图芭吉和尼坎普（Tubadji and Nijkamp，2015）是少数研究文化资本与经济关系的实证文献，不过作者是从城市文化活力的角度考察文化资本对经济增长水平和社会福利的影响。国内学者在相关方面的研究以实证为主，集中在文化资本与经济增长水平的关系，缺乏理论基础。

二、理论模型

本章借鉴马奎斯（Marguis，2013）的思想，拓展宇沢弘文（Uzawa）和卢卡斯（Lucas）的两部门经济增长模型，建立包含文化部门和非文化部门的两部门经济增长模型。

（一）生产部门

考虑在一个封闭经济休中，最终产品包括文化产品和非文化产品，各由两类具有相同生产函数的竞争性厂商提供。代表性厂商均采用Cobb-Douglas生产函数形式。文化部门主要进行文化产品的生产，文化部门和非文化部门的生产投入要素都包含物质资本 k_t^{nc}、文化资本 k_t^c 和劳动力 N_t。物质资本和劳动力在两部门之间进行最优分配。文化资本具有普惠性，既可以作用于文化部门，又可以影响非文化部门。文化资本对于非文化部门的作用在某种程度上可以认为是一种外部性。两部门的生产函数分别为：

$$\mathrm{F}\left(k_t^{nc}, k_t^c, \theta_t N_t\right) = \left(u_t k_t^{nc}\right)^{\alpha_1} \left(\theta_t v_t N_t\right)^{\alpha_2} \left(k_t^c\right)^{\alpha_3}, u_t, v_t \in (0,1) \tag{1}$$

$$\mathrm{G}\left(k_t^{nc}, k_t^c, \gamma_t N_t\right) = \left[\left(1 - u_t\right) k_t^{nc}\right]^{\eta_1} \left[\gamma_t \left(1 - v_t\right) N_t\right]^{\eta_2} \left(k_t^c\right)^{\eta_3} \tag{2}$$

$$\alpha_1 + \alpha_2 + \alpha_3 \geqslant 1, \ \eta_1 + \eta_2 + \eta_3 \geqslant 1 \tag{3}$$

其中，式（1）中 F 为非文化部门的实际产出，u_t 表示物质资本分配给非文化部门的比例，v_t 表示劳动力分配给非文化部门的比例，θ_t 表示非文化部门的外生技术水平，u_t、v_t 分别表示物质资本、劳动力分配给非文化部门的比例，α_1、α_2、α_3 分别表示非文化部门物质资本、劳动力及文化资本的产出份额。式（2）表示文化部门的生产函数，G 为文化部门的实际产出，γ_t 表示文化部门的技术水平，η_1、η_2、η_3 分别表示文化部门的物质资本、劳动力、文化资本的产出份额。式（3）表明两部门的生产过程允许存在规模报酬不变或者规模报酬递增，具有普遍性。

（二）消费部门

假设消费者效用函数是建立在文化产品消费 c^c 和非文化产品消费 c^{nc} 上。简单地，将效用函数形式设为：

$$U\left(c_t^c, c_t^{nc}\right) = \ln\left(c_t^c\right) + \ln\left(c_t^{nc}\right) \tag{4}$$

其中，c_t^c、c_t^{nc} 分别表示代表性家庭在 t 期文化产品和非文化产品的消费。该效用函数反映了消费的单位跨期替代弹性。

与消费非文化产品不同，消费文化产品带来的效用取决于消费者个人素养和以往的阅历。就文学作品被翻拍成电视剧和电影一例来说，看过原著的人比没有看过原著的人对翻拍的作品会更加关注，也更倾向消费翻拍的作品。为了体现文化产品消费的这一特点，在文化产品的消费行为上引入贝克尔和墨菲（Becker and Murphy, 1996）的"理性成瘾"概念。理性成瘾理论认为，消费者增加当前文化产品的消费量会增加其未来对文化产品的消费量。假设 t 期文化产品的消费 c_t^c 受由 $(t-1)$ 期决定文化资本 k_t^c 和 t 期文化产品的购买量   共同影响，其中 $\varphi > 0$ 反映了文化产品消费具有正向理性成瘾性质。当 φ 等于 0 时说明文化产品消费不具有理性成瘾性质，当期文化产品的消费量等于当期文化产品的购买量。

$$c_t^c = J\left(k_t^c, x_t^c\right) = \left(k_t^c\right)^\phi x_t^c, \quad \varphi \geqslant 0 \tag{5}$$

此外，假设文化资本 k_t^c 的运动过程如式（6）所示，其中 δ^c 反映理性成瘾特性，即距离文化产品消费越近，对文化资本的积累作用越大。

$$\bar{k}_t^c = -\delta^c k_t^c + x_t^c, \quad \delta^c \in (0, 1) \tag{6}$$

由于文化产品既是消费品也是投资品,文化产品的购买量就等于文化部门的实际产出,即

$$G_t = x_t^c \tag{7}$$

综合式(2)、式(6)和式(7),可得文化资本的运动方程为:

$$\bar{k}_t^c = -\delta^c k_t^c + \left[\left(1 - u_t\right)k_t^{nc}\right]^{\eta_1}\left[\gamma_t\left(1 - v_t\right)N_t\right]^{\eta_2}\left(k_t^c\right)^{\eta_3}, \delta^c \in (0,1) \tag{8}$$

物质资本 k_t^{nc} 的运动过程如式(9)所示,其中 δ^{nc} 代表折旧率,x_t^{nc} 代表 t 期非文化产品的投资。

$$\bar{k}_t^{nc} = -\delta^{nc} k_t^{nc} + x_t^{nc},\ \delta^{nc} \in (0,1) \tag{9}$$

假设非文化部门的产出除了用于非文化产品消费之外全部用来投资到物质资本的积累,即

$$F_t = c_t^{nc} + x_t^{nc} \tag{10}$$

综合式(1)、式(10)和式(11),可得物质资本的运动方程如下:

$$\bar{k}_t^{nc} = -\delta^{nc} k_t^{nc} - c_t^{nc} + \left(u_t k_t^{nc}\right)^{\alpha_1}\left(\theta_t v_t N_t\right)^{\alpha_2}\left(k_t^c\right)^{\alpha_3}, \delta^{nc} \in (0,1) \tag{11}$$

综合式(4)、式(5)、式(8)、式(11),代表性家庭的最优决策问题可以重新表述为:

$$\max_{\{c_t^{nc}, k_{t+1}^c, k_{t+1}^{nc}, u_t, v_t\}} \int_{t=0}^{\infty} \left\{\ln\left(c_t^c\right) + \ln\left(c_t^{nc}\right)\right\} e^{-\rho t} \frac{N_t}{H} dt, \rho \in (0,1), \psi \geqslant 0, u_t, v_t \in (0,1) \tag{12}$$

其中:

$$\ln\left(c_t^c\right) = \ln\left\{\left(k_t^c\right)^{\phi}\left[\left(1 - u_t\right)k_t^{nc}\right]^{\eta_1}\left[\gamma_t\left(1 - v_t\right)N_t\right]^{\eta_2}\left(k_t^c\right)^{\eta_3}\right\} \tag{13}$$

$$\bar{k}_t^{nc} = -\delta^c k_t^c + \left[\left(1 - u_t\right)k_t^{nc}\right]^{\eta_1}\left[\gamma_t\left(1 - v_t\right)N_t\right]^{\eta_2}\left(k_t^c\right)^{\eta_3}, \delta^c \in (0,1) \tag{14}$$

$$\bar{k}_t^{nc} = -\delta^{nc} k_t^{nc} - c_t^{nc} + \left(u_t k_t^{nc}\right)^{\alpha_1}\left(\theta_t v_t N_t\right)^{\alpha_2}\left(k_t^c\right)^{\alpha_3}, \delta^{nc} \in (0,1) \tag{15}$$

$$\lim_{t \to \infty} \lambda_{ct} k_t^c = 0, \lim_{t \to \infty} \lambda_{nct} k_t^{nc} = 0 \tag{16}$$

$$k_0^c, k_0^{nc} > 0 \tag{17}$$

在式(12)中,定义 ρ 为时间折现率,ρ 越大表示家庭越看重当期消费而不是未来消费。H 表示家庭的数量,N_t 表示经济中的总劳动力数量,为了简便计算,将劳动力 N_t 标准化为1。式(16)表示横截面条件,λ_c、λ_{nc} 分别表示

k_t^c、k_t^{nc}两个状态变量的影子价格。式(17)表明初始文化资本和物质资本均为正数。在求解这个社会计划者的问题当中,我们忽略价格因素的影响。

(三) 均衡增长路径分析

本章通过建立 Hamilton 函数求解代表性家庭的最优决策问题,控制变量为 c_t^{nc}、u_t、v_t,状态变量为 k_t^c、k_t^{nc},Hamilton 乘子为 λ_c、λ_{nc}。

1. 均衡增长率

在均衡增长路径上,设文化资本、物质资本、文化产品消费、非文化产品消费、文化部门产出、非文化部门产出、人口、文化部门技术水平、非文化部门技术水平等增长率为常数,分别为 γ_{k^c}、$\gamma_{k^{nc}}$、γ_{c^c}、$\gamma_{c^{nc}}$、γ_G、γ_F、γ_N、γ_γ、γ_θ。文化部门产出增长率(γ_G)和非文化产出增长率(γ_F)可用以下表达式表示:

$$\gamma_G = \frac{\alpha_2 \eta_1 \gamma_\theta + (1 - \alpha_1) \eta_2 \gamma_\gamma}{(1 - \alpha_1)(1 - \eta_3) - \alpha_3 \eta_1} \tag{18}$$

$$\gamma_F = \frac{\alpha_2 (1 - \eta_3) \gamma_\theta + \alpha_3 \eta_2 \gamma_\gamma}{(1 - \alpha_1)(1 - \eta_3) - \alpha_3 \eta_1} \tag{19}$$

设实际总产出为 Y_t,由两部门的实际产出总和决定:

$$Y_t = F_t + G_t \tag{20}$$

对上式两边同取微分,推出总产出的增长率 γ_Y 为:

$$\gamma_Y = \frac{dY_t}{Y_t} = \frac{dF_t + dG_t}{Y_t} = \frac{F_t}{Y_t}\frac{dF_t}{F_t} + \frac{G_t}{Y_t}\frac{G_t}{dG_t} = (1 - s)\gamma_F + s\gamma_G, \; s = \frac{G_t}{Y_t} \tag{21}$$

从式(21)可以看出,最终产出增长率是文化部门和非文化部门产出增长率的加权平均。当文化资本份额 α_3、η_3 不等于零时,文化资本在两部门的生产过程中存在溢出效应。从式(18)、式(19)可知,α_3、η_3 的上升或下降变动会影响两部门的产出增长率,进而影响总体产出增长率。然而文化资本份额变动对总体产出增长率会有什么影响,从公式来看并不明晰。因为文化资本份额的上升可能会挤占物质资本的投入比例,导致 α_1、η_1 下降。由于理论模型是一般化的两部门增长模型,对各资本份额之间关系并没有限制。

文化资本份额可能与物质资本份额或者劳动力份额存在潜在相关性,因而不能简单地将总产出增长率对文化资本份额求导来分析文化资本对产出增长率的影响。

2. 均衡状态解

根据求解结果,可得均衡状态时物质资本和劳动力在两部门间的最优分配比例 u 和 v 为常数。

$$u^* =$$

$$\frac{\dfrac{1}{\eta_1}\left[\rho + \sigma^c + (\sigma^c + \gamma_G)\eta_3\right] + \dfrac{(\rho + \gamma_F)}{(\rho + \sigma^{nc} + \gamma_F)}\left[(\sigma^c + \gamma_G)(\phi + 2\eta_3) + \rho + \sigma^c\right]}{\left(\dfrac{1}{\eta_1} + \dfrac{1}{\alpha_1}\right)\left[\rho + \sigma^c + (\sigma^c + \gamma_G)\eta_3\right] + \dfrac{1}{\alpha_1}(\sigma^c + \gamma_G)(\alpha_3 + \eta_3 + \phi)}$$

$$(22)$$

$$v^* = \frac{\tau u^*}{1 - (1 - \tau)u^*}, \tau = \frac{\alpha_2 \eta_1}{\alpha_1 \eta_2} \tag{23}$$

式(22)、式(23)表明均衡时 u^* 和 v^* 均受 α_3 和 η_3 的影响。同理,由于各资本份额之间可能存在相关性,不能简单从表达式中分析出文化资本对最优分配结构的影响。为了比较直观分析文化资本的影响,本章基于理论模型根据中国现实数据对可能存在的情景进行数值模拟分析。

(四)基于理论模型的数值模拟实验

为了更好地揭示文化资本对经济增长的影响,本章引入基于理论模型的数值模拟试验来进一步分析。数值模拟常用的物质资本产出弹性数值在[0.4,0.6]范围内。参考郭庆旺和贾俊雪(2005)、徐朝阳(2014)的研究,本章在仅考虑物质资本、劳动力两种投入要素基础模型模拟中,将物质资本产出份额设为 $\alpha_1 = \eta_1 = 0.6$,劳动力产出份额设为 $\alpha_2 = \eta_2 = 0.4$。由于劳动力人口较为稳定,每年变化较小,为简化分析并着重关注文化资本变动的影响,参照马奎斯(Marquis,2013),在模拟试验中将劳动力产出份额视为不变。此外,参照万建香(2016),设定时间折现率 $\rho = 0.02$。物质资本的折旧率参照单豪杰

（2008），设定 $\delta^{nc} = 0.1096$。文化资本的折旧率参照王云（2013），设定 $\delta^c = 0.2$。考虑到文化产品消费普遍具有正向理性成瘾特性，为了研究的简化，本章设定 $\phi = 0.5$，即当期文化产品的消费与文化资本之间为正向关系，且存在边际递减效应。统计局公布的数据表明，近年来文化产业增加值占国内生产总值的比重在3%左右，故本章将文化部门的产值占总产值的比重设定为 $s = 0.03$。此外，关于文化部门技术进步率的设定，主要根据王恕立等（2015）对文化产业技术进步率的估算，设定 $\gamma_\gamma = 0.03$。由于现有文献缺乏非文化部门技术进步率的估计，本章采用制造业部门的技术增长率近似替代。依据段敏芳、吴俊成（2017）对制造业整体技术进步率的估计，设定 $\gamma_\theta = 0.07$。

为了比较分析文化资本对经济增长的影响，在每种情景中依次增加文化部门文化资本产出份额 η_3，同时相应降低文化部门物质资本的产出份额 η_1，即文化部门的产出越来越依赖文化资本的投入，同时减少对物质资本投入的依赖，以此反映文化资本对物质资本投入的替代作用。此外，在基础情景一中，假设文化资本对非文化部门生产不具有溢出效应（$\alpha_3 = 0$），仅分析文化部门文化资本的替代效应对经济增长的影响。在情景二中，假设文化资本对非文化部门生产过程存在溢出效应（$\alpha_3 = 0.1$），同时也对非文化部门物质资本存在替代效应（$\alpha_1 = 0.5$），借此分析同时存在同等的溢出效应和替代效应的情形下文化资本产出份额变动对经济增长的影响。在情景三中，假设文化资本对非文化部门生产只存在溢出效应（$\alpha_3 = 0.1$），考察文化资本的影响。在情景四中，假设文化资本对非文化部门生产存在溢出效应（$\alpha_3 = 0.2$），同时也存在替代效应（$\alpha_1 = 0.5$），但是溢出效应大于替代效应，考察文化资本的影响。在情景五中，假设文化资本对非文化部门生产存在溢出效应（$\alpha_3 = 0.1$），同时也存在替代效应（$\alpha_1 = 0.5$），且文化部门文化资本的溢出效应大于替代效应，考察文化资本的影响。

表7.1 文化资本对经济增长、最优分配结构的影响

	γ_Y	u^*	v^*	α_1	α_2	α_3	η_1	η_2	η_3	γ_θ	γ_γ
情景一	0.06952	0.55358	0.55358	0.60	0.40	0.00	0.60	0.40	0.00	0.07	0.03
	0.06947	0.58127	0.53635	0.60	0.40	0.00	0.50	0.40	0.10	0.07	0.03
	0.06940	0.61811	0.51900	0.60	0.40	0.00	0.40	0.40	0.20	0.07	0.03
情景二	0.06593	0.46816	0.51369	0.50	0.40	0.10	0.60	0.40	0.00	0.07	0.03
	0.06552	0.49900	0.49900	0.50	0.40	0.10	0.50	0.40	0.10	0.07	0.03
	0.06502	0.53938	0.48368	0.50	0.40	0.10	0.40	0.40	0.20	0.07	0.03
情景三	0.08521	0.54121	0.54121	0.60	0.40	0.00	0.60	0.40	0.00	0.07	0.03
	0.08443	0.57132	0.52620	0.60	0.40	0.00	0.50	0.40	0.10	0.07	0.03
	0.08347	0.60977	0.51021	0.60	0.40	0.00	0.40	0.40	0.20	0.07	0.03
情景四	0.07940	0.45585	0.50132	0.50	0.40	0.20	0.60	0.40	0.00	0.07	0.03
	0.07821	0.48851	0.48851	0.50	0.40	0.20	0.50	0.40	0.10	0.07	0.03
	0.07679	0.53009	0.47436	0.50	0.40	0.20	0.40	0.40	0.20	0.07	0.03
情景五	0.06742	0.46541	0.51093	0.50	0.40	0.10	0.60	0.40	0.10	0.07	0.03
	0.06712	0.49639	0.49639	0.50	0.40	0.10	0.50	0.40	0.20	0.07	0.03
	0.06675	0.53682	0.48111	0.50	0.40	0.10	0.40	0.40	0.30	0.07	0.03

如表7.1所示,在每个情景中,依次增加文化部门生产函数中文化资本的产出份额η_3,同时等额减少文化部门物质资本的产出份额η_1,会导致最终产出增长率下降。因此,由各情景内部比较可知,文化资本对物质资本的替代性为负。此外,通过观察均衡时物质资本和劳动力的最优分配比例变动可知,伴随文化资本的溢出作用增强,会同时出现非文化部门的"资本深化"效应和文化部门的鲍莫尔效应。即资本会更多地转移到技术进步率快的生产部门,而劳动力则会渐渐转移到技术进步率慢的生产部门。这个结论与丹尼斯和伊什詹(Dennis and İşcan,2009)的类似,说明了本章模型及参数设定的合理性。由此可知,发展文化产业对调整产业结构具有很明显的作用,有利于产业结构的高级化发展。

比较情景一、二,情景一中文化资本对非文化部门不存在溢出效应,而情景二中文化资本对非文化部门的生产具有溢出效应,同时同等挤占了非文化部门的物质资本的份额。通过比较情景一、二对应的最终产出增长率可知,文化资本对非文化部门生产的溢出效应不能弥补负的替代效应,最终

产出增长下降。

比较情景一、三,在情景一中文化资本对非文化部门不存在溢出效应,而情景三中文化资本对非文化部门的生产具有溢出效应,但并没有挤占非文化部门的物质资本的份额。通过比较情景一、三对应的最终产出增长率可知,当文化资本对非文化部门只存在正的溢出效应时,均衡时总产出的增长率将会上升。

比较情景一、四,在情景一中文化资本对非文化部门不存在溢出效应,而情景四中文化资本对非文化部门的生产具有外溢性效应,同时挤占了非文化部门的物质资本的份额,但是溢出效应大于替代效应。通过比较情景一、四对应的最终产出增长率可知,在文化资本对非文化部门同时存在外溢性效应和替代效应,且外溢效应能够弥补负的替代效应的情况下,均衡时最终产出增长率上升。

比较情景二、五,文化资本对非文化部门均存在溢出效应且对非文化部门的物质资本存在相等的替代效应,而情景五中文化资本对文化部门的生产具有更重要的影响。通过比较情景二、五对应的最终产出增长率可知,在文化资本对非文化部门同时存在同等的外溢性效应和替代效应时,文化部门中文化资本的溢出效应越大,越能提高均衡时最终产出增长率。

综上,文化资本对最终产出增长率的影响取决于溢出效应与替代效应的大小比较,当溢出效应能够弥补替代效应,均衡时总产出增长率才能有所提升。由该结论可知,当文化资本的溢出效应不是很强的时候,一味增加文化资本投资并不能带来预期经济增长率的提升,甚至有可能会适得其反。布奇等(Bucci et al.,2014)[1]的结论与本章具有相似之处,在其仅考虑文化资本和人力资本的内生增长模型中,只有当文化资本对全要素增长率具有很显著的溢出效应时,提高文化资本投资才能够带来预期增长率的提升。

上述理论模型说明了当且仅当文化资本的溢出效应足以弥补替代效应

---

① 布奇等人的这篇,文献中仅考虑了文化资本与人力资本对经济增长的影响,是对现实世界的简化描述。

时,文化资本对经济增长的作用才会是正向。而文化资本的溢出效应取决于经济社会中文化资本的积累,替代效应受经济发展阶段的影响。基于此,本章得出以下两个推论:

推论一:对于发展中国家来说,在其发展初期,文化资本积累不足,导致其溢出效应较小。此外,由于工业化深化过程中的加速效应,会导致文化部门出现非均衡增长中的鲍莫尔效应,文化资本对物质资本的替代性为负。文化资本的溢出效应不能弥补其所引致的替代效应,导致文化资本对经济增长的贡献较弱。

推论二:在发展中国家不断发展的过程中,文化资本逐渐积累,其溢出效应日益增大,同时,由于工业化阶段达到一定程度后,物质资本推动力不足,文化资本对物质资本的负向替代效应减弱,此时,文化资本的溢出效应大于负向替代效应,其对经济增长的影响会越来越显著。

对于这两个推论,中国现实情况为我们提供了很好的验证实验。当然,具体结果还有待于后文的计量分析。本章将主要考察文化资本对经济增长的影响,并结合文化与经济发展的不同阶段进行实证分析。

三、计量模型、指标选择与数据说明

(一)模型设定

本章的研究主要是考察文化资本对经济增长的影响,与理论模型一致,社会总产出主要受文化资本、物质资本、劳动力三种投入要素的影响,即 $Y = Q(k^c, k^{nc}, N)$。对产出方程求微分并除以产出可得产出增长率:

$$gy = \frac{dY}{Y} = \frac{\partial Q}{\partial k^c} \frac{k^c}{Q} \cdot \frac{dk^c}{k^c} + \frac{\partial Q}{\partial k^{nc}} \frac{k^{nc}}{Q} \cdot \frac{dk^{nc}}{k^{nc}} + \frac{\partial Q}{\partial N} \frac{N}{Q} \cdot \frac{dN}{N} \tag{24}$$

为直观起见,将式(24)表示如下:

$$gy = \beta_1 gc + \beta_2 gk + \beta_3 gl \tag{25}$$

其中,gy 表示各省实际总产出 Y 的增长率,gc 表示文化资本存量 k^c 的增长率,gk 表示物质资本存量 k^{nc} 的增长率,gl 表示劳动力 N 的增长率,β 表示相应的产出弹性系数。

由于实证过程中遗漏重要解释变量会导致伪回归现象,为使实证结果更加准确,在式(25)中加入一些重要控制变量,从而得到本章的基础实证回归模型:

$$gy_{it} = \beta_1 gc_{it} + \beta_2 gk_{it} + \beta_3 gl_{it} + \sum_{k=1}^{K} \omega_k \cdot X_{kit} + \mu_i + \lambda_t + \varepsilon_{i,t} \tag{26}$$

其中,下标i代表各个省份,下标t代表时间,μ_i代表观测不到的个体异质效应,λ_t代表时间效应,$\varepsilon_{i,t}$代表随个体和时间而改变的扰动项。X_{kit}代表影响实际总产出增长率的其他控制变量,w_k代表相应控期变量的系数。

式(26)从线性关系角度分析文化资本对经济增长的影响,然而如理论模型数值模拟中所揭示的那样,上述关系并不一定总是为正,取决于文化资本的溢出效应和替代效应的大小比较。社会中文化资本存量越大,越有可能发挥较强的溢出效应。这点可以从现实社会找到依据,工业化达到一定程度的国家在文化资本上的投资的意愿更大,这是由于文化资本在发展过程中不断积累,直至超过某个阈值,文化资本发挥其对经济增长的正向促进作用,此时文化资本的投资变得有利可图。因此,文化资本对经济增长的作用表现出"强者愈强"的马太效应。此外,经济发展程度越高,文化资本的负向替代作用越小。当经济发展水平达到某一阈值时,物质资本对经济增长的拉动效率减弱。文化资本的溢出效应可以弥补负向替代效应,此时文化资本的投资对经济增长也是积极的。那么中国的现实数据是否支撑上述关系的推理? 为进一步考察文化资本对经济增长可能存在的非线性影响,本章通过设定固定效应门槛模型进行分析,将模型(26)调整如下:

$$gy_{it} = \beta_{11} gc_{it} \cdot I(TH \leq \xi_1) + \beta_{12} gc_{it} \cdot I(TH \geq \xi_1) + \beta_2 gk_{it} + \beta_3 gl_{it}$$
$$+ \sum_{k=1}^{K} \omega_k \cdot X_{kit} + \mu_i + \lambda_t + \varepsilon_{i,t} \tag{27}$$

其中,TH为门槛变量,ξ_1代表未知的门槛值,I为示性函数,目的是根据门槛值进行样本分段。β_{11}和β_{12}分别代表$TH \leq \xi_1$和$TH \geq \xi_1$时文化资本增长率对实际国内生产总值增长率的影响系数。

(二)指标度量

1. 实际总产出增长率(gy)

为尽可能减少数据本身带来的测量误差,本章使用国家统计局网站上公布的修正后历年各省市国内生产总值的数据。以1996年为基期,将名义国内生产总值根据国内生产总值指数剔除物价变动影响,再求出各省份历年实际国内生产总值增长率。

2. 核心解释变量(gc)

根据前文理论模型中关于文化资本存量运动方程的设定,本章采用永续盘存法对文化资本存量进行估计:

$$k_{it}^c = k_{i,(t-1)}^c \cdot \left(1 - \delta^c\right) + G_{it} \tag{28}$$

$$k_{i,1996}^c = G_{i,1996}/(g_i + \delta^c) \tag{29}$$

关于文化部门的产出 G_{it},鉴于数据可得性,本章采用文化和旅游部公布的文化产业总收入数据当作文化部门的名义产出的近似估计,在此基础上用消费价格指数近似替代文化产品价格指数,以1996年为基期剔除价格影响因素。与理论模型一致,根据王云(2013),设定 $\delta^c = 0.2$,g_i 为各省市1996—2014年实际文化产业收入的几何平均增长率,求得文化资本存量之后再求出历年各省份文化资本增长率,数据来源于相应年份的《中国文化文物统计年鉴》。

3. 控制变量

一是物质资本增长率(gk),用固定资产形成总额来度量当年投资,其中固定资产形成总额用以1996年为基期的固定资产投资价格指数进行平减。参照单豪杰(2008),将物质资本折旧率设为 $\delta^{nc} = 0.1096$,采用永续盘存法估算资本存量,再求出增长率。

二是劳动力增长率(gl)。根据廖楚晖(2006),本章用经济社会中年末从业人口数的增长率表示劳动力增长率。

三是产业结构因素,用第三产业从业人口数占比($third$)表示。该比重越高说明第三产业发展水平越高,产业结构的高级化发展是促进中国经济增长的重要动力之一(刘生龙、胡鞍钢,2010)。

四是城乡结构因素,用城镇常住人口数占总人口数比率(*city*)表示。理论上,城市化进程中,各类要素在从乡村向城市集聚,实现空间上的再配置,从而促进了实物资本和人力资本的快速积累,引致大规模的城市需求,对潜在经济增长具有很大作用。

五是外贸结构因素,用外国直接投资占国内生产总值比值(*fdi*)表示。承载着世界前沿技术和先进管理经验的外国直接投资在促进先进技术的国际扩散、推动东道国技术进步上发挥着重要作用。

六是科技创新活动。用各省份申请受理专利数增长率(*sci*)表示(参照张杰等,2016)。科技进步是经济长期增长的动力之一,从长期看,提高科技创新产出、加大技术引进力度是促进生产技术进步的主要途径(唐未兵等,2014)。

控制变量的数据均来源于《新中国六十年汇编》《中国统计年鉴》和各地方政府统计年鉴。

(三)描述性分析

为了保持变量的齐整性,本章选择1996—2014年除西藏以外的30个省、直辖市和自治区的面板数据作为原始样本。由于本章的目的是考察文化资本对经济增长率的影响,对大部分主要解释变量取增长率,因此损失了一年的数据,计量分析样本时间跨度为1997—2014年。

表7.2　主要变量的统计特征及相关系数

	gy	*gc*	*gk*	*gl*	*third*	*city*	*fdi*	*sci*
gy	1							
gc	0.1719	1						
gk	0.4774	0.2524	1					
gl	0.1642	0.0992	0.020	1				
third	0.0605	0.0227	-0.2584	0.2629	1			
city	0.1305	0.0414	-0.2382	0.2432	0.8671	1		
fdi	0.1198	-0.124	-0.1982	0.0528	0.3201	0.438	1	
sci	0.2083	0.1466	0.0171	0.0127	0.0874	0.1255	0.0187	1

	gy	*gc*	*gk*	*gl*	*third*	*city*	*fdi*	*sci*
最小值	0.0467	−0.0339	0.0587	−0.1011	0.1433	0.1959	0.0007	−0.7280
最大值	0.1923	0.4576	0.2755	0.1766	0.7732	0.8960	0.1646	0.6523
均值	0.1020	0.1313	0.1402	0.0150	0.3250	0.4598	0.0292	0.1461
标准差	0.0202	0.0489	0.0323	0.0241	0.0968	0.1566	0.0273	0.1324
观测值	540	540	540	540	540	540	540	540

数据来源:国家统计局网站、《新中国六十年汇编》《中国统计年鉴》及各省区市统计年鉴。

表7.2报告了主要变量的统计特征及各变量间的相关系数矩阵。另外,为了考察各个解释变量之间是否存在共线性,本章从两个角度进行分析。首先,从表7.2上半部分的各变量之间相关系数矩阵可以看出,各变量之间的相关系数最大值为0.8671,绝大多数数值都处于较低水平。其次,进一步计算各解释变量方差膨胀因子,发现其取值在[1.09,4.61],在可接受范围之内。综合两种方法的结果,均说明本章不存在多重共线性问题。最后,为了更直观地观察文化资本增长率与经济增长率之间的关系,图7.1绘制了两者之间的二维散点图及线性回归的拟合趋势线。从图7.1中可知,就样本数据而言文化资本增长率大体上与经济增长率正相关。然而上述关系以及其时间上的变动还有待后文进一步考察,通过严格的计量分析以得出更有意义的结论。

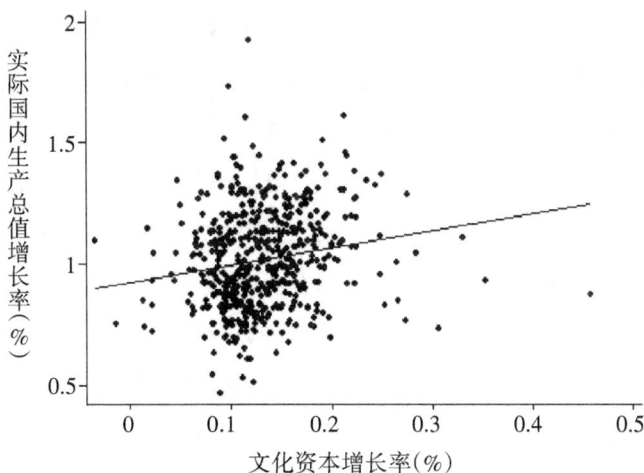

图7.1 文化资本增长率与经济增长率

四、计量结果及分析

(一)线性回归结果

本章首先根据式(26)从线性角度对文化资本与经济增长之间的关系做一个初步的考量。

1.全部样本

本章在考察全国范围内文化资本对经济增长的作用时,使用普通最小二乘法(OLS)给出初步的估计结果,结果报告在表7.3中。为了便于比较,在第(1)列给出了没有控制变量,也没有控制时间效应的混合最小二乘估计结果。为了防止出现遗漏重要解释变量导致的估计偏误,在第(2)列中加入控制变量进行混合最小二乘估计,同时加入时间虚拟变量以控制了时间效应,回归后对时间虚拟变量估计系数进行联合显著性检验,F检验统计量的值为97.21,对应的p值为0.0000,强烈拒绝原假设"不存在时间效应"。此外,控制时间效应后回归的拟合优度由0.253上升到0.681,显著提升了回归的拟合程度。以上两种证据均表明本章的样本数据在回归中应控制时间效应。第(3)列使用固定效应回归模型,面板设定F检验说明FE模型比混合最小二乘法模型更合适,即存在明显的个体效应。在面板模型中,固定效应假设不可观测的个体效应与随机误差项存在相关性,而随机效应假设个体效应与随机误差项不相关,是更严格的假设,一般不符合现实情况。所以本章主要采用固定效应模型进行分析,而不考虑随机效应模型。第(4)、第(5)列则进一步分时段考察文化资本对经济增长率的作用,观察上述关系是否存在阶段性差异。从回归结果来看,第(2)列的结果好于第(1)列,主要解释变量系数估计的标准误变小,回归的拟合优度显著提升。此外,根据面板设定F检验,说明应采用固定效应模型,第(3)列估计效果好于第(2)列。因此,本章主要就表7.3中的第(3)、第(4)、第(5)列进行分析。

就整个样本区间而言,文化资本对经济增长的影响为正向促进作用,这与马奎斯(Marquis,2013)、布奇和塞格雷(Bucci and Segre,2011)、布奇等

（Bucci et al.，2014）的结论一致。就控制变量而言，物质资本对经济增长率的作用十分显著，这说明中国经济增长主要是靠物质资本投资拉动的。劳动力与经济增长率具有正向关系，但作用并不显著。这一现象已有较多学者进行了分析，如许和连和栾永玉（2005）认为中国可能存在劳动力剩余的情况，严成樑和龚六堂（2009）认为劳动力配置不合理及劳动力的使用效率较低问题导致人口增长率对经济增长的作用不显著，甚至是负向影响。此外，产业结构对经济增长的作用为负，主要是因为中国经济还未完成工业化进程，第二产业仍是区域经济发展的支柱，而产业结构的过快发展可能导致经济增长率的放缓。城市化对经济增长的作用为负，可见样本区间内人口城市化对经济增长的利处并不明显，可能是由于发展较快的地区房地产价格上升过快，阻碍了人口城市化。外国直接投资对经济增长的作用数值为正，且在诸多因素中仅次于物质资本投资，进一步验证了在样本区间内中国经济增长的主要动力来自投资。科技研发活动对经济增长起到微弱的促进作用，这是因为从技术成果到生产技术能力的形成，许多中间环节面临着不确定性，因而科技研发活动在一定时期内和一定条件下不一定能显著促进经济增长（唐未兵等，2014）。

表7.3　全国范围估计结果（被解释变量:gy）

估计方法	OLS (1)	OLS (2)	FE (3)	FE (4)	FE (5)
时间段	1997—2014	1997—2014	1997—2014	1997—2008	2009—2014
gc	0.0164 (0.0237)	0.0191 (0.0194)	0.0280 (0.0193)	−0.0038 (0.0188)	0.0454** (0.0171)
gk	0.290*** (0.0604)	0.249*** (0.0493)	0.244*** (0.0498)	0.242*** (0.0475)	0.217*** (0.0615)
gl	0.126** (0.0463)	0.0050 (0.0296)	0.0346 (0.0342)	0.0028 (0.0192)	0.0024 (0.0485)
third		−0.0241* (0.0141)	−0.0724* (0.0390)	−0.0896** (0.0408)	−0.0242 (0.0965)
city		0.0234* (0.0116)	−0.0026 (0.0305)	−0.0336 (0.0261)	0.0546 (0.0802)

估计方法	OLS (1)	OLS (2)	FE (3)	FE (4)	FE (5)
fdi		0.136*** (0.0390)	0.180** (0.0692)	0.0746 (0.0636)	0.542** (0.2210)
sci		0.0134** (0.0063)	0.0072 (0.0060)	−0.0029 (0.0058)	0.0060 (0.0050)
常数项	0.0573*** (0.0078)	0.0371*** (0.0085)	0.0688*** (0.0214)	0.121*** (0.0201)	0.0117 (0.0714)
面板设定 F 检验			4.75 [0.0000]	6.97 [0.0000]	5.64 [0.0000]
R^2	0.253	0.681	0.707	0.773	0.781
时间效应	否	是	是	是	是
观测值	540	540	540	360	180

注:***、**、*分别代表在1%、5%、10%的显著性水平下显著;括号内数值表示回归系数的异方差稳健型标准误,中括号内数值为响应检验统计量的 p 值;OLS表示混合回归,FE表示固定面板效应,回归均采用聚集到省份层面的异方差稳健型标准差进行估计;面板设定 F 检验的原假设是个体效应不显著;R^2为组内拟合优度。

中国经济增长具有明显的阶段性特点。前期经历年近10%的高速增长,近些年经济步入中高速增长,特别是在2008年国际金融危机之后,增长速度逐渐步入6%~7%区间。为了克服样本异质性,本章依据增长率的总体表现,选取1997—2008年和2009—2014年这两个时间区间进行分别考察。文化资本对经济增长的促进作用由2008年以前不显著负向作用变为2008年之后显著的正向作用,说明文化资本对经济增长的作用在逐渐加强,后期对经济增长起显著促进作用。前期的负向作用可以解释成在经济基础比较薄弱的时候,文化资本的投资挤占了物质资本的投资,即溢出效应小于负向替代效应,因此表现出对经济增长的负向作用,与推论一相符。后期,物质资本的作用弱化,而文化资本存量不断积累,溢出效应逐渐大于替代效应,对经济增长逐渐表现出积极促进作用,符合推论二。就控制变量而言,物质资本的作用依然十分显著,只是作用力略有下降,说明物质资本对经济增长的支撑作用下降。产业结构占比的负向作用减弱,可能是2008年之后部分地区经济已基本完成工业化,第三产业逐渐发挥出重要作用。城市化对经济增长的作用后期为正,可能是由于人口的城市化倒逼公共基础设施建设,推动了区域经济增长。外贸结构的作用加强,说明外国直接投资对经济增长发挥着越来越重要的作用。科技创新活动对经济增长的作用逐步增强,说明基础研究的成效在长期得以显现。

2.东中西地区

地域因素对文化的影响较大,不同区域的文化在不同的历史积淀下差异显著。文化资本遵循自我增强的演进模式,在这种逻辑下,文化资源通过创意转化、自我完善和市场运作,发展成一种较为成熟的文化生产形态,进而推动区域经济发展。考虑到东部、中部、西部地区的地域差异对文化资本积累的影响,以及三大区域之间不平衡的经济发展程度,为克服样本异质性问题,进一步对三大区域文化资本与经济增长之间的关系进行计量分析。

本章对东部、中部、西部地区依次做了面板设定F检验,结果均显著拒绝原假设,表明回归模型采用固定效应模型显著优于混合回归模型。回归结果如表7.4所示,其中第(1)、第(4)、第(7)列分别为东部、中部、西部整体时间段回归,第(2)、第(5)、第(8)列分别表示东部、中部、西部前半考察期回归结果,第(3)、第(6)、第(9)列分别表示东部、中部、西部后半考察期回归结果。

首先,对东部地区的回归结果进行分析。文化资本对经济增长的作用在样本区间内为正向,然而前期作用为负,后期文化资本的作用加强,转变为正向促进作用,与全国范围的作用规律一致。文化资本在后期对经济增长的正向促进作用说明了东部地区可以增加文化资本投资来弥补物质资本对经济增长的拉动效率递减。就控制变量而言,物质资本增长率在整体考察期内显著正向拉动了经济增长,在前期的促进作用尤其大,而在后期的作用出现递减趋势,东部地区经济增长模式的转变迫在眉睫。

其次,对中部地区的回归结果进行分析。文化资本整体上表现出对经济增长的正向促进作用,前期为负,后期显著提升,说明中部地区加大文化资本投资对经济增长也是非常有利的。就控制变量而言,整体上物质资本对经济增长的作用显著,然而后期物质资本对经济增长的推动作用变得不显著，与东部地区一致。中部地区劳动力对经济增长的作用整体上为负，该结论与严成樑和龚六堂(2009)的结果一致，这可能是由于中部地区劳动力配置不合理，劳动力增长率上升反而加重了经济负担；此外，蔡昉(2004)认为可能是就业数字使用不当引致的。基于数据可得性，本章使用就业人数来衡量劳动力，得到劳动力增长率与经济产出负相关的结论，这与其他学者的研究一致。

最后，对西部地区的回归结果进行分析。文化资本增长率在整个样本区间内对经济增长的作用表现为正，前期正向作用十分微弱，后期正向促进作用加强。这主要是因为，西部地区由于对外开放落后于东部、中部地区，主要依靠自身资源优势和地域文化优势发展，因此文化资本始终表现出正向作用。就控制变量而言，西部地区物质资本的作用相对较弱，且与全国范围和东部、中部的趋势相反，物质资本对经济增长的作用是不断加强的，说明西部地区还处于经济发展的初期阶段，发展潜力巨大。

综合全国范围和东部、中部、西部地区文化资本对经济增长的作用规律，总体上都为正向促进作用，前期多数为不显著负向作用，后期转为正向促进作用。上述两者之间作用关系明显的转变暗示我们应该进一步考察其作用关系是否存在非线性性质。结合本章的理论分析，有必要对文化资本对经济增长的阈值效应进行分析，因此后文采用固定效应门槛模型进行分析。

(二)门槛回归结果

文化资本对经济增长的作用取决于正向溢出效应和负向替代效应的大小比较。当文化资本积累不足且经济发展水平较低时，文化资本的溢出效应较弱且挤占了其他更具有生产力的要素投资，显然不利于经济增长，这也是为什么大多数发展中国家将更多的资金投入在基础设施建设上。当文化资本存量积累达到一定程度，能发挥出较强的溢出效应时，投资文化资本有利于经济增长，弥补物质资本投资对经济作用的"后劲不足"。中国经济的现实证据印证了这一点，文化资本对经济增长的作用前期为负，后期为正。在发展过程中，文化资本不断积累，发挥出越来越重要的溢出效应。由此，当文化资本积累超过一定阈值时,文化资本的正向溢出效应大于负向替代效应,投资文化资本对经济增长大有裨益。

表7.4 东部、中部、西部线性回归估计结果(被解释变量:gy)

区域	东部	东部	东部	中部	中部	中部	西部	西部	西部
估计方法	FE (1)	FE (2)	FE (3)	FE (4)	FE (5)	FE (6)	FE (7)	FE (8)	FE (9)
gc	0.0116 (0.0180)	−0.0033 (0.0289)	0.0123 (0.0180)	0.0403 (0.0500)	−0.0304 (0.0259)	0.1180 (0.0898)	0.0250 (0.0339)	0.0082 (0.0566)	0.0159 (0.0393)
gk	0.304*** (0.0469)	0.3086*** (0.0529)	0.1260 (0.0933)	0.319*** (0.0564)	0.342*** (0.0446)	0.0894 (0.0884)	0.0837 (0.0694)	0.1060 (0.0689)	0.352** (0.1110)
gl	0.0355 (0.0329)	0.0081 (0.0231)	0.0139 (0.0523)	−0.0339 (0.0435)	−0.0111 (0.0432)	0.0385 (0.1120)	0.0306 (0.0555)	0.0020 (0.0582)	−0.0761 (0.1130)
$third$	−0.0796** (0.0334)	−0.0925 (0.0520)	−0.1580 (0.1610)	−0.0875 (0.0827)	−0.1110 (0.0728)	0.0720 (0.1930)	0.0963 (0.1020)	−0.0161 (0.1330)	−0.0960 (0.1120)
$city$	0.0001 (0.0276)	−0.0282 (0.0255)	−0.0580 (0.1010)	0.0142 (0.0573)	0.0570 (0.0842)	0.2230 (0.1450)	0.0038 (0.0940)	−0.0021 (0.1190)	0.1120 (0.2930)
fdi	0.0008 (0.0717)	−0.0316 (0.0683)	0.6590 (0.3930)	0.1450 (0.2250)	0.1630 (0.2370)	1.491** (0.5570)	0.362** (0.1110)	0.1130 (0.1990)	0.2290 (0.2640)
sci	0.0072 (0.0093)	0.0040 (0.0092)	−0.0100 (0.0137)	0.0042 (0.0131)	−0.0233 (0.0188)	0.0220** (0.0085)	0.0029 (0.0045)	−0.0017 (0.0049)	0.0060 (0.0067)
常数项	0.0743** (0.0288)	0.117*** (0.0311)	0.146* (0.0734)	0.0545 (0.0344)	0.0762** (0.0299)	−0.1290 (0.0912)	0.0308 (0.0427)	0.0984* (0.0479)	0.0078 (0.1380)
面板设定F检验	2.27 [0.0130]	2.97 [0.0017]	5.12 [0.0000]	4.55 [0.0001]	4.91 [0.0001]	3.70 [0.0035]	7.94 [0.0000]	9.22 [0.0000]	2.07 [0.0685]
R^2	0.785	0.785	0.859	0.799	0.856	0.851	0.766	0.786	0.836
时间效应	是	是	是	是	是	是	是	是	是
观测值	216	144	72	162	108	54	162	108	54

注:***、**、*分别代表在1%、5%、10%的显著性水平下显著;括号内数值表示回归系数的异方差稳健型标准误,中括号内数值为响应检验统计量的p值;FE表示固定面板效应,回归均采用聚集省份层面的异方差稳健型标准差进行估计;面板设定 F检验的原假设是个体效应不显著;R^2为组内拟合优度。

为了考察文化资本的溢出效应受什么因素影响,本章利用固定效应门槛模型进行计量分析。布奇等(Bucci et al.,2014)通过理论分析得出,文化资本相对于人力资本的密度对文化资本与经济增长之间的关系起到了阈值作用,即文化资本密度大于某一阈值时,文化资本对经济增长起到正向促进作用。鉴于此,本章将文化资本相对于人力资本的密度(ch)设为门槛变量。在此基础上进行一般化的推广,进一步考虑文化资本相对于物质资本的密度(ck)是否起到阈值作用。前两者均是从相对角度出发,讨论文化资本相对密度越大,是否对经济增长的作用越积极。就现有的样本数据而言,本章想更直观地观察文化资本的绝对值是否也对经济增长起到阈值作用,因此将文化资本存量(c)设为门槛变量。如前所言,经济基础会影响文化资本的积累,当经济基础比较薄弱的时候,有更多比文化资本更具有生产力的生产要素值得去投资,文化资本的负向替代效应较强。当基础条件没有得到满足时,对文化资本的投资意愿更小,文化资本存量积累较缓慢,从而导致文化资本溢出效应较弱,对经济增长的影响不显著。因此,本章将实际国内生产总值(r国内生产总值)设为门槛变量进行考察。根据式(27)进行计量回归,估计结果如表7.5所示。此外,用F检验统计量检验"是否存在门槛效应",自抽样次数均为300。采用LR检验统计量检验"门槛值是否等于真实值",如图7.2所示。根据图7.2,就门槛变量文化资本人力资本密度(ch)、文化资本(c)、实际国内生产总值(rgdp)而言,单一门槛统计结果更佳。

表7.5中第(1)列衡量了文化资本相对人力资本的密度作为门槛变量回归的结果。就变量系数来看,相对于线性面板回归,尽管变量的作用规律一致,但是门槛回归模型显著提高了各变量系数估计的有效性,这说明文化资本与经济增长之间存在非线性关系。为了验证门槛效应的存在性,采用F检验统计量进行检验,结果在1%的显著性水平下拒绝"不存在门槛效应"的原假设。回归得到的门槛值为0.882,即在不考虑其他因素的影响下,当文化资本相对于人力资本的密度大于0.882时,文化资本的外溢性作用强于其所引致的替代效应,投资文化资本有利于提高经济增长率。2008年之后样本数据中全部省市的文化资本相对于人力资本的密度均达到了阈值,意味

着中国应大力投资文化资本,文化资本对经济长期增长率有正向促进作用。此外,就控制变量而言,对经济增长影响最大的是物质资本增长率,而劳动力增长率对经济增长的作用则较弱,与线性回归结果一致,中国经济增长主要是靠物质资本推动的。第三产业占比总体上不利于经济增长,城市化对经济增长的影响非常小,外国直接投资显著促进了经济增长,科研活动促进经济增长的效果微弱。

表7.5中第(2)列将文化资本相对于物质资本密度作为门槛变量进行回归。对门槛效应的存在性进行F检验,结果接受了"不存在门槛效应"的原假设,说明以文化资本相对于物质资本密度做门槛变量,文化资本增长率对经济增长的作用不存在明显的结构突变。虽然检验表明不存在门槛效应,但是回归的结果与第(1)列相差无几。文化资本密度越大,对经济增长的外溢性越强,提高文化资本投资有利于经济长期增长。

表7.5中第(3)列接将文化资本绝对量作为门槛变量进行回归。门槛效应F检验拒绝了原假设,说明以文化资本存量为门槛变量,文化资本与经济增长关系存在结构突变。门槛值为7.27,当文化资本存量大于7.27时,保持其他变量不变的前提下,文化资本增长率每提高1单位将促进经济增长率提高0.042单位。即当文化资本存量人于7.27时,义化资本的外溢性较大,投资文化资本能使经济增长能获得净收益。大部分省市文化资本存量超过阈值,在2008年之后全部省市均超过阈值。提高文化资本投资是全国30个省市现今可以采取促进经济增长的有效措施。

表7.5　固定效应门槛回归估计结果(被解释变量:gy)

门槛变量(TH)	ch	ck	c	rgdp
	(1)	(2)	(3)	(4)
$gc(TH \leqslant \xi_1)$	−0.0434** (0.0176)	−0.0409* (0.0238)	−0.0166 (0.0166)	−0.0155 (0.0148)
$gc(TH \geqslant \xi_1)$	0.0317** (0.0123)	0.0225* (0.0127)	0.0420*** (0.0123)	0.0465*** (0.0128)
gk	0.247*** (0.0212)	0.239*** (0.0217)	0.241*** (0.0212)	0.245*** (0.0212)
gl	0.0344 (0.0218)	0.0392* (0.0223)	0.0302 (0.0218)	0.0166 (0.0221)

| 门槛变量(TH) | ch | ck | c | rgdp |
	(1)	(2)	(3)	(4)
third	−0.0692***	−0.0699***	−0.0664***	−0.0705***
	(0.0221)	(0.0225)	(0.0221)	(0.0222)
city	0.0095	0.0041	0.0048	0.0125
	(0.0179)	(0.0182)	(0.0178)	(0.0180)
fdi	0.193***	0.189***	0.185***	0.164***
	(0.0331)	(0.0338)	(0.0331)	(0.0333)
sci	0.00700*	0.00749*	0.00736*	0.0062
	(0.0041)	(0.0041)	(0.0041)	(0.0041)
常数项	0.0597***	0.0666***	0.0616***	0.0586***
	(0.0130)	(0.0132)	(0.0130)	(0.0131)
单一门槛值(ξ_1)	0.8820	0.0016	7.2700	2268.9841
F检验	36.31***	12.44	32.75***	31.61**
	[0.0000]	[0.4567]	[0.0100]	[0.0333]
R^2	0.725	0.713	0.724	0.723
时间效应	是	是	是	是
观测值	540	540	540	540

注:***、**、*分别代表在1%、5%、10%的显著性水平下显著;括号内数值表示回归系数的异方差稳健型标准误,中括号内数值为响应检验统计量的p值;第(1)列表示文化资本相对于人力资本密度,其中人力资本用人均受教育年限衡量;F检验的原假设为不存在门槛效应,门槛回归的自抽样次数均为300。

表7.5中第(4)列将实际国内生产总值作为门槛变量进行回归。由于在经济发展水平比较低的情况下,有更具生产力的生产要素值得投资,文化资本的负向替代作用较强,这将会导致对文化资本的投资不足,文化资本积累不够,外溢性低,对经济增长的作用微弱甚至为负。即经济发展水平会通过影响文化资本的积累,从而影响文化资本增长率对经济增长的作用。门槛效应F检验拒绝了原假设,验证了经济发展水平确实起到了阈值作用。文化资本对经济增长率的影响系数在门槛值前后从−0.0155上升到0.0465。

整体而言,文化资本对经济增长的影响存在门槛效应,且以文化资本人力资本密度、文化资本存量、实际国内生产总值为门槛变量,跨越门槛值之后文化资本对经济增长的负面影响转化成积极促进作用。

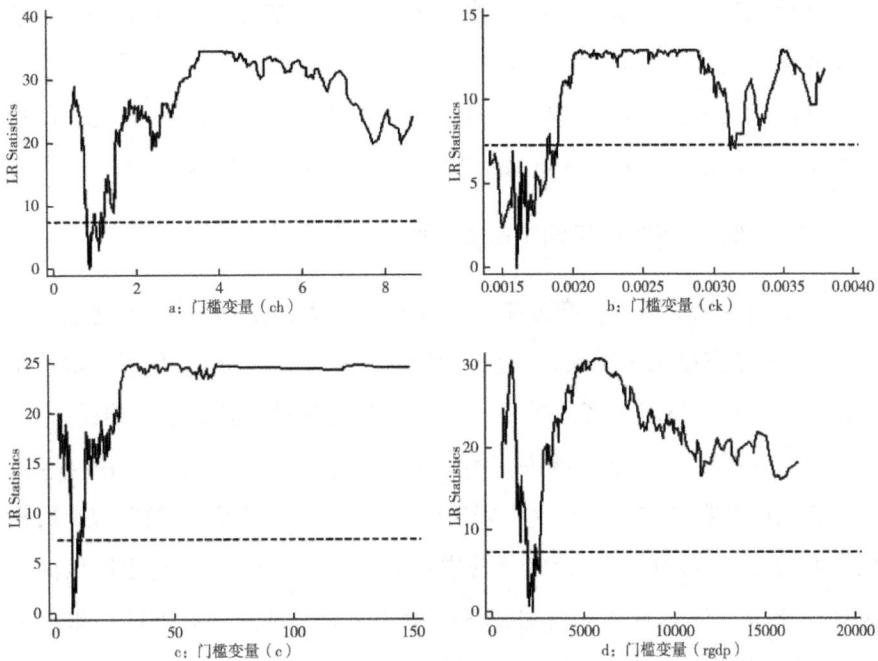

图7.2　门槛估计值和置信区间

五、稳健性分析

为了确保本章分析结论的可靠性,我们从以下三个角度对基准回归模型的结果进行稳健性检验。①

(一)稳健性检验Ⅰ:考虑滞后效应

考虑到文化资本、物质资本等控制变量对经济增长率的影响可能存在一定的时滞效应,因此本章将文化资本增长率、物质资本增长率、劳动力增长率当期项替换成各自的滞后一期项,并采用面板固定效应模型回归。这样处理的好处是能够在一定程度上解决可能存在的反向因果关系带来的内生性问题,估计结果报告在表7.6的第(1)、第(2)列。从中可以看出,文化资

————————

① 本章的稳健性检验是针对基准回归模型即表7.3中第(4)(5)列进行的。

本的估计系数前期不显著,后期在数值和显著性上都有提升,对经济增长表现出积极促进作用。随着文化资本存量的不断积累,在样本期后期文化资本的外溢性大于替代效应,增加文化资本的投资有利于经济增长。此外,控制变量的估计结果也基本相同,说明本章的回归结果是稳健的。

(二)稳健性检验Ⅱ:采用工具变量法回归

考虑到文化资本增长率可能与经济增长率存在联立性偏误问题引致内生性,比如经济增长率越大,反过来会加速文化资本投资,文化资本增长率又进一步促进经济增长率的提高。为了降低内生性导致的估计偏误,本章通过寻找工具变量法进行解决。本章采取的第一个工具变量为1934年民众教育馆经费数,数据来源于《中华民国二十三年度全国社会教育统计》,根据现有行政区域对民众教育馆经费进行划分,并将经费数用行政区域面积去规模化。大样本条件下增加工具变量通常会得到更加有效的结果。因此,本章还选取了1982年从事文化艺术事业人口比例作为工具变量,数据来源于1982年第三次人口普查。工具变量的选择既要与核心解释变量相关,又要与被解释变量无关,我们选取上述两个工具变量主要是基于以下考虑:第一,从相关性角度来看,清末民初各地兴办民众教育馆以"开通民智,改良风俗",传播科学文化知识。虽然经历内忧外患,民众教育馆损伤殆尽,但是其对当地文化资本积累起到了一定的作用。新中国成立后,人民政府接管各地的民众教育馆,并将之多数改造成文化馆,发挥群众文化建设作用,所以民众教育馆与文化资本高度相关。1982年从事文化艺术事业人口比例越高,说明当地越重视文化资本的投资,因此与文化资本也是高度相关。第二,从外生性角度来看,所选取的工具变量都是历史数据,距离样本考察期具有较长的时间,不会对当前经济增长率有显著影响。

表7.6　稳健性检验结果

稳健性检验方法	解释变量滞后1期		IV		动态面板估计	
	(1)	(2)	(3)	(4)	(5)	(6)
时间段	1997—2008	2009—2014	1997—2008	2009—2014	1997—2008	2009—2014
gc	0.0244	0.0569***	−0.0064	0.0490***	−0.0220	0.0630**
	(0.0144)	(0.0193)	(0.0144)	(0.0180)	(0.0254)	(0.0263)
gk	0.170***	0.197***	0.240***	0.219***	0.152***	0.111*
	(0.0529)	(0.0595)	(0.0241)	(0.0365)	(0.0415)	(0.0560)
gl	−0.0520**	−0.0066	0.0055	−0.0065	0.0157	−0.0005
	(0.0203)	(0.0545)	(0.0231)	(0.0383)	(0.0310)	(0.0514)
$third$	−0.0887*	−0.0373	−0.0744***	−0.0176	−0.0078	0.0080
	(0.0478)	(0.1150)	(0.0240)	(0.0446)	(0.0164)	(0.0197)
$city$	−0.0338	−0.0300	−0.0006	−0.0124	0.0176	−0.0181
	(0.0215)	(0.0939)	(0.0157)	(0.0323)	(0.0119)	(0.0222)
fdi	0.0765	0.655***	0.0900***	0.376***	0.0518	0.1060
	(0.0670)	(0.2180)	(0.0343)	(0.1270)	(0.0354)	(0.1360)
sci	−0.0010	0.0052	−0.0024	0.0076	−0.0048	0.0076
	(0.0055)	(0.0048)	(0.0047)	(0.0056)	(0.0086)	(0.0059)
$L.gy$					0.640***	0.521***
					(0.0751)	(0.1250)
常数项	0.126***	0.0596	0.0776***	0.0526***	0.0136**	0.0190
	(0.0187)	(0.0789)	(0.0076)	(0.0135)	(0.0065)	(0.0156)
Kleibergen–Paap rk LM test			90.73	83.36		
			[0.0000]	[0.0000]		
Sargan–Hansenstatistic			9.802	6.91	6.47	13.751
			[0.1332]	[0.3293]	[1.0000]	[1.0000]
AR(1)test					−3.27	−2.93
					[0.0010]	[0.0030]
AR(2)test					0.66	−1.15
					[0.5120]	[0.2490]
时间效应	是	是	是	是	是	是
观测值	330	180	360	180	330	180

注:***、**、*分别代表在1%、5%、10%的显著性水平下显著;括号内数值表示回归系数的异方差稳健型标准误,中括号内数值为响应检验统计量的p值;Kleibergen-Paap rk LM test的原假设为工具变量识别不足,若拒绝原假设则说明工具变量是合理的;Sargan-Hansen的原假设为工具变量过度识别,若拒绝原假设则说明工具变量是合理的;AR(1)test和AR(2)test的原假设为模型不存在一阶和二阶自相关。

表7.6第(3)、第(4)列报告了工具变量回归估计结果。为了验证工具变量的有效性,我们采用Kleibergen-Paap rk LM test 统计量检验工具变量是否与内生变量相关,结果在1%显著性水平上拒绝了"工具变量识别不足"的零假设;其次,采用Sargan-Hansen检验工具变量是否外生,结果接受了"工具变量过度识别"的零假设,说明所选取的两个工具变量具有合理性。在控制了内生性之后,回归结果基本不变,说明本章回归结果的稳健性。文化增长率由前期负向影响经济增长转向后期正向促进,对经济增长发挥越来越重要的作用。

(三)稳健性检验Ⅲ:动态面板估计

考虑到经济增长率的变动具有一定的持续性特征,即当期的经济增长率可能依赖于过去的文化资本增长率,为捕捉这种特征,本章在基础模型方程式(26)的基础上进一步引入经济增长率滞后一期项,采用系统GMM进行回归。回归结果报告在表7.6第(5)、第(6)列。其中,Sargan-Hansen检验接受了"工具变量过度识别"的零假设,残差序列相关性检验表明差分后的残差只存在一阶序列相关性,即GMM回归结果可靠。从回归系数来看,回归结果基本不变,说明本章回归结果的稳健性。

六、结论与政策启示

(一)主要结论

由基于理论模型的数值模拟结果可知,文化资本不一定总是正向促进经济增长,这取决于文化资本的正向溢出效应和其对物质资本的负向替代效应大小比较。当文化资本积累不足且工业化程度较低时,文化资本的溢出效应较弱,而工业化深化过程中的加速效应使得文化资本对物质资本的替代性为负,此时文化资本对经济增长的作用较弱。当文化资本积累达到一定程度时,物质资本对经济的带动效率递减,此时文化资本对经济增长的溢出效应大于所引致的对物质资本负向替代效应,增加文化资本投资有利于经济长期增长。这说明在经济发展的初期阶段,文化资本对经济增长带动效果不显著,但随着经济发展的持续,文化资本的作用会更显著。

本章对中国现实数据进行面板计量分析,结论是文化资本对经济增长总体上表现出正向促进作用,然而分阶段考察时,前期文化资本对经济增长的作用为负,后期转为正,表现出明显的阶段性差异。此外,分东部、中部、西部考察得出的结论类似。为了进一步考察文化资本对经济增长作用的非线性特征,本章基于面板门槛模型对可能影响上述关系的因素进行分析。当文化资本的人力资本密度、文化资本存量、实际国内生产总值跨越门槛值后,文化资本对经济增长的影响由负转正、由小变大,足以说明当文化资本存量积累达到一定程度时其溢出效应大于替代效应,有利于经济长期增长。

(二)政策建议

现今,由物质资本推动的粗放型经济增长模式已不可持续,物质资本对经济增长的拉动效率减弱,中国经济增长需要寻找新的动力,转变增长方式。本章通过理论与实证论证发现文化资本有望成为促进经济增长的新动力。加大文化资本投资,有利于文化资本的积累,进而发挥出愈强的溢出效应,对经济增长的正向促进效用愈显著,从而形成一种良性循环。此外,投资文化资本对环境友好,在人们日益受到粗放式增长带来生态环境破坏的影响下,加大文化资本投资无疑是双赢的选择。同时,在加大文化资本投资上,要结合各地的文化资本积累和经济发展现状,因地制宜,具体如下:

第一,东部沿海地区已进入工业化后期阶段,经过过去四十多年的高速增长,文化资本对经济增长的带动作用正逐渐发挥,所以这个阶段东部地区应加大文化资本投资,注重文化资本的积累,促进文化与科技、金融和互联网的融合,最大限度释放文化资本的溢出效应。

第二,中部地区目前也基本处于工业化中期阶段,这个阶段文化产业资本溢出效应越来越显著,在这个时期要积极培育文化资本市场,为文化资本积累动能和蓄好能量。

第三,西部地区目前很多地方还处在工业化中前期阶段,经济基础薄弱。少数民族众多,地域文化比较显著,这就要求西部地区要因地制宜投资文化资本,积极扶持传统文化。更为重要是,要以经济发展带动文化资本积累,在这个阶段把文化资本作为拉动西部地区经济发展的主要动力是不合适的,因为在这个阶段文化资本的带动作用比较有限。

参考文献:

1. 蔡昉、都阳、高文书:《就业弹性、自然失业和宏观经济政策——为什么经济增长没有带来显性就业?》,《经济研究》2004年第9期。

2. 蔡旺春:《文化产业对经济增长的影响——基于产业结构优化的视角》,《中国经济问题》2010年第5期。

3. 段敏芳、吴俊成:《中国制造业生产率提升研究》,《财贸研究》2017年第8期。

4. 高秋芳、曾国屏、杨君游:《关于文化产业成为主导产业的投入产出分析》,《统计与决策》2012年第1期。

5. 郭庆旺、贾俊雪:《中国全要素生产率的估算:1979—2004》,《经济研究》2005年第6期。

6. 厉无畏、王慧敏:《创意产业促进经济增长方式转变——机理、模式、路径》,《中国工业经济》2006年第11期。

7. 廖楚晖:《中国人力资本和物质资本的结构及政府教育投入》,《中国社会科学》2006年第1期。

8. 刘生龙、胡鞍钢:《基础设施的外部性在中国的检验:1988—2007》,《经济研究》2010年第3期。

9. [德]马克斯·霍克海、默西奥多·阿道尔诺:《启蒙辩证法》,渠敬东、曹卫东译,上海人民出版社,2006年。

10. 毛蕴诗、梁永宽:《以产业融合为动力促进文化产业发展》,《经济与管理研究》2006年第7期。

11. 彭英柯、宋洋洋:《文化科技融合理论研究——基于产业融合机制角度的分析》,《经营与管理》2013年第8期。

12. 单豪杰:《中国资本存量K的估算:1952—2006年》,《数量经济技术经济研究》2008年第10期。

13. 唐未兵、傅元海、王展祥:《技术创新、技术引进与经济增长方式》,《经济研究》2014年第7期。

14. 万建香、汪寿阳:《社会资本与技术创新能否打破"资源诅咒"?——基于面板门槛效应的研究》,《经济研究》2016年第12期。

15. 王恕立、藤泽伟、刘军:《中国服务业生产率变动的差异分析——基于区域及行业视角》,《经济研究》2015年第8期。

16. 王云、龙志和、陈青青:《文化资本对我国经济增长的影响——基于扩展的MRW模型》,《软科学》2013年第4期。

17. 许和连、栾永玉:《出口贸易的技术外溢效应:基于三部门模型的实证研究》,《数量经济技术经济研究》2005年第9期。

18. 徐朝阳:《供给抑制政策下的中国经济》,《经济研究》2014年第7期。

19. 严成樑、龚六堂:《财政支出、税收与长期经济增长》,《经济研究》2009年第6期。

20. 张杰、杨连星、新夫:《房地产阻碍了中国创新么?——基于金融体系贷款期限结构的解释》,《管理世界》2016年第5期。

21. 赵娜、王昱勋、李雄飞:《创意产业与经济结构转型》,《经济科学》2014年第6期。

22. Becker G. S., K. M. Murphy. "A theory of rational addiction", *Journal of Political Economy*, 1988, 96(4): 675-700.

23. Bucci A., G. Segre. "Cultural and human capital in a two-sector endogenous growth mode", *Research in Economics*, 2011, 65(4):279-293.

24. Bucci A., et al. "Smart endogenous growth: Cultural capital and the creative use of skills", *International Journal of Manpower*, 2014,35(1/2):33-55.

25. Currid E. *The Warhol Economy: How Fashion, Art, and Music Drive*. New York: Princeton University Press, 2008.

26. Dennis B. N., T. B. Işcan. "Engel versus Baumol: Accounting for structural change using two centuries of U.S. data", *Explorations in Economic History*, 2009,46(2):186-202.

27. KEA. The Impact of Culture in Europe, KEA European Affairs for the European Community, 2006.

28. Lawrence T. B., N. Phillips. "Understanding cultural industries", *Journal of Management Inquiry*, 2002,11(4):430-444.

29. Marquis M. "Bringing culture to macro economics", *Atlantic Economic Journal*, 2013,41: 301-315.

30. Pratt A. "The cultural industries production system: A case of employment change in Britain,1984-1991", *Environment and Planning*, 1997,29(3):1953-1974.

31. Tubadji A. "Was Weber right? The cultural capital roots of economic growth", *International Journal of Manpower*, 2014,35(1/2):56-88.

32. Tubadji A., P. Nijkamp. "Cultural impact on regional development: Application of a PLS-PM model to Greece", *Annals of Regional Science*, 2015,54(3):1-34.

33. Veblen T. "The limitation of marginalutility", *Journal of Political Economy*, 1909,17(9): 620-636.

私人转移支付的"利他动机"与"交换动机"：

基于农村低保政策的自然实验证据

朱　炯*

本章验证了私人转移支付的"利他动机"和"交换动机"假说。通过模糊断点回归方法（RD）控制内生性问题导致的模型估计偏误之后，本章估计了农村"低保"对私人转移支付的影响。研究发现，获得低保收入的家庭，其获得的私人转移支付增加了57.2%，因此私人转移支付在中国农村更多是出于"交换动机"。在操纵性检验和假设前检验之后，本章的结果在采用不同的带宽、不同的多项式、不同的核函数及不同的识别策略之后依然十分稳健。本章基于研究结论给出了一些政策启示。

一、引言

公共政策对私人转移支付的影响是劳动经济学和家庭经济分析中的经典话题之一。巴罗（Barro，1974）和贝克（Becker，1974）的开创性研究搭建了公共转移支付和私人转移支付两者关系的理论框架，他们认为在利他主义存在的情况下，政府用于改变代际资源分配的社会保障项目会替代或者挤出私人之间的转移支付。[①] 然而卢卡斯和斯塔克（Lucas and Stark，1985）、伯恩海姆等（Bernheim et al.，1985）、科克斯（Cox，1987）、科克斯和兰克（Cox and Rank，1992）、科克斯（Cox et al.，1998）、福斯特和罗森茨威格（Foster and Rosenzweig，2011）却得出了相反的结论，原因在于捐赠方可能要求私人转移

---

* 朱炯，博士，现为厦门大学经济学院与王亚南经济研究院助理教授、硕士生导师。

① 简单来讲，如果公共转移支付数额较大的话，私人转移支付存在的必要性就较小。

支付的接受方提供一定服务作为回报,这种"交换动机"导致公共转移支出增加了私人转移支付接受者的服务价格进而对私人转移支付起到了促进作用。①公共转移支付对私人转移支付的影响、两者相互之间的作用机制及其产生效应的过程已经被一类完整的理论模型予以刻画(Barro,1974;Becker,1974),这个问题实际上是一个实证主导的问题。在实证检验中,这个问题的关键在于对内生性进行有效处理。我们知道,公共转移支付会对私人转移支付产生影响,而私人转移支付也会影响公共转移支付,如果无法淡化这个双向因果造成的模型估计偏误的话,很难得到一致性的估计结果。本章注意到,根据《关于做好农村低保制度与扶贫开发政策有效衔接的指导意见》,是否有机会获得低保遵循了收入规则,即是否满足"家庭年人均纯收入低于当地最低生活保障标准"。理论上讲家庭年人均纯收入低于当地最低生活保障标准的农村居民可以领取低保保障金,然而现实中有许多因素均对是否能够获得低保产生作用,因此,家庭人均收入是否低于低保标准实际上改变的是获得低保的概率。本章基于这个政策规则,将采用模糊断点回归方法估计获得低保对私人转移支付的影响。

本章的结论说明中国农村的私人转移支付更多是出于"利他动机",获得低保收入的家庭,其获得的私人转移支付增加了57.2%。基于已有的文献,本章可能的创新性或者贡献主要在于:其一,缓解了内生性这个关键的问题,能够准确识别因果效应。其二,尽管讨论不同国家社会福利政策的研究比较多,但国内对这个问题的讨论还较少,已有的一些研究讨论了公共转移支付对一些微观变量比如贫困减缓(陈国强等,2018)和不平等(解垩,2010)的影响,本章拓展了文献中关于公共转移支付对家庭经济行为影响的认识。其三,在中国长期以来的社会、经济、文化等因素的影响下,家庭作为重要的社会纽带其内部的转移支付在风险平滑、医疗、教育、非正式信贷等方面都扮演了重要的角色。在中国社会救助和社会福利政策逐步完善、逐步健全的过程中,本章更加深刻地认识了两者之间的互动关系,或许会对相

---

① 当然,私人转移支付既包含"利他动机"也包含"交换动机"。

关政策产生一些有价值的启示。

二、文献回顾

在已有的研究中,私人转移支付这个问题在社会学理论中较早存在(Blau,1964),社会学学者的检验也比较丰富(Sussman,1965),这个问题的实证检验在不同的国家有不同的结果。科克斯(Cox et al.,1998)发现,在秘鲁如果没有公共转移支付,私人转移支付会提高20%。就美国而言,家庭获得的公共转移支付每增加1美元会导致私人转移支付下降3美分(McGarry and Schoeni,1995)至13美分(Altonji et al.,1997)。昆明德和赖因(Künemund and Rein,1999)发现德国不存在公共转移支付"挤出"私人转移支付的现象。阿蒂亚斯和沃尔夫(Attias-Donfut and Woff,2000)研究了法国的公共转移支付与私人转移支付之间的关系,他们发现了两者之间存在很强的正向关系,即公共转移支付反而增加了私人转移支付。韩国的公共转移支付明显挤出了私人转移支付(Kang and Sawada,2009)。另外,还有许多研究讨论了南非、越南、印度尼西亚、巴布亚新几内亚等发展中国家的公共转移支付对私人转移支付的影响,其得出的结论也并不完全相同。

那么在中国,家庭的私人转移支付究竟是出于"利他动机"还是"交易动机"呢? 一些研究给出了解释,这些解释主要试图回答新农保是否影响子女给予老人转移支付的可能性和金额。程令国等(2013)指出新农保养老金导致参保者主要经济来源来自子女的可能性下降,而新农保对私人转移支付的影响机制和作用效果比较复杂。具体而言,获得养老金之后,独居者、健康状况不佳、男性和收入较高的参保老人所获得的私人转移增加。而相反的,陈华帅和曾毅(2013)发现新农保显著替代了私人转移支付。具体而言,对于获得新农保的老人,其获得子女的转移支付平均减少587元,"挤出效应"高达64%。张川川和陈斌开(2014)发现,农村老年人在获得了新农保之后,其获得子女的转移支付的概率下降了32%~56%,但是对于已经获得子女转移支付的老人,新农保养老金对获得子女转移支付不存在显著的影响,这说明社会养老对家庭养老产生了替代效应。考虑到公共转移支付无疑增加了遗产的潜在价值，如果子女为了争取父母的遗产，那么子女便会增加对父母的转移支付，因此他们的结论也证明了中国人孝敬父母的传统。王芳和李锐（2016）发现新农保主要是替代了中西部地区老年人获得子女转移支付的概率。实际上，本章的研究更接近解垩（2013）的研究，他采用了Heckman两步法估计公共转移支付对私人转移支付的影响，即第一阶段关注是否获得私人转移支付，第二阶段关注转移支付的数量。他的研究证明公共转移支付虽然增加了家庭获得私人转移支付的可能，但却并不影响获得私人转移支付的数量。然而他的识别策略却有着一定的缺陷（其论文的结尾处也作了说明），即对于模型的内生性问题的处理上有所欠缺，因此并不能证明他的实证研究得到了一致性的估计。

可见，已有研究成果得出的结论存在分歧。这些分歧产生的根源，一方面在于这些证据来自不同国家的不同时期，不同的政治、经济、文化和地理等因素都会对人们的行为产生不同的影响和作用，而哪怕是对于同一个主体而言，不同时期的研究结论和可能存在较大差异；另一方面，不同类型的公共转移支付也会对私人转移支付产生不同的效果。那么在中国，公共转移支付会如何影响私人转移支付呢？后文中，我们将采用严谨的实证策略予以论证。本章验证的假设在于，如果公共转移支付导致私人转移支付减少，那么私人转移支付是"利他动机"，如果公共转移支付导致私人转移支付增加，那么私人转移支付就是"交易动机"。

三、研究设计

我们注意到，国务院低保条例和社会保障暂行办法规定"凡共同生活的家庭成员人均收入低于当地（人民政府制定的）最低生活保障标准"的人，都可以享受低保，家庭人均收入超出低保标准的原则上都不得享受低保。从理论上假设，如果这个条件是严格执行的，那么人均收入低于低保标准1块钱就获得低保，人均收入高于低保标准1块钱就无法获得低保。不过，现实中是由村委会组成村干部、村民代表、老党员的评议小组，对申请者进行民主评估。此时，家庭人均收入低于低保标准并不一定获得低保，只是增加了获得低保的概率。同样,人均收入高于低保标准也不是一定不能获得低保,只是减少了获得低保的概率。利用这个政策条件,我们采用模糊断点回归方法估计居民获得低保对私人转移支付的影响。本章将采用如下非参数方法估计断点处的处理效应:

$$PriT_i = \alpha + \tau PubT_i + \beta_1 IncDf_i + \cdots + \beta_p IncD_i^p + \zeta_1 IncD_i PubT_i + \cdots +$$
$$\zeta_p IncD_i^p PubT_i + \varepsilon_i \qquad (1)$$

其中,$PriT_i$表示受访者家庭的私人转移支付,$PubT_i$表示公共转移支付即低保保障金,$IncD_i$为人均收入与低保标准之差。α为常数,p表示多项式的阶数,ε_i为随机扰动项,估计采用的带宽、所控制的协变量将在后文中说明。τ是本章关心的核心系数。

四、数据和变量

(一)数据

本章使用的数据来自2014年中国家庭跟踪调查(China Family Panel Studied,CFPS)数据。CFPS是一项全国性、综合性、长期性的社会跟踪调查,以收集动态经验数据和记录当前中国的社会经济变迁为目的,旨在为学术研究和政策制定提供了解和研究当今中国的一手数据(Xie et al., 2012)。CFPS的样本涉及除了香港、澳门、台湾、新疆、西藏、海南、宁夏、内蒙古、青海之外的25个省、直辖市、自治区。

(二)变量

结合我们研究的目的,我们选取了居住在开展低保项目的农村户籍人口,原因是只有这些受访者才是有机会获得低保的农村居民,我们剔除了低保没有覆盖到的村庄人口。CFPS2014不仅给出了家庭的调查数据,更为重要的是给出了村一级的调查数据,在村一级的数据中包含每一个村的低保标准,我们按照村级的低保标准计算家庭人均收入与低保标准之差。特别需要说明的是,农村居民收入一般包括工资性收入、经营性收入、财产性收入和转移性收入,CFPS问卷就是按照农村居民以上四方面收入类型设计的问题,这对分析我们想要讨论的问题是很有利的。同时,CFPS也给出了官方计算的农村居民家庭总收入,我们没有使用CFPS官方给出的家庭总收入计算人均收入,我们实际上在家庭总收入中剔除了转移性收入进而计算家庭人均收入。

表8.1给出了我们使用变量的详细描述,表8.2给出了我们使用变量的描述性统计。描述性统计给出了观测值、均值、标准差、最小值、最大值、峰度和偏度的具体数值。表8.2中的A部分包含全部的样本,B部分包含人均收入小于低保标准的样本,C部分包含人均收入大于低保标准的样本。在B部分之中可以看到,对于人均收入小于低保标准的样本而言,私人转移支付对数值的平均数为1.51,而C部分中人均收入大于低保标准的样本的私人转移支付对数值的平均数为0.96,这已经在一定程度和范围上说明了人均收入小于低保标准或者说有更大可能性获得低保,会导致其获得的私人转移支付增加。然而简单的对比不能排除内生性问题,下文我们将采用断点回归进行论证。

表8.1 变量描述

变量类型	变量名	变量描述
驱动变量	收入减低保	人均收入减去"低保"标准
状态变量	低保	是否获得了"低保":0未获得、1获得
结果变量	私人转移支付	过去12个月,从不同住的亲戚(子女、父母、公婆和其他亲戚)以及朋友获得的经济帮助的对数值
协变量	性别	0女性、1男性
	年龄	受访者的年龄
	耕地面积	家庭耕地面积的对数值
	婚姻	0未婚、1在婚
	教育	受访者的受教育程度:1文盲/半文盲、2小学、3初中、4高中/中专/技校/职高、5大专、6大学本科、7硕士

表8.2 变量的描述性统计

变量名		均值	标准差	最小值	最大值	偏度	峰度
A.全部样本							
驱动变量	收入减低保	786.01	925.57	−1000.00	5 971.92	2.05	9.62
状态变量	低保	0.14	0.34	0.00	1.00	2.12	5.49
结果变量	私人转移支付	1.04	2.54	0.00	8.10	2.12	5.65
协变量	性别	0.50	0.50	0.00	1.00	0.01	1.00
	年龄	45.29	17.39	16.00	104.00	0.18	2.20
	耕地面积	6.81	2.23	1.00	10.89	−1.74	5.15
	婚姻	0.64	0.48	0.00	1.00	−0.59	1.35
	教育	1.95	1.18	0.00	7.00	0.33	2.64
B.人均收入低于"低保"标准的样本							
驱动变量	收入减低保	−126.45	121.27	−1000.00	−0.68	−2.56	11.27
状态变量	低保	0.19	0.39	0.00	1.00	1.60	3.56
结果变量	私人转移支付	1.51	2.96	0.00	8.10	1.51	3.41
协变量	性别	0.48	0.50	0.00	1.00	0.07	1.00
	年龄	51.69	18.98	16.00	104.00	−0.14	2.02
	耕地面积	6.53	2.40	1.00	10.89	−1.53	4.11
	婚姻	0.66	0.47	0.00	1.00	−0.65	1.43
	教育	1.77	1.08	0.00	6.00	0.55	2.73
C.人均收入高于"低保"标准的样本							
驱动变量	收入减低保	979.73	906.26	0.42	5 971.92	2.22	10.26
状态变量	低保	0.13	0.33	0.00	1.00	2.24	6.03
结果变量	私人转移支付	0.96	2.45	0.00	8.10	2.27	6.33
协变量	性别	0.50	0.50	0.00	1.00	0.00	1.00
	年龄	44.10	16.81	16.00	101.00	0.21	2.26
	耕地面积	6.87	2.20	1.00	10.89	−1.78	5.40
	婚姻	0.64	0.48	0.00	1.00	−0.58	1.34
	教育	1.98	1.20	0.00	7.00	0.28	2.62

五、实证研究

(一)操纵性检验

模糊断点回归方法识别策略要求个体不能操纵或者至少不能完全操纵驱动变量。所谓的操纵是指如果大家知道低保政策发放的要求,那么大家就可能努力让自己的收入低于低保标准,这导致断点附近不是随机分组。而检验是否存在操纵性的思路比较直观,就是看断点两侧样本分布的频率,如果低保标准以下(图8.1中的左侧)的样本分布明显高于低保标准以上,那么就表明存在内生分组。我们根据麦克拉里(McCrary,2008)的方法来检验驱动变量的密度函数是否在断点两侧分布不均。从图8.1中可以看出,断点两侧的密度函数不存在显著的差异。

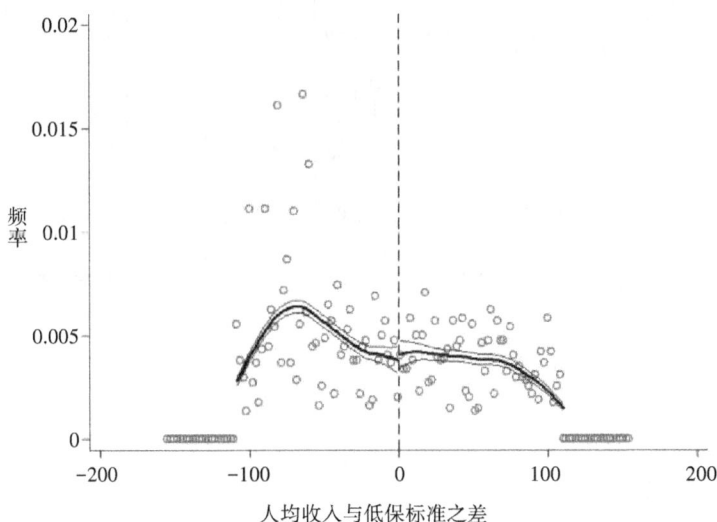

图8.1 操纵性检验:驱动变量密度函数在断点处的连续性

(二)假设前检验

我们在识别策略中加入了协变量,目的在于减小抽样变异性,同时协变量能够在不影响估计一致性的条件下增加估计的有效性。一个变量是否适合作为协变量要满足前定性（pre-determined）并且尽可能外生。因此我们没有选取收入类的变量，我们使用了性别、年龄、耕地面积、婚姻、教育五个变量作为协变量。

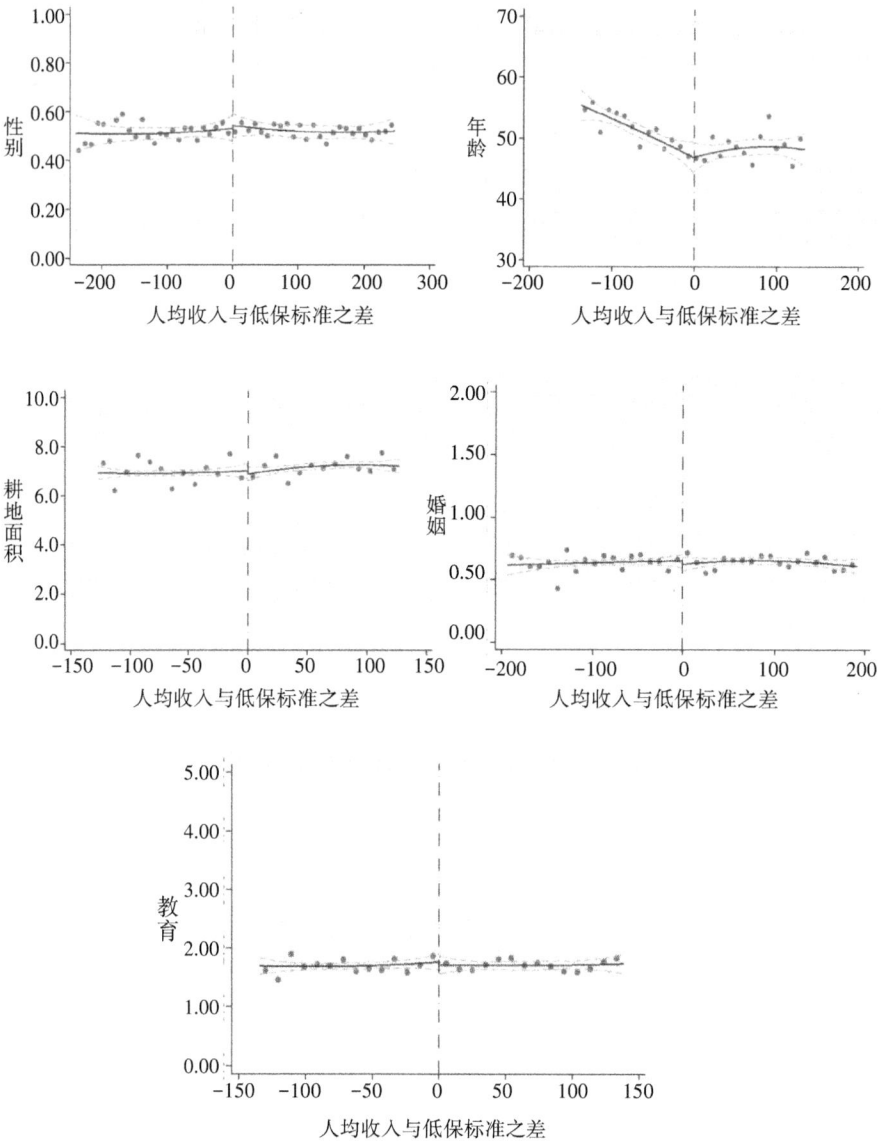

图8.2　低保对协变量的影响

图8.2显示了结果假设前检验的结果,在图8.2中的五个部分,X轴表示人均收入与低保标准之差,Y轴表示各个协变量,两侧的曲线由二阶多项式函数拟合得到,由图可见这些协变量在断点两侧并没有跳跃,表明这些变量适合作为本章的协变量。同时,表8.3给出了这些协变量的估计结果,获得低保对这些协变量的影响均不显著,这与图中得出的结果一致。

表8.3 低保对协变量的影响

结果变量	性别	年龄	耕地面积	婚姻	教育
	(1)	(2)	(4)	(5)	(6)
A:第一阶段估计结果					
	−0.05612***	−0.0683***	−0.06881***	−0.0637***	−0.06804***
	0.001	0.001	0.001	0.001	0.001
B:处理效应估计结果					
	−0.13078	5.2092	1.9084	0.04627	0.01112
	0.795	0.772	0.236	0.915	0.992
$N_w^- \mid N_w^+$	248.774	137.210	128.307	193.960	138.380
左观测值	3341	2689	2607	3046	2689
右观测值	3063	1775	1697	2430	1785

注:*、**、***分别表示10%、5%和1%的显著性水平,系数下方是p值;$N_w^- \mid N_w^+$表示左右带宽的范围,左右观测值分别代表断点左侧和右侧的观测值。

(三)第一阶段结果

图8.3显示了一阶段关系,即人均收入与低保标准之差与获得低保之间的关系。如图8.3所示,X轴表示人均收入与低保标准之差,Y轴表示以10元为一个区间,每一个区间内获得低保占区间内所有人数的比重,图中的0表示断点,断点的左侧表示人均收入低于低保标准,断点右侧表示人均收入高于低保标准,断点左右的带宽为CER最优的110.971。从图中可以看见,图中存在一个明显的跳跃,即人均收入小于低保标准更容易获得低保。

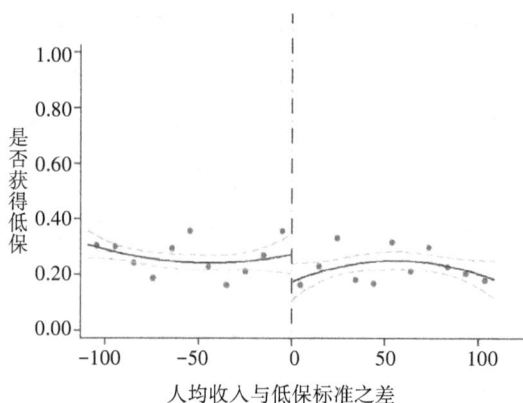

图8.3　一阶段结果

（四）主要结果

图8.4显示了本章的主要结果，图8.4采用了CER最优的带宽。图8.4
中X轴表示人均收入与低保标准之差，Y轴表示私人转移支付，X轴的0值
表示断点，图中的点表示私人转移支付的均值，实线表示拟合曲线，虚线表
示置信区间。图8.4中左边的图采用线性拟合，右边的图采用二阶多项式拟
合。在图中我们可以比较明显地看到，在断点两侧出现了一个"跳跃"，即获
得低保导致私人转移支付有所增加。

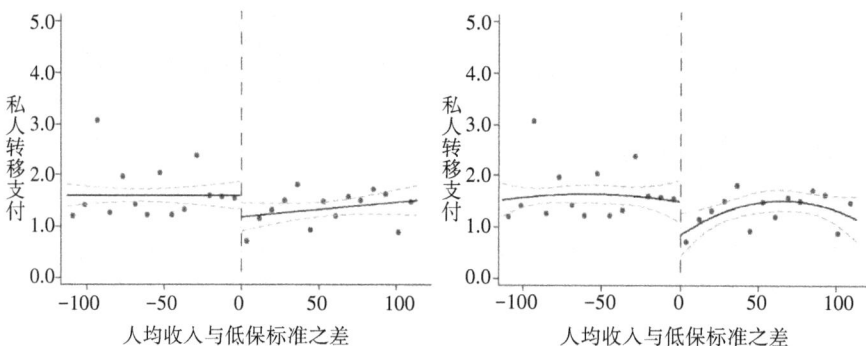

图8.4　低保对私人转移支付的影响：采用CER最优的带宽

通过观察图8.4能够获得直观的认识，表8.4则给出了估计的系数。表
8.4的A部分是一阶段估计系数，一阶段的估计系数对应图8.3。表8.4的B

部分是处理效应估计结果,即第二阶段估计结果。以第(1)列为例,其表示不加入任何协变量,获得低保对获得私人转移支付的影响显著为正,在5%的显著性水平下显著。由于本章采用的是模糊断点回归,第(7)列所示的实际的效应是7.8082×0.0732=0.5716,即农户家庭获得低保之后,其获得的私人转移支付增加了57.2%。

第(2)列至第(6)列表示加入不同的协变量,分别是性别、年龄、耕地面积、婚姻和教育,第(7)列表示加入上述所有的协变量。在表8.4中可以看到,加入不同协变量对本章核心解释变量估计系数的影响不大,这说明本章结果是稳健的。

表8.4　低保对私人转移支付的影响

	(1)	(2)	(3)	(4)	(5)	(6)	(7)
结果变量为私人转移支付的对数值							
A:第一阶段估计结果							
	−0.0683***	−0.06789***	−0.07183***	−0.07026***	−0.06728***	−0.0696***	−0.07321***
	0.002	0.003	0.004	0.003	0.003	0.002	0.003
B:处理效应估计结果							
	7.4405**	7.4775**	8.2608**	7.504**	7.5541**	7.3943**	7.8082**
	0.021	0.022	0.023	0.025	0.022	0.021	0.026
性别		√					√
年龄			√				√
耕地面积				√			√
婚姻					√		√
教育						√	√
$N_W^- \mid N_W^+$	114.748	115.583	93.167	102.668	114.728	112.563	89.649
左观测值	2424	2449	1808	2200	2424	2402	1717
右观测值	1530	1530	1267	1405	1530	1508	1238

注:*、**、***分别表示10%、5%和1%的显著性水平,系数下方是p值;$N_W^- \mid N_W^+$表示左右带宽的范围,左右观测值分别代表断点左侧和右侧的观测值。

(五)稳健性检验一

图8.5和表8.5呈现的结果与图8.4与表8.4是一致的,不同的是图8.5和表8.5采用了MSE最优的带宽进行估计。图8.5的结果与图8.4基本一致,

而表8.5的回归系数也与表8.4一致,这说明本章的主要结果是稳健的。

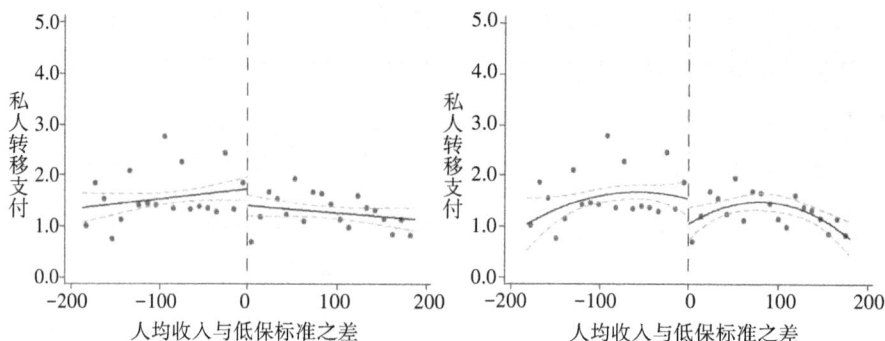

图8.5 低保对私人转移支付的影响:采用MSE最优的带宽

表8.5 低保对私人转移支付的影响

结果变量为私人转移支付的对数值						
(1)	(2)	(3)	(4)	(5)	(6)	(7)
A:第一阶段估计结果						
−0.06437***	−0.06429***	−0.06555***	−0.06491***	−0.06457***	−0.06543***	−0.06556***
0.001	0.001	0.001	0.001	0.000	0.000	0.001
B:处理效应估计结果						
6.1946**	6.1764**	6.42**	6.3946**	6.1726**	6.2105**	6.3444**
0.017	0.017	0.023	0.019	0.017	0.016	0.026

	(1)	(2)	(3)	(4)	(5)	(6)	(7)
性别		√					√
年龄			√				√
耕地面积				√			√
婚姻					√		√
教育						√	√
$N_w^-|N_w^+$	188.869	190.243	153.348	168.986	188.837	185.273	147.558
左观测值	3025	3038	2863	2935	3025	3020	2768
右观测值	2383	2395	1983	2154	2383	2337	1910

注:*、**、***分别表示10%、5%和1%的显著性水平,系数下方是p值;$N_w^-|N_w^+$表示左右带宽的范围,左右观测值分别代表断点左侧和右侧的观测值。

(六)稳健性检验二

图8.6展示了不同多项式阶数的估计结果,分别采用了一阶至六阶多项

式。图中的 X 轴表示多项式阶数,Y 轴表示估计的系数,虚线表示置信区间。从图中可以看到,从一阶到六阶的估计系数非常稳定,并且都在 5% 的显著性水平下显著。这再一次证明了本章的结论是稳健的。

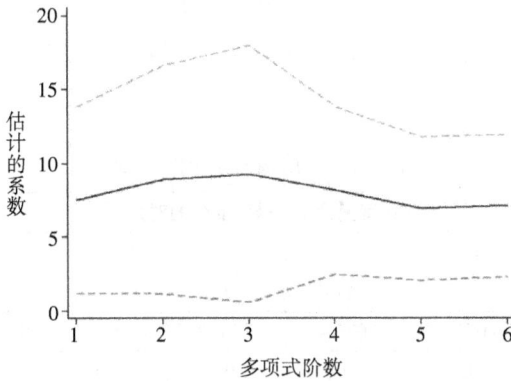

图8.6　不同多项式阶数对估计系数的影响

(七)稳健性检验三

这部分的稳健性检验和图 8.5(及表 8.5)展示的稳健性检验的思路一致,都是采用不同的带宽进行估计。不同的是图 8.5(及表 8.5)采用了 MSE 最优的带宽,而图 8.7 展示了更广泛带宽下的估计系数,图中的 X 轴表示带宽,Y 轴表示估计的系数,虚线表示置信区间。从图 8.7 中可以看到,不同带宽下的估计系数稳定并且都在 5% 的显著性水平下显著。这再一次证明本章的主要结果是稳健的。

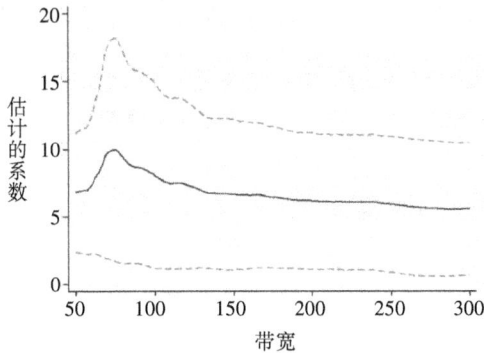

图8.7　不同带宽对估计系数的影响

（八）稳健性检验四

在这部分中我们采用偏差修正方法作为稳健性检验。如表8.6所示，估计结果在5%的显著性水平下显著为正，采用偏差修正方法估计的结果在回归系数及显著性水平上都与主要回归结果一致，这更加说明本章的结果是稳健的。

表8.6　采用偏差修正的方法

结果变量为私人转移支付的对数值						
（1）	（2）	（3）	（4）	（5）	（6）	（7）
A：第一阶段估计结果						
−0.06969***	−0.06927***	−0.07344***	−0.07162***	−0.06883***	−0.07184***	−0.07504***
0.002	0.002	0.003	0.003	0.002	0.002	0.003
B：偏差修正方法估计的处理效应						
7.6292**	7.6729**	8.4444**	7.7248**	7.7106**	7.5165**	7.9547**
0.018	0.018	0.020	0.021	0.020	0.019	0.024

	（1）	（2）	（3）	（4）	（5）	（6）	（7）
性别		√					√
年龄			√				√
耕地面积				√			√
婚姻					√		√
教育						√	√
$N_W^-|N_W^+$	114.748	115.583	93.167	102.668	114.728	112.563	89.649
左观测值	2424	2449	1808	2200	2424	2402	1717
右观测值	1530	1530	1267	1405	1530	1508	1238

注：*、**、***分别表示10%、5%和1%的显著性水平，系数下方是 p 值；$N_W^-|N_W^+$表示左右带宽的范围，左右观测值分别代表断点左侧和右侧的观测值。

六、结论、讨论与政策启示

（一）结论和讨论

中国是农业大国，是世界上最重要的发展中国家之一，随着中国经济的快速发展,公共转移支付大量增加。一个自然而然的问题在于,这些带有国家善意和善举的公共转移支付产生了怎么样的作用,扮演了怎么样的角色,对家庭经济行为有怎样的影响。毫无疑问,回答好这一类问题无疑会促进公共转移支付更加契合人民的需求,改善弱势群体的福利。这其中,一个具体的问题在于,获得公共转移支付会对私人转移支付产生什么样的影响。回答这个问题不仅在中国这个有很强家庭观念的国家有较强的应用价值,还在理论上沿袭了巴罗(Barro,1974)和贝克(Becker,1974)关于私人转移支付的"利他动机"和"交换动机"的讨论。基于中国农村的低保政策并通过断点回归方法控制内生性导致的模型估计偏误之后,本章估计了低保保障金收入对农村家庭私人转移支付的影响。研究发现,获得低保保障金收入的家庭,其私人转移支付增加了57.2%。这个结果在采用了不同的带宽、不同多项式、不同核函数及不同估计方法之后依然十分稳健。本章认为,近些年来中国农村居民的收入水平大幅度增长、贫困大量减缓,同时随着农村地区快速的城市化、老龄化和大规模的人口流动,乡村社会中的政治、经济、文化、社会关系等多方面也发生了较大变化,特别是人与人之间的生产、生活关系发生了变化。尽管熟人社会构成的农村社会里,相互帮助、相互监督,注重传统义化、注重声誉依然是土调,但不可否认的是,市场经济冲击下家庭或个人追求利益最大化的主观动机起到了重要作用。人与人之间相互帮助的动机或许只是出于卖一个人情的需要,或是避免社会道德的谴责和惩罚(比如社区孤立不孝者),而获得低保传递的信号就是能够获得组织关照与支持,这对于"交换动机"产生的作用或者影响是显而易见的。

(二)政策启示

基于研究结论,本章的启示在于优化深度和广度之间的平衡。具体在于低保覆盖面和低保救济金分配之间的权衡,从理论上讲,如果给一户低保户的救济金多了,那显然低保能够覆盖的家庭数量就小了,反之亦然。我们知道,获得低保能够带动私人转移支付或者说获得低保能够传递一个积极的信号,那么在政策上可以适当考虑在低保的覆盖面上做一些"加法",让更多人受益带动更多的私人转移支付。同时,也可在扩展覆盖面的基础上适当考虑多种形式的帮扶,比如低保户的教育补贴和低保户的医疗补贴,相应的政策支持不仅将保证困难群众的生存和温饱,更能帮助他们发展。本章认为,更加合理多样地分配低保金额,是一种改善困难群众福利的有益尝试。

参考文献:

1. 陈国强、罗楚亮、吴世艳:《公共转移支付的减贫效应估计——收入贫困还是多维贫困?》,《数量经济技术经济研究》2018年第5期。

2. 陈华帅、曾毅:《"新农保"使谁受益:老人还是子女?》,《经济研究》2013年第8期。

3. 程令国、张晔、刘志彪:《"新农保"改变了中国农村居民的养老模式吗?》,《经济研究》2013年第8期。

4. 王芳、李锐:《"新农保"对"家庭养老"替代性的地区差异分析——基于CHARLS数据的实证研究》,《保险研究》2016年第12期。

5. 解垩:《公共转移支付和私人转移支付对农村贫困、不平等的影响:反事实分析》,《财贸经济》2010年第12期。

6. 解垩:《"挤入"还是"挤出"? 中国农村的公共转移支付与私人转移支付》,《人口与发展》2013年第4期。

7. 张川川、陈斌开:《"社会养老"能否替代"家庭养老"? ——来自中国新型农村社会养老保险的证据》,《经济研究》2014年第11期。

8. Altonji J. G., Hayashi F., Kotlikoff, L. J. "Parental Altruism and Inter Vivos Transfers: Theory and Evidence", *Journal of Political Economy*, 1997,105(6): 1121-1166.

9. Attias-Donfut C., Wolff, F. C. "The Redistributive Effects of Generational Transfers", in S. Arber, C. Attias-Donfut, eds., *The Myth of Generational Conflict: The Family and State in Ageing Societies*, London: Routledge, 2000, 22-46.

10. Barro R. J. "Are Government Bonds Net Wealth?", *Journal of Political Economy*, 1974, 82(6):1095-1117.

11. Becker G. S. "A Theory of Social Interactions", *Journal of Political Economy*, 1974,82 (6):1063-1093.

12. Bernheim B. D., Shleifer, A., Summers, L.H. "The Strategic Bequest Motive", *Journal of Political Economy*,1985,93(6):1045-1076.

13. Blau P. M. *Exchange and Power in Social Life*, New Brunswick, N.J.: Transaction Publishers, 1964.

14. Cox D., Eser, Z., Jimenez, E. "Motives for Private Transfers over the Life Cycle: An Analytical Framework and Evidence for Peru", *Journal of Development Economics*, 1998, 55(1):57-80.

15. Cox D., Rank, M.R. "Inter-vivos Transfers and Intergenerational Exchange", *Review of Economics and Statistics*, 1992, 74(2):305-314.

16. Cox R.W. *Production, Power, and World Order. Social Forces in the Making of History*, N.Y.: Columbia University Press, 1987.

17. Foster A. D., Rosenzweig M. R. Are Indian Farms Too Small? Mechanization, Agency Costs, and Farm Efficiency, Unpublished Manuscript, Brown University and Yale University, 2011.

18. Kang S. J., Sawada, Y. "Did Public Transfers Crowd Out Private Transfers in Korea During the Financial Crisis?", *Journal of Development Studies*, 2009, 45(2):276-294.

19. Kazianga H. "Motives for Household Private Transfers in Burkina Faso", *Journal of Development Economics*, 2006, 79(1):73-117.

20. Künemund H., Rein M. "There is More to Receiving than Needing: Theoretical Arguments and Empirical Explorations of Crowding in and Crowding Out", *Ageing and Society*, 1999, 19(1):93-121.

21. Lucas R. E. B., Stark O. "Motivations to Remit: Evidence from Botswana", *Journal of Political Economy*, 1985, 93(5):901-918.

22. McCrary J. "Manipulation of the Running Variable in the Regression Discontinuity Design: A Density Test", *Journal of Econometrics*, 2008, 142(2):698-714.

23. McGarry K., Schoeni R. F. "Transfer Behavior in the Health and Retirement Study: Measurement and the Redistribution of Resources within the Family", *Journal of Human Resources*, 1995, S184-S226.

24. Sussman, M. "Inhibition by Actidione of Protein Synthesis and UDP-gal Polysaccharide Fransferase Accumulation in Dictyostelium Discoideum", *Biochemical and Biophysical Research Communications*, 1965, 18(5-6):763-767.

25. Xie Y., Qiu Z., Lü P. China Family Panel Studies Sample Design for the 2010 Baseline Survey, Institute of Social Science Survey Beijing, 2012.

儿童照料对已婚在职女性工资收入的异质性影响：

基于中国家庭追踪调查的实证分析

刘根荣 吴 敏*

在传统的"男主外、女主内"家庭分工模式下，已婚在职女性依然承担着儿童照料的主要责任。在儿童照料上花费大量时间和精力，会降低女性工资收入，不利于女性人力资本积累。我们利用2014年和2016年中国家庭追踪调查①的混合截面数据，采用最小二分法回归、倾向得分匹配、分位数回归等多种计量经济学方法，同时利用工具变量法控制内生性，从多个角度探讨儿童照料对已婚在职女性工资收入的负面影响，并分析了儿童照料对在职女性工资影响的收入阶层差异与城乡差异。最后，对于如何减轻女性的儿童照料负担，本章提出了相关政策建议。

一、引言

家庭照料工作性别不平等的现象在全球各国普遍存在。国际劳工组织（ILO，2018）通过对64个国家（占世界劳动适龄人口66.9%）的数据统计发现，女性参与无偿照料的占比为76.2%，比男性高3.2倍。②其中，来自中等收入国家、农村地区、教育水平偏低且有学龄前儿童的已婚女性花费在家庭照料上的时间最多。

根据第三期中国妇女社会地位调查报告（课题组，2011）显示，中国女性

---

* 刘根荣，博士，现任厦门大学经济学院副教授；吴敏，厦门大学经济学院硕士。

① 北京大学中国社会科学调查中心的中国家庭追踪调查（China Family Panel Studies，CFPS），官网：http://opendata.pku.edu.cn/dataverse/CFPS。

② ILO，"Care work and care jobs for the future of decent work"，https://www.ilo.org/global/publications/books/WCMS_633135/lang-en/index.htm.

决定个人事务的自主性提高,两性在家庭重大事务决策上更为平等。但是在时间的分配上,虽然女性在市场工作时间上与男性不相上下,却依然没有改变家庭无偿劳动的性别分工。女性除了承担家庭中大部分或者全部的衣食起居等生活家务外,还承担着接送孩子上下学、辅导孩子功课的主要责任。因此,女性的闲暇时间和个人发展时间明显受到挤压,这会对女性的身体和心理健康产生负面影响。此外,女性沉重的家庭负担会成为用人单位性别歧视的理由,妨碍女性在工作中担任管理职位或职业升迁。无论白天还是晚上,母亲都是儿童的主要照料者,占比分别为38.48%和56%。而父亲作为儿童白天或者晚上主要照料者的比例分别仅为3.28%和4.6%。[1]隔代照料现象非常普遍,儿童祖父母作为主要照料者的比例在20%以上,仅次于孩子母亲,远高于外祖父母的照料比例。[2]包括托儿所/幼儿园、老师等其他照料者在内的社会化的照料程度偏低。

有研究(任泽平、熊柴、周哲,2019)显示,在功利性生育消退阶段,人们的生育行为更侧重情感需求,并重视子女质量提升。在家庭少子化时代,隔代照料和正规儿童照料资源较为容易获得,但儿童照管责任依然主要由女性承担。因此,本章将深入探讨儿童照管是否会对已婚女性的工资收入产生影响及其异质性,以期促进现代社会的两性平等。

二、文献综述

(一)儿童照料与女性劳动供给

利用子女数量和子女年龄作为代理变量或通过对儿童照料方式的直接度量,学者们考察了参与儿童照料对女性劳动供给的影响。他们一致认为,子女数量对女性劳动供给会产生负面影响,且子女年龄结构与女性劳动供给存在着非线性关系。安格瑞斯特和埃文斯(Angrist and Evans,1998)依据美国1980—1990年人口普查(PUMS)的数据,利用父母偏好和前两个子女

---

① ② 作者依据CFPS2014年、2016年的两年少儿数据库资料整理而得。

的性别构造工具变量,2SLS和IV实证结果表明,随着子女数量的增加,女性的劳动参与率会下降,但是对于受教育程度高和女性配偶收入高的群体来说,影响会比较小。

宗和吴(Chun and Oh,2002)根据1996年韩国家庭收入与支出调查数据(NSFIE)所作的研究发现:在韩国每多生育一个孩子会使已婚女性参与劳动的概率下降27.5%。韩国女性在各年龄阶段的劳动参与率呈现M形,生育前女性劳动参与率最高,已婚女性一般在30岁左右完成生育后回归职场。婴幼儿子女数量对女性劳动参与率的负面影响达到93.1%,幼儿园子女数量的阻碍作用为33%。当考虑配偶收入和各年龄阶段子女数量的交互项后,低收入家庭的女性会为了子女教育支出增加劳动供给,而高收入家庭的女性则更愿意减少劳动供给以专注于子女教育(南国铉和李天国,2014)。

我国社会环境和文化与韩国社会存在相似之处,因此有关子女数量对女性劳动供给的影响结果也非常类似。王姮和董晓媛(2010)利用2001年我国四个国家级贫困县的592户调查数据进行实证分析,发现拥有6岁以下儿童会使女性参与农业生产活动的比率增加1.94%,但会使非农私营活动和挣工资活动的参与率分别下降1.22%和0.7%。张川川(2011)利用2004年和2006年中国健康与营养调查数据发现,每多生育一名子女会使城镇女性的劳动参与率下降35.7%,但是对农村女性的劳动参与率影响不显著。不过对于依然留在劳动力市场的女性而言,子女数量对城镇和农村女性非农就业每周工作时间的负面影响都在4.5小时左右。可见,相比从事农业生产活动,子女数量对女性的非农工作会产生更多的影响。

对于从农村流入城镇从事非农工作的流动女性而言,子女数量对其劳动供给又会产生怎样的影响呢?通过对2011—2014年流动人口动态监测数据(CLDS)的描述性统计,陈瑛和江鸿泽(2018)研究发现我国各年龄阶段流动女性的劳动参与率同样呈现M形,但是有生育经历的流动女性的劳动参与率则与年龄呈倒U形关系。在控制内生性后,子女数量对于非农户口流动女性劳动参与率的负面影响不再显著,对于农业户口流动女性的劳动参与率的负面影响为5.14%,不过这种影响随着子女数量的增加是边际递减的,且家庭经济支撑可降低该影响。

关于子女数量对女性劳动参与率影响的机制中,较多文献支持儿童看护成本和补贴对劳动供给具有影响。基于1994—1996年俄罗斯纵向调查数据(RLMS),洛克申(Lokshin,2004)研究在俄罗斯政府对育儿机构进行体制改革、学前教育设施减少的情况下,女性劳动供给行为的变化,实证结果表明,随着幼儿照护价格的提升,女性劳动供给会下降12%,工作收入越高,女性越有可能会选择正规儿童照料资源。而维塔宁(Viitanen,2005)使用1997—2003年英国家庭资源调查数据(FRS),研究结果发现,正规幼儿看护成本的上升和资源可获得性下降,使得拥有学龄前子女的已婚女性劳动参与率下降13.8%,女性工资越高承受的机会成本越大。

正规儿童照料资源的供给及成本同样影响着我国的儿童照料方式,进而影响照料者的劳动供给。由于城乡地区公共照料服务不均等,使得这一负面影响在农村尤为明显。杜凤莲(2008)使用中国健康与营养调查1991—2004年的数据,考察有学龄前儿童的家庭中幼儿看护与农村女性劳动参与之间的关系。研究发现,最小孩子的年龄每增加1岁,女性劳动参与率增加0.4%~2%,这说明女性承担了更多的儿童照护责任,但是最小孩子的性别对此没有影响,子女性别偏好不明显。熊瑞祥和李辉文(2017)使用2010年CFPS数据,考察儿童照管对农村已婚女性非农就业的阻碍作用。在线性工具变量模型中,由已婚女性自己照管儿童对其非农就业概率影响的局部平均处理效应为-65.73%;在双概率模型中这种影响上升到-119.97%,但是平均处理效应仅为-23.76%。此外,相比村里有幼儿园或者小学,村里没有幼儿园或者小学的已婚妇女非农就业的局部平均处理效应为-138.43%,平均处理效应为-40.02%。

(二)儿童照料与女性工资收入

家庭劳动(household labor),包括清洁、洗衣、做饭、购买食物等家务劳动和对家中老、幼、病、残、孕等情感照料活动,因此关于家庭照料尤其是儿童照料对收入影响的研究一般包括在家庭劳动对收入影响的研究中。

关于家庭劳动对工资收入的影响原因，时间配置理论认为在家庭劳动上耗费的时间增多，分配在市场劳动或闲暇上的时间就会减少，从而影响生产力和工资（Becker，1965）。由于家庭劳动的时点性，如对婴幼儿的喂食或者接送孩子上下学都是需要在特定的时间完成，因此可能会推迟参加会议的时间、提前下班或者减少工作外的培训时间等，从而减少总体生产力（Bonke et al.，2004）。

基于英国家庭调查（BHPS）1992—2004年的数据，使用面板固定效应控制个体异质性，学者对英国家庭劳动时间与工资收入之间的关系进行了估计（Bryan and Sevilla-Sanz，2010）。研究发现，对于参加全职工作的群体来说，不论单身还是已婚的男性和女性，家庭劳动对工资都具有负面影响；对于从事兼职工作的群体来说，家庭劳动只对单身女性的工资具有惩罚效应；当家庭中有小孩时，家庭劳动时间的负面效应会更大。对于从事全职工作的群体来说，如果家里有孩子，额外1小时的家庭劳动时间会使已婚女性的工资降低0.33%，使已婚男性的工资降低0.21%；而如果家庭中没有孩子，则分别只降低0.12%和0.15%。

依据1997—2011年中国健康与营养调查数据，有学者采用家务劳动和儿童照料时间指标，就家庭劳动时间与16~60岁劳动者性别工资收入差距之间的关系进行探讨（卿石松和田艳芳，2015）。研究发现，总体上家务劳动时间会使工资下降0.2%，使男性工资显著下降0.4%，而对女性工资的负向影响不显著。以"是否有6岁以下儿童"作为儿童照料时间的工具变量，研究发现，不管是总样本还是分性别的样本，儿童照料时间对工资收入的影响都不显著。但是这一工具变量存在一定的偏误，因为对于未婚的人群来说必然是没有6岁以下的儿童。现有研究已证实6岁以下儿童的数量与工资收入存在内生性，因此该工具变量的有效性令人质疑。

在此研究基础上，有学者优化了对工具变量的选择，使用个人的非市场劳动收入、配偶市场工作时间和社区人群平均家务劳动时间（儿童照料时间）作为工具变量，进一步分所有制部门验证家庭劳动对工资率的影响机制（莫玮俏、叶兵，2018）。研究发现，家务劳动时间会通过影响工作努力程度来降低工资率，儿童照料时间会通过影响职业特征来影响工资，但二者对国有部门职工工资的影响不显著。而非国有部门劳动者，每周家务劳动时间每增加1小时，小时工资会降低1.7%；每周儿童照料每增加1小时，会使照料者的小时工资降低2.7%。

包括儿童照料在内的家庭劳动分配的不均等和传统的性别角色分工，使得家务劳动对收入的惩罚效应存在性别差异，这有一个从量变到质变的影响过程。也就是说，家务劳动对收入的负面影响需要当家务劳动的时间和强度达到一定程度才具有显著性，其临界值为每天做家务的时长达1.5个小时（肖洁，2017）。在现实生活中，已婚女性家务劳动时长大多超过临界值，而已婚男性很少达到临界值，因而家务劳动会使性别收入差距扩大。对于女性而言，生育和子女抚养及照料负担会增加其在家务劳动中所耗费的时间和精力。

(三)文献评述

学者们研究了儿童照料方式（包括由已婚女性自己照料、隔代照料、正规儿童照料等）对女性劳动供给的影响，但鲜有文献直接研究儿童照料对已婚在职女性工资收入的异质性影响。儿童照料行为具有情感寄托性质，与买菜、做饭、洗衣服等烦琐家务劳动显然不同，更具重要性。技术进步和女性人力资本水平的提高会降低分工模式的性别化，由婚姻所引起的性别工资差距会缩小，但女性承担了照料孩子的主要责任，由此导致的性别工资差距在长时间内都无法消除。本章将使用2014年和2016年两期的CFPS数据，研究儿童照料对不同已婚女性群体工资性收入的异质性影响。

三、影响机理与研究假设

(一)儿童照料对已婚在职女性工资收入的一般性影响机理

基于比较优势，家庭成员进行专业化分工是合理的。随着女性人力资本、经济社会地位的提升，家庭内部分工本应趋向均等化。但现代家庭却没有显著降低女性的家庭无偿劳动时间（袁晓燕和石磊，2017），尤其是在儿童照料方面，女性并没有减少时间投入。社会性别角色的规范导致两性在家庭照料中投入时间的不平等。性别是天然的社会分类范畴，对性别角色的认知观念，不仅会影响家庭劳动在性别间的分配，而且会影响女性的工作意愿和职业成就动机，进而影响其职业发展轨迹（许琪，2016）。"做身份"（doing gender）使得做家务活和照管孩子成为女性的天然职责。

每个人的时间、精力和努力程度的禀赋是有限的，投资于特定活动的人力资本积累与在该活动上所花费的时间及付出的努力程度成正比。已婚女性在照管儿童上承担着主要的责任，儿童照料作为一项"时间密集型"的活动，会消耗大量的时间和精力。而工作时间一般由雇主所规定，因此对于承受工作-家庭双重负担的女性而言，儿童照管会更多地降低其在工作上的努力与专注程度，减少额外的加班时间、工作之外的培训或者其他闲暇时间。在非市场劳动上的消耗会降低劳动者市场劳动的经济回报（Hersch，1991）。

补偿性工资差异理论认为，具有同等人力资本的个体，会因为工作性质、工作条件和工作环境的差异而获得差异性的工资。对于需照管儿童的职业女性而言，为了在儿童成长过程的衣食起居、教育认知等照料上投入更多的时间和精力，在综合考虑工作岗位所能带来的一揽子收益时，她们更愿意为了工作中所能获得的非货币性报酬牺牲货币工资（周闯、曲佳霖，2017）。

育后且无儿童照料顾虑的女性，重返职场后可能会快速升职加薪。但是那些承受"工作-儿童照料"双重压力的女性，在工作中可能会因为儿童在日常生活中的健康或者学习问题经常请假缺勤，不愿意加班出差。雇主会认为承担儿童照管的女性，在工作岗位上的流动性比较大、工作不专心尽职，增加企业的相关成本。因此，雇主倾向于将其分配在不重要的岗位，或者提供更低的工资，这可称作雇主歧视（肖洁，2017）。

基于对上述理论的认知，本章提出第一个研究假设H1：相比主要由家庭中其他成员或者正规儿童照料机构来照管儿童的已婚在职女性，主要由自己来照管儿童的已婚在职女性的工资收入更容易受到负面影响。

（二）儿童照料对不同收入阶层已婚在职女性工资收入的异质性影响机理

从女性个体的人力资本积累过程来说:第一阶段为人力资本形成期,即接受教育的阶段。第二阶段为人力资本的发展期,即当个体开始工作后,工作经验及在职培训所形成的人力资本积累阶段。在此阶段中,女性的婚育和随之而来的儿童照料需求会使其人力资本积累逐渐放缓,部分女性会出现较长时间的退出劳动力市场行为,进而使人力资本积累出现中断。第三阶段为人力资本的成熟阶段,即随着子女年龄的增长,个体会继续工作直到退休的阶段。不同收入群体的人力资本发展路径及所处的发展阶段存在差异。对于高收入群体来说,虽然自己照管儿童所耗费的时间需要承担更高的机会成本,但是工作时间对于其工资收入的提升也有限。儿童照料不仅是一项能够带来精神愉悦的情感互动活动,也被看作家庭中重要的人力资本投资(Sundström and Duvander,2002)。因此,高收入群体会更有计划地来平衡时间的分配,降低其所造成的工资损失。一方面,高收入群体能获得更高质量的工作,在工作的时间和空间上具有更大的灵活性,能够更好地平衡儿童照料时间和工作时间,进而弥补因为市场劳动时间减少所带来的工资损失。另一方面,高收入的女性能够利用自己所拥有的资源,从市场上购买儿童照料服务,比如教育和医疗资源,在营养健康、教育和创造力上为儿童提供高质量的照料服务,减轻自己照料的负担。

因此,本章提出第二个假设 H2:儿童照管对已婚在职女性工资收入的负面影响会随着女性收入的提高而降低。

（三）儿童照料对城乡已婚在职女性工资收入的异质性影响机理

在全面放开二孩生育政策前,"少生优生"的计划生育政策在不同地区的执行存在一定差异,生育子女数量的多少会影响家庭对儿童照料的需求及负担。有关儿童照料方式的选择,对于3岁以下的婴幼儿而言,隔代照料是母亲照料的良好替代品。这一点在农村地区可能会更加普遍。但是对于

3~6岁的学龄前儿童而言,正规的儿童照料服务机构显得更为重要。而正规照料资源的可获得性、便利性以及使用成本都会对其产生影响(邹红等,2018)。CFPS2014年的社区数据表明,76.1%的城镇社区拥有幼儿园,而只有43.6%的乡村村落建有幼儿园(吴帆、王琳,2017)。儿童照料方面公共服务供给的严重不足,成为阻碍农村女性参加非农就业的重要因素(熊瑞祥、李辉文,2017)。有关女性就业权益保障政策、生育保险、儿童照料相关的产假、陪产假、哺乳假等制度的实施程度也会存在城乡差异。还有研究表明,居住在城市地区、接受过高等教育,以及与现代化相关的因素都有利于缩小两性在工作时间及家庭劳动时间利用上的差距(许琪,2018)。城镇地区在性别意识形态上会更加平等,从而配偶也有可能帮女性分担照料负担,或者请保姆等市场外包服务。综上所述,所需照管儿童的数量、多样化的儿童照料方式、更为完善的社会化照料服务以及更为现代化的性别角色分工,都有利于减轻城市已婚女性的儿童照料负担,进而使其对工资收入的影响降低。

基于此,本章提出第三个研究假设H3:相较于农村女性,儿童照管对城市已婚在职女性工资收入的影响更低。

四、数据处理与变量选择

(一)基本模型设定

本章重点考察已婚在职女性照管儿童对其非农受雇工作工资收入的影响。在明瑟收入方程的基础上,设定如下基本模型:

$$\ln hwage_i \beta_0 + \beta_1 mumcare_i + \beta_2 X_i + \varepsilon_i \tag{1}$$

式(1)中,$\ln hwage_i$为已婚女性非农劳动工资收入的小时工资对数;$mumcare_i$表示是否主要由已婚女性自己照管儿童,是取1,否取0。X_i为一系列影响个人非农劳动工资收入的其他因素,包括女性的个体特征、工作特征、家庭特征、区域特征变量。ε_i为随机扰动项。系数β_1是作为儿童照管的主要提供者相对于儿童照管的非主要提供者的边际效应,如果β_1显著为负,则表明主要由已婚女性自己照管儿童会对其工资收入产生负面影响。

(二)数据来源及处理

数据来源于CFPS,其样本覆盖25个省(自治区、直辖市),目标样本规模为16000户,以个人和家庭作为追踪调查对象。CFPS调查问卷分社区问卷(仅公布2010年、2014年数据)、家庭问卷、成人问卷和少儿问卷四种主体问卷类型,涵盖家庭、婚姻、代际关系、少儿发展等丰富的内容。CFPS采用城乡一体的多阶段、内隐分层和与人口规模成比例的抽样方法保证样本的代表性(谢宇、胡婧炜、张春泥,2014)。CFPS的2014年和2016年的问卷形式基本一致,因此本章选取这两期的混合截面数据。考虑女性法定婚龄以及退休年龄的界限,选取了20~49岁且有0~15岁子女的已婚在职女性样本,以此来确定孩子、配偶、家庭及配偶母亲等相关家庭成员的信息。样本筛选最终得到2586个有效样本,其中2014年样本量为1460、2016年样本量为1126,分布于25个省(自治区、直辖市)。

(三)变量说明

1.被解释变量

女性非农劳动工资收入,指标定义为成人问卷中收集的受访者十一年主要工作的信息"把所有工资、奖金、现金福利、实物补贴都算在内,并扣除五险一金,过去12个月从这份工作中总共能够拿到多少钱"。为了检验儿童照管对女性生产率的影响,消除工作时间的差异,依据平均每周工作时间和经验中的年平均工作周数,把年收入换算成小时工资。其中每周工作时间来自问卷中"不包括午休时间,但包括加班时间,不管是否有报酬,过去12个月,这份工作一般每周工作多少个小时"。为了消除异常值,将小时工资收入取对数。

2.主要解释变量

儿童照管变量。来自少儿问卷中"孩子父母最近非假期的一个月,白天,孩子通常最主要由谁照管"和"孩子父母最近非假期的一个月,晚上,孩子通常最主要由谁照管"两个问题。当受访者回答由"孩子的妈妈"时,无论是白天还是晚上,都将其处理为"儿童照管=1";反之,当白天和晚上儿童都是由母亲以外的其他人群照管时,则"儿童照管=0"。

3.控制变量

根据现有研究,影响劳动者工资收入的变量,包括个体特征变量、工作特征变量、家庭特征变量。其中,个体特征变量、工作特征变量来自成人问卷(表9.1)。

表9.1 变量定义及说明

变量类型	变量名	变量定义
被解释变量	lnhwage	非农受雇工作小时工资对数
主要解释变量	mumcare	主要由已婚女性自己照管儿童(是为1、否为0)
控制变量		
个体特征变量	zhongxue	初中及高中毕业定义为中学学历(是为1、否为0)
	daxue	大专及以上学历定义为大学学历(是为1、否为0)
	age	年龄
	age2	年龄的平方
	training	参加培训(是为1、否为0)
	health	不健康为0,一般、健康、比较健康、非常健康为1
	party	中共党员(是为1、否为0)
	religion	宗教信仰(有为1、无为0)
	hukou	非农户口为1、农业户口为0
工作特征变量	guanli	担任管理职位(是为1、否为0)
	guoyou	在国有企业工作(是为1、否为0)
	hetong	与雇主签订合同(是为1、否为0)
	csize2	20~100人的企业为中等规模企业(是为1、否为0)
	csize3	100人以上的企业为大规模企业(是为1、否为0)
家庭特征变量	szhongxue	配偶最高学历为初中及高中毕业(是为1、否为0)
	sdaxue	配偶最高学历为大专及以上学历(是为1、否为0)
	lnfincome	全年人均家庭纯收入对数
	kid16num	16岁以下儿童的数量
	kid02	有0~2岁的儿童(是为1、否为0)
	kid36	有3~6岁的儿童(是为1、否为0)
	minkidage	最小孩子的年龄

变量类型	变量名	变量定义
省份虚拟变量	*province*	受访用户所在省份
年份虚拟变量	*year*	访问年份
工具变量	*gmnotalive*	儿童的祖母是否过世(是为1、否为0)
其他	*lnyincome*	非农受雇工作年收入对数
	workhours	每周工作小时

五、实证结果与分析

(一)基础回归结果与分析

1. 最小二乘法回归(OLS)

表9.2是基本模型的OLS逐步回归结果。从初步的结果可以发现,在控制其他变量的情况下,儿童照管对已婚女性的工资收入在1%的水平上显著为负,系数大小表明儿童照管对已婚女性小时工资对数的负面影响在12.92%~18.12%之间。该结果验证了我们前面的理论假设H1的内容。

从表9.2中第(4)列来看,其他控制变量的影响与理论猜测基本相符。以小学学历为对照组,中学学历只比小学学历的经济回报高13.74%,而大学学历比小学学历经济回报高53.34%,这说明教育的回报确实是非线性的,是女性提升工资收入的重要途径。工资收入随着年龄的增长而上升,但是与年龄的平方成反比,说明年龄与收入存在倒U形关系。这是因为在一定程度上年龄是工作经验的代理变量,因此人力资本回报率随着工作经验的增长呈现边际递减趋势。参加非学历教育的培训有利于提升个人的学习和工作能力,实现人力资本的积累,也有利于促进工资收入的提升。健康的身体是开展工作的基础,有利于承受更长的工作时间和更高的强度工作,进而提高工资收入。党员身份对工资收入的影响不显著,可能因为样本中的已婚女性大部分在非国企工作,而政治身份在非国企并不具备显著优势。宗教信仰与工资收入呈现负相关关系,但是不显著,其对收入并不具有普遍的促进作用,"价值性"大于"功利性"(陶颖等,2017)。户籍对已婚女性工资收入的影响不显著,说明目前户籍制度对于人口流动的影响在减弱,户口身份所造成的劳动力市场分割在变弱。担任管理岗位的女性工资高于普通员工,在国有企业工作也有利于增加工资。与企业签订合同能够更好地保障职工权益,使劳动关系更加正式、稳定,有利于激发工作热情或者获得更有保障性的收入,不过企业规模与工资收入的高低不存在必然的联系。

表9.2　OLS逐步回归

VARIABLES	(1) Inhwage	(2) Inhwage	(3) Inhwage	(4) Inhwage
mumcare	−0.1812*** (0.0384)	−0.1654*** (0.0379)	−0.1480*** (0.0375)	−0.1292*** (0.0376)
zhongxue	0.2151*** (0.0492)	0.1692*** (0.0488)	0.1134** (0.0494)	0.1374*** (0.0501)
daxue	0.8553*** (0.0705)	0.7011*** (0.0724)	0.5057*** (0.0789)	0.5334*** (0.0775)
age	0.2128*** (0.0335)	0.2004*** (0.0332)	0.1204*** (0.0356)	0.1144*** (0.0350)
age2	−0.0030*** (0.0005)	−0.0027*** (0.0005)	−0.0016*** (0.0005)	−0.00156*** (0.0005)
training	0.1622*** (0.0568)	0.0638 (0.0544)	0.0662 (0.0511)	0.0867* (0.0501)
health	0.2198** (0.0896)	0.2009** (0.0872)	0.1382* (0.0814)	0.1460* (0.0809)
party	0.1620* (0.0888)	0.1226 (0.0887)	0.0985 (0.0817)	0.1183 (0.0800)
religion	0.0230 (0.0545)	0.0011 (0.0532)	−0.0311 (0.0515)	−0.0720 (0.0514)
hukou	0.1624*** (0.0492)	0.0853* (0.0494)	0.0294 (0.0494)	−0.0152 (0.0499)
工作特征控制变量	否	是	是	是
家庭特征控制变量	否	否	是	是
省份固定	否	否	否	是
时间固定	否	否	否	是
Constant	−2.0939*** (0.5695)	−1.9809*** (0.5626)	−3.3431*** (0.6933)	−2.3757*** (0.6984)
R-squared	0.1543	0.1805	0.2377	0.2697
Observations	2586	2586	2586	2586

注:括号内数值为异方差稳健标准误;*、**、***分别表示10%、5%、1%的显著性水平。

以配偶小学学历为参照组,配偶为中学学历对女性工资的正向影响不显著,但是配偶为大学学历对已婚女性工资的促进作用在1%的水平上显著,"教育同质婚配"会加剧家庭收入间的不平等(潘丽群等,2015)。16岁以下儿童的数量和最小孩子的年龄对女性工资的影响不显著,但是相比家中有7~15岁的儿童,家中有0~2岁或者3~6岁的儿童会降低女性工资水平,这表明儿童年龄对女性工资收入的影响是非线性的。此外,学龄前儿童对女性工资的负面影响程度更大。控制省份效应后对女性工资收入的影响是显著的,说明工资收入存在区域性差异;不过年份效应不显著,说明工资差异的时间变化趋势不明显。

2. 倾向得分匹配回归——考虑选择偏差

在现实生活中,已婚女性是否选择由自己来照管儿童并不是一个随机性的行为,而是基于某些因素做出的选择。也就是说,由于个体特征、工作特征和家庭特征等因素初始条件的不同,已婚女性选择由自己来照管儿童的概率也不一样。在这种情况下,可能会存在一定的选择偏差,从而影响估计结果。为此,可以通过随机匹配构建"反事实"框架来解决选择难题,匹配的条件越多匹配结果就越精确,匹配的难度也随之加大。倾向得分匹配(Propensity Score Matching,PSM)方法能够通过估计"倾向得分"较好地实现二者的平衡。

"反事实"的构建思路如下:将"儿童主要由已婚女性自己照管"作为处理组(treated),"儿童主要由其他人照管"作为控制组(control)。对于处理组而言,其在照管儿童下的工资收入与其在未照管儿童情况下的工资收入之间的差异,就是"儿童照管"所带来的平均处理效应(Average Treatment Effect on the Treated,ATT)。但对于处理组而言,后者情况是没有实际发生而无法观察到的"反事实"。因此,可以从控制组中寻找与处理组中具有相同特征的个体进行匹配,将其作为处理组在"反事实"情况下的结果。对于控制组而言,其平均处理效应(Average Treatment Effect on the Untreated,ATU)表示"没有承担主要儿童照管责任"的女性假如在"承担主要的儿童照管责任"时可能获得的工资收入与其目前实际获得的工资收入的差异。有关控制组与处理组工资收入的差异则为总体平均处理效应（Average Treatment Effect，ATE）。上述三种效应可分别表示为：

$$ATT = E\left(\text{lnhwage}_{1i} - \text{lnhwage}_{0i} / \text{mumcare}_i = 1\right) \qquad (2)$$

$$ATU = E\left(\text{lnhwage}_{1i} - \text{lnhwage}_{0i} / \text{mumcare}_i = 0\right) \qquad (3)$$

$$ATE = E\left(\text{lnhwage}_{1i} - \text{lnhwage}_{0i}\right) \qquad (4)$$

计算平均处理效应的步骤如下：首先，选择尽可能多的影响因变量和自变量的控制变量作为匹配的条件，本章将已婚女性的个体特征、工作特征、家庭特征、区域特征（将省份依据区域划分为东部、中部、西部三个虚拟变量①）及年份哑变量作为协变量；其次，运用Logit模型估计在给定控制变量的情况下，已婚女性选择照管儿童的条件概率；再次，使用各种匹配方法进行匹配并且检验数据平衡的质量；②最后，依据匹配后的样本计算平均处理效应。

从表9.3中可以看出，各种匹配方法下准R^2、似然比检验、均值偏差、中位数偏差和B值都下降很多，拟合优度变差很多，匹配质量较好。表9.4为匹配前后的估计结果。多种匹配方法稳健性表明，在排除其他影响工资收入因素的差异后，儿童照管会显著降低已婚女性的工资收入。相比匹配前的结果，匹配后估计系数提高，而显著性则从不显著变成显著。以ATT估计结果为例，儿童照管对已婚女性工资收入在1%显著水平上具有负向影响，系数在-17.31%到-13.66%之间波动。

---

① 样本中东部地区的省份包括：北京、天津、河北、辽宁、山东、江苏、上海、浙江、福建、广东，占比43.85%；中部地区的省份包括：山西、吉林、黑龙江、安徽、江西、河南、湖北、湖南，占比31.16%；西部地区的省份包括：陕西、四川、云南、贵州、广西、甘肃、重庆，占比24.99%。

② 限于篇幅原因，各种匹配方法下的平衡性检验结果未列出，留存备查。

表9.3　匹配质量的平衡性检验结果

匹配方法	Ps R2	LR chi2	p>chi2	MeanBias	MedBias	B
匹配前	0.067	239.06	0.000	8.9	4.9	62.4*
近邻匹配(n=1)	0.009	34.37	0.078	3.8	3.3	22.2
近邻匹配(n=4)	0.003	13.31	0.961	2.1	1.5	13.8
半径匹配(r=0.01)	0.002	6.33	1.000	1.7	1.6	9.5
核匹配(带宽=0.06)	0.001	3.83	1.000	1.3	1.2	7.4
局部线性回归(带宽=0.8)	0.009	34.37	0.078	3.8	3.3	22.2

表9.4　基于倾向得分匹配方法的平均处理效应

	匹配前	近邻匹配 (n=1)	近邻匹配 (n=4)	半径匹配 (r=0.01)	核匹配 (带宽=0.06)	局部线性回归 (带宽=0.8)
ATT	−0.0527 (0.0412)	−0.1731*** (0.0610)	−0.1459*** (0.0506)	−0.1368*** (0.0438)	−0.1366*** (0.0397)	−0.1474*** (0.0404)
ATU		−0.0802 (0.0689)	−0.1077* (0.0577)	−0.1353*** (0.0427)	−0.1238*** (0.0394)	−0.1268*** (0.0437)
ATE		−0.1307** (0.0505)	−0.1285*** (0.0444)	−0.1361*** (0.0395)	−0.1308*** (0.0369)	−0.1380*** (0.0385)
样本量	2586	2564	2564	2547	2563	2564

注:括号内的数值是bootstrap自助抽样500次的标准误;样本量是能够找到匹配对象的样本数,未能进入匹配的不进入评估方程。所有匹配方法均通过了平衡性检验。

(二)内生性的处理及工具变量法估计

反向因果和遗漏变量会使儿童照管存在内生性问题。首先,女性的非农劳动工资收入的高低与是否选择自己照管儿童可能存在反向因果关系。一方面,儿童照管行为会降低女性在工作上的时间投入或者努力程度,从而降低工作效率。另一方面,女性的工资收入也会反过来影响是否选择自己来照管儿童。当女性工资收入较高时,可能会选择通过市场购买儿童照管服务,或者让家里其他工资收入较低的群体来照管儿童。其次,现实中一些不可观测或者难以度量的因素,如家庭责任感、对子女人力资本投入的重视程度、事业进取心、社会制度等不仅会影响女性的工资收入,还会影响儿童照管方式。总而言之,内生性的存在会使回归系数估计存在偏差,但是二者造成的总体偏差方向还不能确定。

通过 Durbin-Wu-Hausman 检验,得到其F统计检验量为6.71947,并且在1%(P=0.0096)的显著性水平上拒绝儿童照管是外生性的假设。为了降低偏误,需要对内生性问题进行控制,缓解内生性的普遍手段是使用工具变量法。有关儿童照管方式的工具变量,国内外相关文献多使用儿童祖辈相关的信息,如是否与祖辈同住、祖辈居住的地理接近度和祖辈是否健在或者祖辈的健康状况。是否与祖辈同住可能并不具有随机性,使用祖辈的健康状况会更精确,但是会因此损失很多样本。本章使用"儿童的祖母是否过世"作为工具变量(也尝试过使用"儿童的祖父及外祖父母是否过世"作为工具变量,但均未通过相关统计检验)。

有效的工具变量需要满足相关性和外生性两个条件,即工具变量与内生解释变量相关,但与扰动项不相关。本章工具变量的逻辑如下:"儿童的祖母是否过世"会直接影响已婚女性有没有可用的隔代照料资源,进而影响由自己照管儿童的概率,最终影响其工资收入。但是"儿童的祖母是否过世"具有随机性,与其他可能影响女性工资收入的因素不存在明显的相关性。为检验工具变量在样本中的有效性,在stata统计软件中通过"ivreg2"命令对其进行检验,Kleibergen-Paap rk LM 统计量为41.040,P值为0.0000,拒绝工具变量为不可识别的原假设;Kleibergen-Paap rk Wald F 统计量为41.211,大于Stock-Yogo检验10%水平上的临界值16.38,拒绝工具变量为弱工具变量的原假设,因此工具变量的有效性得以证明。

表9.5　工具变量法回归结果

	First Stage	2SLS	LIML	GMM
VARIABLES	mumcare	lnhwage	lnhwage	lnhwage
mumcare		−0.8892*** (0.3292)	−0.8892*** (0.3292)	−0.8805*** (0.3299)
gmnotalive	0.1301*** (0.0203)			
zhongxue	0.0691*** (0.0246)	0.1858*** (0.0565)	0.1858*** (0.0565)	0.1921*** (0.0562)
daxue	0.1170*** (0.0405)	0.6239*** (0.0891)	0.6239*** (0.0891)	0.6490*** (0.0889)

	First Stage	2SLS	LIML	GMM
age	0.0446** (0.0176)	0.1470*** (0.0399)	0.1470*** (0.0399)	0.0595 (0.0377)
age2	−0.0004* (0.0003)	−0.0018*** (0.0005)	−0.0018*** (0.0005)	−0.0006 (0.0005)
training	0.0330 (0.0305)	0.1165** (0.0566)	0.1165** (0.0566)	0.1129** (0.0566)
health	0.0265 (0.0387)	0.1619* (0.0869)	0.1619* (0.0869)	0.1460* (0.0868)
party	0.0269 (0.0446)	0.1421 (0.0910)	0.1421 (0.0910)	0.1460 (0.0912)
religion	0.0716*** (0.0276)	−0.0156 (0.0613)	−0.0156 (0.0613)	−0.0228 (0.0612)
hukou	0.1221*** (0.0259)	0.0764 (0.0664)	0.0764 (0.0664)	0.0915 (0.0662)
工作特征控制变量	是	是	是	是
家庭特征控制变量	是	是	是	是
省份固定	是	是	是	是
时间固定	是	是	是	是
Constant	0.8567*** (0.3240)	−1.8156** (0.7659)	−1.8156** (0.7659)	0.0000 (0.0000)
R-squared	0.1215	0.1522	0.1522	0.1497
Observations	2586	2586	2586	2586

注:括号内数值为异方差稳健标准误;*、**、***分别表示10%、5%、1%的显著性水平。

表9.5是工具变量多种方法的回归结果,同时把2SLS第一阶段的回归结果也放在一起,从中可以看出影响儿童照管方式选择的因素。"儿童祖母的过世"会使儿童由女性自己照管的概率增加13.01%,且在1%的水平上显著。女性的学历是另一个重要的影响因素,其学历越高,越有可能选择自己来照管儿童。已婚女性学历水平与其选择照料儿童的时间成正相关关系,这是因为教育水平高的父母认为陪伴孩子的时间是"机会成本更高因而更有价值"的时间(Guryan et al.,2008)。然而低学历家庭的儿童会存在"照料赤字"问题,儿童照料的"教育梯度"存在推动贫困代际传递的风险。女性年龄越大越有可能自己照料儿童,一来可能是因为家中父母年纪偏大,二来年龄越大在育儿上的经验会更成熟。宗教信仰会增加由已婚女性自己照管儿

童的概率,拥有宗教信仰的已婚女性在家庭分工上可能会更具有传统性别认同的意识。相比农业户口,非农户口的女性更有可能选择自己照管儿童。与雇主签订劳动合同会减少儿童照管的概率,为了有更加灵活的工作时间照管儿童,女性可能会选择非正规就业。企业规模和配偶学历不影响儿童照料方式的选择。人均家庭收入高的已婚女性可以通过购买市场化的照料服务以减轻自身照料负担。相比家中有7~15岁的儿童,0~2岁和3~6岁儿童都会增加已婚女性照料的负担,随着家中最小儿童年龄的增长,已婚女性的照料负担逐渐降低。

本章所使用的三种工具变量法各有优劣也能互为补充,2SLS估计一致但有偏倚,因此会带来显著性水平的扭曲,而这种扭曲会随着弱工具变量而增大。不过对弱工具变量更不敏感的LIML的系数估计值与2SLS是一致的,再次从侧面验证了工具变量的有效性。当存在异方差时,GMM会比LIML更有效,但结果也相差不大。在控制内生性后,照管孩子对已婚女性工资收入的负面影响依然在1%的水平上显著,且估计系数上升很多,这充分说明内生性问题使得OLS估计产生明显向下的偏倚。大部分控制变量的显著性和影响方向较OLS估计结果都没有发生变化,稍有变化的是与企业签订合同对女性工资的促进作用从5%水平上的显著变成不显著,灵活就业不一定会降低工资;最小儿童的年龄对女性工资收入的影响从不显著变成1%水平上的正向促进作用。一方面,随着儿童年龄的增长,其生活的独立自主性增强,能够减少由已婚女性自己照管的概率,增加在工作时间上的投入;另一方面,儿童入学后在教育支出上的增加,会促使女性更加努力工作,为儿童提供更好的资源。二者都可能使女性工资收入上升。

(三)稳健性检验

本章所使用的小时工资收入对数是依据问卷中已婚女性的年工资收入,按照经验中每月的平均工作周数与已知的每周工作时间来进行换算的。但鉴于样本中很多女性没有与企业签订合同,就业方式较为灵活,可能中间会出现工作转换的现象,年工作时间可能存在一定差异。因此,可以将被解释变量由小时工资对数替换成年工资收入对数(lnyincome)，并添加每周工作时间(workhours)作为控制变量，验证结果是否稳健。在使用工具变量法缓解内生性后，儿童照料对女性年工资收入影响的估计结果显示，主要解释变量及控制变量的估计系数及显著性都跟表9.5的结果相差不大，如表9.6所示，通过了稳健性检验。

表9.6　将被解释变量换成年工资收入对数的回归结果

	First Stage	2SLS	LIML	GMM
VARIABLES	mumcare	lnyincome	lnyincome	lnyincome
mumcare		−1.0533***	−1.0533***	−1.0649***
		(0.3041)	(0.3041)	(0.3061)
gmnotalive	0.1263***			
	(0.0201)			
控制变量	是	是	是	是
省份固定	是	是	是	是
时间固定	是	是	是	是
Constant	1.2755***	6.9670***	6.9670***	5.8391***
	(0.3260)	(0.7316)	(0.7316)	(0.7856)
R-squared	0.1389	0.1400	0.1400	0.1335
Observations	2586	2586	2586	2586

注：括号内数值为异方差稳健标准误；*、**、***分别表示10%、5%、1%的显著性水平。

六、进一步分析

(一)分位数回归

为了考察儿童照管对于不同收入分布影响的差异性，我们建立分位数模型进行进一步分析。表9.7给出了五个具有代表性分位点的回归结果，可以看出在0.1~0.75四个分位点上，儿童照管对于已婚女性的工资收入都具有显著的负向影响，但是在0.9分位点上儿童照管对女性工资具有正向影响，只是不具有显著性。随着分位点的增加，不管是从数值大小还是显著性水平来说，儿童照管的估计系数都呈现递减趋势。从系数的标准误来看，呈现先降后升的趋势,条件分布两端的回归系数估计可能会存在一定的偏误。从回归结果看,儿童照料对收入越高的已婚在职女性负面影响越小,这验证了我们前面提出的理论假设H2的内容。

表9.7　分位数回归

VARIABLES	Q=0.1	Q=0.25	Q=0.5	Q=0.75	Q=0.9
	lnhwage	lnhwage	lnhwage	lnhwage	lnhwage
mumcare	-0.2811***	-0.1807***	-0.1184***	-0.0617*	0.0532
	(0.0858)	(0.0531)	(0.0324)	(0.0361)	(0.0760)
控制变量	是	是	是	是	是
省份固定	是	是	是	是	是
时间固定	是	是	是	是	是
Observations	2586	2586	2586	2586	2586

(二)城乡异质性

由于我国城乡地区社会经济发展水平存在差异,城乡女性的劳动力市场和工资收入水平差异会比较明显。同时,我国计划生育政策在城乡地区执行的宽松程度和城乡生育观念及生育意愿存在差异。因此,分别使用OLS和2SLS检验儿童照管对已婚女性工资收入的影响是否存在城乡差异。

Kleibergen-Paap rk Wald F 统计量乡村地区为29.968,城镇地区为9.466,大于Stock-Yogo检验15%水平上的临界值8.96,工具变量有效性在城镇地区较弱。可能是因为城镇地区可供选择的儿童照管方式较为丰富,对于隔代照料的依赖性会降低。从表9.8中可以看出,在控制内生性后,儿童照管对城乡女性工资收入的影响系数都增大。无论是OLS还是2SLS回归,儿童照管对女性工资收入的负面影响,都是乡村地区明显大于城镇地区,且城镇地区在2SLS中变得不显著。实证结果显示,相对于农村已婚在职妇女,儿童照料对城镇已婚在职女性工资收入的影响更小。实证结果验证了我们在前面提出的理论假设H3的内容。

表9.8 城乡地区异质性分析

	乡村地区		城镇地区	
	OLS	2SLS	OLS	2SLS
VARIABLES	lnhwage	lnhwage	lnhwage	lnhwage
mumcare	−0.1915***	−1.2335***	−0.0625*	−0.3449
	(0.0596)	(0.4064)	(0.0494)	(0.6090)
控制变量	是	是	是	是
省份固定	是	是	是	是
时间固定	是	是	是	是
R-squared	0.2286	0.0159	0.3075	0.2911
Observations	1160	1160	1426	1426

注: 括号内数值为异方差稳健标准误;*、**、***分别表示10%、5%、1%的显著性水平。

七、结论与建议

(一)主要结论

本章通过对现有文献梳理,提出了儿童照料对已婚女性工资影响的三个研究假说,并在明瑟收入方程的基础上,构建了基本的计量模型。以CFPS2014年和2016年的混合截面数据为样本,采用包括均值回归、分位数回归、倾向得分匹配、工具变量法和处理效应模型在内的多种方法进行了实证检验,三个假说得到验证:一是在控制其他影响女性工资收入的因素下,相比主要由家庭中其他成员或者学校对儿童进行照管的已婚女性,主要由自己照管儿童的已婚女性,其非农劳动工资收入会受到负面影响。二是儿童照管对不同收入阶层女性工资的影响程度不一样,高收入女性可以凭借自身更高的人力资本,获得质量更好的工作,在工作时间和儿童照料时间上的自主选择性更大,进而其工资收入受儿童照管的负面影响也会下降。三是城镇地区有着更加平等的性别观念、更有保障的儿童照料政策和更加容易获得的市场化儿童照管服务,儿童照管使城镇已婚女性所承受的机会成本低于乡村已婚女性。

(二)政策建议

其一,将儿童照管纳入公共服务的体系范畴内。应当加强财政支持力度,尤其针对3岁以下婴幼儿的托幼服务更要加大支持。在我国家庭中"夫妻双职工"的现象很常见,企业中女性职员能够享受的产假在6个月左右,小孩周岁以内的母亲每天享有哺乳假。幼儿园一般只接受3岁以上的儿童,而3岁以下的儿童照管需求弹性很小,因此已婚女性存在至少两年的儿童照管压力。对于3岁以下的婴幼儿而言,祖父母的隔代照料是对母亲照管的替代,有利于减轻女性的儿童照料压力。但是一方面延迟退休政策和老龄化问题会使得隔代照料不具有可持续性;另一方面育儿观念的代际差异会使得隔代照料存在"养有余而教不足"的问题,不利于儿童的健康成长。儿童照管公共服务资源供给匮乏,婴幼儿托幼服务应进入国家层面的发展规划,增加投入,加强监管。增加财政支持的普惠性托幼和学前教育机构,尤其要增加农村地区幼儿教育资源的供给。

其二,为低收入家庭提供儿童照料支持或补贴。父母对于儿童的照管,包括日常生活的衣食起居照料和教育认知上的引导,对于儿童尤其是学龄前儿童的成长具有重要意义。虽然生育和照管儿童需要投入巨大的时间和精力,产生机会成本,但是对于大部分人而言,照料孩子不仅是为人父母的职责,更是一种愉悦的情感寄托。儿童照管也是家庭中一项重要的人力资本投资,会对孩子的一生产生重要影响。为了缩小儿童照管对不同收入阶层女性的影响程度和贫困家庭"照料赤字"的问题,需要对低收入家庭提供补贴和福利,如保障低收入家庭的儿童进入公立托幼机构的权益、减免托幼费用、提供儿童抚养津贴等。

其三,鼓励家庭友好型的工作安排。在保障女性享有生育保险、产假、育儿假、哺乳假、临时假等不同权益的基础上,提高陪产假的法律地位以促进父亲参与儿童照管,使男女双方共担生育成本,进而减少雇主对女性的顾虑和歧视(张海峰,2018)。应当构建男女平等的文化氛围,倡导男女共担家务和照料责任,增加父亲对孩子的陪伴时间,让"父爱"不在儿童的成长过程中缺席,减少女性的照料负担。

参考文献:

1. 陈瑛、江鸿泽:《子女数量对我国流动女性劳动参与的影响——基于M型与倒U型劳动参与曲线的分析》,《南方人口》2018年第2期。

2. 第三期中国妇女社会地位调查课题组:《第三期中国妇女社会地位调查主要数据报告》,《妇女研究论丛》2011年第6期。

3. 杜凤莲:《家庭结构、儿童看护与女性劳动参与:来自中国非农村的证据》,《世界经济文汇》2008年第2期。

4. 莫玮俏、叶兵:《家庭劳动、工资率与部门差异》,《劳动经济研究》2018年第4期。

5. 南国铉、李天国:《子女教育对韩国妇女就业影响的实证研究——基于8700户家庭的调查》,《人口与经济》2014年第1期。

6. 潘丽群、李静、踪家峰:《教育同质性婚配与家庭收入不平等》,《中国工业经济》2015年第8期。

7. 卿石松、田艳芳:《家庭劳动是否降低工资收入——基于CHNS的证据》,《世界经济文汇》2015年第4期。

8. 任泽平、熊柴、周哲:《中国生育报告(2019)》,《发展研究》2019年第6期。

9. 孙文凯、樊蓉:《重估中国近年体制内工资溢价——基于CFPS数据的实证分析》,《经济学动态》2017年第5期。

10. 陶颖、王义涛、陈启亮等:《宗教信仰与农户非农收入——信教有利于增收吗?》,《中国经济问题》2017年第4期。

11. 王垣、董晓媛:《农村贫困地区家庭幼儿照料对女性非农就业的影响》,《人口与发展》2010年第3期。

12. 吴帆、王琳:《中国学龄前儿童家庭照料安排与政策需求——基于多源数据的分析》,《人口研究》2017年第6期。

13. 肖洁:《家务劳动对性别收入差距的影响——基于第三期中国妇女社会地位调查数据的分析》,《妇女研究论丛》2017年第6期。

14. 谢宇、胡婧炜、张春泥:《中国家庭追踪调查:理念与实践》,《社会》2014年第2期。

15. 熊瑞祥、李辉文:《儿童照管、公共服务与农村已婚女性非农就业——来自CFPS数据的证据》,《经济学(季刊)》2017年第1期。

16. 许琪:《中国人性别观念的变迁趋势、来源和异质性——以"男主外,女主内"和"干得好不如嫁得好"两个指标为例》,《妇女研究论丛》2016年第3期。

17. 袁晓燕、石磊:《受教育程度对女性劳动时间配置的影响研究》,《上海经济研究》2017

年第 6 期。

18. 张川川：《子女数量对已婚女性劳动供给和工资的影响》，《人口与经济》2011 年第 5 期。

19. 张海峰：《全面二孩政策下中国儿童照料可及性研究——国际经验借鉴》，《人口与经济》2018 年第 3 期。

20. 周闯、曲佳霖：《公共部门与非公共部门就业选择的福利效应——基于幸福经济学的视角》，《劳动经济研究》2017 年第 2 期。

21. 邹红、彭争呈、栾炳江：《隔代照料与女性劳动供给——兼析照料视角下全面二孩与延迟退休悖论》，《经济学动态》2018 年第 7 期。

22. Angrist J. D., W. N. Evans. "Children and Their Parents' Labor Supply: Evidence from Exogenous Variation in Family Size", *The American Economic Review*, 1998,88(3):450-477.

23. Becker G. S. "A Theory of the Allocation of Time", *The Economic Journal*, 1965,75 (299): 493-517.

24. Bonke J., N. Datta Gupta, N. Smith. "The Timing and Flexibility of Housework and Men and Women's Wages", *The Economics of Time Use*, Emerald Group Publishing Limited, 2004,271(3):43-77.

25. Bryan M. L., A. Sevilla-Sanz. "Does Housework Lower Wages? Evidence for Britain", *Oxford Economic Papers*,2010,63(1):187-210.

26. Chun H., J. Oh. "An instrumental Variable Estimate of the Effect of Fertility on the Labour Force Participation of Married Women", *Applied Economics Letters*, 2002,9(10): 631-634.

27. Guryan J., E. Hurst, M. Kearney. "Parental Education and Parental Time with Children", *The Journal of Economic Perspectives*,2008,22(3):23-46.

28. Hersch J. "The Impact of Nonmarket Work on Market Wages", *The American Economic Review*,1991,81(2): 157-160.

29. Lokshin M. M. "Household Childcare Choices and Women's Work Behavior in Russia", *The Journal of Human Resources*,2004,39(4):1094-1115.

30. Sundström M., A. Z. E. Duvander. "Gender Division of Childcare and the Sharing of Parental Leave Among New Parents in Sweden", *European Sociological Review*,2002,18 (4): 433-447.

31. Viitanen T. K. "Cost of Childcare and Female Employment in the UK", *Labor*,2005,19 (1):149-170.

以"稳外资"助推"稳就业"：

基于中国工业企业数据的经验分析

张　婷　高德婷　蔡熙乾　谢申祥*

考察外国直接投资对本土企业的就业效应，有助于全面认识外国直接投资对东道国经济的影响，为东道国制定合理的外国直接投资政策提供重要的理论依据。基于此，本章利用中国加入世贸组织对《外商投资产业指导目录》进行修订，从而放松外资准入限制这一事实，通过建立计量经济模型，借助倍差分析法（difference-in-differences）构建较为合理的工具变量，分析了外国直接投资对中国本土企业就业的影响。研究结果表明：外国直接投资的增加显著促进了本土企业的就业，并且这一结论在考虑到非线性影响、国有企业改革等因素后依然稳健。此外，外国直接投资对本土企业就业的影响，主要是通过影响劳动密集型企业的就业及企业的退出概率来实现的。本章的研究，进一步深化了我们对当前"稳外资"与"稳就业"关系的认识，进一步阐释了放松外资进入领域限制从而扩大对外开放的作用。

一、引言

改革开放以来，在四十多年的时间里，中国实际利用外国直接投资金

* 本章是国家社会科学基金重点项目"'逆全球化'的政治经济学分析与中国的应对方案研究"（18AGJ001）的阶段性成果；得到国家自然科学基金青年项目（71303134，71703133）、泰山学者工程专项经费资助，山东财经大学优势学科人才团队培育计划的资助。张婷，山西财经大学金融学院副教授，博士；高德婷，山东财经大学商学院博士研究生；蔡熙乾（通讯作者），厦门大学王亚南经济研究院教授；谢申祥，山东财经大学经济学院院长、教授。

额从无到有、从小到大，取得了举世瞩目的成就。据统计，1983年中国实际利用外国直接投资金额仅为9.2亿美元，截至2018年，这一数据已然达到1350亿美元，年平均增长速度约为38.3%，累计实际利用外国直接投资达到20298亿美元。[①] 从国际比较来看，联合国贸易和发展组织发布的《2018年世界投资报告》显示，在2008年国际金融危机后全球外国直接投资持续下滑的背景下，中国仍是全球第二大外资流入国和外资流入最多的发展中国家。

伴随着中国利用外国直接投资金额的快速增长，中国的就业人数也迅猛增加（如图10.1所示）。1983年，中国就业人数约为4.64亿，而2018年这一数据已达到7.76亿。[②] 就业人口的持续增长，一方面得益于中国持续推进的市场化改革，激发了企业的活力；另一方面得益于中国稳步推动的对外开放，使得中国经济深度融入世界经济。

然而2008年国际金融危机使得中国经济面临极其严峻的外部环境，2018年加剧的中美贸易摩擦使得中国经济面临更加严酷的挑战，中国的就业压力十分巨大。在此背景下，2018年7月中共中央政治局会议着重提出要做好以"稳就业"为首要任务的稳定工作要求。[③]2019年3月的《政府工作报告》更是强调要实施就业优先政策。因此，在当前的形势下做好"稳就业"工作就显得更加重要和迫切。

本章尝试从以"放宽市场准入，缩减外资准入负面清单"为主要措施的"稳外资"出发，探究"稳外资"对"稳就业"的影响。一方面，有助于全面认识外国直接投资对东道国经济的影响；另一方面，有助于厘清"稳外资"与"稳就业"的关系，为制定相应的政策提供理论依据和支撑。

---

①② 数据来源：国家统计局网站 http://data.stats.gov.cn/easyquery.htm?cn=C01。

③ 其他任务包括稳金融、稳外贸、稳外资、稳投资和稳预期。

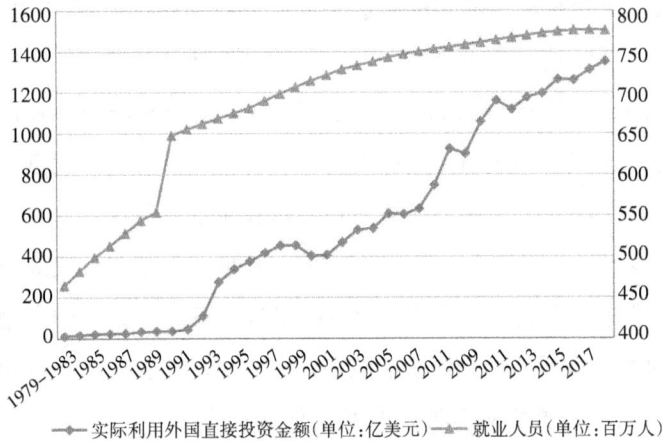

图10.1　改革开放以来中国实际利用外国直接投资金额（左纵坐标）与就业人数（右纵坐标）

二、文献综述

在开放经济条件下，一国的就业既会受到一国对外贸易的冲击，也会受到一国外国直接投资的影响。已有研究中，大多关注贸易对就业的经济效应（赵瑾，2019；Pfluger et al.，2013），较少关注外国直接投资对东道国就业的影响。而已有探讨外国直接投资对东道国就业影响的研究主要从如下三个方面展开分析：

从外国直接投资对东道国就业的整体、行业或区域影响来看，小泉和科佩克（Koizumi and Kopecky，1980）在一个跨国公司进行国际经营的框架下，从管理技能转移的角度，论证了外国直接投资有助于东道国的就业。拉多塞维奇等（Radosevic et al.，2003）以中欧国家的制造业数据为例，分析发现外国直接投资会增加东道国的整体就业。瓦尔德基奇等（Waldkirch et al.，2009）针对墨西哥非保税加工制造业的数据分析发现，外国直接投资对墨西哥制造业的就业有显著的正效应。毛日昇（2009）利用中国392个制造业的行业数据证明外国直接投资显著促进了制造业行业的劳动力需求。赵德昭和许和连（2013）利用中国284个地级市的数据研究发现，外国直接投资通过促进农村剩余劳动力的转移促进了就业。许建伟和郭其友(2016)利用中国省级面板的制造业数据研究发现,外国直接投资有助于缓解中国的就业压力。而詹金斯(Jenkins,2006)发现外国直接投资对越南就业的影响存在负向效应,奥纳兰(Onaran,2008)以8个中东欧国家为样本发现外国直接投资对东道国就业的影响并不显著。郑月明和董登新(2008)基于中国的省级数据研究发现,外国直接投资对于东部地区的就业存在替代效应,对中部、西部的效果并不明显。裘德和西拉吉(Jude and Silaghi,2016)利用中东欧20国18年的数据发现,由于创造性破坏的存在,外国直接投资短期会降低东道国的就业,但是长期对东道国的就业有正向的影响。

从外国直接投资类型对东道国的就业效应来看,绿地投资(greenfield investment)涉及新建企业,因而会带来就业的增加。但是并购投资所产生的就业效应随研究对象的不同而产生截然不同的影响。吉尔玛(Girma, 2005)通过剖析英国制造业企业中被外国兼并的企业,发现并购投资提高了被并购企业的效率,从而减少了企业的就业。王和王(Wang and Wang, 2015)利用中国工业企业数据,借助倍差分析法发现,相较于本地企业之间的并购,外国企业对本地企业的并购通过缓解融资约束增加了被并购企业的就业数量。

从外国直接投资对企业就业的影响来看,对于利用外国直接投资的企业而言,康尼昂等(Conyon et al.,2002)和吉尔玛(Girma,2005)类似,认为跨国公司具有特定的生产率优势,跨国公司将这些优势转移给东道国的附属企业后,无疑会提升这些附属企业的效率,减少对劳动力的雇用。罗杰斯和吴(Rogers and Wu,2012)则发现美国州一级的优惠政策提高了在美国的外资企业的就业人数。而从外国直接投资对本土企业就业的影响来看,外国直接投资借助竞争效应和溢出效应来发挥作用。门辛格(Mencinger,2003)发现,如果外国直接投资过强的竞争优势将本土企业挤出市场,那么外国直接投资无疑会对本土企业的就业产生负向效应。如果外国直接投资向东道国的本土企业进行生产经营的外包,那么外国直接投资就会促进本土企业的成长,从而对本土企业的就业产生正向效应(Javorcik,2004)。考虑到生产的组织结构,哈努塞克等(Hanousek et al.,2011)发现,外国直接投资对上游本土企业的就业效应往往是正的,而对下游企业的就业影响往往是负的。

从已有研究我们不难发现,受制于微观数据可获得性的限制,大部分研究探讨的是外国直接投资的整体、行业或区域就业效应。而在企业层面展开的研究中,外国直接投资的就业效应往往随所分析国家和企业的差异而表现出极大的不同,并且对外国直接投资的微观就业效应也没有形成统一的认识。此外,受制于经验分析中存在的内生性问题,相应的研究还有进一步深入的空间。

与已有研究相比,本章的主要贡献体现在如下三个方面:首先,不同于王和王(Wang and Wang,2015)就中国企业被外资并购后自身所产生的就业效应分析,我们尝试考察外国直接投资对中国本土企业就业的影响,这样既有助于全面认识外国直接投资对中国的就业效应,也有助于深入认识外国直接投资在中国市场的溢出效应。其次,我们借助于中国加入世贸组织对外资准入所做的承诺,构建关于外国直接投资的工具变量,较好地处理了外国直接投资与就业之间的内生性问题,从而可以较为准确地识别外国直接投资对本土企业就业的因果效应。最后,我们从当前扩大对外开放战略出发,探讨以放松外国直接投资市场进入准入规则为主要手段的"稳外资"措施对中国本土企业就业的影响,不仅有助于理解当前中国"稳外资"对"稳就业"的影响,而且有助于理解"稳外资"与"稳就业"的关系,为中国当前的宏观经济决策提供了重要的微观基础和支撑。

三、数据来源、模型设定与变量说明

(一)数据来源

本章使用的数据主要有两个来源:其一,由国家统计局依据《工业统计报表制度》调查统计得到的高度细化的微观数据库,即中国工业企业数据库;其二,由国家计委(现为国家发展与改革委员会)、国家经贸委、对外贸易经济合作部(现为国家商务部)联合发布并经国务院批准下发的《外商投资

产业指导目录》。基于本章的研究目的,本章对中国工业企业数据库和《外商投资产业指导目录》做了如下处理:

1. 中国工业企业数据库的说明和处理

中国工业企业数据库包含全部国有及规模以上(企业每年主营业务收入在500万元以上,2011年起调整为2000万元以上)非国有工业企业数据,是高度细化的微观数据库,该数据库包含企业职工人数、工业总产值、工业增加值、产品销售收入等衡量企业经营状况的指标。考虑到该数据库可能存在的问题,我们参考樊海潮等(2015)的处理方法,对该数据库中的数据进行了以下处理:删除了工业销售产值小于5000元人民币,删除了全部职工人数小于8的数据,删除了累计折旧小于当年折旧的数据,删除了累计资产合计小于流动资产合计的数据,删除了实收资本小于0的数据,删除了短期负债、负债合计、资产总计等关键变量缺失的数据。其中,相关变量均采用相应指数进行了平减,如产品的销售收入用工业生产者出厂价格指数进行平减,资产总计用固定资产投资价格指数进行了平减等,平减指数数据来自相应年份《中国统计年鉴》。

值得注意的是,由于中国工业企业数据库中2004年的工业总产值、工业增加值数据缺失,我们参考谢申祥等(2016)、毛其淋和许家云(2015)的处理方法,按照"工业总产值=产品销售额-期初存货+期末存货,工业增加值=工业总产值-工业中间投入+增值税"的方法进行了推算。中国工业企业数据库中2008年之后的部分指标缺失,如工业增加值、工业中间投入等数据缺失,导致无法按照相对科学的方法计算企业的全要素生产率等一系列变量,所以我们在基础回归中主要选择1998—2007年间的数据作为观测样本。根据我们的研究目的,本章基于主要考察外国直接投资的就业溢出效应,我们参考毛其淋(2019)的处理方法,在企业层面的数据中删除了外资在企业股权结构中占比超过25%的企业,主要保留本土企业作为我们的样本观测值。

2. 外资准入放松的识别与结论

1949—1978年,中国是一个相对封闭的经济体,在这段时期内,中国几乎没有外商投资企业。改革开放促进了中国的对外贸易与投资,中国的贸易环境发生了巨大变化。1979年,中国通过了《中外合资经营企业法》,这是中国吸引外国直接投资的里程碑事件,标志着中国引进外资的政策开始有了法律保障。1983年,中国颁布了《中外合资经营企业法实施条例》,规定了允许中外合资的六种行业,包括能源开发、机械制造工业、电子工业、轻工业、农业、旅游和服务业。1984年,中国开放了大连、秦皇岛等一系列沿海城市。1985年,中国又陆续在长三角、珠三角等区域的部分城市和地区设立了经济特区。

表10.1 鼓励、限制、禁止类行业数量

年　份	鼓励类	限制类	禁止类
1995	172	112	31
1997	186	112	31
2002	262	75	34
2004	256	78	35
2007	348	87	40
2011	354	81	39
2015	349	38	36
2017	348	35	28

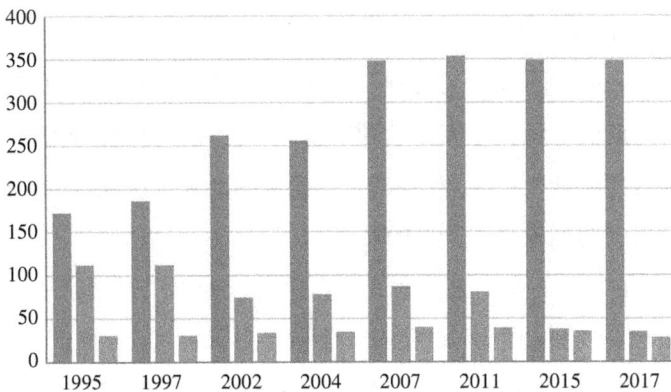

注:柱状图从左至右项目为鼓励类、限制类、禁止类。

图10.2 鼓励类、限制类、禁止类行业数量变化趋势

随着中国吸引外资规模的逐渐扩大，引资的过程中也出现了一系列的问题，如外国对于中国高科技领域的投资较少、投资会流向非环保的行业、存在重复引进外资等现象。基于当时的国情，为了规范外资行为，中央政府于1995年颁布了《指导外商投资方向暂行规定》，将外商投资项目分为鼓励、允许、限制、禁止四类。为了对外商投资的产业进行更具体的规定，中国于1997年颁布《外商投资产业指导目录》，成为规范外商投资流入的政府指导方针。具体来说，该目录列出三类：鼓励外商投资产业目录、限制外商投资产业目录、禁止外商投资产业目录。值得注意的是，该目录中没有列出的行业则为允许外国直接投资的产业。

《外商投资产业指导目录》颁布至今共进行了7次修订，历次修订带来各条目的变化我们列于表10.1和图10.2。中国于2001年加入了世贸组织，为了遵守入世承诺，中国政府于2002年对该目录进行了大幅度的修改。这种修改是实质性的修改，目录修改前后发生的变化主要是由外部因素促成的，因此对于国内企业来说，这种变化几乎可以看作是外生的（Lu et al., 2017）。

同时，由于本章的主要样本观测期为1998—2007年，考虑到2002年对目录修改的幅度较大，而2004年相对2002年所作的调整幅度很小，我们选择聚焦2002年目录调整这一事件。为了测度中国加入世贸组织后各行业关于引进外国直接投资情况的变动，我们逐一比对了1997年和2002年《外商投资产业指导目录》各条目的变化情况。首先，通过对照八分位的《统计用产品分类目录》，可以确定每种产品在《外商投资产业指导目录》修改前后对外资准入的变化情况。实际处理中，我们将产品的变化分为以下三类：更欢迎外国直接投资类产品、对外国直接投资的准入没有发生变化的产品、对外国直接投资的准入趋于严厉的产品。

其次，在中国工业企业数据库中企业是依据国民经济行业分类标准进行行业层面分类的，而《外商投资产业指导目录》中是依据产品进行分类。为了统一代码进行匹配，我们参考路等（Lu et al., 2017）、韩超和朱鹏洲（2018）的处理方法，将《统计用产品分类目录》八分位产品依次匹配到国民经济行业分类的四分位行业，通过比对其在1997年和2002年《外商投资产业指导目录》中产品的变化情况,将企业所在四分位行业划分为以下四组分类:外资准入放松类、外资准入不变类、外资准入变严类、混合类。尤为值得注意的是,中国在2002年颁布了新的国民经济行业分类标准,企业的行业代码在2002年进行了大幅度调整,有些行业进行了拆分、有些行业进行了重组,为了使各年份的行业具有可比性,我们依据布兰特等(Brandt et al.,2012)公布的代码匹配表进行调整,调整之后共得到426个行业。通过以上处理,将得到的计算结果列在表10.2中。由表10.2可知,映射到中国工业企业的四分位行业代码,外资准入放松的行业有111个、外资准入不变的行业有286个、外资准入变严的行业有24个、混合的行业有5个。

最后,参考路等(Lu et al.,2017)、韩超和朱鹏洲(2018)的处理方法我们将外商投资准入放松的行业设置为实验组,赋值为1;将外商投资准入不变的行业设置为对照组,赋值为0;将外商投资准入变严的行业和混合的行业删除。

表10.2 外商投资准入放松的识别

单位:个

		2002年《外商投资产业指导目录》			
		鼓励	允许	限制	禁止
1997年《外商投资产业指导目录》	鼓励	不变	降低	降低	降低
	允许	提高	不变	降低	降低
	限制	提高	提高	不变	降低
	禁止	提高	提高	提高	不变
变动情况		准入放松	准入不变	准入变严	混合
行业数目		111	286	24	5

资料来源:由作者整理而得。

(二)计量模型的设定及变量选择

为了探究外国直接投资对本土企业就业的影响,参考埃特金和哈里森(Aitken and Harrison,1999)的研究我们建立如下计量模型:

$$emp_{hit} = \beta_0 + \beta_1 FDI\_sector_{ht} + Z'_{hit}\lambda + \gamma_t + \gamma_i + \varepsilon_{hit} \tag{1}$$

其中,h代表四分位行业,i代表企业,t代表时间,emp_{hit}为h行业中的i企业在第t年的就业人数,我们用企业的全部职工人数取对数来衡量。FDI_sector_{ht}是企业i所处行业h在t年外国直接投资份额,Z_{hit}'是控制变量集合,γ_t、γ_i分别表示与年份t以及企业个体i相关的固定效应,ε_{hit}是随机干扰项。

本章关注的关键解释变量是企业i所在行业h在时间t的外国直接投资份额:FDI_sector_{ht}。借鉴路等(Lu et al.,2017)的做法,按照下式进行计算:

$$FDI\_sector_{ht} = \frac{\sum_{i \in \Omega_{ht}} FDI\_firm_{hit} \times Output_{hit}}{\sum_{i \in \Omega_{ht}} Output_{hit}} \tag{2}$$

FDI_sector_{ht}衡量在t年h行业的外国直接投资份额,FDI_sector_{ht}表示在第t年h行业中企业i的注册资本构成中的外资占比,$Output_{hit}$表示t年h行业中i企业的产出,我们依据式(2),可以计算得到t年h行业内利用外资的企业的产出占行业h的产出份额,进而计算得到行业h内外国直接投资的加权平均份额。

如果直接根据式(2)计算得到行业外国直接投资份额,然后根据式(1)进行回归,那么我们估计得到的参数β_1会存在偏误,这是因为外国直接投资和本土企业就业之间可能存在双向的因果关系,即外国直接投资在影响本土企业就业的同时,外国直接投资可能会选择进入本土企业的就业相对比较容易的行业,以便为外国直接投资提供低廉的中间产品或更有竞争力的产品分销(对于垂直型外国直接投资)或者更容易吸引到外国直接投资所需要的人才(对于水平型外国直接投资)。而获得β_1的无偏估计的关键假设是在给定其他控制变量的条件下,关键解释变量FDI_sector_{ht}和ε_{hit}不相关。

为了识别外国直接投资对本土企业就业的因果效应,我们通过比对中国入世前后《外商投资产业指导目录》的变化,以此冲击构建外国直接投资的工具变量,以探究外国直接投资对本土企业就业的溢出效应。具体来说,我们依据工具变量的两阶段最小二乘法的思想,首先以中国加入世贸组织,由此承诺对外资进入的产业进行放松规制的事实作为一个外生冲击,然后以《外商投资产业指导目录》调整所引致的外国直接投资放松的行业为实验

组,以外国直接投资进入行业准入没有发生变化的行业为对照组,借助倍差分析法,构建第一阶段回归模型(3):

$$FDI\_sector_{ht} = \delta Treatment_h \times Post02_t + Z'_{hit}\lambda + \gamma_t + \gamma_h + \zeta_{hit} \tag{3}$$

其中, $Treatment_h$ 为0~1变量,当其赋值为1时,表示外资准入得到放松的行业;当其赋值为0时,表示外资准入没有发生变化的行业。$Post02_t$ 为时间虚拟变量,其中2002年之后年份取值为1,2002年及之前年份取值为0。我们关注的交互项 $Treatment_h \times Post02_t$ 的回归系数,其估计系数 δ 刻画了相对于外资准入没有发生变化的对照组,外资准入得到放松的试验组因中国外国直接投资行业准入放松而引致的行业外资份额的变化。如果 δ_3 显著大于0,则说明外资准入放松有助于外商直接投资行业份额的提高,反之则说明外资准入的放松减少了外商直接投资的行业份额。Z'_{hit} 是其他控制变量集合,γ_t、γ_h 分别控制与年份t以及行业相关的固定效应,ζ_{hit} 是随机干扰项。

由第一阶段的回归结果,我们可以得到 FDI_Sector_{ht} 的拟合值,将该拟合值代入式(1)替换 FDI_sector_{ht} 的真实值后进行回归,即第二阶段的回归。借助工具变量的两阶段最小二乘法所得到的参数是无偏估计的关键,假定在于工具变量 $Treatment_h \times Post02_t$ 与 FDI_sector_{ht} 相关,而与第二阶段回归中的误差项 ε_{hit} 不相关。对于 $Treatment_h \times Post02_t$ 与 FDI_sector_{ht} 相关而言,我们可以由式(3)中估计系数 δ_3 的显著性来判定。此外,考虑到弱工具变量问题,我们通过弱工具变量检验(Anderson-Rubin Wald test 和 Stock-Wright LM S statistic)来进行判定。就 $Treatment_h \times Post02_t$ 与 ε_{hit} 不相关而言,我们从两个维度来进行考察,即 $Post02_t$ 与 ε_{hit} 不相关和 $Treatment_h$ 与 ε_{hit} 不相关。注意到中国加入世贸组织之前经历了长达超过15年的谈判,同时直到1999年和美国的谈判才出现突破,以及2000年与欧盟达成的协议,但仍然存在诸如农业补贴等问题,直到2001年中才最终达成一致,这就决定了2001年底中国加入世贸组织这一事件的时间节点具有较强的随机性,因此 $Post02_t$ 与 ε_{hit} 具有极强的不相关性。为了尽可能确保 $Treatment_h$ 与 ε_{hit} 不相关,减少回归中可能存在的遗漏变量,我们还加入了诸多行业和企业层面的控制变量。这些控制变量包括:

一是行业出口强度(exp)。出口扩张影响市场上对于劳动力的需求,进而影响企业的就业水平(毛日昇,2009;张川川,2015;邵敏和包群,2011)。我们通过控制行业的出口强度,控制了可能存在的出口对外国直接投资及就业的影响。本章通过计算在某一行业内所有企业的出口交货值占行业产品销售收入的比例来衡量行业出口强度。

二是行业市场集中度(hhi)。以赫芬达尔—赫希曼指数来表征行业的市场竞争状况,即通过测算行业内各企业所占行业总收入的平方和,来计算行业的市场集中度,以此来代表企业所面临的市场竞争。显然,hhi越大,说明企业的所处行业的市场集中度越高,企业面临的竞争程度越小。

三是企业的经营时间(age)。本章用工业企业数据库中企业出现的年份减去企业的开业年份,然后加一,得到企业的"年龄"。企业的"年龄"越大,经营时间越长,在行业中的知名度越高,市场份额越容易扩大,越容易进行产出扩张,从而增加对劳动力的需求。

四是企业的全要素生产率(tfp)。根据企业异质性贸易理论,生产率是决定企业出口的重要影响因素,基础回归中,关于企业全要素生产率的测算,本章采用 Levinsohn 和 Petrin(2003)的 LP 方法,用中间投入品作为代理变量,这样在尽量保留样本的同时,比较精确地测算出了企业的全要素生产率,记为 tfp,具体的测算方法参考鲁晓东和连玉君(2012)、杨汝岱(2015)。

五是企业规模($size$)。企业规模会影响企业的就业人数,我们对企业当年的销售额取对数,用来控制企业规模。其中企业销售额的单位为千元。

六是净现金流(cr)。企业现金流影响企业经营状况,为了探究外国直接投资对就业的影响,参考张杰等(2012)的处理方法,我们用企业净利润加上企业的本年折旧,再除以企业总资产,来控制企业的现金流,相关变量我们已用各指数进行了平减。

七是补贴($dsub$)。我们用企业是否接受补贴来衡量企业面临的政策支持。若企业得到补贴则赋值为1,反之则赋值为0。

八是杠杆率(lr)。杠杆率衡量了一个企业面临的风险。我们参考津加莱斯(Zingales,1998)等学者的处理办法,用企业的流动负债除以企业的总资产来衡量杠杆率,记为 lr。适度的杠杆率能够增加企业资金的流动性,提高企业金融资源的配置能力(王宇伟等,2018)从而使得企业面临更有利的经营环境,从而促进企业就业人数的增加。

此外,为了进一步验证 $Treatment_h \times Post02_t$ 与 ε_{hit} 不相关,我们在稳健性检验中还进行了安慰剂检验(placebo test)。各个主要变量的含义、样本量、均值、标准差列于表10.3。

表10.3　主要变量的描述性统计

变量	含义	样本量	均值	标准差
Panel A.行业层面变量描述				
FDI_sector	四分位行业FDI的份额	3952	0.130	0.089
exp	四分位行业出口强度	3952	0.228	0.203
hhi	四分位行业集中度	3952	0.020	0.035
Panel B.企业层面变量描述				
emp	企业职工人数的对数值	1256392	4.775	1.091
age	企业经营时间	1256392	10.441	10.215
tfp	LP法计算的企业全要素生产率	1256392	2.709	1.049
$size$	企业当年销售额的对数值	1256392	9.999	1.208
cr	企业现金流	1256392	0.115	0.257
$dsub$	企业是否接受补贴的虚拟变量	1256392	0.121	0.327
lr	杠杆率	1256392	0.517	0.386

四、估计结果及分析

(一)基准回归结果

我们通过中国加入世贸组织时承诺对外国直接投资准入所进行的放松,构建了外国直接投资的工具变量,并就本土企业的就业对外国直接投资进行了回归分析,其结果由表10.4所列示。

表10.4的第(1)列是仅对时间效应和企业个体效应进行控制后,借助工具变量进行两阶段回归的结果。从第一阶段回归结果来看,外资准入的放松显著促进了外资的进入,这与预期的结果相一致,同时这也验证了外国直

接投资与其工具变量 $Treatment_h \times Post02_t$ 的相关性。从第二阶段的回归结果来看，外国直接投资的增加也显著促进了本土企业的就业。

更进一步，我们加入了一些行业和企业特征的控制变量，以进一步减缓可能存在的遗漏变量，其回归结果由表10.4的第（2）列给出。和第（1）列的结果类似，第一阶段的回归结果显示工具变量 $Treatment_h \times Post02_t$ 对 FDI_sector_{ht} 有显著的正效应，即外资准入的放松显著促进了外国直接投资的流入，结合第二阶段的回归结果不难发现，行业内外国直接投资份额的增加，同样有助于行业内本土企业就业的提升。

在利用工具变量进行分析的过程中，我们担心所选用的工具变量是弱工具变量，这样势必会影响到回归结果的效率。为此，我们也进行了弱工具变量检验（表10.4），进一步证明了所选择的工具变量的有效性。

我们还进行了本土企业就业直接对外国直接投资工具变量回归的分析。与工具变量两阶段最小二乘法的分析类似，首先我们只是控制了时间的固定效应和企业个体的固定效应，通过企业的就业指标直接对外国直接投资的工具变量 $Treatment_h \times Post02_t$ 进行回归，结果见表10.4的第（3）列。其次我们进一步控制行业和企业层面的控制变量，重复就企业的就业指标直接对外国直接投资的工具变量 $Treatment_h \times Post02_t$ 进行回归，结果见表10.4的第（4）列。这些回归结果一致证实了外国直接投资的增加的确有助于本土企业的就业。这一结论与王和王（Wang and Wang, 2015）分析的结果类似，即外国直接投资的进入有助于国内企业的就业。与王和王（Wang and Wang, 2015）不同的是，他们分析的是被外国直接投资并购的国内企业自身的就业增长情况，而我们则侧重了外国直接投资对本土企业就业溢出的分析。因此，我们的研究可以视为王和王（Wang and Wang, 2015）的重要补充。进一步，从外国直接投资的影响大小来看，行业内外国直接投资份额每提高10个百分点，本土企业的平均就业率就会提高约17个百分点。

表10.4　基础回归结果

变量	工具变量回归		简约式回归	
	(1)	(2)	(3)	(4)
Panel A.第一阶段回归结果(因变量:FDI_sector)				
$Treatment \times Post02$	0.008*** (16.98)	0.006*** (13.97)		
Panel B.第二阶段回归结果(因变量:emp)				
FDI_sector	1.198*** (2.78)	1.703*** (3.33)		
Panel C. 弱工具变量检验				
Anderson-Rubin Wald test	(12.51)***	(10.62)***		
Stock-Wright LM S statistic	(12.51)***	(21.25)***		
Panel D. 简约式回归结果(因变量:emp)				
$Treatment \times Post02$			0.010*** (2.78)	0.010*** (3.33)
其他控制变量	否	是	否	是
年份固定效应	是	是	是	是
企业固定效应	是	是	是	是
N	1256392	1256392	1256392	1256392

注:*、**、***分别表示在10%、5%、1%的水平上显著;括号内为t值。

(二)动态效应分析

表10.4的回归结果证明,外资准入的放松显著促进了企业就业的增加,但是我们依据式(1)进行回归只能得到平均处理效应,而不能观测到外资准入对企业就业影响的动态结果,从而无法获得外资准入影响企业就业的渐进过程。因此,我们参考韩超和朱鹏洲(2018)的处理方法,构建能够考察动态变化过程的模型,即

$$FDI\_Sector_{ht} = \delta_0 + \sum_{t=1999}^{2007} \delta_t Treatment_h \times year\_dummy_t + Z'_{hit}\beta + \gamma_t + \gamma_h + \tau_{hit} \quad (4)$$

我们将式(3)中的Post02拆分为各年度的虚拟变量,进行这种形式的拆分,可以观察到外国直接投资对企业就业在每一年的动态影响。在控制了时间固定效应、企业固定效应以及企业和行业层面的其他控制变量之后,得

到回归结果(表10.5)。

表10.5 动态效应分析

变量	emp
Treatment×1999	−0.002 (−0.33)
Treatment×2000	0.001 (0.17)
Treatment×2001	0.011 (1.48)
Treatment×2002	0.016** (2.11)
Treatment×2003	0.024*** (3.11)
Treatment×2004	0.033*** (3.99)
Treatment×2005	0.028*** (3.36)
Treatment×2006	0.029*** (3.44)
Treatment×2007	0.033*** (3.95)
其他控制变量	是
年份固定效应	是
企业固定效应	是
N	1256392

注:*、**、***分别表示在10%、5%、1%的水平上显著;括号内为t值。

(三)同趋势假设检验

我们借助倍差分析法构建了外国直接投资的工具变量,而倍差分析法适用的一个前提条件就是外资准入不变的对照组和外资准入放松的实验组在受政策影响之前应该有相同的变化趋势,即所谓的平行趋势。为了验证本章所使用的倍差分析法的合理性,我们进行了平行趋势检验,即在发生冲击之前实验组和对照组不存在显著差异。我们在表10.5的基础上绘制了图10.3。我们发现,2002年《外商投资产业指导目录》修订之前,实验组企业就业相较于对照组不存在显著差异;在2002年该目录修订之后,实验组外资准入条件的放松,使得外商直接投资份额增加,投资份额的增加促进了企业就业的增加,即受外资准入放松的影响,实验组相较于对照组出现了显著差异。图10.3显示我们的回归通过了平行趋势检验,倍差分析法适用的前提条件得以满足。

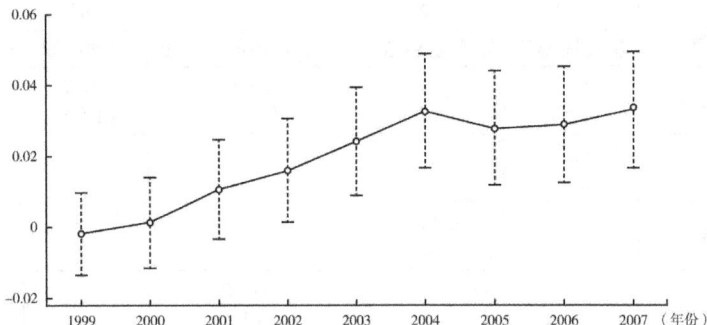

注:图中实线部分表示实验组和对照组的就业差异,虚线表示估计的实验组和对照组就业差异的95%的置信区间。

图10.3   外资准入影响企业就业的平行趋势检验

五、稳健性检验

(一)非线性影响

以往文献研究发现,外国直接投资对企业的溢出效应可能呈现线性影响。比如韩超和朱鹏洲(2018)研究发现,随着外国直接投资份额的提高,企业得益于优惠的政府政策,进而通过产品转换和本地集聚效应促进了企业产品质量的显著提升,并且这种影响单调显著。也有学者研究发现,外国直接投资对企业的溢出效应可能存在非线性影响。如路等(Lu et al.,2017)研究发现,外国直接投资对企业全要素生产率的溢出效应呈现显著的倒U形。因此,基于已有研究,我们分析了外国直接投资的进入对本国企业可能存在的非线性影响。参考路等(Lu et al.,2017)一样,我们在回归中纳入了外国直接投资的平方项(FDI_sector^2),回归结果列于表10.6第(1)列。依据回归结果,不难发现外国直接投资对本土企业就业影响的二次项并不显著,而一次项系数为1.601,并且依然在1%的水平上显著,这表明外国直接投资的流入对本土企业就业产生了显著的正向影响,并且不存在二次项的影响效应,进一步证明了基础结论的稳健性。

表10.6　稳健性分析

变量	(1)	(2)	(3)	(4)	(5)
	非线性影响	国有企业改制	企业变换股权方式	地理因素	高效扩招
FDI_sector	1.601*** (2.68)	1.687*** (3.31)	1.703*** (3.33)	1.087* (1.89)	1.130** (1.97)
FDI_sector²	0.386 (0.32)				
state		−0.067*** (−14.83)			
Wholly−owned			0.000 (0.15)		
gdp				0.006*** (29.10)	0.007*** (35.50)
cwage				−0.047*** (−8.54)	−0.034*** (−6.14)
rate				0.002*** (5.48)	0.002*** (5.64)
people				−0.002 (−1.52)	0.000 (0.17)
college					−0.417*** (−18.30)
其他控制变量	是	是	是	是	是
年份固定效应	是	是	是	是	是
企业固定效应	是	是	是	是	是
省份固定效应	否	否	否	是	是
N	1256392	1256392	1256392	1085350	1074585

注:*、**、***分别表示在10%、5%、1%的水平上显著;括号内为t值。

(二)国有企业改革

实际上,在中国加入世贸组织的同时,还有一项重要的政策也在同步进行,即中国国有企业改革,这项政策的实施可能也会对本土企业就业产生影响(李胜旗、毛其淋,2018)。我们借鉴李胜旗和毛其淋(2018)、白重恩等

(2006)的处理方法,采用非国有资本占总资本的比例来刻画非国有资本份额(*State*),非国有资本份额的变化体现了国有企业改革的成果。基于此,我们首先依据式(3),在控制了国企改革因素后,将回归结果列于表10.6的第(2)列。依据回归结果,不难发现外国直接投资的进入对本土企业就业的影响显著为正,并通过了1%的显著性水平检验。从规模来看,外国直接投资份额每增加1个百分点,本土企业的就业率将提高1.687个百分点,这一结果与基础回归结果表10.4中的第(2)列结果近似。

(三)企业变换股权方式

企业得到外国直接投资时,股权形式可能会发生变化,具体来说,外国直接投资的流入可能使得企业由独资公司变为合资公司,这种股权结构的变化会导致外国直接投资溢出的结构效应(Lu et al.,2017)。基于此,为了考察这种结构效应所带来的就业溢出影响,我们参考路等(Lu et al.,2017)的处理方法,纳入行业中外资全资企业所占比重(*Wholly-owned*)作为控制变量,重新进行回归,并将回归结果列于表10.6的第(3)列。回归结果显示,企业变换股权方式后,外国直接投资对就业的影响依然显著为正,回归系数为1.703,在1%的水平上显著为正。回归结果也进一步证明了基础回归结论的稳健性。

(四)地理因素

考虑到企业所在省份和城市可能会影响外国直接投资对就业的作用,除了前文提到的控制变量外,本章同时考虑地理因素对企业就业的影响,进一步控制了省份固定效应,同时参考蒋灵多和陆毅(2019)的处理方法,在控制变量中加入城市的国民生产总值(*gdp*)、城市就业人员平均劳动报酬(*cwage*)、城市总人口(*people*)和城市的人口自然增长率(*rate*)[1],进一步探究FDI对企业就业的影响,并将得到的回归结果列于表10.6的第(4)列。回归

---

[1] 由国家统计局《城市统计年鉴》计算而得。

结果显示,在考虑这一系列的可能影响因素后,外国直接投资对就业的影响依然显著为正。

(五)高校扩招

劳动者的受教育水平是影响其在劳动力市场上竞争力的重要因素,而高等教育是影响其受教育水平的关键要素。1995—1998年中国高校招生年平均增长率仅为4.7%,高等教育发展的滞后性不足以满足人们日益增长的对教育文化的需求,为了顺应社会的发展和经济的需要,1998年中国政府制定并颁布了《面向21世纪教育振兴行动计划》,并于1999年开始实施以高校扩招为核心的高等教育改革。史无前例的高校扩招带来了招生规模的大幅度增长,进一步带来了人力资本的迅速扩张。周茂等(2019)研究发现,高校扩招带来的人力资本的扩张有效推动了中国城市制造业出口的升级,因此,高校扩招可能会影响到FDI对本土企业就业的溢出效应。考虑到这一影响因素,我们在控制变量中进一步考虑企业所在城市当年的普通高等学校学生数($college$)①,纳入该控制变量,再次进行回归,并将回归结果列于表10.6第(5)列。回归结果表明,第二阶段FDI的回归系数依然显著为正。

(六)安慰剂检验

虽然考虑了非线性的影响因素,以及在样本观测期间发生的一些重大事情可能对本章基本回归结果造成的影响,但仍旧有可能存在一些遗漏变量对本章研究结论造成影响。基于此,本章通过构造反事实,使得外资准入放松的时间和外资准入放松对行业影响的冲击变得随机,以观察此时的回归系数,借以判定本章的回归结果是否受不可观测等遗漏变量因素的影响。本章通过计算机模拟,随机构造时间冲击,同时随机对四分位行业进行分组,随机选择111个行业作为外资准入得到放松的实验组,随机选择286个行业作为外资准入没有发生变化的对照组,并重新进行回归,得到此时的估

---

① 数据来源:参见国家统计局,根据《城市统计年鉴》整理可得。

计系数。为了尽可能得到随机的估计结果,我们分别将上述过程模拟500次,并将得到的回归系数绘制概率分布图。图10.4是回归得到交互项系数的概率分布图,通过随机处理得到的系数估计值的均值为 −0.0000338,标准误为0.0021472。因此,在10%的显著水平下,随机处理得到的系数均值不异于0,这样我们可以排除其他遗漏变量对基本回归结果所产生的影响,不存在其他随机因素影响本章的基本估计结果。此外,安慰剂检验也进一步证明了本章所使用的工具变量的合理性。

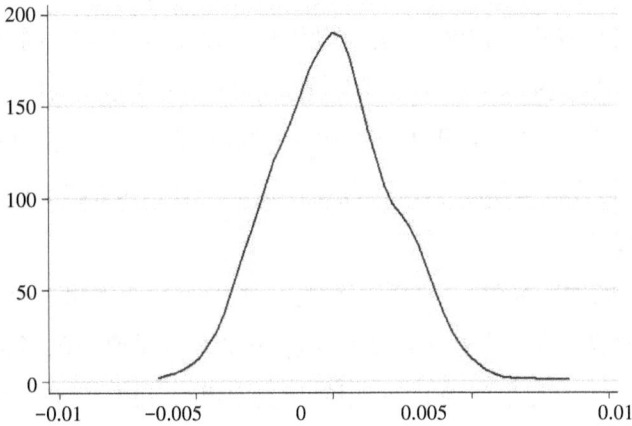

图10.4 安慰剂检验

六、机制检验与分析

外国直接投资的增加促进了本土企业的就业,并且这种效应在考虑到多种可能存在的影响因素后,其结论仍然保持稳健。更进一步,我们尝试通过异质性分析来了解外国直接投资对企业劳动力就业影响的差异。

(一)外国直接投资对就业二元边际的影响[1]

一般而言,外国直接投资的进入对企业就业的平均影响可以分解为集约边际(intensive margin)和扩展边际(extensive margin)两个维度。集约边际的影响是对样本观察期内持续存在的企业就业的影响,而扩展边际的影响就是对样本观测期内企业进入与退出的影响。

就集约边际分析而言,我们首先从四分位代码行业中筛选出1998—2007年连续10年持续经营的2292家企业,考虑到指标缺失问题,对于这一部分企业,我们获得了22902个样本观测值。以此为子样本,同样借助工具变量的两阶段最小二乘法,得到了外国直接投资对样本观测期内持续经营企业就业的影响,回归结果列于表10.7的第(1)列,其系数相对较小,仅为0.500,也不显著。这意味着外国直接投资对企业就业的集约边际影响较小,并且不显著。

而从扩展边际来看,首先我们构造一个表征企业退出(exit)的二值变量,当企业在某一年度存在于市场时,我们设置该变量值为0;当企业退出市场时,我们设置该变量值为1。利用线形概率模型(LPM),结合工具变量的两阶段最小二乘法,我们将得到的回归结果列于表10.7的第(2)列。

回归结果表明,外国直接投资的进入显著降低了本土企业的市场退出率,提升了本土企业的生存概率,这一研究结果与路等(Lu et al.,2017)的结论相同。一个可能的原因是,根据路等(Lu et al.,2017)的研究,由于外国直接投资的进入,本土企业的平均生产率出现下降。基于企业异质性贸易理论(Melitz,2003),我们不难发现,当本土企业生存的门槛生产率降低时,本土企业的退出概率会降低,因而本土企业的生存率提高。从上述分析结果

---

[1] 考虑到我们所使用的数据是规模以上工业企业和所有国有企业的数据,这里的二元扩展边际可能是有偏误的。然而根据聂辉华等(2012)的研究,与2004年经济普查的数据相比,这些企业的产值占所有企业产值的90%。因此,依此分析的结论仍具有重要的参考意义。此外,从扩展边际的分析来看,即使有些企业退出成为非规模以上企业,不再属于数据库统计的范围,这种情形下经验分析得到的结果的绝对值将明显偏小,但也仍然具有重要的分析价值。

不难发现,外国直接投资对本土企业就业的影响主要通过影响就业的扩展边际来实现。

(二)外国直接投资对不同要素密集度企业就业的影响

企业的要素密集度会影响企业资本的有机构成,进而影响企业的就业。考虑到这一因素,我们尝试进一步考察外国直接投资对不同要素密集度本土企业就业的影响,以确定外国直接投资对本土企业就业的影响途径。具体而言,我们首先用企业的固定资产净值除以职工数,计算得到企业的资本密集度;其次依据企业资本密集度的均值对样本进行划分,我们将大于均值的企业视为资本密集型企业,将小于均值的企业视为劳动密集型企业。分别对资本密集型企业和劳动密集型企业的子样本进行回归分析,并将资本密集型企业组成的子样本所进行回归的结果列于表10.7中的第(3)列,而将劳动密集型企业组成的子样本所进行回归的结果列于表10.7中的第(4)列。

不难发现,在控制了一系列控制变量以及时间固定效应和企业固定效应之后,对于资本密集型行业来说,外国直接投资份额的增加并没有显著增加本土企业的就业。而对于劳动密集型行业而言,依据表10.7的第(4)列的回归结果,外国直接投资的增加显著促进了本土企业的就业。

同样,我们也考虑了外国直接投资对资本密集型企业和劳动密集型企业退出概率的影响,将由资本密集型企业组成的子样本所进行回归的结果列于表10.7中的第(5)列,而将由劳动密集型企业组成的子样本的回归结果列于表10.7中的第(6)列。回归结果显示,外国直接投资的增加降低了劳动密集型本土企业的退出概率;而对于资本密集型企业而言,这种影响依然为负但不显著。

因此,从外国直接投资对不同要素密集度本土企业就业的影响来看,外国直接投资促进了本土劳动密集型企业的就业。一个可能的解释是,从垂直的产业结构来看,外国直接投资的进入需要更多的劳动密集型企业与之配套生产,因而可能促进了已有本土劳动密集型企业规模的扩大,同时促进了本土劳动密集型企业进入市场,从而增加了本土劳动密集型企业的就业。

而从水平的产业结构来说,外国直接投资进入所产生的生产率抑制效应降低了本土企业的资本有机构成,从而使得本土企业增加劳动就业。

表10.7 异质性检验

变量	(1)	(2)	(3)	(4)	(5)	(6)
FDI_sector	0.500	−0.729***	0.680	2.457***	−0.880	−0.731*
	(0.17)	(−2.10)	(0.65)	(4.34)	(−1.18)	(−1.74)
exp	−0.207	0.110**	−0.140	−0.395***	0.130	0.114*
	(−0.43)	(1.96)	(−0.82)	(−4.32)	(1.07)	(1.68)
age	0.003***	0.000*	0.002***	0.002***	0.000	0.000
	(4.21)	(1.76)	(7.72)	(12.94)	(1.48)	(1.23)
tfp	−0.088***	−0.001	−0.047***	−0.053***	−0.002	−0.002*
	(−9.51)	(−1.27)	(−22.57)	(−39.58)	(−1.50)	(−1.90)
$size$	0.439***	−0.017***	0.323***	0.344***	−0.014***	−0.021***
	(28.29)	(−17.51)	(86.33)	(146.85)	(−7.07)	(−17.48)
cr	−0.128***	0.005**	−0.169***	−0.050***	0.021***	0.005**
	(−3.31)	(2.57)	(−10.61)	(−3.14)	(2.85)	(2.41)
$dsub$	0.031***	−0.004***	0.029***	0.035***	−0.004*	−0.005***
	(3.02)	(−3.56)	(9.97)	(18.10)	(−1.78)	(−3.11)
lr	0.009	−0.002	−0.024***	0.005	−0.010**	−0.001
	(0.40)	(−0.47)	(−3.87)	(1.57)	(−2.40)	(−0.24)
hhi	4.185***	−0.080	1.614***	−0.106	0.131	−0.273
	(2.97)	(−0.48)	(3.90)	(−0.33)	(0.48)	(−1.19)
年份固定效应	是	是	是	是	是	是
企业固定效应	是	是	是	是	是	是
N	22902	1256392	342725	913667	342725	913667

注:*、**、***分别表示在10%、5%、1%的水平上显著;括号内为t值。

七、结论和政策建议

扩大对外开放是当前促进中国经济发展的重大战略举措。以放松市场准入限制、扩大外资投资领域为主要措施的"稳外资"政策是当前中国扩大对外开放工作的重点。而"稳就业"是落实以人民为中心执政理念的具体体现,是促进人民福祉提升的内在要求。基于此,本章从"稳外资"的角度考察了"稳外资"对本土企业就业的影响。具体而言,我们利用中国加入世贸组织,承诺对外资准入放松规制的事实,通过《外商投资产业指导目录》调整所形成的准自然实验,结合中国工业企业数据库构建计量回归模型,在较好地处理内生性问题的基础上,识别了外国直接投资对本土企业就业的因果效应。

首先,外资准入政策的放松对本土企业的就业存在直接的正向影响,外国直接投资对本土企业的就业也呈现显著的正向效应,即行业外国直接投资份额越高,本土企业对于劳动力的需求越大。考虑到外国直接投资对本土企业就业的影响存在可能的非线性关系,我们纳入了外国直接投资的二次项。同时考虑到各种可能存在的影响因素,我们加入了更多的控制变量以降低遗漏变量可能产生的偏误。另外,我们发现外国直接投资对本土企业就业的影响依然显著为正,因此本章的研究结论具有较强的稳健性。其次,对外国直接投资影响本土企业就业渠道的研究发现,外国直接投资对本土企业就业的影响主要是通过影响本土企业的退出率和影响劳动密集型企业的就业来实现的。也就是说,外国直接投资对本土企业就业的影响,主要是通过影响就业的扩展边际来实现的,而对于持续经营的企业的就业并没有产生显著的影响,对资本密集型企业就业的影响也不显著。

毫无疑问,本章的研究具有重要的政策意义。首先,外国直接投资的进入促进了中国本土企业就业的增长,这为宏观上中国利用外国直接投资和就业的同向增加提供了微观上的部分解释,外国直接投资对中国就业的贡献得到了证实。因此,从"稳就业"的角度来看,"稳外资"的意义和作用重大。同时,放松外资进入限制的举措对促进利用外资的增长作用显著,这也间接证实了扩大对外开放这一战略决策的科学价值。其次,对于外国直接投资的引进,我们应该按照高质量发展的要求,对外国直接投资进行合理的引导。通过适时修订和调整《外商投资产业指导目录》,引导外国直接投资进入高新技术产业、战略性新兴产业,充分发挥外国直接投资的作用,更好地利用外国直接投资,以促进中国经济新旧动能的转换。同时,通过引导外国直接投资,吸纳更多、更高质量的劳动力,从而为中国经济的可持续发展提供更加坚实的保障和基础。

参考文献:

1. 白重恩、路江涌、陶志刚:《国有企业改制效果的实证研究》,《经济研究》2006年第8期。

2. 樊海潮、李瑶、郭光远:《信贷约束对生产率与出口价格关系的影响》,《世界经济》2015年第12期。

3. 韩超、朱鹏洲:《改革开放以来外资准入政策演进及对制造业产品质量的影响》,《管理世界》2018年第10期。

4. 蒋灵多、陆毅:《最低工资标准能否抑制新僵尸企业的形成》,《中国工业经济》2017年第11期。

5. 李胜旗、毛其淋:《关税政策不确定性如何影响就业与工资》,《世界经济》2018年第6期。

6. 鲁晓东、连玉君:《中国工业企业全要素生产率估计:1999—2007》,《经济学(季刊)》2012年第2期。

7. 路江涌:《外商直接投资对内资企业效率的影响和渠道》,《经济研究》2008年第6期。

8. 毛其淋、许家云:《中间品贸易自由化、制度环境与生产率演化》,《世界经济》2015年第9期。

9. 毛其淋:《外资进入自由化如何影响了中国本土企业创新?》,《金融研究》2019年第1期。

10. 毛日昇:《出口、外商直接投资与中国制造业就业》,《经济研究》2009年第11期。

11. 邵敏、包群:《出口企业转型对中国劳动力就业与工资的影响:基于倾向评分匹配估计的经验分析》,《世界经济》2011年第6期。

12. 王宇伟、盛天翔、周耿:《宏观政策、金融资源配置与企业部门高杠杆率》,《金融研究》2018年第1期。

13. 谢申祥、王俊力、高丽:《美国对华反倾销的动因——基于企业视角的经验研究》,《财贸经济》2016年第8期。

14. 许建伟、郭其友:《外商直接投资的经济增长、就业与工资的交互效应——基于省级面板数据的实证研究》,《经济学家》2016年第6期。

15. 杨汝岱:《中国制造业企业全要素生产率研究》,《经济研究》2015年第2期。

16. 张川川:《出口对就业、工资和收入不平等的影响——基于微观数据的证据》,《经济学(季刊)》2015年第4期。

17. 张杰、芦哲、郑文平、陈志远:《融资约束、融资渠道与企业R&D投入》,《世界经济》2012年第10期。

18. 赵德昭、许和连:《外商直接投资、适度财政分权与农村剩余劳动力转移——基于经济因素和体制变革的双重合力视角》,《金融研究》2013年第5期。

19. 赵瑾:《贸易与就业:国际研究的最新进展与政策导向——兼论化解中美贸易冲突对我国就业影响的政策选择》,《财贸经济》2019年第3期。

20. 郑月明、董登新:《外商直接投资对我国就业的区域差异与动态效应——基于动态面板数据模型的分析》,《数量经济技术经济研究》2008年第5期。

21. 周茂、李雨浓、姚星、陆毅:《人力资本扩张与中国城市制造业出口升级:来自高校扩招的证据》,《管理世界》2019年第5期。

22. Aitken B. J., Harrison A. E. "Do domestic firms benefit from direct foreign investment? Evidence from Venezuela", *American Economic Review*,1999,89(3):605-618.

23. Brandt L., Biesebroeck J. V., Zhang Y. "Creative accounting or creative destruction? Firm-level productivity growth in Chinese manufacturing", *Journal Development Economics*, 2012,97(2):339-351.

24. Conyon M., Girma S., Thompson S., Wright P. "The impact of mergers and acquisitions on company employment", *European Review of Agricultural Economics*,2002,46:31-49.

25. Feenstra R., Li Z., Yu M. "Exports and credit constraints under incomplete information: theory and evidence from China", *Review of Economics and Statistic*,2015,43(2):390-416.

26. Girma S. "Safeguarding jobs? Acquisition FDI and employment dynamics in U.K. manufacturing", *Review of World Economics*,2005,141(1):165-178.

27. Hanousek J., Evzen K., Mathilde M. "Direct and indirect effects of FDI in emerging European markets: a survey and meta-analysis", *Economic Systems*,2011,35(3):301-322.

28. Javorcik S. "Does foreign direct investment increase the productivity of domestic firms? In search of spillovers through backward linkages", *American Economic Review*,2004,94(3):605-627.

29. Jenkins R. "Globalization, FDI and employment in Vietnam", *Transnational Corporations*,2006;15(1):115-142.

30. Jude C., Silaghi M. "Employment effects of foreign direct investment: New evidence from Central and Eastern European countries", *International Economics*,2016,145:32-49.

31. Koizumi T., Kopecky K. "Foreign direct investment, technology transfer and domestic employment effects", *Journal of International Economics*,1980,10(1):1-20.

32. Levinsohn J., Petrin A. "Estimating Production Functions Using Inputs to Control for Unobservables", *Review of Economic Studies*,2003,70(2),317-341.

33. Lu Y., Tao Z., Zhu L. "Identifying FDI Spillovers", *Journal of International Economics*, 2017,107(7):75-90.

34. Melitz M. J. "The impact of trade on intra-industry reallocations and aggregate industry productivity", *Econometrica*,2003,71(6):1695-1725.

35. Mencinger J. "Does foreign direct investment always enhance economic growth?" *Kyklos*, 2003,56(4):491-508.

36. Onaran O. "Jobless growth in the Central and East European countries: a country-specific panel data analysis of the manufacturing industry", *Eastern European Economics*,2008, 46(4):90-115.

37. Pfluger M., Blien U., Moller J., Moritz M. "Labor market effects of trade and FDI -recent advances and research gaps", *Journal of Economics and Statistics*,2013,233(1):86-116.

38. Radosevic S., Varblane U., Mickiewicz T. "Foreign direct investment and its effect on employment in Central Europe", *Transnational Corporations*,2003,12(1):53-90.

39. Rogers C., Wu C. "Employment by foreign firms in the U.S.: Do state incentives matter?", *Regional Science and Urban Economics*,2012,42(4):664-680.

40. Walkkirch A., Nunnenkamp P., Bremont J. "Employment effects of FDI in Mexico's non-maquiladora manufacturing", *Journal of Development Studies*, 2009, 45(7): 1165-1183.

41. Wang J., Wang X. "Benefits of foreign ownership: Evidence from foreign direct investment in China", *Journal of International Economics*,2015,97(2):325-338.

42. Zingales L. "Survival of the fit test or the fattest? Exit and Financing in Trucking Industry", *Journal of Finance*,1998,53:905-938.

高房价挤出了谁?：

基于中国流动人口的微观考察

周颖刚　蒙莉娜　卢　琪*

本章基于2014—2016年中国流动人口动态监测调查数据,考察已经"进入"城市的劳动力家庭是否"住下来",从个人层面研究房价如何影响劳动力家庭的居住决策,发现高房价会增强劳动力家庭的流动意愿,特别是挤出那些没有购房的、高技能水平的劳动力。尽管公共服务对高房价有负向调节作用,挤出效应在大城市表现得尤为显著。进一步地,打算继续流动的劳动力选择流向已购房产所在地的概率更大,而住房的财富效应使得劳动力更倾向于流向其他城市,特别是省会级及以上城市。

一、引言

改革开放以来,中国通过体制约章和政策调整消除了一系列制度障碍,使得过剩劳动力获得"退出权""流动权"和"进入权",保障劳动力能够根据就业机会和相对收入的市场信号,在地域和产业间流动(蔡昉,2017)。2010年中央一号文件也指出,要统筹研究农业转移人口进城所遇到的新情况、新问题。2019年3月,国家发展和改革委员会印发《2019年新型城镇化建设重点任务》的通知,重点强调进一步放松非户籍人口在城市落户的限制,推进

* 本章内容先后在首届中国城市经济学者论坛和2018年中国国际金融年会(The 2018 China International Conference in Finance,CICF)上的报告。本章得到国家自然科学基金项目(71871195)、教育部人文社会科学基金项目(18YJA790121)、福建省自然科学基金项目(2016J05106)和闽都中小银行教育基金的资助并作为项目的部分成果。周颖刚,厦门大学宏观经济研究中心、计量经济学教育部重点实验室(厦门大学)、厦门大学经济学院与王亚南经济研究院;蒙莉娜(通讯作者),厦门大学经济学院与王亚南经济研究院;卢琪,厦门大学经济学院。

常住人口基本公共服务的全覆盖。这意味着劳动力自由流动和人口迁移的制度障碍已经显著弱化,劳动力可以获得自由"进入权"。但是近年来不同城市对外来劳动力实际上出现分化,一些特大城市并不是弱化进入障碍,特别是当前城市面临的普遍问题——高房价对已经"进入"城市的劳动力真正"住下来"产生影响不容忽视。2018年深圳市的技术密集型企业——华为——搬迁到东莞市,就是高房价下高新科技产业配置与劳动力流出的典型例子。如何在高房价背景下,使得劳动力可以"住下来",是当前政府在新型城镇化过程中面临的关键问题。

理论上,蒂布特(Tiebout,1956)认为地方政府通过不动产税收来为城市的公共服务筹集资金,居民可"用脚投票"自由迁移到符合他们偏好的城市。中国的现实符合蒂布特模型的基本逻辑,又较之复杂和丰富。在中国城市化的第一阶段,特别是自1994年分税制改革之后,地方政府的财政负担加重,面临资金不足的问题。地方政府逐步发展出一套以土地为信用的资本模式,通过土地财政获取资本并为城市提供公共服务(梅冬州等,2018)。这个阶段,通常被称为"土地城镇化"阶段,短缺的是资本,过剩的是劳动力,哪个城市能从土地财政中融得更多的资本,用于建设基础设施、发展产业经济并提供公共服务,这个城市就能在竞争中胜出。但是以土地财政为主导的"土地城镇化"是不可持续的,高额的土地出让金实际上是一种隐性的高税收,挤出了实体经济和劳动力。因此,在新型城镇化阶段,发展的重点在于落实"人的城镇化",城市竞争的是劳动力而不是资本,劳动力净流出的城市终将输给劳动力净流入的城市,能使流入劳动力真正居住下来的城市终将胜出。

实证上,高波等(2012)发现城市间相对房价的上涨提高了城市的居住成本,抑制了农村劳动力的流入。夏怡然和陆铭(2015)发现劳动力偏好于流向公共服务较好的城市,相应地该城市的房价也较高。张莉等(2017)也发现了高房价城市对劳动力的拉力作用,因为这些城市有较好的就业机会和公共服务,但是当房价高于一定阈值的时候,高房价推高的生活成本就会对劳动力迁移产生推力作用。劳动力"用脚投票"是个体的流动决策,目前还没有研究从个体层面考察城市住房价格、可获得的公共服务对劳动力流动,特别是已经"进入"城市的劳动力居住意愿的影响。

本章使用2014年、2015年和2016年中国流动人口动态监测调查数据(China Migrants Dynamic Survey,CMDS),从个体层面考察相对房价和公共服务对劳动力居住意愿的影响。考虑到居住地房价与劳动力流动决策之间存在反向因果关系,我们使用工具变量法进行回归发现,相对房价对劳动力有挤出效应,且这种挤出效应对没有在本地购房的、高技能水平的劳动力更为显著。而居住地的公共服务水平对劳动力流动有拉力作用,劳动力在居住地获得的公共服务越多,其选择再流动的概率就越低。上述结果在控制了相对房价的测量误差、样本选择偏差及劳动力家庭异质性后仍然稳健。我们还考察了不同城市规模的相对房价对劳动力居住决策的影响,结果发现,随着城市规模的扩大,城市相对房价对劳动力居住决策呈先扬后抑的非线性影响。进一步地,打算继续流动的劳动力中,住房因素对劳动力的流动决策有着显著影响,劳动者选择流向已购房产所在地的概率更大。

二、文献综述和本章贡献

(一)文献综述

对劳动力居住决策的研究有很多文献。李(Lee,1966)将其影响因素系统总结为:推力、拉力、个人因素和中间因素,迁出地和居住地两个城市都同时存在推力和拉力作用。个体因素则包括年龄、性别、婚姻状态、户口类型和教育程度等(Costa & Kahn,2000),家庭因素包括配偶是否随迁、子女随迁和在居住地接受义务教育的情况,以及留在农村的父母健康状况等都对劳动力在城市居住意愿产生影响(钱文荣和李宝值,2013)。中间因素主要表现为户籍制度的障碍(蔡昉,2017)、文化与方言距离、户籍地和居住地的地理距离等(刘毓芸等,2015)。

劳动力家庭是否在某个城市居住,取决于该城市对劳动力的推力和拉力的均衡结果,而房价是其中一个重要因素。罗巴克(Roback,1982)认为,房价是劳动力在城市居住和工作的主要成本,直接影响劳动力居住决策。随后,赫尔普曼(Helpman,1998)首次在新经济地理学标准模型的基础上,引入了住房市场因素,并指出某地区的住房价格过高会影响劳动者的相对效用,进而抑制劳动力在该地区的集聚;富特(Foote,2016)指出对于有房者,房价的上升对劳动力的迁移决策有正向的财富效应和负向的锁定效应。对于无房的劳动力,高居住成本提高了其迁出概率。戴蒙德(Diamond,2016)认为,高技能劳动力更偏好于较好公共环境的城市,相应地也愿意承担更高的居住成本。

针对中国近十年来的房价问题,高波等(2012)利用35个大中城市的面板数据进行实证分析,结果发现城市间相对房价的上涨提高了城市的居住成本,抑制了农村劳动力的流入。邵朝对等(2016)提出了房价、土地财政与城市集聚特征的影响机制,认为房价的推力作用主要针对的是低端劳动者,支持高波等(2012)的结论。范剑勇等(2015)则认为,地方政府通过新增工业用地创造就业机会,新增常住人口大多是低技能劳动力,主要居住在"城中村"或者"厂商集中宿舍"等非普通商品房,因此普通商品房价格上升没有抑制劳动力流入。张莉等(2017)发现,城市房价对劳动力流入有先扬后抑的倒U形影响。

与西方国家相比,中国的劳动力流动与居住决策大不相同。改革开放初期,劳动力被允许流动到城市内工作,并在特定的时间点,如农忙或者年老后,返回户籍地农村地区进行生产和居住活动。由于中国城乡户籍制度,流动人口通常为了就业机会与较高收入而暂时进入城市地区工作,但是不能获得城市户籍(Zhao,1999)。随着新生代流动人口逐渐成为劳动力的主力军,他们通常拥有相对高的教育文化水平,对城市认同感较高,具有强烈的"市民化"意愿。按照居住地提供的公共服务无疑是劳动力在居住地长期居留的重要拉力。除了基本的住房需求之外,良好的就业机会、医疗保障和社会服务也是重要需求,吸引劳动力居住。钱文荣和李宝值(2013)利用2010年16个城市的调研数据,发现与老一代农民工相比,新生代农民工对城市生活的融入感更高,留城意愿强烈,对公共服务的诉求较高。夏怡然和陆铭(2015)研究发现地方公共服务投入吸引劳动力流入。但是由于数据限制,鲜有研究从个体可获得的公共服务视角研究劳动力的长期居住决策问题。

(二)本章贡献

本章的贡献可以归纳为以下三个方面:首先是新视角。从国际经验来看,劳动力的流动和迁移后的定居决策是同时发生(钱文荣和李宝值,2013)。中国渐进式的户籍制度改革使得劳动力流动和定居决策是分离的。蔡昉(2017)指出,改革开放使劳动力获得"退出权""流动权"和"进入权",而本章进一步考察已经"进入"城市的劳动力是否"住下来",从个人层面研究高房价是否对劳动力定居决策产生挤出效应。

其次,本章使用2014—2016年中国流动人口动态监测调查(CMDS)数据,这一新数据与目前常用的中国综合社会调查(CGSS)和中国劳动力动态调查数据(CLDS)相比具有调查范围广、观测数量大、信息多的优点。该数据覆盖全国31个省(自治区、直辖市)中流动人口较为集中的流入地,每年的调查样本都达到20万家庭户以上;更为重要的是,该数据记录了流动人口在居住地的迁移意愿和方向、居住状况,以及获取的公共服务等信息,可以为研究居住地的住房价格与公共服务水平对劳动力的长期居住决策提供更为直接的实证证据。

第三,本章发现住房因素对劳动力的流动决策有着显著影响等若干新结论:高房价会增强劳动力流出所在城市的意愿,特别是没有在居住地购房的、高技能水平的劳动力尤为显著,即使公共服务对高房价的挤出效应有负向调节作用。进一步地,本章指出高房价对劳动力居住决策的影响是非线性的,挤出效应在大城市中尤为显著。在打算继续流动的劳动力中,选择流向已购房产所在地的概率更大,而住房的财富效应使得劳动力更倾向于流向省会级及以上城市。

三、数据与变量

(一)数据来源

本章所使用的微观数据来自中国流动人口动态监测调查(CMDS)项目。自2009年以来,国家卫生健康委员会每年通过调查问卷的方式展开连续断面监测调查,覆盖全国31个省(自治区、直辖市)中流动人口较为集中的流入地,采用分层、多阶段、与规模成比例的规模抽样(Probability Proportion to Size Sampling, PPS),以在流入地居住一个月以上、非本区(县、市)户口且年龄在15周岁及以上的流动人口为调查对象。本章所使用的数据是2014、2015和2016年的调查数据,共有58.4万份家庭户样本,详细调查了流动劳动力家庭的基本信息、流动范围和流动意愿、就业和社会保障、收支和居住、基本公共卫生服务、子女流动和教育等方面的信息。本章把三年数据合并后,经过数据清洗与城市层面数据匹配后,最终保留的有效样本量为33.13万家庭户。

(二)变量说明

本章的核心被解释变量是劳动力家庭的居住意愿,我们根据CMDS问卷中受访者对于"您今后是否打算在本地长期居住(5年以上)?"问题来构建。具体赋值规则为:将回答为"不打算居住"的赋值为1,[①]回答为"打算居住"的赋值为0,删除回答为"没想好"的样本。

为了进一步分析打算流出劳动力家庭的流向决策,我们还构建了"流向其他城市"分类变量,将打算在本地居住的个体赋值为0,将打算再流动去其他村、乡镇、县级城市、地级城市、省会城市和直辖市依次赋值为1~6。类似地,还构建了"返回户籍地"和"流向省会城市"两个虚拟变量,将打算在本地居住的个体赋值为0,打算返回户籍地的或打算流向省会及以上城市分别赋

---

① 在2016年问卷中,这一选项细分为"2.打算返乡,3.继续流动"。我们将这两个选项都均归类为"不打算居住",相应地受访者的"流动意愿"赋值为1。

值为1。以打算继续居住在本地的劳动力为对比,考察劳动力继续流动决策的影响因素。[①]

本章的核心解释变量是住房价格。根据CEIC中国经济数据库中地级市住宅的销售总额和销售总面积两个指标,计算得到住房平均价格。同一个城市内的房价水平对劳动力居住成本的影响存在异质性,绝对房价对不同收入水平的劳动力的效用不同。因此,本章参照吴晓瑜等(2014),从住房的可负担性出发,采用相对房价的定义,即住房平均价格与受访者家庭月收入的比值,作为核心解释变量。与现有的相对房价指标不同,张莉等(2017)定义相对房价(房价收入比)为城市平均房价与城市平均工资水平的比值以衡量城市劳动力购买住房的平均难易程度,本章构建的相对房价度量了劳动力家庭层面的住房可负担性,可以衡量不同家庭收入水平下居住城市的住房可负担性对其居住决策的影响。

在经验研究的文献中,通常采用公立学校生均教育支出,学校考试成绩(Rosen & Fullerton,1977)、人均教师数量,以及人均病床数和人均医生数(夏怡然和陆铭,2015)等指标来衡量地方公共服务的数量与质量。除此以外,劳动力享有的社会保障与社区服务也是衡量地方公共服务水平的指标之一(杨菊华,2015)。本章选择了与劳动力居住决策相关的基础教育、医疗保障、劳动保障和社区服务四个维度指标。根据数据可得性,本章根据以下调查问卷构建变量:"您的学龄内子女是否在本地入园入学"(基础教育),赋值包括"是=1、否=0";"您目前是否在本地参加医疗保险"(医疗保障),赋值包括"是=1、否=0";"您目前是否在本地参加养老保险"(劳动保障),赋值包括"是=1、否=0";"过去一年,您是否在现居住社区接受健康教育"(社区服务),赋值包括"是=1、否=0"。由于本章的城市公共服务水平是一个多维构念,参照钱文荣和李宝值(2013),本章利用主成分分析法得到包含上述四个维度信息的城市公共服务指标,并用二分法得到劳动力在居住地获得城市公共服务的虚拟变量,1=获得高公共服务,0=获得低公共服务。

[①] 只有2016年CMDS调查了流出劳动力的继续流动决策。

家庭财富禀赋对劳动力的个体决策会产生显著影响(吴晓瑜等,2014),而在居住地的房产会对劳动力迁移有财富效应和锁定效应(Foote,2016)。我们基于CMDS问卷中"您现住房属于下列何种性质?"这一问题构建是否在本地购房虚拟变量。若受访劳动者报告其住房性质为已购政策性保障房、已购商品房、自建房赋值为1,否则为0。进一步地,我们还根据2016年CMDS问卷中关于家庭房产购买的调查"您家已经在哪些地方购房?"分别构建已经在户籍地购房(是=1、其他=0),已经在其他城市购房(是=1、其他=0)两个虚拟变量,并进一步统计劳动力购买房产的总数作为家庭财富禀赋的代理变量。我们认为,家庭的财富禀赋对劳动力的长期居住决策也有显著影响。一方面,劳动力会倾向于流向已经购买房产的城市(锁定效应);另一方面,家庭购买的房产越多,财富禀赋越高,越有资本向其他城市迁移,向高房价的省会级及以上城市迁移(财富效应)。

根据已有文献(Costa & Kahn,2000;Diamond,2016;Roback,1982),我们还控制了劳动力的技能水平、就业状况、流动原因、流动范围、户籍、性别、婚姻、年龄及其二次方、家庭规模及收入水平等变量。此外,我们还控制了城市就业(工资水平与失业率)、城市经济(人均国内生产总值,第三产业比重)、城市规模(市辖区人口总数)和城市公共服务水平。城市层面数据来源于《中国城市统计年鉴》。

(三)描述性统计

表11.1报告了主要变量的定义与描述性统计。全样本中,只有不到16%的劳动力打算继续流动,其中打算继续流动的劳动力中,仅有1%的劳动力打算流动到省会及以上的大城市,绝大部分打算继续流动的劳动力选择返回户籍地或者其他的地级市。相对房价的均值为1.46,每个劳动力家庭在居住城市购买1平方米的住房平均需要用1.46个月的家庭月收入。这个数字并不大,但是相对房价的标准差为1.12,即不同家庭的住房可负担性

的差异性较大。我们还分析不同城市规模的相对房价水平及差异性。[1]超大特大城市的相对房价均值为2.17;大城市的相对房价均值为1.46,较之下降;而其他城市的相对房价均值为1.10,住房负担性较为适宜。[2]

表11.1　主要变量定义与描述统计

变量	变量说明	观测量	均值	标准差
流动意愿	是否打算在本地长期居住:否=1、是=0	331277	0.16	0.36
流向其他城市	打算在本地居住=0,打算流动到去其他村、乡镇、县级城市、地级城市、省会城市和直辖市依次赋值为1~6	91438	0.11	0.68
返回户籍地	是否打算返回户籍地:是=1、打算在本地居住=0	97007	0.08	0.28
流动到省会城市	是否打算流动到省会及以上城市:是=1、打算返回户籍地=0	90051	0.01	0.11
相对房价	城市平均房价(元/平方米)与劳动力家庭月收入(元)的比值	308289	1.46	1.12
超大特大城市		85525	2.17	1.46
大城市		68652	1.46	0.88
其他城市		154256	1.10	0.70
公共服务		331277	0.50	0.50
在本地购房	是否已经在本地购房:是=1、否=0	216047	0.27	0.44
在户籍地购房	是否已经在户籍地购房:是=1、否=0	102367	0.24	0.43
在其他城市购房	是否已经在其他城市购房:是=1、否=0	102367	0.02	0.15
房产数量	受访者家庭在购买房产的总数量	102367	0.64	0.59

我们进一步按照相对房价的中位数和劳动力个体特征分别将样本分为四个子样本,对劳动力的流动意愿进行均值差异性检验,结果如表11.2所

---

[1] 城市规模主要依据城区常住人口进行划分。根据《国务院关于调整城市规模划分标准的通知》(国发〔2014〕51号),我们以2010年人口普查中城区常住人口统计为划分依据。其中超大特大城市包括北京市、天津市、沈阳市、哈尔滨市、上海市、南京市、杭州市、武汉市、广州市、深圳市、佛山市、东莞市、成都市和西安市共14个城市;I型大城市包括石家庄市、唐山市、太原市、大连市、长春市、无锡市、常州市、苏州市、温州市、合肥市、厦门市、济南市、青岛市、淄博市、郑州市、长沙市、中山市、南宁市、贵阳市和乌鲁木齐市,共20个城市。其他246个城市为其他规模城市。

[2] 考虑到篇幅,未汇报个体控制变量和城市控制变量的描述性统计结果,留存备索。

示。在相对房价较高的城市,获取较多公共服务的劳动力的流动意愿均值(0.175)显著低于在居住城市获取较少公共服务的劳动力流动意愿均值(0.256)。在相对房价较高的地区,无房劳动力的流动意愿均值(0.254)也显著高于其他地区无房劳动力的流动意愿均值(0.157);而在同一地区,没有在本地购房的劳动力的流动意愿比已经在本地购房的劳动力的流动意愿更强烈。进一步地,我们比较无房劳动力样本中,不同劳动技能群体的流动意愿。结果显示,总体而言,无房的低技能劳动力流动意愿更强烈。但是相对于居住在低房价城市的高技能劳动力,居住在高房价城市的高技能劳动力对房价更敏感、流动意愿更强烈,更倾向于流向其他城市。

表11.2　流动意愿的均值差异性检验

	相对房价		均值
	低	高	差异
获取公共服务水平			
高	0.090	0.175	−0.085***
低	0.134	0.256	−0.102***
均值差异	−0.044***	−0.061***	
是否在本地有房			
是	0.015	0.023	−0.009***
否	0.157	0.254	−0.097***
均值差异	0.143***	0.231***	
无房家庭中:是否高技能劳动力			
是	0.135	0.243	−0.109***
否	0.170	0.260	−0.090***
均值差异	−0.036***	0.017***	

注:*、**、***分别表示10%、5%、1%的显著性水平。

四、研究假说与识别策略

本章主要研究已经"进入"城市的劳动力是否"住下来",从个人层面考察高房价是否对劳动力居住决策有挤出效应。

(一)研究假说

根据罗巴克(Roback,1982)和戴蒙德(Diamond,2016),一方面劳动力从低工资地区向高工资地区流动,以提高劳动力家庭的效用水平;另一方面,房价是劳动力在城市居住的主要成本,高房价水平降低了劳动力在居住城市的效用水平,即

$$V_{ij} = W_{ij} - \eta P_j + \mu A_{ij} \tag{1}$$

其中,V_{ij}表示劳动家庭i居住在城市j的间接效用水平,W_{ij}为劳动力家庭i在城市j的工资收入,P为城市j的房价水平,A为劳动力家庭i在城市j获得的公共服务。各城市的工资和房价水平不同,当$V_{ij}<V_{ik}$,劳动力家庭i从城市j流向城市k。给定工资水平下,城市j的高房价促使劳动力家庭i迁出城市j。由此我们提出了假说1:

劳动力在居住地的房价收入比越高,他越倾向于流出该城市。

由式(1)可知,劳动力在居住地可获取的公共服务A提高了劳动力家庭i在城市j的效用水平,从而降低了劳动力家庭i流出城市j的概率。根据蒂布特(Tiebout,1956)理论,地方政府通过不动产税收来为一个城市的公共服务筹集资金并决定其公共服务水平。[①]也就是说,城市的高房价是城市公共服务水平的资本化(Oates,1969),高房价意味着较高的公共服务供给水平,因此高公共服务水平对高房价的挤出效应有负向调节作用。由此提出假说2:

可获取的公共服务降低劳动力迁出概率;同时高公共服务水平对高相对房价的挤出效应有负向调节作用。

进一步地,高房价对有房和无房的劳动力的作用是不一样的。房价上升意味着有房者的家庭财富禀赋增加,从而扩大其流动性,但有房劳动力也会因为住房的锁定效应而降低流动性,也就是说高房价对于有房劳动力居

---

① 在中国,这一部分税收可理解为政府招标、拍卖、或者挂牌出让(简称招拍挂)住宅用地所得收入。地方政府根据招拍挂土地所得的收入决定其公共服务水平(公共品投入水平)(张平和刘霞辉,2011)。

住决策的影响不确定(Foote,2016)。高房价对于无房者的影响比较明确，即高房价提高了无房者的居住成本从而提高了其迁出概率。高房价对不同技能水平劳动力的作用也是存在异质性的。高技能劳动力偏好居住在大城市，其面临的高昂房租通常与良好的外部环境相抵消(Diamond,2016)。因此，高技能劳动力的居住决策取决于房价与工资水平、外部环境的均衡。与高技能劳动力不同，低技能劳动力更倾向于追求高工资水平。大城市中高技能劳动力的集聚增加了对低端服务业的需求，进而提高了以低技能劳动力为主的服务业工资水平(Autor & Dorn,2013)。在中国的城镇化进程中，这些低技能劳动力通常居住在价格低廉的城中村或者集体宿舍中(范剑勇等,2015)。因此相对于高技能劳动力而言，居住在大城市的低技能劳动力反而对高房价不敏感。由此提出假说3：

高房价对劳动力的挤出效应存在异质性，无房的劳动力，特别是无房的高技能劳动力对高房价更敏感。

实证中，选用Probit模型考察房价对劳动力居住决策的影响：

$$\Pr(WTM_{ij,t}=1\big|hp,X)=F(hp,\beta_1)=\frac{\exp(\beta_0+\beta_1 hp_{ij,t-1}+\beta X+\varepsilon_{ij,t})}{1+\exp(\beta_0+\beta_1 hp_{ij,t-1}+\beta X+\varepsilon_{ij,t})} \tag{2}$$

其中，劳动力居住决策 $WTM_{ij,t}$ 是一个二元选择变量，如果 t 年劳动力 i 选择流出居住城市 j，其值为1，否则为0；$Pr(WTM_{ij,t}=1)$ 为在 t 年劳动力 i 选择流出居住城市 j 的概率，F 为标准正态的累积分布函数；hp 为城市 j 在 $t-1$ 年的相对房价水平，X 为劳动力个体以及城市层面控制变量，ε 为随机误差项。城市相对房价 hp 的系数 β_1 的正负可以分析城市相对房价 hp 对劳动力居住决策的影响方向。如果 β_1 显著为正，则说明高房价对劳动力有挤出效应，支持假说1。

对于假说2，我们相对房价和公共服务(pub)的交互项来考察公共服务的调节效应：

$$\Pr(WTM_{ij,t}=1\mid hp,X)=$$
$$\frac{\exp(\beta_0+\beta_1 hp_{ij,t-1}+\beta_2 hp_{ij,t-1}\cdot pub_{ij}+\beta_3 pub_{ij}+\beta X+\varepsilon_{ij,t})}{1+\exp(\beta_0+\beta_1 hp_{ij,t-1}+\beta_2 hp_{ij,t-1}\cdot pub_{ij}+\beta_3 pub_{ij}+\beta X+\varepsilon_{ij,t})} \tag{3}$$

其中,*pub*为劳动力*i*在城市*j*所获得的公共服务,其余变量定义同前。*Pub*的系数β_3显著为负,说明了可获得的公共服务对劳动力迁移有拉力作用;交互项的系数β_2显著为负,则说明了高公共服务水平负向调节了高相对房价的挤出效应,假说2成立。对假说3,将样本划分为有房、无房、无房的高技能及无房的低技能劳动力四个子样本,分别进行回归验证式(3)。

(二)内生性问题

式(2)从个体层面考察了相对房价对劳动力个体的流动意愿的影响,但是相对房价与个体的流动决策之间可能存在反向因果关系。大城市的住房价格通常更高,但是大城市通常也意味着更多的就业机会,吸引劳动力往大城市集聚。另外,不可观测的变量也可能同时影响相对房价与流动家庭的流动决策,即相对房价有内生性。对此,我们选用住房供应弹性作为相对房价的工具变量(Chaney et al., 2012;Saiz, 2010)。住房供应弹性是指不可开发土地占城市未开发土地的比例与长期利率水平的乘积,其中不可开发土地指的是坡度大于15度的山地,根据美国地理服务局提供的90米全球高程数据集v4.1,使用ArcGIS 10.3计算得到;为了尽量减少流动人口对城市可供开发为住宅土地的影响,我们定义的未开发土地是指住房制度改革的前一年,即1997年城市市辖区内未开发土地的总面积。我们根据美国国家海洋和大气管理局发布的1997年夜晚灯光数据,其中灯光亮度值小于21的市辖区土地为未开发土地,使用ArcGIS 10.3计算得到。长期利率水平则是指30年房贷的基准利率,该利率水平随着宏观经济状况而变化。城市内不可开发土地面积比例和长期利率越大,住房供应弹性越小,住房价格越高。而城市内不可开发土地面积比例及宏观层面的长期利率水平对劳动力家庭的居住决策没有差异性影响。因此,我们认为住房供应弹性是一个合理的工具变量。实证中,我们用住房供应弹性作为相对房价的工具变量,用Probit IV进行回归。

(三)样本选择偏差

我们使用的2014—2016年CMDS全样本只调查了流动人口样本。户籍人口也可能因为高房价而选择流动到其他城市,导致样本选择偏差。因此,我们在稳健性检验中将用2015年CMDS的户籍人口抽样调查,通过Heckman两步法检验样本选择偏差问题(Heckman,1974)。2015年CMDS对比抽样调查了北京、上海、广州、大连、无锡、杭州、合肥和贵阳共8个城市的户籍家庭,经过数据清洗和城市变量匹配后,样本量为12179家庭户。虽然这8个城市不是随机选取的,但是这8个城市覆盖了东部、中部、西部三大区域,对每个城市的户籍人口按照PPS方法进行抽样,满足Heckman两步法的数据要求。

五、主要结果与稳健性检验

(一)主要结果

表11.3给出了相对房价对劳动力流动意愿的基准回归结果,其中第(1)列只包括相对房价解释变量,并控制了个体变量和城市变量。结果显示,相对房价的回归系数是0.023并在1%的水平显著,说明给定个体和城市特征不变,与打算在本地居住的劳动力相比,城市相对房价对劳动力选择再流动有显著的挤出效应。相对房价对劳动力家庭居住决策的边际效应为exp(0.023),即得到相对房价每上升10%,劳动力打算再流动的概率就提高10.2%。也就是说,假说1成立。第(2)列只包含了公共服务解释变量,结果显示,公共服务的回归系数显著为负,说明给定其他条件不变,居住地的公共服务对劳动力的长期居住决策有显著的拉力作用。相对于获得低公共服务水平的劳动力家庭,获得高公共服务的劳动力家庭再流动的概率降低了22.3%。进一步地,第(3)列同时包括了相对房价和公共服务及其交互项。结果表明,给定公共服务水平后,相对房价的系数略小于第(1)列且保持显著,但相对房价和公共服务交互项的系数不显著,这并不能说明公共服务水平对相对房价的挤出效应没有调节作用。如前论述,相对房价与劳动力家

庭居住决策存在内生性,因此,我们用住房供应弹性作为城市相对房价的工具变量进行两阶段 Probit IV 回归。第(4)列和第(5)列最后一行的 Wald 内生性检验可见,城市相对房价确实存在显著的内生性。表11.3的上半部为 Probit IV 的第一阶段回归,第(4)列为只包括相对房价的回归结果,第(5)列为同时控制了公共服务及其交互项的结果,两者都显示住房供应弹性的回归系数显著为正,第一阶段回归的 F 值远大于10,不存在弱工具变量问题。表11.3下半部为 Probit IV 的第二阶段回归结果。同时,与第(1)列的结果相比,第(4)列利用工具变量解决了内生性问题后,相对房价对劳动力再流动意愿的边际作用为10.7%,略高于第(1)列的回归结果(10.2%),相对房价对劳动力家庭的居住决策有挤出效应。第(5)列为加入公共服务及其交互项后的两阶段工具变量法回归结果。结果发现,控制了相对房价的内生性后,相对房价对劳动力家庭居住决策的挤出效应稳健,相对房价和公共服务的交互项显著为负,公共服务负向调节了相对房价的挤出效应,劳动力家庭在居住地获得的较高的公共服务水平会降低高房价对其居住决策的挤出效应,支持假说2。

表11.3 房价对劳动力流动意愿的作用:基准回归结果

	Probit			两阶段 Probit IV	
	(1)	(2)	(3)	(4)	(5)
第一阶段回归,被解释变量:相对房价					
住房供应弹性				0.421*** (143.78)	0.441*** (121.78)
住房供应弹性×公共服务					−0.035*** (−9.08)
Cragg-Donald Wald F 值				13162	10179
第二阶段回归,被解释变量:流动意愿					
相对房价	0.023*** (4.32)		0.0215*** (3.72)	0.070*** (3.60)	0.121*** (5.92)
相对房价×公共服务			0.003 (0.58)		−0.090*** (−4.46)
公共服务		−0.252*** (−34.95)	−0.246*** (−20.98)		−0.111*** (−3.66)
控制变量	是	是	是	是	是

	Probit			两阶段 Probit IV	
	（1）	（2）	（3）	（4）	（5）
省－年固定效应	是	是	是	是	是
观测值	239728	255618	239728	239728	239728
pseudo R^2	0.126	0.128	0.131		
Wald检验				6.32***	37.10***

注:括号内为t统计值;*、**、***分别表示10%、5%、1%的显著性水平。个体控制变量包括高技能水平、劳动力周薪、就业状态、是否在制造业工作、流动时间、流动范围、户口类型、男性、已婚、年龄及其二次方、家庭规模;城市控制变量包括城市平均工资水平、城市失业率、人口规模、人均国内生产总值、第三产业比值、在校大学生数、小学生师生比,以及医院床位数。下表同。

房价上升对有房家庭和无房家庭的影响是不一样的。对于有房家庭,一方面,住房价格的上升意味着家庭财富的增加从而扩大有房家庭的流动性(Aladangady,2017);另一方面,已购住房对劳动力家庭有锁定效应从而降低了其流动性(Foote,2016)。对于无房者,住房价格上升不仅仅提高了劳动力家庭当前的居住成本,而且降低了他们未来购房的可能性。因此,将样本区分为有房者和无房者两个子样本。表11.4的第(1)列显示,对于有房的劳动力家庭,相对房价的系数为负,但是不显著,公共服务及其与相对房价交互项的系数也不显著,说明相对房价以及公共服务不是他们居住决策的影响因素。第(2)列是没有在居住地购房的劳动力家庭子样本,结果显示相对房价越高,无房的劳动力家庭再流动的概率就越大。同时,相对于在居住地获得较低公共服务水平的无房家庭,在居住地获得高公共服务水平的无房家庭再流动的概率更小,但是公共服务水平对相对房价的挤出效应没有显著的负向调节作用。可见,住房可负担性是无房的劳动力家庭居住决策的首要考虑因素。

我们进一步将无房的劳动力分为高技能水平和低技能水平两个子样本,见表11.4的第(3)列和第(4)列。结果可见,相对房价对不同技能水平的无房劳动力均有显著的挤出效应,但是高房价对无房的高技能劳动力的边际效应更大。相对房价每提高10%,无房的高技能劳动力的流动意愿提高

11.6%,略高于无房的低技能劳动力的11.1%。这主要是因为高技能劳动力更注重于居住城市的外部环境与地方公共服务水平(Diamond,2016),而目前中国优质的公共服务如学区等都与住房挂钩,因此高技能劳动力的购房意愿更强烈,其迁移意愿更容易受到高房价的影响。第(3)列中公共服务的系数显著为负且小于第(4)列中低技能家庭子样本中公共服务的系数也印证了这一结论。另外,范剑勇等(2015)也指出,相对于高技能劳动力,低技能劳动力通常居住在城中村或者集体宿舍中,普通商品房的价格变化并不会影响他们的居住成本。最后,高技能劳动力在就业市场上通常更有选择性(Diamond,2016),当居住城市的相对房价上升时,高技能劳动力家庭更有能力搬出居住城市。

表11.4　房价对劳动力流动意愿的作用:是否有房与技能水平的影响

	有房	无房	无房	
			高技能	低技能
	(1)	(2)	(3)	(4)
相对房价	−0.067	0.122***	0.145***	0.108***
	(−0.35)	(4.74)	(3.37)	(3.27)
相对房价×公共服务	−0.079	−0.032	−0.036	−0.028
	(−0.37)	(−1.33)	(−0.94)	(−0.90)
公共服务	−0.148	−0.158***	−0.205***	−0.128**
	(−0.66)	(−3.89)	(−3.12)	(−2.43)
控制变量	是	是	是	是
省-年固定效应	是	是	是	是
观测值	40438	123333	44076	79257
估计方法	Probit IV	Probit IV	Probit IV	Probit IV

基于上述结果,我们可以得到初步结论:居住地的相对房价越高,劳动力越倾向于流出该城市,而公共服务水平对高房价的挤出效应有负向调节作用;对于在居住地无房者,特别是无房的高技能劳动力,高房价的挤出效应尤为明显,公共服务水平的负向调节作用也不显著。

(二)稳健性检验

考虑到劳动力家庭除了住在普通商品房内外,还可能住在城中村,高档公寓或者商务公寓中。由于缺少城中村等非正式住宅的交易价格,因此本章采用商品房价格进行稳健性检验。另外,城市房价增长速度也可以反映出了劳动力对于居住城市房价变化的预期(Aladangady,2017),而劳动力工资收入在短期内是通过合同固定的,因此房价增长速度在一定程度上可以代表了房价收入比的预期变化,从而改变其流动意愿。同时,为了避免宏观环境突变如限购对房价的影响,我们用2014—2016三年房价的平均增长速度来度量城市房价增长速度。表11.5的第(1)列和第(2)列为Probit回归结果,商品房相对价格和住宅价格的三年平均增速的系数均保持为正,但是不显著。第(3)列和第(4)列则是用住房供应弹性分别作为工具变量进行两阶段Probit IV回归。结果表明,在控制了相对房价指标的内生性后,商品房相对价格和房价三年平均增速的系数显著为正,高房价的挤出效应稳健;与公共服务交互项的系数显著为负,进一步验证了公共服务水平对房价水平的负向调节作用。

表11.5　稳健性检验一:不同的房价指标的回归系数

	(1)	(2)	(3)	(4)
商品房相对价格	0.009 (1.49)		0.127*** (6.05)	
商品房相对价格×公共服务	0.010* (1.70)		−0.110*** (−5.36)	
房价增长速度		0.023 (1.36)		5.347*** (5.46)
房价增长速度×公共服务		0.036 (1.36)		−2.030*** (−4.42)
公共服务	−0.263*** (−22.15)	−0.243*** (−31.02)	−0.082** (−2.53)	0.267** (2.29)
控制变量	是	是	是	是
省-年固定效应	是	是	是	是
观测值	246846	239551	246846	239551
pseudo R^2	0.13	0.13		
估计方法	Probit	Probit	Probit IV	Probit IV

表11.6是用2015年CDMS抽样的8个城市户籍家庭和流动家庭子样本进行Heckman两步法检验样本选择偏差。结果显示,以相对房价为解释变量,第(1)列中的逆Mills比率,即lambda系数为负,但是不显著,这说明相对房价对劳动力家庭流动意愿的影响是一致的,无论这个家庭是否有居住地户籍,也就是说,不存在样本选择导致的估计偏误。相对房价与公共服务交互项的系数显著为负,相对房价和公共服务水平对户籍家庭和流动家庭的推拉作用一致。第(2)列为商品房相对价格的回归结果,与第(1)列基本一致。第(3)列为房价平均增速的回归结果,lambda系数仅在10%水平下负显著,存在边际水平上的样本选择偏差。但是房价的平均增速保持显著为正,房价平均增速与公共服务的交互项显著为负,再次验证相对房价和公共服务对劳动力的推拉作用稳健。

表11.6 稳健性检验二:样本选择偏差对结果的影响

	相对房价	相对商品房价格	房价平均增速
	(1)	(2)	(3)
相对房价	0.017*** (3.33)		
相对房价×公共服务	−0.021*** (−4.49)		
商品房相对价格		0.018*** (3.51)	
商品房相对价格×公共服务		−0.021*** (−4.56)	
房价平均增速			0.025** (2.88)
房价增长速度×公共服务			−0.021** (−2.57)
公共服务	−0.020* (−1.83)	−0.019*** (−1.71)	−0.054*** (−7.80)
lambda	−0.041 (−1.61)	−0.041 (−1.59)	−0.045* (−1.76)
控制变量	是	是	是
观测值	24943	24943	24943
估计方法	Heckman两步法	Heckman两步法	Heckman两步法

基于此我们得出结论：以商品房相对价格和房价平均增速作为相对房价的代理变量，结果发现相对房价对劳动力家庭的挤出效应稳健；利用2015年CDMS抽样的8个城市户籍家庭和流动家庭子样本进行Heckman两步法回归，结果显示，虽然我们在基本回归模型中所使用的样本仅包含了流动人口家庭，但是回归结果不存在由于样本选择导致的估计偏误，表11.3中的基本回归结果稳健。

(三)考虑劳动力家庭与居住城市的异质性

我们进一步区分不同的流动原因、流动范围、劳动力代际及家庭结构等样本。其中，流动动机是指劳动力主要由于工作或经商流动到居住地，还是其他原因，如家属随迁、拆迁搬迁等原因流动；流动范围是指劳动力为跨省流动还是省内流动；劳动力代际包括1980年及以后出生的新生代劳动力及其他子样本；家庭结构包括子女留守在户籍地及子女随父亲或母亲随迁到本地生活或学习的劳动力家庭。这些子样本更能体现劳动力家庭居住决策中风险与权益的权衡。

表11.7的第（1）列和第（2）列为不同流动动机的劳动力子样本回归结果。结果显示，与因为工作/经商原因流动的劳动力家庭相比，由于其他原因流动的劳动力家庭对相对房价更敏感。这是因为特定的工作岗位或者市场通常集聚在几个特定的城市，从而降低了这些劳动力家庭的流动性(Costa & Kahn, 2000)。第（3）列和第（4）列分别为跨省流动和省内流动的劳动力家庭子样本的回归结果。结果显示，跨省流动的劳动力家庭对相对房价敏感，当相对房价上升的时候，跨省流动的劳动力家庭再流动的概率变大；而省内流动的劳动力家庭的居住决策不受到相对房价的影响。这主要是因为跨省流动的劳动力家庭对居住地的文化距离大，融入感低(刘毓芸等，2015)，当他们面临高房价时候，更倾向于迁出这个城市。第（5）列和第（6）列为不同劳动力代际子样本的回归结果。与其他劳动力家庭相比，新生代劳动力家庭对相对房价更敏感。这可能是因为新生代劳动力家庭留城意愿强烈(钱文荣和李宝值，2013)，相对房价上升降低了他们未来在这个城市购

房的可能性,所以搬离这个城市。第(7)列和第(8)列为不同家庭结构的劳动力家庭子样本。

总体上,无论子女是否随迁,相对房价都对这些家庭有显著的挤出效应。当相对房价上升10%,子女随迁的劳动力家庭再流动的概率(11.9%)略高于子女留守的劳动力家庭再流动的概率(11.4%)。如第(2)列所示,除了因为其他原因如家属随迁,拆迁等流动到居住城市的劳动力家庭外,其他子样本回归中相对房价和公共服务的交互项均显著为负,再次验证了公共服务对相对房价挤出效应的负向调节作用。

表11.7　劳动力家庭异质性:不同劳动力群体对相对房价变动的响应

变量	流动原因		流动范围		劳动力代际		家庭结构	
	工作流动	其他原因	跨省流动	省内流动	新生代	其他	子女随迁	子女留守
	(1)	(2)	(3)	(4)	(5)	(6)	(7)	(8)
相对房价	0.115*** (5.48)	0.226** (1.99)	0.165*** (6.69)	0.003 (0.08)	0.116*** (4.63)	0.069* (1.81)	0.176*** (3.65)	0.133*** (5.02)
相对房价× 公共服务	−0.089*** (−4.33)	−0.030 (−0.26)	−0.052** (−2.08)	−0.142*** (−3.24)	−0.058** (−2.40)	−0.154*** (−3.94)	−0.143*** (−3.20)	−0.118*** (−4.39)
公共服务	0.111*** (−3.53)	−0.188 (−1.28)	−0.188*** (−4.55)	−0.001 (−0.03)	−0.139*** (−3.64)	−0.036 (−0.65)	0.055 (0.93)	−0.119*** (−2.76)
控制变量	是	是	是	是	是	是	是	是
省–年固定效应	是	是	是	是	是	是	是	是
观测值	221907	17821	155947	83781	133628	106100	127136	87161

本章的回归样本中包含了31个省(自治区、直辖市)的280个城市,城市间的差异性较大,因此我们根据城市规模子样本分别进行回归,以考察不同城市规模下相对房价对劳动力家庭居住决策的作用是否一致。回归结果见表11.8中的第(1)列至第(3)列。结果显示,大城市(包括超大特大城市和I型大城市)的相对房价对劳动力家庭的挤出效应不变。给定高公共服务水平,超大特大城市的相对房价对劳动力再流动的作用系数为0.145(= 0.282 − 0.137),这意味着超大特大城市的相对房价每上升10%,劳动力再流动的概率就提高11.6%[= exp(0.145)×10],与表11.3中第(5)列的全样本回归结

果相比,超大特大城市的相对房价的挤出效应更强烈;而I型大城市的相对房价对劳动力再流动的作用系数和零没有显著不同(0.327 - 0.326)。两者的差异可能反映不同的大城市对外来劳动力出现分化,一些超大特大城市并不是弱化进入障碍,因而具有更强的挤出效应。表11.8的第(3)列还显示,其他规模城市相对房价的回归系数显著为负,且公共服务对房价没有显著的调节效应,也就是说,小城市的相对房价对劳动力家庭的居住决策有拉力作用。

表11.8 考虑城市异质性:不同的城市规模及相对房价对劳动力流动的非线性作用

	超大特大城市	I型大城市	其他城市	相对房价的二次项	公共服务
	(1)	(2)	(3)	(4)	(5)
相对房价的二次项				0.378** (2.21)	0.383** (2.44)
相对房价	0.282*** (10.23)	0.327** (2.30)	−0.207** (−2.30)	−2.126** (−2.15)	−2.237** (−2.32)
相对房价×公共服务	−0.137*** (−3.86)	−0.326** (−2.54)	−0.091 (−1.56)		0.169 (1.55)
公共服务	0.035 (0.45)	0.182 (1.05)	−0.133** (−2.10)		−0.475*** (−3.06)
控制变量	是	是	是	是	是
省-年固定效应	是	是	是	是	是
观测值	71701	54103	113924	239094	239094
估计方法	Porbit IV	Porbit IV	Porbit IV	Porbit IV	Porbit IV

进一步地,表11.1中描述性统计分析显示这三类城市的相对房价均值依次为2.17、1.46和1.10,说明显示随着城市规模的扩大,相对房价对劳动力家庭居住决策的作用可能是非线性的。为了考察这一可能性,我们在表11.8第(4)列中加入了相对房价的二次项,由于相对房价为内生变量,因此参照陆铭等(2015),我们用人均住宅用地出让面积作为相对房价二次项的工具变量。结果显示,相对房价的二次项系数显著为正,而相对房价的系数显著为负,也就是说,相对房价对劳动力家庭的居住决策的作用呈U形,随

着城市规模的扩大,相对房价也逐渐上涨,并呈现出先扬后抑的非线性影响。这一结果也与张莉等(2017)的结论一致。但是张莉等(2017)的研究为城市高房价对劳动力流入的非线性影响,我们研究发现是城市住房的可负担性对已经"进入"城市的劳动力家庭是否"住下来"居住决策的影响也是非线性的。第(5)列中进一步加入了公共服务及其交互项,结果发现,相对房价对劳动力家庭居住决策的非线性影响不变,且个体可获得的公共服务水平对相对房价的拐点没有影响,但是劳动力在居住城市可获得的公共服务水平显著降低了劳动力的迁出概率。

六、劳动力流向了哪里:住房的可负担性及其财富效应

至此,我们得出结论,大城市的高房价挤出了劳动力,那么这些选择再流动的劳动力打算流向哪里呢?如果打算再流动去其他城市,那么是流向什么等级的城市?是什么因素决定了劳动力的流向决策?我们认为,高相对房价对劳动力居住意愿的挤出效应,其本质上就是住房的可负担性问题。对于打算迁出居住地城市的劳动力来说,他们下一步的流动决策,也要考虑到目标城市住房的可负担性问题。同时,住房的财富效应也会显著影响劳动力的流向决策。具体地,劳动力倾向于流向已经购买房产的城市;劳动力拥有的房产数量越多,财富效应越大,则其流向高等级地区(村、乡镇、县级市、地级市、省会城市、直辖市)的概率就越大,返乡的概率则越小。

为了验证住房的可负担性及财富效应对劳动力流向的作用机制,我们估计如下 Order Probit 模型:

$$
\begin{aligned}
MTC_{ij}^k &= f(hpr) = \beta_1 hpr_j + \beta_2 H + \beta X \\
\Pr(MTC_{ij}^k = K | hpr) &= \Phi\left[a_k - f(hpr)\right] - \Phi\left[a_{k-1} - f(hpr)\right]
\end{aligned}
\tag{4}
$$

其中,MTC 为"打算流向其他城市"变量,赋值见变量说明部分。hpr 为居住城市与其他城市的房价比。由于调查问卷中没有具体的流向目标城市,参照高波等(2012),我们用2015年常住人口加权的其他城市平均房价作为目标城市房价。H 为家庭财富禀赋的向量值,包括是否在居住城市购房、是否

在其他城市购房、是否在户籍地购房以及房产数量，分别用来衡量劳动力在居住城市、其他城市以及户籍地的住房可负担性。Φ 是累积标准正态函数，a 为待估计的切点。X 为其他控制变量，与式(2)一致。为了控制不同地区劳动力的宗族观念对其流向决策的影响，我们还控制了劳动力户籍地的省区固定效应。同时，我们用 Probit 模型估计了两个具体的流向决策，相对与打算在本地居住的人，考察城市间的相对房价对劳动力打算返回户籍地或打算流向省会及以上城市的影响。

表11.9报告了上述模型的估计结果。其中第(1)列表明，居住城市与其他城市的房价比系数不显著，说明与打算在本地居住的劳动力相比，居住城市相对于其他城市的房价水平对其流向其他城市的决策没有显著影响。这可能是因为居住城市与其他城市的加权房价比这一指标不能准确度量居住城市与目标迁移城市之间的住房可负担性。因此我们还用在居住地有房和其他城市有房来衡量打算再流动劳动力在居住城市和其他城市的住房可负担性。结果显示，住房可负担性显著影响劳动力的流向决策，在居住地有房的系数显著为负，而在其他城市购房的系数显著为正，也就是说，劳动力再流动过程中，会倾向于流向已经购买房产的地区。第(2)列中加入了房产数量的变量，以反映劳动力所拥有房产的财富效应。结果表明，房产的财富效应对劳动力的流向决策有显著影响。其拥有的房产数量越多，劳动力越倾向于流向更高等级的城市。

表11.9　劳动力的流向决策：房产的财富效应

变量	流向其他城市	流向其他城市	流向省会级及以上城市	返回户籍地
	(1)	(2)	(3)	(4)
居住城市与其他城市的房价比	0.016 (0.79)	0.017 (0.83)		
居住城市与省会级及以上城市房价比			0.054 (1.11)	
居住城市与户籍城市房价比				0.452*** (4.41)

变量	流向其他城市	流向其他城市	流向省会级及以上城市	返回户籍地
	(1)	(2)	(3)	(4)
在居住地有房	−0.603*** (−17.14)	−0.637*** (−16.92)	−0.623*** (−11.92)	−0.484*** (−11.58)
在其他城市有房	0.404*** (7.24)	0.371*** (6.37)	0.317*** (4.01)	
在户籍地有房				0.827*** (22.29)
房产数量		0.051** (2.38)	0.055* (1.93)	−0.550*** (−15.68)
控制变量	是	是	是	是
户籍地所在省控制变量	是	是	是	是
观测量	66435	66435	65346	70244
估计方法	Order Probit	Order Probit	Probit	Probit
pseudo R²	0.08	0.08	0.13	0.17

第(3)列"流向省会级及以上城市"的结果表明,居住地城市房价相对于省会城市及以上城市房价的高低对劳动力的流向决策影响不显著;当劳动力拥有的房产数量越多,流向高房价的省会级及以上城市的概率就更大。也就是说,房产的财富效应对劳动力再流动决策有显著影响,劳动力拥有的房产数量越多,越倾向于向高等级的城市流动,越倾向于流向高房价的省会级及以上的城市。

第(4)列"返回户籍地"的结果表明,居住城市与户籍地城市的房价比越高,则劳动力选择返乡的概率越大。同时,劳动力在居住城市租房,在户籍地有房都显著增加了劳动力返乡的概率,进一步验证了第(1)至(3)列中住房的可负担性对劳动力流向决策的正向作用。而劳动力拥有的房产数量越多,其返乡的概率就越低,这也是房产财富效用的作用结果。劳动力拥有的房产财富越大,则其居住和就业的选择范围就越大,因此返乡概率就越低。因此,劳动力的流向决策会受到住房的可负担性以及财富效应的影响。对于打算再流动的劳动力,倾向于流向住房可负担的城市。而住房的财富效应使得劳动力再流动过程中选择范围更广,其拥有的住房财富越大,更倾向于高房价的省会级及以上城市。

七、结论

本章运用一个新的微观数据考察已经"进入"城市的劳动力是否"住下来",从个人层面研究高房价是否对劳动力家庭居住决策有挤出效应。控制内生性问题的回归结果表明,劳动力在居住地的房价收入比越高,他流出该城市的意愿就越强,而公共服务水平对高房价的挤出效应有负向调节作用;对于在居住地无房者,特别是那些无房的高技能劳动力,高房价的挤出效应尤为明显,上述结果在控制了相对房价的测量误差、样本选择偏差及样本异质性后仍然稳健。本章还发现,随着城市规模扩大,城市相对房价上升,相对房价对劳动力居住决策呈先扬后抑的非线性影响。

本章还进一步分析了打算再流动劳动力家庭的流向决策及其影响因素,发现住房可负担性和住房的财富效应显著影响再流动劳动力家庭的流向决策。对于打算再流动的劳动力家庭,倾向于流向住房可负担的城市;而住房的财富效应使得劳动力再流动过程中选择范围更广,其拥有的住房财富越大,更倾向于流向其他城市,更倾向于高房价的省会级及以上城市。

本章的政策含义在于,高房价意味着住房的不可负担性,对劳动力有着显著的挤出效应,而且无房的高技能劳动力对高房价更敏感。劳动力是经济发展的重要要素,地方经济的蓬勃发展一定程度上依赖于源源不断的高质量的劳动力供给。政府应制定合理的住房政策,将房价控制在合理的范围内,同时也要调节收入分配,提高居民收入水平和公共服务,对于无房的高技能劳动力应通过价格补贴、税收减免或"人才房"等形式为他们提供更为稳定的居所,削弱高房价的挤出效应。

当然,本章的研究仍存在一些不足之处。比如,我们侧重流动人口的流动意愿的角度来说明高房价的挤出效应,但仍无法追踪调查人口流出后的真正去向。其次,限于数据的可得性,本章只针对没有当地户口的劳动力进行分析,所用的数据中并没有包括当房价上升时候对户籍人口的挤出效应。

本章在稳健性检验中在一定范围校正了样本选择偏差，但全面校正数据样本的偏差有待进一步的研究。

参考文献：

1. 蔡昉：《中国经济改革效应分析——劳动力重新配置的视角》，《经济研究》2017年第7期。

2. 范剑勇、莫家伟、张吉鹏：《居住模式与中国城镇化——基于土地供给视角的经验研究》，《中国社会科学》2015年第4期。

3. 高波、陈健、邹琳华：《区域房价差异，劳动力流动与产业升级》，《经济研究》2012年第1期。

4. 刘毓芸、徐现祥、肖泽凯：《劳动力跨方言流动的倒U型模式》，《经济研究》2015年第10期。

5. 陆铭、张航、梁文泉：《偏向中西部的土地供应如何推升了东部的工资》，《中国社会科学》2015年第5期。

6. 梅冬州、崔小勇、吴娱：《房价变动、土地财政与中国经济波动》，《经济研究》2018年第1期。

7. 钱文荣、李宝值：《初衷达成度、公平感知度对农民工留城意愿的影响及其代际差异》，《管理世界》2013年第9期。

8. 邵朝对、苏丹妮、邓宏图：《房价、土地财政与城市集聚特征：中国式城市发展之路》，《管理世界》2016年第2期。

9. 吴晓瑜、王敏、李力行：《中国的高房价是否阻碍了创业？》，《经济研究》2014年第9期。

10. 夏怡然、陆铭：《城市间的"孟母三迁"——公共服务影响劳动力流向的经验研究》，《管理世界》2015年第10期。

11. 杨菊华：《中国流动人口的社会融入研究》，《中国社会科学》2015年第2期。

12. 张莉、何晶、马润泓：《房价如何影响劳动力流动？》，《经济研究》2017年第8期。

13. 张平、刘霞辉：《城市化、财政扩张与经济增长》，《经济研究》2011年第11期。

14. Aladangady A. "Housing Wealth and Consumption: Evidence from Geographically-linked Microdata", *American Economic Review*, 2017, 107(11):3415-3446.

15. Autor D. H., D. Dorn. "The Growth of Low-skill Service Jobs and the Polarization of the U.S. Labor Market", *American Economic Review*, 2013, 103(5):1553-1597.

16. Calabrese S., D. Epple, T. Romer, and H. Sieg. "Local Public Good Provision: Voting, Peer Effects, and Mobility", *Journal of Public Economics*, 2006, 90(6):959-981.

17. Chaney T., D. Sraer, and D. Thesmar. "The Collateral Channel: How Real Estate Shocks Affect Corporate Investment", *American Economic Review*, 2012, 102(6):2381-2409.

18. Costa D. L., M. E. Kahn. "Power Couples: Changes in The Locational Choice of The College Educated, 1940-1990", *Quarterly Journal of Economics*,2002,115(4):1287-1315.

19. Diamond R. "The Determinants and Welfare Implications of U. S. Workers' Diverging Location Choices by Skill: 1980-2000", *American Economic Review*,2016,106(3):479-524.

20. Foote A. "The Effects of Negative House Price Changes on Migration: Evidence Across U. S. Housing Downturns",*Regional Science and Urban Economics*,2016(60):292-299.

21. Heckman J. "Shadow Prices,Market Wages,and Labor Supply",*Econometrica: Journal of The Econometric Society*,1974,42(4):679-694.

22. Helpman E.,"The Size of Regions",In Pines D. ,Sadka E., Zilcha I.,and H. Kaufman (eds.), *Topics in Public Economics: Theoretical and Applied Analysis*, London: Cambridge University Press,1998.

23. Lee E. S. "A Theory of Migration",*Demography*,1966,3(1):47-57.

24. Roback J. "Wages, Rents, and the Quality of Life",*Journal of Political Economy*,1982,90 (6):1257-1278.

25. Rosen H. S.,and D. J. Fullerton. "A Note on Local Tax Rates, Public Benefit Levels, and Property Values", *Journal of Political Economy*,1977,85(2):433-440.

26. Saiz A, "The Geographic Determinants of Housing Supply", *Quarterly Journal of Economics*,2010,125(3):1253-1296.

27. Tiebout C. M. "A Pure Theory of Local Expenditures", *Journal of Political Economy*, 1956,4(5):416-424.

28. Zabel J. E."Migration, Housing Market, and Labor Market Responses to Employment Shocks", *Journal of Urban Economics*,2012,72(2):267-284.

29. Zhao Y. "Leaving The Countryside: Rural-to-urban Migration Decisions in China", *American Economic Review*,1999,89(2):281-286.

医患关系与医学专业报考和录取

岳 阳 祝嘉良*

为讨论医患关系对年轻人专业选择的影响,本章构建了一个高考录取模型,以分析对于不同的医患关系水平下,考生的策略性专业选择及这种选择对录取考生人数和质量的影响。模型预期:医患关系水平会通过降低医学专业的期望效用减少选择医学专业的人数,由此导致的均衡录取率上升会部分抵消效用降低对低分考生的影响,所以医患关系负面程度上升会提高医学录取考生中低分考生的比例。在实证部分,本章结合媒体信息、网络搜索、政府公文和法院案例信息等数据度量各地医患关系水平和各地人们关注医患关系的差异程度,研究医患冲突对高考和职业学校医学专业招生的影响。本章以地区政府医疗保险结余和社会抚养比为工具变量,识别医患关系水平对考生医学专业选择影响的因果关系。基准回归结果表明:医患矛盾频发会降低本地高考医学专业的录取分数线和平均分,并减少大学和中专医学专业的招生人数。因此,医患关系紧张会通过降低医疗相关专业生源的数量和质量,对医学工作者的供给产生长期的负面影响。

一、引言

医生向来被认为是最为高尚的职业之一,但是近年来我国医患关系持续紧张,伤医事件时有发生,引起了社会关注(朱恒鹏,2014)。当前我国医

---

* 本文得到了福建省社会科学规划项目(FJ2019C058)、中央高校基本科研业务费项目(20720181041)和中央高校基本科研业务费项目(20720181054)的研究资助。岳阳,厦门大学经济学院经济研究所和王亚南经济研究院副教授;祝嘉良为该院助理教授。

患关系出现的种种情况,在一定程度上损害了医生这一职业的声誉,并影响了医疗机构良好工作环境的营造,可能会对我国医疗人员的供给产生负面影响。2022年,国家卫生健康委印发的《"十四五"卫生健康人才发展规划》提出,到2025年,卫生健康人员总量达到1600万人,每千人口执业(助理)医师数达到3.20人(其中中医类别0.62人)、每千人口注册护士数达到3.80人、每千人口药师(士)数达到0.54人,每万人口全科医生数达到3.93人,专业公共卫生机构人员数增长到120万人。

中国医院协会于2012年组织开展了"医院场所暴力伤医情况调研",发现发生医务人员遭谩骂、威胁的医院比例从2008年的90%上升至2012年的96%;医务人员身体受到攻击、造成明显损伤事件的医院比例从2008年的48%上升至2012年的64%。各类伤医事件的发生和一些媒体的不客观报道对医务工作者产生了负面影响,使得医务工作者离开医疗工作(Somani,2012)。这样一来,伤医事件又进一步导致了医生的短缺和医疗工作的环境恶化,使得报考医学院人数减少(毕雁,2015)。王菊倩、顾伟和陆益花(2015)在对在校医学生进行医患关系认知的相关资料调查发现,有31%的学生认为医患关系对今后就业产生了消极影响,有50%的医学生表示紧张的医患关系使自己后悔学医。陈少敏等(2015)选取高二年级学生作为调查对象,发现有37%的家长认为暴力伤医事件对报考医学类专业存在影响。贾晓莉等(2014)发现因为暴力伤医事件频发,有6成医务人员认为执业环境较差,近4成有过转行念头,有16%的家长表示"坚决不同意子女学医或从医"。因此,医患关系紧张会对医疗卫生工作人员的供给产生负面的影响。

那么这些负面恶劣的伤医事件会不会对青年考生选择医学专业产生负面的消极影响?为准确地探究此问题,本章首先构建了一个高考录取模型,以分析不同医患关系水平下,偏好和考分存在差异的考生策略性的专业选择决策及这种选择对医学专业录取结果的影响。在模型中,医患冲突能够直接影响考生在医学专业获得的期望效用,从而影响到考生专业选择。所以,较高医患冲突会降低报考及录取考生的数量。不仅如此,医患冲突还能够通过改变高分考生的专业选择来影响到低分考生的录取率,从而间接影响到低分考生的专业选择。因此,较高医患冲突会提高医学录取考生中低分考生的比例。模型结论表明,较高的医患冲突会降低进入医学院考生的数量,同时还会降低录取考生中高分考生的比例。

此外,本章还结合媒体对医患事件的报道频数、民众对于医冲突等关键词的网络搜索量,以及医患相关的法律案件的数据来度量各地区医患关系水平和公众对医患关系的关注程度,从实证上来研究医患冲突对考生专业选择的影响。本章使用2011—2017年间各省各专业高考分数线和各类专业录取人数作为展示考生专业偏好和生源质量,结合与医患关系相匹配的面板数据,研究医患关系紧张对专业选择的影响。为了解决不可观测变量导致的测量的内生性问题,本章以政府医保资金结余和社会抚养比作为工具变量,识别医患关系紧张对专业选择的因果关系。实证结果表明医患关系紧张会降低本省市高考医学专业的录取分数线和平均分,并减少大学和中专医学专业的招生人数。这一结果也意味着医患关系紧张的同时降低了选择医学专业的考生数量和质量。

本章对于文献的贡献主要在于两个方面:第一,首次使用理论模型阐释了考生如何对医患关系紧张做出反应,以及考生的策略性专业选择对医学专业录取考生的数量和质量的影响。第二,首次在实证上,从各个不同的角度把医闹事件对年轻人选择医科专业的影响定量地展示出来——报纸医患报道频数(民众被动地获取医闹新闻)、百度医闹搜索量(民众主动搜寻医闹的消息),以及法院医患案例数(医闹诉诸于法律途径)。本章不仅验证了医患关系对医学专业录取考生的数量和质量的影响,而且识别了医患紧张程度及社会对医患冲突关注度对年轻人专业选择的影响程度。

二、理论模型

本节构建了一个高考录取模型,以分析不同偏好和分数的考生的专业选择决策,并评估医患紧张对医学专业录取考生数量和质量的影响。模型中,考生的专业选择决策除了要考虑本人对各专业的偏好,还要考虑各专业的录取率。首先,模型假设考生存在对专业偏好的差异,考生进入不同专业之后能够获得的期望效用不同。其次,模型假设招生名额有限,并不能录取所有的考生,因此各专业的录取率取决于本专业的录取名额和申请本专业的考生数量。在录取均衡中,太多考生选择某专业可能会降低这一专业的录取率。因此,医患关系对考生选择医学专业的影响会体现在两个方面:第一,医患关系紧张会降低医学专业给考生带来的期望收益,从而减少考生选择医学的动机;第二,期望收益降低减少了选择医学的考生数量,因此会提高均衡状态下的各专业录取率,从而增加考生选择医学的动机。因此,医患关系水平能够影响到医学专业录取的人数和医学专业中高分考生的比例。

(一)参数设定

模型中有两种专业,医学专业(m)和非医学专业(o),各专业根据选择本专业的考生的分数优先录取高分考生。高校医学专业计划录取人数为q_m,其他专业计划录取人数为q_o。考生成绩有高分(h)和低分(l)两类,以刻画考生的质量差异。模型假设高分考生比例为θ,低分考生比例为$1-\theta$。

假设考生的专业偏好存在差异,且考生偏好和成绩的分布相对独立。首先定义考生进入非医学专业后获得的效用为常数值w,然后假设考生对医学专业的偏好存在差异。定义偏好系数λ,其满足指数随机分布。[1]λ代指个体在医学和非医学专业获得效用的差异。在无医患冲突时,考生选择医学专业获得效用为λw。医患冲突会导致效用损耗$\rho\lambda w$,则考生选择医学专业获得效用为$\lambda w-\rho\lambda w$。我们假设医患冲突的概率为r。因此考生选择医学专业的期望效用:$U_m(\lambda,r)=(1-r\rho)\lambda w$;选择非医学专业的期望效用为:$U_o=w$。

我们对模型参数做出假设,以确保在展示考生专业选择策略和其对录

---

[1] 设λ的分布函数为$F(\lambda)=1-exp(-\lambda\kappa)$,当$\lambda \geqslant 0$;否则 $F(\lambda)=0$。

取结果影响机制的前提下,减少讨论篇幅。首先假设①: $q_m+q_o<1-\theta,\theta<q_m<q_o$,其表明各专业计划招生名额能满足高分考生需求,但不能录取所有低分考生。高分考生录取率为100%,只需要考虑本身的效用做出专业选择。由于录取名额有限,低分考生则既需要考虑本身效用和均衡条件下的录取率,做出专业选择。其次假设②: $q_o/q_m>F(1)/[1-F(1)]$,其表明无医患冲突时,非医学与医学专业的录取名额比高于偏好非医学与偏好医学专业考生数量的比例。这一假设下,低分考生的医学专业录取率会受到高分考生专业选择的影响,以便我们分析考生的策略性专业选择决策。做出这一系列对参数的假设主要目的是减少需要讨论的状态数量,但不会改变模型的结论。

(二)专业选择决策

如图12.1所示,给定医患冲突发生的可能性r,考生根据本人的成绩s、各专业的录取率以及考生自身偏好水平λ,通过专业选择来最大化自己的期望效用V:

$$V(s,\lambda,r)=\max\{P_m(s,r)U_m(\lambda,r),P_o(s,r)U_o\}。 \tag{1}$$

其中 $P_m(s,r)$ 和 $P_o(s,r)$ 分别为在医患冲突可能性为r时,成绩水平s的考生在医学专业和在非医学专业的录取率。在均衡条件下,各专业录取率由各专业计划招生的人数和当期各专业报考人数的均衡决定。

---

① 做出这一假设基于以下原因。第一,由于其他考生的专业选择对其录取状况影响较小,现实中高分考生的专业选择更多是基于自身偏好。第二,本假设有助于简化理论分析过程,且不改变文章基本结论。这一模型中,我们使用低分考生的专业选择来分析均衡条件下考生的选择策略。

② 做出这一假设基于以下原因。在各种参数组合中,考生策略性选择的动机和反应大致相同。如果不满足这一假设,模型可能得出低分医学录取率一直为100%的结果。由于这一情况无法反映出高分考生专业选择对低分考生专业选择的影响,因此无法帮助理解考生的策略性专业选择行为,因此我们根据这一假设排除此种结果出现的可能性。

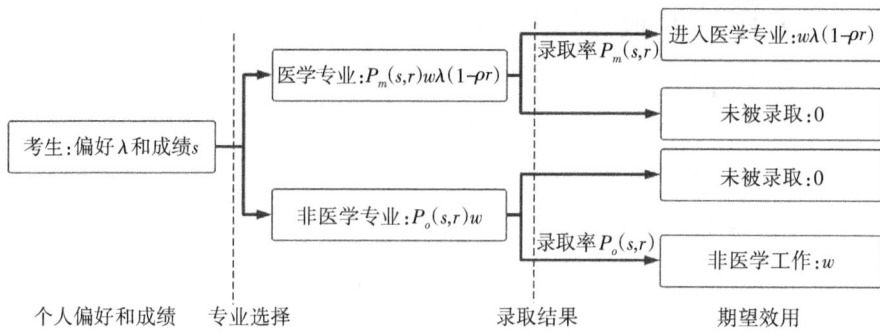

考生：偏好 λ 和成绩 s → 专业选择

医学专业：$P_m(s,r)w\lambda(1-\rho r)$ → 录取率 $P_m(s,r)$ → 进入医学专业：$w\lambda(1-\rho r)$

未被录取：0

非医学专业：$P_o(s,r)w$ → 录取率 $P_o(s,r)$ → 未被录取：0

非医学工作：w

个人偏好和成绩　　专业选择　　　　录取结果　　　期望效用

注：本图为示意图，展示各专业录取的过程。其中考生专业选择需要考虑的因素包括医患冲突的可能性 r，本人的成绩 s、均衡条件下各专业的录取率 $P_m(s,r)$ 和 $P_o(s,r)$，以及考生自身偏好水平 λ。

图12.1　考生专业选择决策

各专业根据选择本专业的考生的分数优先录取高分考生。各专业在优先录取完高分的考生之后，如果还有名额剩余，会再录取专业选择为本专业的低分考生。若选择本专业的成绩相同的考生多于录取名额时，则从相同成绩考生中随机抽取考生录取。我们将低分考生的录取率设为 $P_m(l,r)$ 和 $P_o(l,r)$，设 $N_h(r)$ 为高分考生选择医学专业的比例，$N_l(r)$ 为低分考生选择医学专业的比例，因此可以得出低分考生在医学专业录取率 $P_m(r)$，其值可表示为：

$$P_m(r)=\min\left\{1,\frac{q_m-\theta N_h(r)}{(1-\theta)N_l(r)}\right\} \tag{2}$$

同时可以得出低分考生在非医学专业录取率 $P_o(r)$，其值可表示为：

$$P_o(r)=\min\left\{1,\frac{q_o-\theta\left[1-N_h(r)\right]}{(1-\theta)\left[1-N_l(r)\right]}\right\} \tag{3}$$

(三)录取均衡

在录取均衡中，考生从所选专业中获取的期望收益不低于选择其他专业获得的期望收益。根据学校的录取机制，可以得出高分考生最大化效用的专业选择为：

$$V(h,\lambda,r)=\max\{U_m(\lambda,r),U_o\}。 \tag{4}$$

而低分考生选择专业的最大化效用可以表示为：

$$V(l,\lambda,r)=\max\{P_m(r)U_m(\lambda,r),P_o(r)U_o\}。 \tag{5}$$

由以上公式，可以得出以下预测：

定理1：均衡条件下，存在唯一值$\lambda_h(r)$，$\lambda_h(r)=1/(1-\rho r)$。当$\lambda\geq\lambda_h(r)$时，高分考生选择医学专业；当$\lambda<\lambda_h(r)$时，高分考生选择非医学专业。

证明：根据高分考生的专业选择，我们得出，当$\lambda>r\rho$时，$U_m(\lambda,r)>U_o$考生选择医学专业。否则考生选择非医学专业。

当医患冲突可能性较低时，较为偏好医学的高分考生从医学专业获得期望效用高于非医学专业的期望效用。选择医学专业的高分考生比例$1-F(\lambda_h(r))$。

推论1：$\forall r'>r''$，$\lambda_h(r')<\lambda_h(r'')$高医患冲突降低高分考生选择医学专业的数量。

证明：根据高分考生的专业选择，$\lambda_h(r)=1/(1-\rho r)$，得出$\partial\lambda_h(r)/\partial r>0$而选择医学专业的高分学生比例为$1-F(\lambda_h(r))$，因此高医患冲突降低高分考生选择医学专业的数量。

定理2：均衡条件下，存在唯一值$\lambda_l(r)$[①]，满足当$\lambda\geq\lambda_l(r)$时，低分考生选择医学专业；当$\lambda<\lambda_l(r)$时，低分考生选择非医学专业。[②]

定理2与定理1结论相似。由于所有低分考生面临的录取率一致，当医患冲突可能性较低时，较为偏好医学的低分考生从医学专业获得期望效用高于非医学专业的期望效用。选择医学专业的低分考生比例为$1-F(\lambda_l(r))$。

---

① $\lambda_l(r)$满足$P_m(r)U_m(\lambda_l(r),r)=P_o(r)U_o$。

② 限于篇幅，本章略去附录证明部分。

选择医学的考生比例

百分比

100%

低分考生

高分考生

0%

风险水平

r*

低分考生各专业录取率

100%

录取率

医学专业

非医学专业

0%

r₁   r₂   风险水平

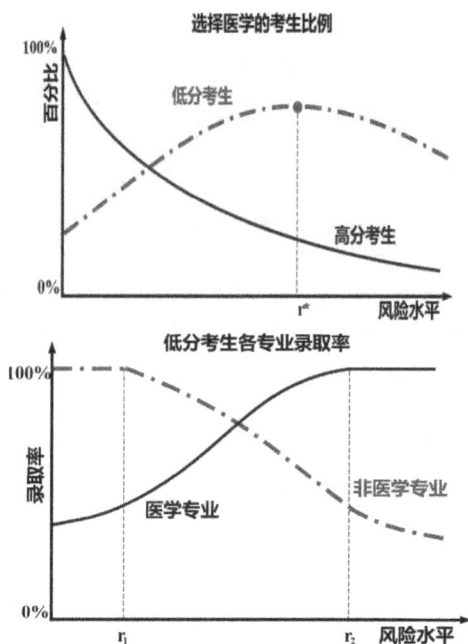

注:上图为考生选择医学专业比例的示意图,展示不同分数考生专业选择随医患关系风险水平的变化。下图为展示低分考生录取率随医患关系风险水平的变化的示意图。r_1为非医学专业录取人数与报考人数等于录取名额的状况[①]。r_2为非医学专业录取人数与报考人数等于录取名额的状况[②]。

图12.2　模型预期

推论2:存在唯一值r^*,当$r \leqslant r^*$时,$\partial \lambda_l(r)/\partial r \geqslant 0$,提高医患紧张水平会提高低分考生选择医学的比例;当$r > r^*$时,$\partial \lambda_l(r)/\partial r < 0$,提高医患冲突水平会减低低分考生选择医学的比例。[③]

医患冲突对低分考生的专业选择决策影响主要通过两个渠道:第一,高医患冲突会降低考生从医学专业获得的期望效用,因此会降低低分考生选择医学的倾向。第二,医患冲突通过影响高分考生的专业选择影响了低分

[①] r_1满足:$\left[q_o - \theta F\left(\lambda_h(r_1)\right)\right]/\left[(1-\theta)F\left(\lambda_l(r_1)\right)\right]=1$。

[②] r_2满足:$\left\{q_m - \theta\left[1 - F\left(\lambda_h(r_2)\right)\right]\right\}/\left\{(1-\theta)\left[1 - F\left(\lambda_l(r_2)\right)\right]\right\}=1$。

[③] 限于篇幅,本章略去附录证明部分。

考生的录取率。高医患冲突水平程度降低了选择医学专业的高分考生的数量,导致低分考生的录取率上升。这一影响会导致低分考生因高录取率,策略性地选择医学专业。图12.2展示了不同风险水平下,高分和低分考生选择医学专业的比例。当$r<r^*$时,第二个渠道的效果大于第一个渠道降低的效果,因此随着医患紧张概率增加,选择医学专业的低分考生增加。反之,随着医患冲突概率增加,选择医学专业的低分考生降低。

推论3:当$r>r_2$时,医学专业录取率为1,即选择医学专业考生的数量低于录取名额。此时提高医患冲突会降低医学院录取人数$E(r)$,[①]满足$\partial E(r)/\partial r<0$。

证明:根据推论1和推论2。我们得出,当$r\geq r_2$时,医学专业录取率变为1,医学专业报名人数低于计划招生名额。根据$\partial\lambda_l(r)/\partial r<0$,且$\partial\lambda_h(r)/\partial r<0$。报名和录取人数随$r$上升而减少。因此过高的医患紧张风险会减少医学院录取人数。

图12.2展示了低分考生录取率的状况。在$r<r_1$时,由于医患紧张风险较低,因此高期望效用使较多考生选择医学专业,导致非医学专业无法招满,因此其录取率变为1。随着r的升高,更多的考生选择非医学专业。因此当$r=r_1$时,非医学专业可以招满。当$r_2>r>r_1$时,r的升高导致更多考生选择非医学专业,这样也会降低非医学专业的录取率。当$r=r_2$时,由于过多的考生选择了非医学专业,医学专业录取率变为1。当$r>r_2$时,r的升高导致更多考生选择非医学专业,这样导致医学专业招不满考生,因此其录取率变为1。因此可以看出,当$r>r_2$时,医患冲突风险升高会减少医学院录取的人数。

推论4:定义医学专业录取考生中高分考生比例为$H(r)$[②]。对于任意$r'>r''$,满足$H(r')<H(r'')$。高医患紧张会降低医学专业录取高分考生的比例。[③]

较高的医患紧张程度降低了医学专业带来的效用,因此降低了选择医

---

① $E(r)=\theta N_h(r)+(1-\theta)N_l(r)P_m(r)$。

② $H(r)=\theta[1-F(\lambda_h(r))]/\{\theta[1-F(\lambda_h(r))]+(1-\theta)[1-F(\lambda_l(r))]P_m(r)\}$。

③ 限于篇幅,本章略去附录证明部分。

学专业的高分考生的数量。对于低分考生而言，虽然医患紧张也会直接降低其效用水平，但是由于高分考生的退出，医学专业的录取率上升。所以医患紧张提高对低分考生的影响低于对高分考生的影响，并导致了录取考生中高分考生的比例的降低。

综合而言，这一理论模型表明，医患紧张通过影响考生的效用和均衡条件下的录取率影响考生的专业选择。医患紧张水平提高会降低医学专业带来的效用降低，从而减少选取医学专业考生的数量。同时，不同于高分考生，低分考生需要考虑其他考生的选择，策略性地选择自己的专业。因此，医患紧张水平提高对低分考生效用的负面影响部分被录取率提高的影响所抵消。这使得录取医学专业的考生中，高分考生的比例（考生质量）下降。理论模型的结论，我们还将在以下章节，从实证的角度予以证明。

三、变量选取和描述统计

（一）专业选择的度量

工作环境和各类风险会影响年轻人的专业选择。媒体对相关专业的报道和社会上相关专业领域所牵扯的法律案件会影响到考生对该专业未来工作环境和风险的预期，从而影响到考生的专业选择偏好。而高考分数线和专业录取是考生们专业选择的均衡结果。这一结果反映了不同水平的考生的专业偏好和专业选择的策略性行为（李小龙、谭静和徐升艳，2014；Chen and Kesten，2017）。因此本章使用各类高校的各个专业在各省市的招生录取人数状况和各省市中专各类专业录取人数的方法来展示选择各专业的考生数量，同时使用各省各专业高考分数线和录取人数作为展示考生水平的变量。

本章收集了2010—2017年，高考录取分数和人数的信息，内容包括各省市各高校各专业的录取分数线、平均分数、招生计划和录取人数。各高校的录取信息全部摘自高考网和中国教育在线。涉及医学类的专业有中医学、临床医学、护理学、护理、中西医临床医学、口腔医学、临床医学（五年制)、儿科学、口腔医学技术等。另外本章还使用了2010—2016年各地区中等职业学校各专业的录取情况,这部分信息来自各省市的统计年鉴。我们将各省市职业技术学校在各专业的总录取人数定义为本专业的招生人数,以考察医患关系水平对其他卫生工作人员供给的影响。图12.3比较了医学和其他专业高考录和中专的录取状况。有5.1%的高考专业为医学专业。相较于非医学专业,医学专业各年度间的高考分数波动较小,中专录取人数的波动也较小。

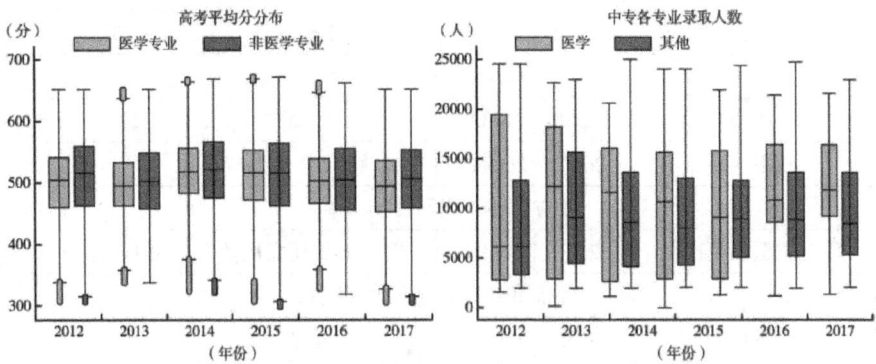

图12.3　各专业录取状况

(二)医患冲突程度的度量

大多数研究使用网络搜索、问卷调查或者调研方式来度量医患关系水平(Hesketh et al.,2012;Jiang et al.,2014;Wu et al.,2014)。本章则结合报纸报道、网络搜索和法律案件这一系列的数据来构建度量各个省份医闹和医患关系的程度。本章根据获得医闹信息途径的不同,选择四个维度度量各省市的医患关系水平和公众对医患关系的关注程度。

表12.1　描述统计

变量	均值	标准差	变量	均值	标准差
各省市高考信息					
高考录取平均分	506.20	76.03	高考录取批次为一批	36.28%	
高考录取分数线	488.70	95.27	高考录取批次为二批	50.74%	
高考分科为文科	29.54%		高考录取批次为三批	11.36%	

变量	均值	标准差	变量	均值	标准差
高考分科为理科	70.22%		高校招生计划人数	86.44	351.10
高校实招人数	69.24	86.44	高校招生缺口	17.19	113.74
医学专业比例	5.1%		非医学专业比例	94.9%	
各省市主要报纸医患关系报道次数					
看病难	5.05	4.25	医患纠纷	4.16	5.03
医患关系	7.70	10.68	看病贵	3.14	3.14
各省市百度医闹搜索量					
夏季搜索量	189.59	153.65	全年搜索量	1144.06	835.51
各省市法律案件数量					
医患	103.98	100.83	医闹	1.22	1.82
医患纠纷	26.32	38.48			
各省市各年度恶性伤医事件					
暴力伤医发生次数	2.38	1.99	医务人员死亡次数	0.14	0.36
各省市公文关键词出现频数					
医疗	69.55	68.38	医保	20.52	21.19
总额预付(医保)	2.72	11.90	总量控制(医保)	5.35	5.77
医疗纠纷	1.04	1.32	收支平衡(医保)	2.04	2.32
各省市医疗及经济社会状况					
病床使用率(%)	79.61	24.26	人均国内生产总值(万元)	7.03	3.92
每万人拥有执业医师数	19.40	7.11	国内生产总值增速(%)	8.18	3.86
省级执业医师数(万)	8.10	5.15	卫生总费用(亿元)	857.17	783.40
省级入院人数(万)	717.73	474.21	省级卫生人员(万)	34.78	23.29
卫生就业人员平均工资(万元)	5.60	2.40	护士数量(万)	8.33	4.65
职业技术学校总录取人数(万)	14.17	11.64	省级卫生人员(万)	34.78	23.29
职业技术学校总毕业人数(万)	12.75	10.50	省级诊疗人数(亿)	2.54	1.95
职业技术学校按专业录取人数(万)	1.01	1.71	医疗工作人员(万)	29.54	16.93

变量	均值	标准差	变量	均值	标准差
职业技术学校按专业毕业人数(万)	0.95	1.43	参加高考人数(万)	16.48	17.76
基本医疗保险结余(百亿元)	3.99	3.80	基本医疗支出(百亿元)	2.90	2.49
基本医疗参保人口(千万)	2.45	2.31	基本医疗收入(百亿元)	3.53	3.02
养老保险职工参保人口(千万)	1.21	0.97	基本养老保险结余(百亿元)	11.08	12.84
养老保险居民参保人口(千万)	0.59	0.39	基本养老保险收入(百亿元)	9.51	6.81
养老保险领取养老金人口(千万)	2.05	1.33	基本养老保险支出(百亿元)	8.34	5.70
医疗支出(百亿元)	13.84	8.36	农村居民人均支出(元)	782.86	280.56
城镇居民人均支出(元)	1341.96	390.84	抽样65岁以上人口(千人)	16.91	42.47
抽样14岁以下人口(千人)	28.25	73.20	社会抚养比	0.38	0.16
抽样15~64岁人口(千人)	118.89	305.59			

注:数据来自研究样本。

第一类变量反映的是民众被动接收的媒体报道。采用各省市主要报纸各年度对医患关系的报道次数,主要包括关键词医闹、医疗事故、医疗纠纷、伤医事件和医患冲突的报道频率。本数据来自中国重要报纸全文数据库。

第二类变量反映的是民众主动的搜索医闹的信息。这部分信息主要来自百度搜索指数,反映的是各省份在不同时期(特别是高考前期)对医患等关键词的搜索频率。这部分信息包括各地区医闹事件、医疗事故、医疗纠纷、伤医事件和医患冲突的百度搜索指数和报道频率(图12.4)。

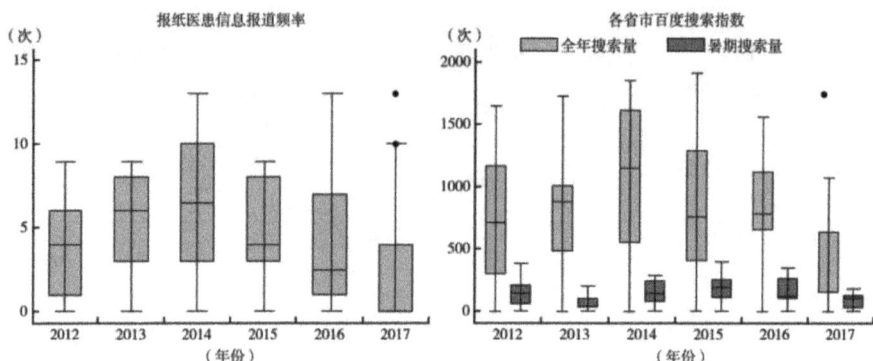

注:数据来自研究样本。左侧图代表的是本省市报纸报道"医患"相关内容次数。右侧图代表的是网络搜索指数的信息,表示本省市搜索"医患"相关内容次数,其中浅色代表的是暑期搜索数目,深色则代表的是全年的搜索信息。

图12.4　各省市医患关系信息状况

第三类为各省市重大伤医事件数据,这部分数据来自《中国大陆近年恶性医患冲突案例简编》[①]和各年度对恶性医患冲突的总结,其内容包括恶性伤医和杀医事件发生的地点、事件和详细经过。这一变量反映的是客观上各地区的医患冲突的程度。

第四类变量为法院案例信息,这部分数据来自裁判文书网[②]。数据包括根据关键词最高法院的关于医患纠纷的官司记录,以及各省份和最高法院相关的官司数目。这一变量反映的是医患问题诉诸于法律的程度。

因此,本章在实证分析中使用以上四类变量从不同的角度刻画各省市的医患关系的程度。表12.1提供了这些变量的数据统计。

(三)其他变量

本章为了控制社会经济因素对专业选择的影响,加入了各地经济状况、人口状况和其他社会状况等变量。内容包括国内生产总值、人口数、每千人

---

① 数据来源:http://6d.dxy.cn/article/20477?trace=related。

② 数据来源:https://wenshu.court.gov.cn/。

医生数、每千人病床数、平均医疗支出、人均医保支出、病床使用率、入院人数和诊疗人数。各省市的经济社会指标和中等职业学校各专业招生来自于本省市的统计年鉴,医务人员数量来自各年度的中国卫生统计年鉴。

本章为了构建工具变量并控制卫生支出和社保收支对专业选择的影响,加入了医保收支、城乡居民医疗支出和社保收支等变量,这些数据通过CEIC中国经济数据库获得。同时根据人口抽样中各年龄段人口的比例,本章构建了社会抚养比这一指标。表12.1提供了所有实证模型中采用变量的数据统计。

四、实证分析

(一)回归模型

我们采用如下模型来估计医闹事件对专业选择的影响,该模型类似于政策评估中的倍差法:

$$y_{ijkt} = \alpha + \beta Medic_{ik} \times Yinao_{jt} + Yinao_{jt} + \lambda X_{ijkt} + \delta_i + \gamma_j + \eta_t + \theta_k + \varepsilon_{ijkt} \qquad (6)$$

其中,y_{ijkt}是专业选择变量,为学校 i 的 k 专业在地区 j 第 t 年的录取情况,内容包括录取分数和招生人数等变量,$Medic_i$=1 表示该专业是医学专业或者本校是医学类学校,$Medic_{ik}$=0 表示该专业是非医学专业或者非医学类学校;$Yinao_{jt}$ 为本省市医闹媒体报道和恶性伤医事件发生的程度;交叉项 $Medic_{ik} \times Yinao_{jt}$ 的系数 β 为本章关心的医患关系水平对专业选择影响程度,其系数表明医闹程度增加 1%,相比其他专业,医学专业的录取成绩或者录取人数会上升 β%。

根据现有经验研究的一般做法,对影响医疗环境的其他因素进行控制,以降低可能存在的遗漏变量导致研究估计失真。控制变量包括考生所在省市和学校所在省市两部分。这一系列控制变量由 X_{ijkt} 来表示,主要控制变量选取如下:内容包括国内生产总值、人口数和平均工资以反映本地区和学校所在地区的经济社会因素对专业选择的影响差异;另外还包括各省市各年度的高考报名人数,地区医疗支出状况,每千人医生数、每千人病床数、平均医疗支出、人均医保支出、病床使用率、入院人数和诊疗人数,本地区参加基本医疗保险的人数、本地区参加基本养老保险和领取养老保险的人数和本地城镇和农村居民的人均医疗支出信息。

此外该模型还控制了学校的固定效应 δ_i、省市的固定效应 γ_j,专业固定效应 θ_k 和年份固定效应 η_t。为了应对面板数据中标准误低估的问题,我们将回归参数的标准误聚类(cluster)到各学校层面。

(二)工具变量的机制分析

在回归过程中通过控制时间、地区、专业和学校的固定效应,解决了与这些内容相关的不可观测变量对回归结果的影响。但仍然可能一些专业或者地区趋势相关的不可观测变量导致估计量的偏差。例如一些社会事件在个别年份,同时加剧了患者对医生的不信任和年轻人对医学专业的偏见。由于回归中并未控制这类事件的影响,OLS 回归的结果会高估医患关系紧张对专业选择的影响。为了解决可能存在的内生性问题,本章使用了工具变量方法,确定医患关系紧张对专业选择的因果关系。

本章使用的工具变量包括各省市政府基本医疗保险结余和社会抚养比这两个指标。其中,医疗保险结余反映的是本地区医保资金的充裕程度,而社会抚养比反映的是本地医保资金面临的收支压力。首先,这些指标能够影响到当地的医患关系水平。基本医疗保险支付已经成为中国公立医院收入主要来源之一,因此医保基金的运营状况对医疗服务的质量起到了决定性因素(付明卫、朱恒鹏和夏雨青,2014;赵绍阳、尹庆双和臧文斌,2014)。医保资金收支紧张会使医保管理方加强医保控费措施,从而导致医院推诿病人的现象,因此医保资金收支紧张会严重影响到医患关系(朱恒鹏,2012)。本章采用医疗保险结余和社会抚养比这两个指标目的是反映的本地区医保资金运营的状况。医保资金结余较少和高社会抚养比导致的收支压力会导致医保管理机构对医保费用支出的严格管控。这一系列管控可能会导致医保定点医院推诿病人甚至拒收病人等现象的发生,从而恶化医患关系,增加本地区医患冲突事件发生的可能性。

其次,这些工具变量相对外生,并不直接影响到考生专业选择。由于在度量过程中,存在内生性的主要原因是回归中缺失度量考生偏好的变量,这种变量缺失会导致回归的系数偏误。而在控制了本地医疗、经济和社会变量的基础上,以上变量不会直接影响到考生的偏好和专业选择。因此这一变量满足工具变量的外生性原则。因此,本章认为医患关系紧张显然不是随机产生的,在控制住当地的经济发展水平和其他医疗的发展水平之后,每年地方的医疗保险结余和社会抚养比会影响医保管理方的控费力度和医疗单位的服务质量,从而影响医患关系水平。接下来本章将在实证检验上进一步验证工具变量的有效性。

(三)工具变量有效性检验

表12.2　第一阶段回归结果

变量	(1)	(2)	(3)	(4)
	恶性伤医事件	百度搜索量	报纸报道频数	法院医患案例数
医保结余	0.036***	0.036***	59.88***	2.447***
	(0.003)	(0.003)	(0.476)	(0.010)
社会抚养比	−0.162***	−0.162***	−24.97***	1.651***
	(0.011)	(0.01)	(2.111)	(0.043)
医学专业×医保结余	−0.009***	−0.009***	11.21***	0.080***
	(0.001)	(0.001)	(0.233)	(0.005)
医学专业×社会抚养比	−0.086***	−0.0856***	5.457	−0.0593
	(0.028)	(0.028)	(5.311)	(0.108)
过度识别检验	421.042	343.573	245.692	334.508
Hansen J 与 x^2	0.000	0.000	0.000	0.000
弱IV条件LR检验	[3.156,71.007]	[0.0121,1.137]	[0.213,2.143]	[0.398,1.537]
IV检验F与P	93.48	4749.41	16252.88	277.72
	0.000	0.000	0.000	0.000
医疗及经济社会状况	是	是	是	是
年份固定效应	是	是	是	是
省份固定效应	是	是	是	是
学校固定效应	是	是	是	是
观测值	1221422	1221422	1221422	1221422
R^2	0.690	0.690	0.941	0.839

注:括号内为稳健标准误;***、**、*表示在1%、5%、10%的水平上显著。回归中标准误被聚类到各学校层面数据来源为研究样本。以下各表同。

表12.2展示了2SLS第一阶段回归的结果。由于在本回归中需要同时解决被解释变量医患冲突程度及医患冲突程度和医学专业交叉项两个变量的内生性问题,我们在第一阶段回归中除了加入基本医疗保险结余和社会抚养比这两个变量之外,还加入了两个变量与医学专业的交叉项作为工具变量。研究发现,医疗保险结余提高会减少本地医患冲突,而社会抚养比的提高会增加本地区医患冲突出现的频数。这一结果与预期一致,即医保收支压力较小,医患冲突水平较低。另外,我们通过对工具变量的F检验,发现工具变量满足和内生解释变量存在相关性的假设。我们还通过条件LR检验对弱工具变量进行了检验。结果表明这些工具变量并非弱工具变量。因此,在接下来的实证分析中将使用这些工具变量进行2SLS回归。

(四)基本结果

我们在理论模型中预测,医患冲突的增加会减少年轻人选择医学专业,因此会降低医学院考生的质量和数量。我们分别使用恶性医疗事件数、百度医闹搜索量、报纸医患报道频数和法院医患案例数来代表医患冲突程度。同时使用高考录取分数线、录取平均分和大学招生缺口(计划招生人数减去实际招生人数)来表示年轻人的专业选择。具体而言,我们关心的变量是医患冲突程度和医学专业的交叉项。实证回归结果在表12.3中展示。

表12.3　医患关系对专业选择的影响

方法	OLS						2SLS	
变量	(1) 录取分数线	(2) 录取平均分	(3) Log(中专招生人数)	(4) 大学招生缺口	(5) 录取分数线	(6) 录取平均分	(7) Log(中专招生人数)	(8) 大学招生缺口
恶性伤医事件数	-2.355*** (0.192)	-0.191 (0.589)	-0.0254 (0.0269)	-4.529*** (0.108)	-1.812*** (0.256)	-1.184*** (0.308)	0.158 (0.142)	-8.401*** (3.005)
恶性伤医事件数×医学专业	2.409*** (0.293)	-0.357** (0.170)	0.0601*** (0.00127)	-2.730 (2.812)	-1.867*** (0.456)	-1.765*** (0.326)	-0.189* (0.101)	3.486*** (0.144)
其他变量	是	是	是	是	是	是	是	是
观测值	466747	1221422	1532	19797	486747	1221422	1532	19797
R^2	0.423	0.777	0.475	0.518	0.439	0.753	0.439	0.290
	(9)	(10)	(11)	(12)	(13)	(14)	(15)	(16)
百度医闹搜索量	0.00441*** (0.00106)	0.0102*** (0.000975)	0.000195 (0.00225)	-0.0125 (0.00849)	0.460*** (0.00804)	-0.0283*** (0.000657)	0.158 (0.142)	0.0342 (0.108)
百度医闹搜索量×医学专业	0.00134* (0.000721)	-0.00219*** (0.000599)	-0.000725 (0.000432)	0.0966 (0.321)	-0.0103 (0.00871)	-0.00219 (0.000599)	-0.189* (0.101)	0.488 (0.764)
其他变量	是	是	是	是	是	是	是	是
观测值	486747	1221422	1532	19797	486747	1221422	1532	19797
R^2	0.448	0.746	0.475	0.518	0.448	0.754	0.983	—
	(17)	(18)	(19)	(20)	(21)	(22)	(23)	(24)
报纸医患报道频数	0.315*** (0.0845)	0.432*** (0.00805)	0.0103* (0.00537)	-0.0799 (2.230)	0.245 (0.351)	0.954*** (0.00320)	-0.119 (0.0843)	0.178 (2.181)
报纸医患报道频数×医学专业	0.335*** (0.0841)	-0.0755*** (0.0190)	-0.0113*** (0.00225)	-0.0758 (0.0494)	-0.470*** (0.103)	-0.258*** (0.00173)	-0.0308*** (0.00832)	0.335 (1.068)

方法	OLS				2SLS			
	(1)	(2)	(3)	(4)	(5)	(6)	(7)	(8)
其他变量	是	是	是	是	是	是	是	是
观测值	486747	1221422	1532	19797	486747	1221422	1532	19797
R^2	0.448	0.775	0.675	0.497	0.408	0.773	0.984	0.461
	(25)	(26)	(27)	(28)	(29)	(30)	(31)	(32)
法院医患案例数	0.133*** (0.0202)	0.000532 (0.00175)	−0.00146 (0.00136)	0.195 (0.483)	1.433*** (0.157)	0.975*** (0.0570)	0.00177 (0.00835)	0.203 (0.0245)
法院医患案例数×医学专业	0.0882*** (0.0188)	0.0132*** (0.00421)	−0.00147 (0.00136)	0.643*** (0.165)	−0.179*** (0.0301)	−0.205*** (0.0337)	−0.00323 (0.0123)	0.710 (0.748)
其他变量	是	是	是	是	是	是	是	是
观测值	486747	1221422	1532	19797	486747	1221422	1532	19737
R^2	0.409	0.774	0.688	0.511	0.426	0.703	0.984	0.521

注：由于篇幅有限，本表未将所有控制变量的结果放入。主要控制变量选取如下：用国内生产总值、人口数和平均工资以反映本地区和学校所在地区的经济社会因素对专业选择的影响差异；另外还包括各省市各年度的高考报名人数、地区医疗支出状况、每千人医生数、每千人病床数、平均医疗支出、人均医保支出、病床使用率、入院人数和诊疗人数，本地区参加基本医疗保险的人数，本地区参加基本养老保险和领取养老保险的人数，以及本地城镇和农村居民的人均医疗支出信息。此外，该模型还控制了学校的固定效应、省市的固定效应、专业固定效应和年份固定效应。

表12.3根据采用解释变量的不同可以分为四个部分。其中,第(1)至第(4)列、第(9)至第(12)列、第(17)至第(20)列和第(25)至第(28)列,采用OLS回归,分别采用恶性伤医事件数、百度医闹搜索量、报纸医患报道频数和法院医患案例数四个不同的解释变量。相应的,第(5)至第(8)列、第(13)至第(16)列、第(21)至第(24)列和第(29)至第(32)列,为2SLS回归,同样采用四个不同的解释变量。

OLS回归的结果表明医患紧张程度会降低医学专业考生的质量和数量。首先,本地区较高程度的医患紧张会降低高考医学专业的录取分数线和平均分数。分数是考生质量的一种度量,这一结果也表明医患问题降低了医学专业招生的生源质量。其次,本地区较高程度的医患冲突会降低高校和中专医学专业的录取人数,这表明更少的年轻人选择医学专业。恶化的医患关系表明医生职业的职业风险较高,降低了考生对医学专业的偏好。其中一些原本选择医学专业的高分考生,因为这种职业风险改变了专业选择,这就是导致了分数线的降低和招生人数的减少。

2SLS回归的结果与OLS回归系数的正负是一致的,但系数大小不同。其中2SLS的回归系数的绝对值都大于OLS的回归系数的绝对值,这表明OLS回归低估了医患冲突对专业选择的影响。结果表明,每增加一次恶性医患冲突,医学专业的录取分数线和平均分会降低约2分,医学类中专招生人数会降低19%,而且医学专业高考招生缺口平均会增加3.5人。

百度医闹搜索量变量展示的是民众对医闹信息的主动搜索。其回归结果表明,医闹信息搜索量每上升一万次,医学专业分数线会降低1分,医学专业平均分会下降0.2分,而且中专录取人数会降低19%。对报纸医患报道的回归结果表明,报纸对医患的报道增加10次,高考医学专业的分数线会降低4.7分,其平均分数会降低2.6分,中专医学录取人数降低3%,且高考医学专业录取缺口会增加3人。对法院医患案例数的回归结果表明,医患案件数增加10次,高考医学专业的分数线会降低1.8分,其平均分数会降低2分。

因此,实证模型结果与理论模型预期一致,较高的医患冲突程度会降低考生选择医学专业的期望效用,从而导致较少的考生选择医学专业。同时,较高的医患冲突程度会降低高分考生选择医学专业的倾向,反而使得低分考生的录取率较高。因此综合而言,较高的医闹冲突水平会降低医学专业的分数线和平均分数。

五、稳健性检验

在稳健性检验的部分中,首先在回归模型中加入解释变量的时间滞后项来检验医患冲突在时间上的滞后项是否与主回归一致。然后,选取生物、电子、商科、机械、法学、化学等其他近些年来比较热门的专业来检验医患冲突对这些热门专业的录取分数影响。之后,我们还尝试运用其他词频作为医患冲突的解释变量来进一步检验医患冲突对医学专业的录取影响。最后,我们还通过动态多期回归模型观测医患冲突对医疗人员的供给的影响,进而侧面佐证医患问题降低了学生从事医疗职业的数量。

(一)滞后性影响

首先,检查医患冲突的滞后性影响。由于篇幅所限,我们选取录取平均分数作为稳健性检验使用的主要指标。在这一回归中,我们加入三期的滞后项(t-1期到t-3期)以观察这种影响随时间的变化。表12.4展示了滞后项对高考录取的影响,其回归结果表明,恶性医患事件不仅会影响当年的专业选择也会影响到之后的专业选择,但是这种影响随时间会越来越弱。

表12.4　滞后项的影响(2SLS回归)

变量	(1)	(2)	(3)	(4)
	录取平均分数			
医患冲突程度变量	百度搜索量	恶性事件数	法院案例数	报纸报道频数
医患冲突程度×医学专业 (t期)	0.0154*** (0.00708)	−8.127*** (0.427)	−4.775*** (0.0702)	−5.753*** (0.0762)
医患冲突程度×医学专业 (t-1期)	−0.0135*** (0.000486)	−0.0156 (0.0158)	−2.521*** (0.0640)	−1.568*** (0.0608)
医患冲突程度×医学专业 (t-2期)	−0.00845*** (0.00148)	0.130 (1.320)	−0.0854 (0.0804)	0.556 (1.145)

变量	(1)	(2)	(3)	(4)
	录取平均分数			
医患冲突程度×医学专业 （t−3期）	0.0747 （0.897）	3.125 （2.552）	0.105 （0.0494）	−0.712 （1.257）
其他变量	是	是	是	是
观测值	1197227	1197227	1197227	1197227
R^2	0.759	0.763	0.749	0.753

注：本回归控制了与主回归相同的控制变量。以下各表同。

回归结果显示，无论是人们主动搜索医闹信息（百度搜索量），还是被动接收媒体（报纸）报道的医患信息、地方恶性伤医事件，或者是医患医闹的法院案例次数都显示了显著为负的效应，并随着时间的推移而递减。值得注意的是人们主动搜索医闹信息的百度指数变量，其负效应在三期以内都是显著为负。回归结果更直观地反映了考生主动收集和关注医疗卫生领域的新闻来规划自己专业选择。三期的时效性也印证了考生在高中三年的学习和规划时间。

（二）医患冲突对其他专业的影响

在这一部分，我们检验医患冲突信息对其他专业选择的影响，表12.5展示了这部分回归的结果。选取近些年比较热门的专业，包括生物、电子、商科、机械、法学和化学6个专业的录取分数作为被解释变量，选取最能反映人们主动获取医闹信息的百度医闹搜索指数作为解释变量。回归结果显示，人们主动搜集查询医闹信息整体上对其他专业的影响虽然不显著，但呈现正向效应。这一结果也进一步支持了主回归的结果。

表12.5　对其他专业的影响(2SLS回归)

	(1)	(2)	(3)	(4)	(5)	(6)
	生物	电子	商科	机械	法学	化学
	录取平均分数					
百度医闹搜索量×专业	−0.137 (0.269)	4.403 (6.583)	2.970 (7.057)	−0.000709 (0.00121)	0.00138 (0.00138)	−0.139 (0.269)
其他变量	是	是	是	是	是	是
观测值	1221422	1221422	1221422	1221422	1221422	1221422
R^2	0.134	0.133	0.133	0.132	0.138	0.132

(三)其他医疗相关信息

随后,我们采用了媒体报刊中不同类型的关键词组合来观察医闹信息的影响。采用的关键词组合有:"医疗"+"纠纷""医生"+"红包""医患"+"纠纷""看病贵"等,其结果在表12.6展示。其中,医疗纠纷和医患纠纷的影响与主回归的效果一致,无论是医疗纠纷还是医患纠纷,都对医学专业的录取分数产生了负面影响。

但是较多的红包信息和看病贵信息却会提高录取的分数线。出现这一结果,表明红包和看病贵虽然是关于医疗系统的负面信息,但在一定程度上表明医疗工作的其他潜在的灰色收入状况,对个人而言,有可能产生对医学专业正向的动机。因此,回归结果显示了对医学专业的平均分数的正向的影响。

表 12.6　其他变量的影响(2SLS回归)

变量	(1)	(2)	(3)	(4)
	录取平均分数			
医疗纠纷×医学专业	−3.157*** (0.135)			
医生红包×医学专业		3.937*** (0.213)		
医患纠纷×医学专业			−0.854*** (0.0587)	
看病贵×医学专业				0.915*** (0.0422)
其他变量	是	是	是	是
观测值	1221422	1221422	1221422	1221422
R^2	0.772	0.771	0.771	0.783

(四)医患冲突的长期影响

我们运用动态多期回归模型观测医患冲突对医疗人员供给的影响,进而侧面佐证医患问题降低了学生从事医疗职业的数量。我们使用各省市医患冲突水平对各地、各类工作人员数量进行回归。篇幅有限,我们仅展示恶性伤医事件数作为当地医患冲突水平的度量的回归结果。

表 12.7 展示了回归的结果。首先,t 期解释变量的系数表明,医患冲突会显著减少当期的医生和护士数量。医学院学生更换专业就业和在职医疗人员选择离职可能是导致当期卫生人员的减少的一个重要原因。其次,t-2 期解释变量的回归系数表明,医患冲突会先影响到 2 期后本地区护士的总量。出现这一结果可能是医患冲突影响到当期的卫生学校的招生。由于这部分学生会在 3 年后毕业,因此医患冲突会影响 2 期以后的护士数量。最后,t-4 期解释变量的回归系数表明,医患冲突会先影响到 4 期后本地区医生的总量。出现这一结果可能是医患冲突影响到当期的医学类高校的招生。由于这部分学生会在 5 年后毕业,因此医患冲突会影响 4 期以后的医生数量。后两个效应体现了且量化了这两种效应的大小。

由于我们无法观察到类似于医院编制等影响到医生招募的关键变量,

因此此类遗漏变量会导致OLS回归结果存在一定偏误。另外,统计数据中的医生数比医院自己使用的医生数低。其主要原因在于退休医生普遍返聘,但这部分医院是不上报的。而且我们的被解释变量存在一定的测量误差。各地区医院,尤其是市县医院雇用了大量没有医生职业资格证书的医生。这部分医生可以开方看病,甚至可以上手术。但是上报的执业医师中是没有这部分医生的,这种误差也会影响到回归结果。因此,表12.7的回归结果仅仅表明医患冲突和医疗人员供给存在相关性,而非因果关系。

表12.7 医患冲突对各省市从事医务工作人员人数的影响(OLS回归)

变量	(1) log(医生总数)	(2) log(护士总数)	(3) log(医务工作人员总数)
恶性伤医事件数(t期)	-0.010^{***} (0.000)	-0.012^{***} (0.002)	-0.011^{***} (0.001)
恶性伤医事件数(t−1期)	-0.004 (0.023)	-0.006 (0.041)	-0.005 (0.041)
恶性伤医事件数(t−2期)	-0.012 (0.058)	-0.072^{*} (0.038)	-0.042^{*} (0.022)
恶性伤医事件数(t−3期)	0.007 (0.016)	0.003 (0.032)	0.001 (0.031)
恶性伤医事件数(t−4期)	-0.011^{*} (0.006)	-0.051 (0.061)	-0.021 (0.073)
地区经济社会状况	是	是	是
省份和时间固定效应	是	是	是
观测值	174	174	174
R^2	0.785	0.792	0.765

六、结论

医患关系紧张对我国医学工作者的工作环境有极为负面的影响,这在一定程度上降低了医疗工作对于年轻人和现有医疗人员的吸引力,导致医疗工作人员离职和医学专业招生不足,从而进一步加剧了医疗工作人员的短缺。近些年,我国政府通过维护医疗服务秩序和打击医闹事件来确保医务工作者的安全,以改善医疗服务人员的工作环境。但是医患冲突如何影响医务工作者进入和退出医学专业,又如何影响到医务工作者的供给,国内还鲜有研究。

本章关注医患冲突对高考学生专业选择的影响。从理论与实证两个方面回答了这一问题,同时本章在实证上使用了报纸和网络媒体信息、政府公文和法院案例信息等多个数据度量各地医闹的程度差异,研究医闹和各类伤医事件对高考和职业学校医学专业招生的影响。本章构造了2010—2017年各省市高考录取和医患关系相匹配的面板数据。从方法论的角度看,直接定量识别医患冲突对专业选择的影响程度并不是一件容易的事,因为一些地区趋势会同时影响到个体专业偏好和当地医患关系,这种不可观测变量会导致测量的偏差。本章以地方政府基本医疗保险结余和社会抚养比作为工具变量,识别医患冲突对就业选择的因果关系,以解决这种潜在的内生性问题。

本章实证结果证明了理论模型中所提出的观点,即医患冲突会降低本地高考医学专业的录取分数线和平均分,并减少大学和中专医学专业的招生人数。因此,医患关系紧张会通过降低高校医疗相关专业生源的数量和质量,对医学工作者的供给产生长期的负面影响。而这会导致医疗服务供给与医患关系紧张的恶性循环。要打破这种恶性循环,需要用竞争实现优胜劣汰、增加优质供给,同时强化对医疗秩序的维护。

毋庸置疑,高考学生专业选择或多或少是受到个体及家庭层面的一些因素影响。因此,系统的定量识别个体层面,医患关系对专业选择的影响,也将是一个值得我们进一步研究的题目。同时,医患关系紧张还会导致在职医务工作者的离职或者提前退休,未来我们希望构建医务人员就业和退休选择的数据分析模式,研究医患关系对在职人员的影响。

参考文献:

1. 陈倩雯、郑红娥:《国内外医患关系研究述评》,《医学与哲学》2014年第3期。

2. 陈少敏、任川、陈宝霞、冯新恒、曾辉、高炜:《暴力伤医事件对高中生报考医学类专业意向的影响》,《中国高等医学教育》2015年第5期。

3. 毕雁:《报考医学院人数下降与就医环境改善》,中国社会科学网,2015年3月3日, http://www.cssn.cn/ddzg/ddzg_ldjs/ddzg_sh/201503/t20150303_1531093.shtml。

4. 付明卫、吴瑶:《和谐医患的宿迁解法》,《中国医院院长》2017年第21期。

5. 付明卫、朱恒鹏、夏雨青:《英国国家卫生保健体系改革及其对中国的启示》,《国际经济评论》2016年第1期。

6. 贾晓莉、周洪柱、赵越、郑莉丽、魏琪、郑雪倩:《2003—2012年全国医院场所暴力伤医情况调查研究》,《中国医院》2014年第3期。

7. 李小龙、谭静、徐升艳:《高考招生制度改革的路径:竞争和配额的折衷》,《经济研究》2014年第2期。

8. 王晨、曹艳林、郑雪倩、高树宽、贾晓莉、程宇涛:《医患双方对暴力伤医事件的认知与态度分析》,《中国医院》2014年第3期。

9. 王菊倩、顾伟、陆益花:《医患关系现状对医考生择业和就业影响的分析》,《现代预防医学》2015年第16期。

10. 赵绍阳、尹庆双、臧文斌:《医疗保险补偿与患者就诊选择——基于双重差分的实证分析》,《经济评论》2014年第1期。

11. 朱恒鹏:《医院为何推诿医保病人》,央视网,2012年,http://opinion.cntv.cn/zhuheng-peng1。

12. 朱恒鹏:《建立分级诊疗体系缓解医患矛盾冲突》,《医院领导决策参考》2014年第7期。

13. 朱力、袁迎春:《现阶段我国医患矛盾的类型、特征与对策》,《社会科学研究》2014年第6期。

14. Chen Y. and Kesten, O. "Chinese College Admissions and School Choice Reforms: A Theoretical Analysis", *Journal of Political Economy*, 2017,125(1):99-139.

15. Hahn S.,Zeller A.,Needham I.,Kok G.,Dassen T., and Halfens, R. J. G. "Patient and Visitor Violence in General Hospitals: A Systematic Review of the Literature", *Aggression and Violent Behavior*, 2008,13(6):431-441.

16. Hesketh T.,Wu D. ,Mao L.and Ma N. "Violence against Doctors in China", *British Medical Journal*, 2012:345.

17. *Indicators OECD Health at a Glance 2017*, Paris: OECD Publishing, 2017.

18. Jiang Y.,Ying X.,Zhang Q.,Tang S. R. ,Kane S.,Mukhopadhyay M. ,and Qian X. "Managing Patient Complaints in China: A Qualitative Study in Shanghai", *British Medical Journal(Open)*, 2014,4(8):e005131-e005131.

19. Lien S. S., Kosik R. O. ,Fan A. P.,Huang L., Zhao X., Chang X., Wang Y., Chen,Q. "10 year Trends in the Production and Attrition of Chinese Medical Graduates: An Analysis

of Nationwide Data", *Lancet*, 2016,S11:388.

20. Somani R. K. "Workplace Violence towards Nurses: A Reality from the Pakistani Context", *Journal of Nursing Education and Practice*,2012,2(3):148.

21. Wang Z.,Li N.,Jiang M.,Dear K.,Hsieh C. R. "Records of Medical Malpractice Litigation: A Potential Indicator of Health-care Quality in China", *Bulletin of the World Health Organization*, 2017,95(6):430.

22. Wang,X. Q. ,Wang,X. T. ,and Zheng,J. J. "How to End Violence against Doctors in China", *Lancet*, 2012,380(9842):647-648.

23. World Health Organization. Report on Attacks on Health Care in Emergencies,Geneva: World Health Organization,2016. http://www.who.int/hac/techguidance/attacksreport.pdf.

24. World Health Organization. Density of Physicians per 1000 Data by Country,2018. http://www.who.int/gho/health_workforce/physicians_density/en/.

25. Wu D.,Wang Y.,Lam K. F.,Hesketh,T."Health System Reforms,Violence against Doctors and Job Satisfaction in the Medical Profession: A Cross-sectional Survey in Zhejiang Province,Eastern China", *British Medical Journal(Open)*, 2014,4(12):e006431.

26. Yi J.,Yuan Y.,Zhao S."Differential Responses to Market Competition by Private and Public Hospitals in China: A Longitudinal Analysis", *Lancet*, 2019,S37:394.